国家出版基金项目
NATIONAL PUBLICATION FOUNDATION

抗日战争专题研究

张宪文 | 主
朱庆葆 | 编

第六辑
战时经济
与社会

沦陷时期
大生纱厂研究

张若愚 著

江苏人民出版社

图书在版编目(CIP)数据

沦陷时期大生纱厂研究/张若愚著.—南京:江
苏人民出版社,2022.5

(抗日战争专题研究/张宪文,朱庆葆主编)

ISBN 978-7-214-26696-5

Ⅰ.①沦… Ⅱ.①张… Ⅲ.①大生纺织公司-研究
Ⅳ.①F426.81

中国版本图书馆 CIP 数据核字(2021)第 234011 号

书　　名	沦陷时期大生纱厂研究	
著　　者	张若愚	
责 任 编 辑	汤丹磊	
装 帧 设 计	刘葶葶	
责 任 监 制	王　娟	
出 版 发 行	江苏人民出版社	
地　　址	南京市湖南路 1 号 A 楼,邮编:210009	
照　　排	江苏凤凰制版有限公司	
印　　刷	苏州市越洋印刷有限公司	
开　　本	652 毫米×960 毫米　1/16	
印　　张	30.5　插页 4	
字　　数	355 千字	
版　　次	2022 年 5 月第 1 版	
印　　次	2022 年 5 月第 1 次印刷	
标 准 书 号	ISBN 978-7-214-26696-5	
定　　价	118.00 元	

(江苏人民出版社图书凡印装错误可向承印厂调换)

教育部哲学社会科学研究重大委托项目
2021年度国家出版基金资助项目
南京大学"双一流"建设卓越计划项目
"十四五"国家重点出版物出版专项规划项目

—— 合作单位 ——

南京大学　北京大学　南开大学　武汉大学
复旦大学　浙江大学　山东大学
台湾中国近代史学会

—— 学术顾问 ——

金冲及　章开沅　魏宏运　张玉法　张海鹏
姜义华　杨冬权　胡德坤　吕芳上　王建朗

总　序

张宪文　朱庆葆

日本侵华与中国抗日战争是近代中国最重大的历史事件。中国人民经过 14 年艰苦卓绝的英勇奋战，付出惨重的生命和财产的代价，终于取得伟大的胜利。

自 1945 年抗日战争结束至 2015 年，度过了漫长的 70 年。对这一影响中国和世界历史进程的重大事件，国内外历史学界已经做过大量的学术研究，出版了许多论著。2015 年 7 月 30 日，在抗日战争胜利 70 周年前夕，中共中央政治局就中国人民抗日战争的回顾和思考进行集体学习，习近平总书记发表重要讲话，指示学术界应该广为搜集整理历史资料，大力加强对抗日战争历史的研究。半个月后，中共中央宣传部迅速制定抗日战争研究的专项规划。8 月下旬，时任中共中央宣传部部长刘奇葆召开中央各有关部委、国家科研机构和部分高校代表出席的专题会议，动员全面贯彻习总书记的讲话精神，武汉大学和南京大学的代表出席该会。

在这一形势下，教育部部领导和社会科学司决定推动全国高校积极投入抗战历史研究，积极支持南京大学联合有关高校建立抗战研究协同创新中心，并于南京中央饭店召开了由数十所高校的百余位教授、学者参加的抗战历史研讨会。台湾中国近代史学会也派出十多位学者,在吕芳上、陈立文教授率领下出席会议,共同协商在新时代深入开展抗战历史研究的具体方案。台湾著名资深教授蒋永敬在会议上发表了热情洋溢的讲话。经过几个月的酝酿和准备,南京大学决定牵头联合我国在抗战历史研究方面有深厚学术基础的北京大学、南开大学、武汉大学、复旦大学、浙江大学、山东大学及台湾中国近代史学会,组织两岸历史学者共同组建编纂委员会,深入开展抗日战争专题研究。中央档案馆和中国第二历史档案馆也积极支持。在南京中央饭店学术会议基础上,编纂委员会初步筛选出 130 个备选课题。

南京大学多次举行党政联席会议和校学术委员会会议,专门研究支持这一重大学术工程。学校两届领导班子均提出具体措施支持本项工作,还派出时任校党委副书记朱庆葆教授直接领导,校社科处也做了大量工作。南京大学将本项目纳入学校"双一流"建设卓越计划,并陆续提供大量经费支持。

江苏省委、省政府以及江苏省委宣传部,均曾批示支持抗战历史研究项目。国家教育部社科司将本项研究列为哲学社会科学研究重大委托项目,并要求项目完成和出版后,努力成为高等学校代表性、标志性的优秀成果。

本项目编纂委员会考察了抗战历史研究的学术史和已有的成果状况,坚持把学术创新放在第一位,坚持填补以往学术研究的空白,不做重复性、整体性的发展史研究,以此推动抗战历史研究在已有基础上不断向前发展。

本项目坚持学术创新,扩大研究方向和范围。从以往十分关注的九一八事变向前延伸至日本国内,研究日本为什么发动侵华战争,日本在早期做了哪些战争准备,其中包括思想、政治、物质、军事、人力等方面的准备。而在战争进入中国南方之后,日本开始实施一号作战，将战争引出中国国境，即引向亚太地区，对东南亚各国及东南亚地区的西方盟国势力发动残酷战争。特别是日军偷袭美军重要海军基地珍珠港，不仅给美军造成严重的军事损失，也引发了日本法西斯逐步走向灭亡的太平洋战争。由此，美国转变为支援中国抗战的主要盟国。拓展研究范围，研究日本战争准备和研究亚太地区的抗日战争，有利于进一步揭露日本妄图占领中国、侵占亚洲、独霸世界的阴谋。

本项目以民族战争、全民抗战、敌后和正面战场相互支持相互依靠的抗战整体，来分析和认识中国抗日战争全局。课题以国共两党合作为基础，运用大量史实，明确两党在抗日战争中的地位和作用，正确认识各民族、各阶级对抗日战争的贡献。本项目内容涉及中日双方战争准备、战时军事斗争、战时政治外交、战时经济文化、战时社会变迁、中共抗战、敌后根据地建设以及日本在华统治和暴行等方面，从不同视角和不同层面，深入阐明抗日战争的曲折艰难历程，以深刻说明中国抗日战争的重大意义，进一步促进中华民族的伟大复兴。

对于学界已经研究得甚为完善的课题，本项目进一步开拓新的研究角度和深化研究内容。如对山西抗战的研究更加侧重于国共合作抗战；对武汉会战的研究将进一步厘清抗战中期中国政治、经济、社会的变迁及国共之间新的友好关系。抗战前期国民党军队丢失大片国土，而中国共产党在十分艰难的状况下，在敌后逐步收复失地，建立抗日根据地。本项目要求各根据地相关研究课题，应在以往学界成果基础上，着力考察根据地在社会改造、经济、政治、人才培养等方面，如何探索和积累经验，为1949年后的新中国建设提供有益的借鉴。抗战时期文学艺术界以其特有的文化功能，在揭露日军罪行、动员广大民众投入抗战方面，发挥了重要作用。我们尝试与艺术界合作,动员南京艺术学院的教授撰写了与抗日战争相关的电影、美术、音乐等方面的著作。

本项目编纂委员会坚持鼓励各位作者努力挖掘、搜集第一手历史资料,为建立创新性的学术观点打下坚实基础。编纂委员会要求全体作者坚决贯彻严谨的治学作风,坚持严肃的学术道德,恪守学术规范,不得出现任何抄袭行为。对此,编纂委员会对全部书稿进行了两次"查重",以争取各个研究课题达到较高的学术水平,减少学术差错。同时,还聘请了数十位资深专家,对每部书稿从不同角度进行了五轮审稿。

本项目自2015年酝酿、启动,至2021年开始编辑出版,是一项巨大的学术工程,它是教育部重点研究基地南京大学中华民国史研究中心一直坚持的重大学术方向。百余位学者、教授,六年时间里付出了艰辛的劳动,对抗战历史研究做出了重要贡献!编纂委员会向全体作者,向教育部、江苏省委省政府以及各学术合作院校,向江苏凤凰出版传媒集团暨江苏人民出版社,向全体编辑人员,表示最崇高的敬意和诚挚的感谢!

目 录

导　论

一、问题缘起

宋元以降,经济重心南移,江南一带出现资本主义萌芽。中华民国肇建后,长江三角洲商贸发达,民族工业云集,成为支撑近代中国经济发展的重要命脉。民族工业的成长是近代中国走向现代化过程中的核心要素,其力量的壮大对当时社会结构的变化乃至对国家的经济体制产生重大影响。对近代民族工业展开深入研究,有助于充分把握中国现代化进程,了解民族资本家在当时社会环境中筚路蓝缕的艰辛历程,间接探究国家在此之中遇到的种种社会问题与复杂矛盾,为当下中国社会与经济发展提供一定的借鉴。

全面抗战爆发后,日军将侵略的重心由华北转向华东,上海首当其冲,淞沪会战爆发。战争给民族工业造成了巨大伤害,外部严苛的生存环境耗尽企业经营的活力,已不再能提供相对安定的发展条件。国民政府囿于有限的能力与资金,无暇顾及江浙沪地带的大部分民族工业。覆巢之下,安有完卵?为求自保,民族工业或向中西部地区迁移,或就近迁入上海租界,寻求西方势力的庇护。

举家内迁还是留在沦陷区夹缝求生，成为其必然面临的抉择，亦由此展示出民族工业内部各阶层人员的各种战争应对措施——其行为受民族主义、个人利益等多种因素影响，耐人寻味。他们在各种社会力量间权衡利弊，采取的因应之策成为民族工业生存问题剖析乃至沦陷区研究的重要线索。

鉴于当时的实际情况，仍有相当数量的民族工业出于硬件移动困难、经费有限、时间紧迫、交通不便、安全问题等各种原因无法迁移避战，存在受日军吞噬与掠夺的危险。曾经占据中国近代棉纺织业重要地位的大生纱厂（即南通大生纺织公司，以下根据具体语境，简称大生、大生公司或大生纱厂），便是典型代表。

大生纱厂，系中国近代著名实业家、教育家张謇于 1895 年所创，在第一次世界大战前其经营达到顶峰，成为远近闻名的民族工业。一战后外部环境变化，华资、外资纱厂争购原料，倾销纱布，导致花贵纱贱，再加上大生内部经营问题，企业运转渐入低谷。大生纱厂是张謇"自治锐进"的源泉，其利润和筹借的款项许多都用来支持其他实业和南通地方社会事业，呈现"倒金字塔形"的发展模式。① 在张謇投资规模过度平面化扩张、大生纱厂债务危机加深等因素作用下，投资与举债之间的恶性循环加剧，大生各厂于张謇逝世前的 1925 年被债权方银团维持会（以下简称银团）接管，革新厂务，维持生存。

在银团管控之下，大生纱厂的生产与经营虽然时好时坏，却也占据一席之地，直至 1937 年全面抗战爆发，一切戛然而止。日军的入侵使中国人民蒙受巨大的生命财产损失，固有的社会秩序与结构被打破，大生纱厂在南通乃至江北建立的垄断地位面临着丧

---

① 卫春回：《张謇评传》，南京：南京大学出版社 2001 年版，第 163 页。

失的危险。从反面来看，日本的占领刺激着沦陷区内部社会结构与民众心理防线的崩溃及重组。上海沦陷后，与之毗邻的南通及大生纱厂渐受战争的影响。1938年3月17日南通沦陷，大生纱厂自此踏入命运的泥沼之中，内部各阶层人员亦艰难寻求生存空间。

　　综上，本书以南通沦陷时期（1938—1945）为主要研究时段，重点考察沦陷区民族工业的典型代表——大生纱厂如何直面战争，如何在沦陷的时空中寻求生存与发展。通过研究，本书拟展现沦陷时期大生纱厂及其内部人员与日汪、国民政府、德国蔼益吉（AEG）电气公司（以下简称蔼益吉公司）、南通地方乃至中共等多方势力之间的互动折冲，解构战时沦陷区企业生存与获利并行的复杂历史面相，进而管窥占领地的社会风貌与民众的生存实态，剖析人性的复杂。

二、学术史回顾

（一）全面抗战时期沦陷区企业研究

　　抗战军兴，山河沦陷，控扼中国东部经济命脉的民族工业因各种原因无法内迁，被迫置于日军当局的占领下，于夹缝中求生存。作为抗日战争史、经济史等领域的重要组成部分，沦陷区企业史研究逐渐升温，形成相当数量的研究成果，主要呈现以下研究路径。

　　一是研究日方自上而下的经济统制与物产攫夺。马俊亚的《抗战期间日军对江南棉纺织业的掠夺与控制》，指出日军对江南棉纺织业的掠夺与破坏，对整个中国经济打击尤重，使中国工业在战时缺乏与日本和其他国家竞争的能力，中国民族资本家处于朝不保夕的状态。[①] 庄志龄的《"军管理"与日本战时对上海华资

——————————

[①] 马俊亚：《抗战期间日军对江南棉纺织业的掠夺与控制》，《桂海论丛》2015年第4期。

企业的攫夺》，认为日军在利用"军管理"统制上海经济的过程中，将上海变成了支撑其侵华战争的经济据点，实现垄断上海经济的目的。① 海韵的《抗战时期日伪对上海棉纱的掠夺与统制》，指出因日伪间的矛盾、上海棉纺织商人的抵制和汪伪政权执行过程中漏洞百出等，日伪对上海棉纱的统制最终以失败告终。②

　　二是研究具体企业在日本占领下的生存与处境。王喜琴的《抗战时期的南京永利铔厂》，通过个案研究展现其受日方侵略、袭扰及占领、破坏的全过程，认为其是沦陷区民族工业生存普遍状况的一个缩影，亦是南京沦陷后的一个侧面。③ 刘凤华的《抗战期间日本占领下的久大精盐公司》，认为日本占领使沦陷区的企业遭受毁灭性的打击，给民族工业带来深重灾难。④ 庄旭的《抗战时期的大成纺织染公司》，揭示沦陷区民族工业的生存实态。⑤ 张朔人的《抗战时期的江南水泥公司》与张连红、张朔人的《战时江南水泥厂的命运与汪伪政权的角色——以日方强拆机器为中心的考察》，指出日本方面不断以"合作产销""军事管理"的方式向江南水泥公司施加压力，而江南水泥厂充分利用德国禅臣洋行和丹麦史密斯公司的关系，以款项未付清为由，采取"以夷制夷"策略，成功地保护了工厂机器。⑥ 但在战争后期日方强拆江南水泥厂机器的过程中，江南水泥公司董事会虽与汪伪政权实业部、

---

① 庄志龄：《"军管理"与日本战时对上海华资企业的攫夺》，《档案与史学》2001年第6期。

② 海韵：《抗战时期日伪对上海棉纱的掠夺与统制》，硕士学位论文，南京师范大学，2015年。

③ 王喜琴：《抗战时期的南京永利铔厂》，硕士学位论文，南京师范大学，2018年。

④ 刘凤华：《抗战期间日本占领下的久大精盐公司》，《盐业史研究》2015年第3期。

⑤ 庄旭：《抗战期间的大成纺织染公司》，硕士学位论文，南京师范大学，2013年。

⑥ 张朔人：《抗战时期的江南水泥公司》，硕士学位论文，南京师范大学，2005年。

日本大使馆及华北轻金属株式会社进行角力,但结果未能改变机器被全部拆迁的命运,可见沦陷区伪政权的存在亦不能解决民族工业的生存问题。①

　　三是沦陷区商民战时因应的相关研究。作为企业的重要构成元素,沦陷区商民的战时因应在很大程度上决定了其自身与企业的生存,获得较多关注。朱英的《商民运动与中国近代史研究》《辛亥革命时期新式商人社团研究》《商民运动研究(1924—1930)》《近代中国商人与商会》《曲折的抗争——近代上海商会的社会活动与生存策略》等系列成果,对近代不同历史时期的商人与商民展开深入探讨,涵盖了沦陷区商民的相关方面,回答了若干问题。② 冯筱才的《在商言商:政治变局中的江浙商人》,认为中国商人的行动是以"私利"为根本,其对政治的关心是建立在产权是否受到波动的基础上,财产权利的动摇与维护构成了他们与政治关系的核心。③ 这一点认识,对于考量沦陷区商民的战时行为依然有效。江沛在《关于抗战时期沦陷区民众生存状态的若干思考》中谈及沦陷区的生存法则,认为民族主义的追求与生活逻辑和生存之道的选择,有时融为一体,有时双轨并行。④ 这也有

---

① 张连红、张朔人:《战时江南水泥厂的命运与汪政权的角色——以日方强拆机器为中心的考察》,《抗日战争研究》2012 年第 1 期。

② 朱英:《商民运动与中国近代史研究》,《天津社会科学》2005 年第 4 期;《辛亥革命时期新式商人社团研究》,武汉:华中师范大学出版社 2011 年版;《商民运动研究(1924—1930)》,北京:北京大学出版社 2011 年版;《近代中国商人与商会》,广州:广东高等教育出版社 2020 年版;《曲折的抗争——近代上海商会的社会活动与生存策略》,成都:四川人民出版社 2020 年版。

③ 冯筱才:《在商言商:政治变局中的江浙商人》,上海:上海社会科学院出版社 2004 年版。

④ 江沛:《关于抗战时期沦陷区民众生存状态的若干思考》,《民国档案》2020 年第 1 期。

助于充分考察与理解沦陷区商人的战时行为,透析人性的复杂。

　　在沦陷区商民的研究中,战时"合作"(collaboration)问题是学界较为关注的一个热点。潘敏在《江苏日伪基层政权研究(1938—1945)》中指出,商人比其他任何社会集团更希望社会稳定。① 考察沦陷区商民的战时因应,需要落脚于这一群体的利益考量,即尽可能确保最低程度的经济受损,故而"合作"成为他们的普遍选择。蒋宝麟的《战时沦陷区内民族资本与日方的"有限合作"问题——以上海刘鸿生企业为例》,提出"有限合作"的观点,认为这些企业与日本占领当局的关系基本是处于一种有限的合作状态,越到后期,各企业与日方的关系越是紧密,基本上是通过"一部分的合作"来换取"另一部分的独立",经济利益已超越政治忠诚。② 王春英对沦陷区商民的"合作"问题进一步深化理解。她在《"民族"与"民生"的互见:以战时美亚公司为例》中,认为战时企业经营者在商业活动中力图在"民族"与"民生"之间进行平衡,这也暗示沦陷区商人的活动,民族与民生密不可分。③ 她的《"统制"与"合作":中日战争时期的上海商人》,发现商人的"合作"行为与日本经济统制体制有着不可分割的密切关系,沦陷时期的上海商人在统制体制内的位置决定了他们的"合作"程度,而这种位置实际上又是由他们本身所能掌控的资源所决定。④

　　此外,还有相关论著对东北殖民地、不同沦陷区的民族工业的

---

① 潘敏:《江苏日伪基层政权研究》,上海:上海人民出版社 2006 年版。

② 蒋宝麟:《战时沦陷区内民族资本与日方的"有限合作"问题——以上海刘鸿生企业为例》,《中国社会经济史研究》2009 年第 1 期。

③ 王春英:《"民族"与"民生"的互见:以战时美亚公司为例》,《学术界》2014 年第 4 期。

④ 王春英:《"统制"与"合作":中日战争时期的上海商人》,博士学位论文,复旦大学,2009 年。

生存状态展开通览性研究，系统回顾日军当局对这些民族工业进行的掠夺与破坏，以及民族工业展开的自救行为等内容。①

（二）大生纱厂研究

在近代中国的历史长河中，民族实业家巨擘——张謇创办的大生纱厂一度创造了棉纺织系统的"传奇与神话"，吸引学界较多关注，进行相关研究，形成了卷帙浩繁的成果。

首先是基础史料。南通市档案馆与张謇研究中心合编的《大生集团档案资料选编·纺织编》，汇集了1896—1952年大生纱厂较为全面的档案资料，分为各厂说略、财务报告、股东会议记录、来往函件信件、相关合同文书等，为研究南通沦陷时期大生纱厂的生存问题及生产经营情况提供重要史料支撑。② 由张季直先生事业史编纂处编、张謇研究中心等校注的《大生纺织公司年鉴（1895—1947）》采取编年体记史法，按照大事记的形式逐年记录，并辅以大生纱厂的公牍、书札、报告等史料。③ 该书反映了大

---

① 参见高晓燕主编：《东北沦陷时期殖民地形态研究》，北京：社会科学文献出版社2013年版；李志英、宋健：《北京工业遗产研究》，北京：北京师范大学出版社2018年版；孙宅巍等主编：《江苏近代民族工业史》，南京：南京师范大学出版社1999年版；陈克潜：《爱国实业家陈范有与江南水泥厂》，苏州：苏州大学出版社2013年版；陈克潜、陈克澄：《风雨如磐忆江南：陈范有与江南水泥厂》，苏州：苏州大学出版社2016年版；上海社会科学院经济研究所编著：《大隆机器厂的产生、发展和改造》，上海人民出版社1980年版；杨俊科、梁勇：《大兴纱厂史稿》，北京：中国展望出版社1990年版，等等。

② 南通市档案馆等编：《大生集团档案资料选编·纺织（I）》，南京：南京大学出版社1987年版；南通市档案馆、张謇研究中心编：《大生集团档案资料选编·纺织编（II）》，北京：方志出版社2003年版；南通市档案馆、张謇研究中心编：《大生集团档案资料选编·纺织编（IV）》，北京：方志出版社2006年版；南通市档案馆、张謇研究中心编印：《大生集团档案资料选编·纺织编（V）》，2007年编印。

③ 张季直先生事业史编纂处编，张謇研究中心等校注：《大生纺织公司年鉴（1895—1947）》，南京：江苏人民出版社1998年版。

生纱厂在股份制建设方面的发展历程,其中收录的股东常委会议事录如实地记载了股东们对公司经营成效的喜怒哀乐,有高度赞扬,也有尖锐质询和批评,更多的是议案表决的投票结果,体现了股东在公司应有的权利。① 由南通市纺织工业局牵头编写的《大生系统企业史》是第一部全面、系统展示大生纱厂以及各分厂的创建发展历程、反映大生集团全貌的重要著作,包括大生资本集团的其他各项事业,还涉及近代南通土地制度以及劳工状况等内容,也涵盖了日本占领时期的大生纱厂。② 该书以阐述基本史实为主,未能深入剖析大生纱厂在不同阶段的生存与发展背后的原因、实质等核心问题。

　　其次是借助经济学、社会学等学科研究方法,展现大生纱厂的生存与发展。何新易的《近代大生企业集团资本运作的兴衰》,重点思考大生的融资与投资方式、债务形成之原因及张謇的决策与计划等方面,有效分析张謇及大生集团在融资、投资、创办金融机构、展开金融活动等资本运作方面的得失,有助于理解中国近代化进程中民族工业发展和衰败的共性所在。③ 顾纪瑞的《大生纺织集团档案经济分析(1899—1947)》利用经济学的相关理论知识,从系统而专业的量化分析、全面而多维的考察和解构、客观而有效的评价与借鉴三个方面对大生各厂的企业档案展开研究,拓展沦陷时期大生纱厂的生产与经营研究的深度与广度,有助于明晰该时期大生纱厂所作生存之策。④

---

① 刘伟东:《评〈大生纺织公司年鉴〉(1895—1947)》,《南通师范学院学报》(哲学社会科学版)1999 年第 2 期。

②《大生系统企业史》编写组编:《大生系统企业史》,南京:江苏古籍出版社 1990 年版。

③ 何新易:《近代大生企业集团资本运作的兴衰》,北京:经济科学出版社 2015 年版。

④ 顾纪瑞:《大生纺织集团档案经济分析(1899—1947)》,天津:天津古籍出版社 2015 年版。

张謇时期的大生纱厂有过最为辉煌的一段岁月,因而聚焦了学界较多的关注与较大的研究力度。林刚的《试论大生纱厂的市场基础》,剖析大生与市场之间的内在联系,对大生纱厂的兴衰过程进行了一定的还原,揭示近代民族工业发展中的困局所在。① 章开沅的《对外经济关系与大生资本集团的兴衰》,从创办之初大生纱厂引进外国技术与设备,到遭遇洋纱的竞争,再到一战爆发前后的巅峰,最后至张謇逝世前后的衰落四个阶段考察了大生纱厂的兴衰,有助于理解"后张謇"时代大生纱厂为寻求生存所作的因应。② 卢征良的《从大生纱厂看中国近代早期民营企业的经营特征》,从企业创办的特许性、企业集资渠道的狭窄性、早期大生纱厂股份制的局限性、企业所负责任性质的不明确性、内部管理的集权性等多个方面对早期大生纱厂的运营模式、特点进行探究,认为大生纱厂作为中国当时典型的民营企业,它的创办和管理也反映出了同时代其他民营企业的经营特征,这些特征反映了当时的第一代民族企业家在创业过程中的艰难和时代的局限性,也反映了那个时代民族企业家的创新精神。③

陈争平的《试析近代大生企业集团的产业结构》,认为张謇在发展大生的过程中摸索出一条"以大工业为中心,以农村为基地,工农商协调发展的乡土经济发展路线",这也是张謇宝贵的历史贡献。④ 汤可可、钱江的《大生纱厂的资产、盈利和利润分配——

---

① 林刚:《试论大生纱厂的市场基础》,《历史研究》1985 年第 4 期。
② 章开沅:《对外经济关系与大生资本集团的兴衰》,《近代史研究》1987 年第 5 期。
③ 卢征良:《从大生纱厂看中国近代早期民营企业的经营特征》,《中国矿业大学学报》(社会科学版)2007 年第 1 期。
④ 陈争平:《试析近代大生企业集团的产业结构》,《江苏社会科学》2001 年第 1 期。

中国近代企业史计量分析若干问题的探讨》，从计量史学视域对大生一厂的资产与负债、盈利与成本、利润分配与积累等方面进行探讨，引申出对大生筹资方式、经营模式与扩张方式的思考，对这一时段大生一厂的运营建构了较为合理准确的还原与研究。[①]羽离子（钱健）的《大生集团早期金融事业的兴衰》《对大生企业早期股份制的审视与析论》，通过分析张謇的金融实践与尝试、大生企业运转的股份制度，肯定其意义的同时，指出弊病所在，总结经验与教训。[②] 杜洁、潘家恩的《近代中国在地型社会企业的探索与创新——以张謇的"大生集团"与近代南通建设为例》，分析大生作为在地型社会企业，如何立基于本土社会，通过优化配置本地资源、充分利用在地社会资源进行资源内置化的经营，并将收益全部返还到本地区的综合建设，以实现乡土社会的"实业—教育—公益"三位一体的有效治理。[③] 王京滨、姜璐的《近代民族工业企业的规模扩张与信用风险——以大生企业系统为例》，指出走上大规模扩张道路的大生系统，在内部积累薄弱的条件下，不得不依靠大生一厂所建立起来的社会信用筹集资金并承担信用风险，最终在外部环境影响下陷入困局。[④]

　　此外，学界对于创办初期的大生纱厂已有相当规模的研究，例

① 汤可可、钱江：《大生纱厂的资产、盈利和利润分配——中国近代企业史计量分析若干问题的探讨》，《中国经济史研究》1997 年第 1 期。

② 羽离子：《大生集团早期金融事业的兴衰》，《南通大学学报》（社会科学版）2011 年第 6 期；《对大生企业早期股份制的审视与析论》，《中国矿业大学学报》（社会科学版）2011 年第 3 期。

③ 杜洁、潘家恩：《近代中国在地型社会企业的探索与创新——以张謇的"大生集团"与近代南通建设为例》，《上海大学学报》（社会科学版）2018 年第 1 期。

④ 王京滨、姜璐：《近代民族工业企业的规模扩张与信用风险——以大生企业系统为例》，上海《社会科学》2020 年第 12 期。

如《论 20 世纪初期大生纱厂的崛起——兼论中国民族棉纺业的生存环境》①、《晚清大生纱厂的早期企业制度特征》②、《清末大生纱厂及其附属企业创立的社会因素》③、《从大生纱厂看中国早期股份制企业的特点》④等论文，这些成果从清末民初大生纱厂的创办阶段入手，给予足够的关注与研究，深入挖掘分析其内部企业制度与外部环境因素，揭示其早期发展的原因及影响。

　　自 1925 年后，大生纱厂逐步陷入债台高筑的生存困局，学界亦展开考察，探讨其背后之原因。朱荫贵的《"调汇"经营：大生资本企业集团的突出特点——以大生棉纺织系统为中心的分析》，指出一旦企业基础不稳，难以抵抗外在环境大的变化，只要外在环境的变化使得企业难以持续获得"调汇"贷款，当资金链断裂时，企业的危机也就来了，大生纱厂的发展及被银团清算接办便是当时中国民间资本企业发展途径中较为典型的案例。⑤ 王敦琴、邵玮楠的《20 世纪 20 年代大生纱厂被债权人接管缘由解析》，分别从张謇的主观意识、企业内部管理上的局囿与外部客观环境的不可抗性三方面论述，分析大生纱厂从顶峰突然衰落，直至张謇离世前被债权方银团接收的根本原因。⑥ 庄安正的《关于南通大生纱厂营销方针

① 卫春回：《论 20 世纪初期大生纱厂的崛起——兼论中国民族棉纺业的生存环境》，《兰州大学学报》1995 年第 2 期。

② 张忠民：《晚清大生纱厂的早期企业制度特征》，《清史研究》2016 年第 3 期。

③ 罗晶、过伟敏：《清末大生纱厂及其附属企业创立的社会因素》，《海南大学学报》（人文社会科学版）2018 年第 1 期。

④ 朱荫贵：《从大生纱厂看中国早期股份制企业的特点》，《中国经济史研究》2001 年第 3 期。

⑤ 朱荫贵：《"调汇"经营：大生资本企业集团的突出特点——以大生棉纺织系统为中心的分析》，《广东社会科学》2016 年第 2 期。

⑥ 王敦琴、邵玮楠：《20 世纪 20 年代大生纱厂被债权人接管缘由解析》，《江海学刊》2008 年第 6 期。

的三点考析》,考析大生迅速发展的"内因"——"土产土销",认为"土产土销"的表述源于张孝若等三人于 1931 年在大生纱厂股东会上的讲话,他们熟谙张謇生前纱厂营销方针的全部内涵,并将其表述为"土产土销",在主观上强调大生纱厂不同于上海等地以外销为主的棉纱厂的营销特色,这也是其故步自封的表现之一。①

　　至于全面抗战爆发后的大生纱厂,特别是它在沦陷时期的生存与发展,稍显遗憾,学界未能给予足够重视,成果寥寥。周宗根的《地方主义与民族主义:南通绅商与战时政治(1937—1949)》,深入考察南通绅商对日本入侵的反应,揭示他们在外敌入侵与内战维持中应对模式的异同及其深层次的原因,一定程度上涵盖了沦陷时期大生纱厂的相关方面。同时,该成果主要集中于占据社会中高层的绅商群体,对大生纱厂憾缺全面性、连贯性的分析,无法完全解析大生内外部的互动与影响,以及相对复杂的立体关系网络。② 周宗根的《1938—1939 年大生纺织公司对日本"军管理"的应对》,建构全面抗战初期大生纱厂在日本占据下的实际状态——以"抵押经营"方式复工并维持生产,较为充分地展现了大生与日方之间的"合作"谈判细节,以及南通地方伪政权在此之中的角色与作用。③ 张廷栖的《论日军对大生企业的掠夺与破坏》,系统地梳理归纳大生纱厂在沦陷时期的基本历史脉络与战时损失,憾缺生存问题的探讨。④

---

① 庄安正:《关于南通大生纱厂营销方针的三点考析》,《民国档案》2011 年第 1 期。

② 周宗根:《地方主义与民族主义:南通绅商与战时政治(1937—1949)》,博士学位论文,南京大学,2006 年。

③ 周宗根:《1938—1939 年大生纺织公司对日本"军管理"的应对》,《抗日战争研究》2018 年第 4 期。

④ 张廷栖:《论日军对大生企业的掠夺与破坏》,中国新四军与华中抗日根据地研究会编:《新四军与抗日战争》,南京:南京大学出版社 1995 年版,第 447—452 页。

　　复次是基于科技史视域的研究。羌建的《近代南通棉业发展研究(1895—1938)》与《近代南通棉业变革与地区社会变迁研究(1884—1938)》,勾勒出以大生纱厂为核心的近代南通棉业在长时段历史时空中的发展与演变,讨论棉业变革与南通近代化进程之间的互动关系,认为在张謇的领导下,走出了一条以棉业为核心的发展道路,围绕发展棉业这条主线,南通采取了一系列措施,产生了巨大的经济效益。① 李义波的《民国时期长江三角洲棉业研究》,着重于1937年以前的中华民国时期,重点考察自然环境、历史传统、近代大工业、传统小农经济、技术进步和棉业组织创新等方面与民国长三角棉业发展的相互关系,深入分析前者对后者的影响作用,更为宏观地展现包括大生纱厂在内的近代多家棉纺织企业生产经营的历史图景。② 苏轩的《大生纱厂的纺织技术转移(1895—1937)》,以1895—1921年、1922—1937年两个时段为纲,指出大生纱厂不断通过一系列的厂务改革,对设备和技术进行革新,保证其发展的持续性与延展性,厘清其对近代纺织技术的引进和消化。③

　　最后是关于大生纱厂具体人物或群体的研究。作为企业,人是构筑其血肉与灵魂的主体,大生纱厂内部各阶层人员与群体亦吸引学界相应的眼光,大致可以分为人物研究与群体

① 羌建:《近代南通棉业变革与地区社会变迁研究(1884—1938)》,北京:中国农业科学技术出版社2013年版;《近代南通棉业发展研究(1895—1938)》,博士学位论文,南京农业大学,2010年。
② 李义波:《民国时期长江三角洲棉业研究》,博士学位论文,南京农业大学,2012年;《民国时期长江三角洲棉业研究》,北京:中国社会科学出版社2015年版。
③ 苏轩:《大生纱厂的纺织技术转移(1895—1937)》,《工程研究——跨学科视野中的工程》2018年第4期。

研究。

　　一是人物研究。张謇是大生纱厂的创办者,更兼具多种社会身份,研究成果可谓灿若星河,由于本书主要研究南通沦陷时期,且张謇于 1926 年去世,故仅简单罗列。章开沅、马敏、朱英、周新国、王敦琴等学者有关张謇的研究成果颇丰,将张謇与经元善、孙中山等同时期人物进行考察对比研究,深入分析其思想意涵与实践活动,并基于不同的角度,提供现实意义与参考借鉴。[①] 章开沅与田彤合著的《张謇与近代社会》从工业近代化的发展道路等多个侧面,对张謇非凡的一生重新予以诠释。[②] 此外,李玉、陈争平、卫春回等学者对张謇的思想、社会实践、创业经历等展开全面的研究与考察。[③]

　　考虑到张謇缔造的、以大生纱厂为基石的“南通模式”是一个典型的城市近代化实例,学界亦对此投入研究,或专题或比较,取得了一定成果。专题研究方面,刘远柱的《张謇与南通近

---

① 参见章开沅:《开拓者的足迹——张謇传稿》,北京:中华书局 1986 年版;马敏:《近代儒商传统及其当代意义——以张謇和经元善为中心的考察》,《华中师范大学学报》(人文社会科学版)2018 年第 2 期;马敏:《孙中山与张謇实业思想比较研究》,《历史研究》2012 年第 5 期;马敏:《张謇与近代博览事业》,《华中师范大学学报》(人文社会科学版)2001 年第 5 期;朱英:《张謇与民初的〈商会法〉之争》,《近代史研究》1998 年第 1 期;朱英:《论张謇的慈善公益思想与活动》,《江汉论坛》2000 年第 11 期;章开沅:《学习张謇的理性爱国主义》,《华中师范大学学报》(人文社会科学版)2006 年第 2 期;周新国:《张謇与孙中山的交往——以新版〈张謇全集〉为中心的考查》,《晋阳学刊》2016 年第 4 期;王敦琴:《孙中山、张謇民生思想之比较》,《南通大学学报》(社会科学版)2008 年第 1 期,等等。

② 章开沅、田彤:《张謇与近代社会》,武汉:华中师范大学出版社 2001 年版。

③ 参见陈争平:《近代张謇的企业制度创新及其现实意义》,《清华大学学报》(哲学社会科学版)2007 年第 1 期;李玉:《论张謇的实业诚信观》,《安徽史学》2017 年第 2 期;卫春回:《张謇评传》,南京:南京大学出版社 2001 年版;卫春回:《状元实业家张謇》,北京:团结出版社 2009 年版等。

代城市化模式》指出，"南通模式"不同于其他城市近代化，是以乡村家庭手工业为依托，通过直接引进国外先进机器设备而推动工业化发展进而实现城市化。① 伍贻业的《张謇与南通"近代化"模式》认为，张謇的"南通模式"是在中国社会背景下产生的，有着中国式的特色，其儒家意识的局限性制约了这一种模式的发展。②

　　比较研究方面，"南通模式"与"无锡模式"是最为显著的对比案例。虞晓波的《长江三角洲地区近代城市工业化的两种模式——"南通模式"与"无锡模式"比较研究（1894—1937）》《试析人才与近代企业发展的关系——以长江三角洲地区的南通、无锡为例》等系列成果，指出南通在张謇的推动下形成以大生纱厂为核心的城市工业体系，并分析传统文化、企业家精神、人才得失对两地的影响，解释"南通模式"何以在张謇逝世后日趋衰落。③ 郑忠的《非条约口岸城市化道路：近代长江三角洲的典型考察》《长江下游非条约口岸城市近代化研究——以南通、常州、无锡为研究对象》《长江三角洲近代城市发展模式比较研究——以南通、无锡、常州为对象》《近代非条约口岸城市化道路：工业化、本土化与企业家精神——以南通、无锡、常州为例》等系列成果，认为南通、无锡、常州三地城市化的过程体现了推动城市发展的各方面动力与客观条件有机组合形式上的差异，

① 刘远柱：《张謇与南通近代城市化模式》，《广西社会科学》2005 年第 4 期。

② 伍贻业：《张謇与南通"近代化"模式》，《历史研究》1989 年第 2 期。

③ 虞晓波：《长江三角洲地区近代城市工业化的两种模式——"南通模式"与"无锡模式"比较研究（1894—1937）》，博士学位论文，南京大学，1995 年；《试析人才与近代企业发展的关系——以长江三角洲地区的南通、无锡为例》，《青岛海洋大学学报》（社会科学版）1999 年第 2 期。

不同的动力、条件的整合,造就了不同的城市近代化道路。① 陆仰渊的《略论大生、荣氏两企业的创业》,从创办目的、资本来源、环境条件和经营策略四个方面入手分析,比较二者异同。②

"后张謇"时期的大生纱厂,主要是由其子张孝若、侄张敬礼与南通、上海等地绅商共同维持企业运转,徐静仁、李升伯、沈燕谋、严惠宇、陈葆初、徐赓起等民族资本家均在大生高层之中担任要职。学界对于上述人物研究成果偏少,以人物传记、回忆录及文史资料为主,例如《近代实业家徐静仁》③、《李升伯传》④、《纺织教育家张方佐评传》⑤、《严惠宇纪念文集》⑥等。或是在其他人物研究中略有涉及,如朱江的《南通的"魏特琳"——麦文果》在探究南通基督医院美籍护士麦文果(Vincoe Mushrush)⑦于南通沦陷初期救治伤员、控诉日方等行径时,涵盖了与南通沦陷息息相关的大生纱

---

① 郑忠:《非条约口岸城市化道路:近代长江三角洲的典型考察》,上海:上海辞书出版社2013年版;《长江下游非条约口岸城市近代化研究——以南通、常州、无锡为研究对象》,博士学位论文,南京大学,2000年;《长江三角洲近代城市发展模式比较研究——以南通、无锡、常州为对象》,《安徽史学》2003年第4期;《近代非条约口岸城市化道路:工业化、本土化与企业家精神——以南通、无锡、常州为例》,《江海学刊》2008年第2期。

② 陆仰渊:《略论大生、荣氏两企业的创业》,茅家琦、李祖法主编:《无锡近代经济发展史论》,北京:企业管理出版社1988年版,第261—270页。

③ 马鞍山市政协文史委员会编:《近代实业家徐静仁》,北京:中国展望出版社1989年版。

④ 龚玉和、龚励:《李升伯传》,杭州:浙江工商大学出版社2015年版。

⑤ 徐晓雄、丁军华:《纺织教育家张方佐评传》,杭州:浙江大学出版社2016年版。

⑥ 江苏省政协文史资料委员会、镇江市政协文史资料委员会编:《江苏文史资料》第74辑《严惠宇纪念文集》,南京:《江苏文史资料》编辑部1994年版。

⑦ 美国传教士,1935年受美国联合基督教传教士协会派遣来华,先在北平(今北京)学习一年中文,后来到南通基督医院担任护士。沦陷时期留守南通救助伤员,1939年8月离开,1940年返美。

厂董事陈葆初。① 该书通过麦文果的角度,考察与之往来的驻大生各厂的德国经理与职员,从侧面展现沦陷初期的大生各厂生存实态,具有借鉴、参考意义。

　　二是群体研究。主要分为上层绅商群体与下层工人群体。对大生纱厂绅商群体的研究主要是周宗根的《地方主义与民族主义:南通绅商与战时政治(1937—1949)》。正如前述,周宗根以南通绅商为研究对象,认为"士绅"在当时仍然是一个活跃的阶层,且不局限于张謇及大生集团,还包括地方官僚和其他商人,指出南通绅商以大生集团为主体建构了一种共同的行为模式。② 以张謇、张詧所代表的张氏家族为切入点展开分析,是上层绅商群体研究中的另一条路径。李军的《张詧遭通缉事件始末探究——以张敬礼〈养性室日记〉为中心》,依托张敬礼所作的《养性室日记》,考察其父亲张詧在北伐战争时期遭受政府通缉的心路历程与张氏家族的内部矛盾、纠葛。③ 张柔武、张绪武、张光武均以张謇后人的身份,回忆了其家族点滴,分别著有《濒濠岁月》《我的祖父张謇》《百年张家:张謇与张詧及后人鳞爪》等回忆性质的家族史书。④

　　将张氏家族与无锡的荣氏家族作对比,进而探讨家族性企业与非家族性企业乃至无锡、南通两地的发展模式与异同,这类研究也占据着一定比重。金其桢、黄胜平的《大生集团、荣氏集团:中国

① 朱江:《南通的"魏特琳"——麦文果》,苏州:苏州大学出版社2013年版。
② 周宗根:《地方主义与民族主义:南通绅商与战时政治(1937—1949)》,博士学位论文,南京大学,2006年。
③ 李军:《张詧遭通缉事件始末探究——以张敬礼〈养性室日记〉为中心》,《民国档案》2010年第2期。
④ 张柔武:《濒濠岁月》,扬州:广陵书社2017年版;张绪武:《我的祖父张謇》,上海:上海辞书出版社2008年版;张光武:《百年张家:张謇与张詧及后人鳞爪》,北京:东方出版社2016年版。

近代两大民营企业集团比较研究》及《大生集团与荣氏集团兴衰成败之道探究》选取无锡荣家、南通张家这两个近代中国历史上具有重要地位与影响力的绅商家族及其经营企业，透过表象对两者所走过的发展道路，及其在发展战略、资金运作、经营方针、营销策略、管理体制、运营机制、企业文化、育才用人之道等方面的主要差异进行深入比较，揭示了两者兴衰成败之缘由。① 易彬的《张謇和荣氏兄弟集团人才管理方式及其比较》探讨两者的共性与差异，指出此种差异是大生集团逐渐走向没落和荣氏集团保持兴旺发达的重要原因之一。② 苏全有的《从荣张企业集团的兴衰看近代中国家族企业》分析荣氏、张氏作为家族企业与非家族企业的异同，认为家族企业所具有的四种优势与其血缘关系的内部维系作用分不开，但这也是一把双刃剑，当制度弱化后会产生负面影响。③ 苏全有、汤爱民的《荣、张企业集团经营管理思想之比较》从经营管理思想入手，分析无论在资产总额还是社会影响方面都居于荣氏集团之上的大生集团，为何会陷入债台高筑的生存困局，以昭示科学的经营管理方法对近代企业生存的重要作用。④ 唐文起、马俊亚、汤可可的《江苏近代企业和企业家研究》勾画出江苏近代工业企业发展的大致轮廓，反映了江苏近代企业家的特色和精神风貌，涵盖了

---

① 金其桢、黄胜平：《大生集团、荣氏集团：中国近代两大民营企业集团比较研究》，北京：红旗出版社 2008 年版；《大生集团与荣氏集团兴衰成败之道探究》，《江南大学学报》（人文社会科学版）2008 年第 2 期。

② 易彬：《张謇和荣氏兄弟集团人才管理方式及其比较》，硕士学位论文，湖南科技大学，2014 年。

③ 苏全有：《从荣张企业集团的兴衰看近代中国家族企业》，《华中师范大学学报》（人文社会科学版）2003 年第 6 期。

④ 苏全有、汤爱民：《荣、张企业集团经营管理思想之比较》，《河南师范大学学报》（哲学社会科学版）1993 年第 2 期。

张謇与荣氏兄弟的比较研究。①

　　除上层绅商外,学界对大生纱厂下层工人群体同样投入一定关注度。吴昊翔的《近代南通大生企业工人状况研究(1895—1949)》,阐述大生企业中的劳资关系和工人为了生存而进行的斗争,以及工人为维持基本的生活而以消极怠工和罢工等形式与资方斗争。② 曹婷婷的《南通纺织女工研究(1895—1949)》爬梳大生纱厂在近代南通城乡社会变迁中的作用等内容,较为系统地考察长时段内女工的历史生活画卷,从一定程度上展现出不同历史阶段女工的不同境遇与因应之策,进而重新审视劳动市场中的性别因素与性别关系。③ 花雪的《1925—1935 年大生纱厂的工人运动》重点分析了此十年间大生纱厂的管理制度、工人生活状况及工人运动情况,指出大生纱厂的工人运动,不仅折射出工人与企业的利益冲突,还折射出近代社会转型过程中传统与现代的碰撞。④ 姜平的《1933 年南通大生纱厂大裁员始末》,围绕大生纱厂 1933 年大裁员事件,深挖背后草蛇灰线,廓清历史迷障。⑤

　　20 世纪五六十年代,由大生纱厂党委、工会等组织,穆恒、严学熙、姚谦等学者对大生纱厂的工人进行了大规模的口述访谈,最终形成《大生一厂工人斗争史》⑥、《大生纱厂工人生活的调查(1899—

① 唐文起、马俊亚、汤可可:《江苏近代企业和企业家研究》,哈尔滨:黑龙江人民出版社2003 年版。

② 吴昊翔:《近代南通大生企业工人状况研究(1895—1949)》,硕士学位论文,山东大学,2009 年。

③ 曹婷婷:《南通纺织女工研究(1895—1949)》,博士后出站报告,北京大学,2010 年。

④ 花雪:《1925—1935 年大生纱厂的工人运动》,《工会理论研究》2016 年第 4 期。

⑤ 姜平:《1933 年南通大生纱厂大裁员始末》,《中国经济史研究》2005 年第 3 期。

⑥ 大生一厂厂史编辑室、中共南通市委革命史料编辑室、南通市文联厂史工作组编:《大生一厂工人斗争史》,1961 年编印。

1949)》①、《张謇与近代南通社会：口述实录（1895—1949）》②等口述史著作，是专门就大生纱厂工人生活情况的查访，有效反映了近代各历史阶段大生纱厂工人的不同境遇，是非常珍贵的口述史料。

（三）海外研究

从宏观上而言，深受西方学者关注的中国沦陷区，是海外研究的聚焦点。正如王克文在《欧美学者对抗战时期中国沦陷区的研究》中所指出的，欧美学者在考察沦陷区的地方经验时，多半强调"灰色地带"（gray zone）的存在。③ "灰色地带"系易劳逸（Lloyd E. Eastman）提出，他认为沦陷区存在着三不管地带——乡村地区，为国家意识、民族主义淡薄的地方农民与占领者之间保持特殊的"暧昧关系"提供温床。④ 此外，卜正民（Timothy Brook）在《秩序的沦陷：抗战初期的江南五城》中，对"灰色地带"展开更加充分的阐释，他对"灰色地带"中的商人群体尝试"去道德化"，强调价值中立，解释"合作者"（即与日汪关系暧昧的中国资本家群体）预先假设的道德准则是如何形成的，认为不能根据这个道德准则来判定他们的行为。⑤ 对于这一类处于"灰色地带"、亲日或与日"合作"的中国资本家，柯博文（Parks M. Coble）、王克文、卜正民、古厩忠夫等学者

① 穆烜、严学熙编著：《大生纱厂工人生活的调查（1899—1949）》，南京：江苏人民出版社1994年版。

② 姚谦：《张謇与近代南通社会：口述实录（1895—1949）》，北京：方志出版社2010年版。

③ ［美］王克文：《欧美学者对抗战时期中国沦陷区的研究》，《历史研究》2000年第5期。

④ Lloyd E. Eastman, "Facets of an Ambivalent Relationship: Smuggling, Puppets and Atrocities during the War, 1937 - 1945," in Akira Iriye(ed.), *The Chinese and Japanese: Essays in Political and Cultural Interactions* (Princeton: Princeton University Press, 1980).

⑤ ［加］卜正民著，潘敏译：《秩序的沦陷：抗战初期的江南五城》，北京：商务印书馆2015年版。

均通过不同的个案或群体予以分析,虽然得出的相关结论各有差异,但均指向战时沦陷区的中国资本家,基于生存与利益的考量,与日汪保持着"合作"与斗争并存的复杂关系。① 因而,就沦陷区民族资本家的战时行为而言,海外学界对其复杂的历史面相展开深入探究,具有启发性的重要意义。并且,海外学界对有关大生纱厂的研究取得相当成绩,具体可以分为以下三方面。

其一,以大生纱厂为主体的个案研究。日本学者中井英基在这一方面拥有较多成果,通过《中国近代企业者史研究》②、《張謇と中国近代企業》③、《中国近代綿紡績業における技術移転と民族資本の成長——南通大生紗廠を中心として》④等著作,《清末における南通在来綿織物業の再編成:大生紗廠設立の前史として》⑤、《清末綿紡績企業の設立過程:南通大生紗廠の場合》⑥、《清末中国

① 研究成果参见 Parks M. Coble, *Chinese Capitalists in Japan's New Order: The Occupied Lower Yangzi, 1937—1945* (Berkeley: University of California Press, 2003);[美]王克文著,徐有威、浦建兴译:《通敌者与资本家:战时上海"物资统制"的一个侧面》,《档案与史学》1996 年第 2 期;[加]卜正民:《中国日占区的事仇民族主义》,[加]卜正民、[加]施恩德编,陈城等译、戴联斌校订:《民族的构建:亚洲精英及其民族身份认同》,长春:吉林出版集团有限责任公司 2008 年版;古厩忠夫「戦後地域社会の再建と対日協力者」,『日中戦争と上海,そして私:古厩忠夫中国近現代論集』、研文出版、2004 年,等等。

② 中井英基『中国近代企業者史研究——张謇と通海墾牧公司』、アジア政経学会、1976 年。

③ 中井英基『張謇と中国近代企業』、北海道大学図書刊行会、1996 年。

④ 中井英基『中国近代綿紡績業における技術移転と民族資本の成長——南通大生紗廠を中心として』、北海道大学図書刊行会、1996 年。

⑤ 中井英基「清末における南通在来綿織物業の再編成:大生紗廠設立の前史として」、天理大学学術研究会編『天理大学学報』24 巻 5 号、1973 年、261—287 頁。

⑥ 中井英基「清末綿紡績企業の設立過程:南通大生紗廠の場合」、天理大学学術研究会編『天理大学学報』26 巻 3 号、1975 年、77—94 頁。

の綿紡績業における企業者活動——南通大生紗廠の設立と張
謇》①、《清末の綿紡績企業の経営と市場条件：中国民族紡におけ
る大生紗廠の位置》②等论文，更加综合、全面地考察张謇、大生纱
厂及南通棉纺织业，充分展示出张謇在创办前后及运营过程中的
革新性成就。以上成果一方面分析了张謇自身及其企业的局限
性，指出大生纱厂从巅峰走向低谷的政治及社会原因，从"集股章
程""历届账略"等角度出发，以企业史与经营史的角度对大生等张
謇旗下企业的经营状态进行了详细考察；另一方面，作者又对在传
统制度与价值体系中逐步生出萌芽、力图创办经营新式近代企业
的张謇的"企业家精神"进行了重点探讨。③

　　金志焕的《一战后大生纱厂经营恶化及对日借款交涉》对
1925 年以后大生纱厂经营状况进行窥视，重现一战后张謇试图
通过对日借款来克服经营恶化的困难，指出日本政府在张謇借款
的问题上表现出积极姿态，意在利用张謇缓解中国的排日情绪，
但在舆论压力之下，张謇否认了借款交涉，借款也随之流产。④
不足的是，文章仅仅围绕张謇向日本借款交涉一事进行探讨，并未
将此事与沦陷时期日本对大生纱厂的利用与侵占进行联系与纵向
对比分析，略为遗憾。柯丽莎（Elisabeth Köll）的 *Modern
Enterprise in China*：*The Da Sheng Cotton Mills in Nantong*，

---

① 中井英基「清末中国の綿紡績業における企業者活動——南通大生紗廠の設立と張
　　謇」、一橋大学一橋学会一橋論叢編集所編『一橋論叢』72 巻 1 号、日本評論社、1974
　　年、93—112 頁。
② 中井英基「清末の綿紡績企業の経営と市場条件：中国民族紡における大生紗廠の位
　　置」、社会経済史学会編『社会経済史学』45 巻 5 号、1980 年、537—564、597—598 頁。
③［日］久保田文次：《张謇研究在日本的发展》，《东方早报》2013 年 7 月 9 日。
④［韩］金志焕：《一战后大生纱厂经营恶化及对日借款交涉》，《安徽史学》2017 年第
　　4 期。

1895—1926 [1]、"Control and Ownership During War and Occupation：The Da Sheng Corporation and its Managerial and Financial Restructuring，1937 – 49" [2]、*Japanese Control over Chinese Enterprises in the Countryside：the Economic Development of the Nantong Area during War and Occupation* [3]、《在战争和政治困境中争取家庭和公司利益：20 世纪 20—50 年代初大生企业的转型》[4]、*From Cotton Mill to Bussiness Empire：The Emergency of Regional Enterprises in Modern China* [5] 等成果条分缕析地考察自张謇创办开始至 1949 年中华人民共和国成立前后这一长时段内大生纱厂的不同境遇与变化，以及由此带来的各种影响，分析大生纱厂的经营管理模式与结构、张謇及张氏家族对大生内部的控驭与影响、周边环境因素的相互影响，梳理其与中央地方政府、银团、外资纱厂、日军当局等多方互动竞争合作等关系，最终引发大生纱厂与南通城的现代化思考。其中，作者以大生纱厂为中心，着重梳理了其从 1937 年至 1949 年的

---

① Elisabeth Köll，*Modern Enterprise in China：The Da Sheng Cotton Mills in Nantong，1895 - 1926* (Oxford：University of Oxford，1997).

② Elisabeth Köll，"Control and Ownership During War and Occupation：The Da Sheng Corporation and its Managerial and Financial Restructuring，1937 - 49," *Asia Pacific Business Review*，Vol. 7，No. 2(2000)，pp. 111 - 128.

③ Elisabeth Köll，*Japanese Control over Chinese Enterprises in the Countryside：the Economic Development of the Nantong Area during War and Occupation* (Washington：the 7th International Ceremony on Japanese & China，2001).

④ [德]柯丽莎著，金彩红译：《在战争和政治困境中争取家庭和公司利益：20 世纪 20—50 年代初大生企业的转型》，张忠民、陆兴龙主编：《企业发展中的制度变迁》，上海：上海社会科学院出版社 2003 年版，第 156—173 页。

⑤ Elisabeth Köll，*From Cotton Mill to Bussiness Empire：The Emergency of Regional Enterprises in Modern China* (Cambridge：Harvard University Press，2003).

财务和管理变革,显示了战争的影响与被占领带来的挑战如何导致管理阶层的变化,强调从共和时期到战争结束的结构发展的连续性,认为这些变化最终导致了 1945 年后国家权力机构及其代表在企业中的主导作用,从而使其由私有产业转变为国有产业。

其二,南通近代化与大生纱厂的综合研究。武凯芝(Kathy Le Mons Walker)的 *Merchants*, *Peasants and Industry*: *the Political Economy of Cotton Textiles*, *Nantong County*, *1895 - 1935*[①] 与 *Chinese Modernity and the Peasant Path*: *Semicolonialism in the Northern Yangzi Delta*[②] 一脉所承,认为 20 世纪二三十年代,与官僚资本结盟的商企进入南通地区,暗中破坏了以大生纱厂为主体的南通本地民族工业,这就是半殖民地化过程的一部分,加上毗邻南通的上海凭借其巨大的市场吸引了西方资本主义的注意力,变相推动了南通近代化的启动与发展。邵勤(Shao Qin)的 *Making Politicad Culture*: *the Case of Nantong*, *1894—1930*[③] 与 *Culturing Modernity*: *The Nantong Model*, *1890 - 1930*[④] 紧密地将大生纱厂与南通地方结合起来,指出张謇及其创办的大生纱厂等各项产业事业对南通产生了难以估量的深远影响,通过神话与现实、空间与时间、印刷业、博览业、经

[①] Kathy Le Mons Walker, *Merchants*, *Peasants and Industry*: *the Political Economy of Cotton Textiles*, *Nantong County*, *1895 - 1935* (Pennsylvania: University of Pennsylvania, 1987).

[②] Kathy Le Mons Walker, *Chinese Modernity and the Peasant Path*: *Semicolonialism in the Northern Yangzi Delta* (California: Stanford University Press, 1999).

[③] Shao Qin, *Making Politicad Culture*: *the Case of Nantong*, *1894 - 1930* (East Lansing: Michigan State University, 1995).

[④] Shao Qin, *Culturing Modernity*: *The Nantong Model*, *1890 - 1930* (California: Stanford University Press, 2004).

济与工业上的案例等几个部分对南通模式进行研究，从中摸索出张謇、大生、南通之间既错综复杂又相辅相成的关系网络。

其三，涵盖大生纱厂的相关研究，具体可以分为近代中日棉纺织业的系统研究与中德相关问题研究。

一是近代中日棉纺织业研究。金志焕的《棉纺之战：20 世纪 30 年代的中日棉纺织业冲突》探讨 1930 年代中日两国在棉纺织业上的经济冲突，选取大生纱厂等几家华商为中方纱厂案例，与日本在华纱厂对比分析，以小窥大，认为这一段时间内的中日纱厂之间的博弈竞争有着愈演愈烈之势头，成为中日战争的导火索之一。[①] 森时彦的《中国近代棉纺织业史研究》在"中国棉纺织业的'黄金时期'"和"中国棉纺织业的近代化过程"两部分中将中日纱厂在 1920 年代的经济竞争重现出来，从侧面论述以大生纱厂为代表的中国民族棉纺织业与日本资本主义之间的关系与争斗。[②] 久保亨的《近代中国綿業の地帯構造と経営類型：その発展の論理をめぐって》，明确中国棉花产业发展的区域差异，并对几种经营类型进行比较，并在文中列举了大生、永安、申新、华新等纱厂作为案例辅助研究。[③] 富泽芳亚、久保亨、萩元充的《近代中国を生きた日系企業》，以在华日资棉纺织企业为中心，考察它们在近代中国不同时期内的不同经营策略，进而探究它们与大生、永安等中国棉纺织民族工

---

① ［韩］金志焕：《棉纺之战：20 世纪 30 年代的中日棉纺织业冲突》，上海：上海辞书出版社 2006 年版。

② ［日］森时彦著，袁广泉译：《中国近代棉纺织业史研究》，北京：社会科学文献出版社 2010 年版。

③ 久保亨「近代中国綿業の地帯構造と経営類型：その発展の論理をめぐって」，『土地制度史学』29 巻 1 号、1986 年、20—39 頁。

业之间的竞争与合作。① 高村直助的《近代日本綿業と中国》深入探究在华日本棉纺织企业的形成与发展,并与包括大生纱厂在内的中国本土棉纺织民族工业相比较,建构中日棉纺织企业对抗与竞争的历史图景,以及辨析中日两国政府的相关经济政策在其中的影响与作用。②

此外,国外学界注意到中日之间爆发的战争及其对两国棉纺织业的影响,并展开一定研究。久保亨的《戦間期中国の綿業と企業経営》对抗战时期中国的棉纺织企业展开系统的概述,对包括张謇与大生纱厂在内的多个企业家与所办企业进行探讨,描绘出战争时期日本侵华形势下不同纱厂所处之境遇与所作的不同因应的历史画面。③ 桑原哲也的《在華紡の組織能力——両大戦間期の内外綿会社》,开篇论述了大生、永安、申新等民族纱厂的创办发展历程,进而引入内外棉公司在上海等地经营不可避免地与上述几家中国纱厂展开激烈竞争的历史考察。④ 柴田善雅的《中国占領地日系企業の活動》考察了中日战争时期沦陷区日本企业活动,包括"军管理"时期"委任经营"大生纱厂的钟渊纺织株式会社,指出在沦陷区内的日本棉纺织企业的经营活动与内外部环境的影响息息相关,尤其 1943 年开始受日本战事影响而出现的原料运输受阻、工厂操作效率低下等不利状况使企业陷入困难的境地。⑤

二是中德相关问题研究。芭芭拉·施米特-恩勒特(Barbara

---

① 富澤芳亜、久保亨、萩元充『近代中国を生きた日系企業』、大阪大学出版会、2011 年。

② 高村直助『近代日本綿業と中国』、東京大学出版会、1982 年。

③ 久保亨『戦間期中国の綿業と企業経営』、汲古書院、2005 年。

④ 桑原哲也「在華紡の組織能力——両大戦間期の内外綿会社」、『龍谷大学経営学論集』44 巻 1 号、2004 年、45—65 頁。

⑤ 柴田善雅『中国占領地日系企業の活動』、日本経済評論社、2008 年。

Schmitt-Englert)的 *Deutsche in China 1920 - 1950：Alltagsleben und Veränderungen* 通过选取生活于上海、天津和北京三个重要城市的德国人为研究对象，基于社会生活史的视域，探讨他们在不同时期、不同环境下的生活细节与变化，其中在论述 1937 年至 1939 年的在沪德国人群体时，从驻沪企业、日常生活、德国学校、日本侵华政策等方面着手，包含曾于沦陷初期驻大生各厂的蔼益吉公司德国籍经理职员，从侧面勾勒出大生纱厂采用"借德御日"的生存因应及其历史图景。[①] 罗梅君(Mechthild Leutner)的 *Deutschland und China 1937 - 1945*[②] 是一本浓缩的资料汇编，汇集了反映 1937—1945 年中德两国在政治、军事、经济、文化四个方面的德英中等多语言档案资料，其中在 1937—1945 年德中经济部分，收录了有关蔼益吉公司在华业务等内容，可以在一定程度上反映蔼益吉公司对华政策，及其与大生纱厂等中国多家民族工业之间的关系，为研究添砖加瓦。

（四）回顾与展望

综合审视以上研究，可以发现学界存在如下特征与趋势：其一，对大生纱厂的研究依然是"集中化"与"聚焦化"，张謇时期吸引了主要的研究视角与研究力度，"后张謇"时期的研究略显单薄，尤其是沦陷时期成果不多。其二，虽然当下学界尤其是海外学界，对于沦陷区这一类"灰色地带"投入较多关注，在理解中国资本家的战时行为特别是与日汪的"合作"问题方面得出了基本共识，并且可以在一定程度上还原这一特殊群体的复杂历史面相，但就具体

---

① Barbara Schmitt-Englert，*Deutsche in China 1920 - 1950：Alltagsleben und Veränderungen* (Gossenberg：OSTASIEN Verlag, 2012).

② Mechthild Leutner，*Deutschland und China 1937 - 1945：Politik-Militär-Wirtschafts-Kultur，Eine Quellensammlung* (Berlin：Akademie Verlag, 2009).

个案的分析力度稍显不够,在论据方面不能完全支撑其观点。就沦陷区企业及其内部人员的战时应对与生存问题而言,研究视野基本集中于上海、南京、北京、天津、武汉等中心城市或东北等特色鲜明的殖民地,缺少极具地方特色的个案研究,并且在现有成果中,缺少能够全面反映这类沦陷区"地方"民族工业的生存图景,包含其因应日本等多方势力采取的动机要素、背后实质及其内外部之相互联动。其三,学界对南通近代化模式的探讨,绕不开大生纱厂。作为近代南通地方经济与社会的基石,大生纱厂可以视为南通近代化的名片或象征,二者之间有着千丝万缕的联系,也是相辅相成的"合作共进"模式。其四,以全面抗战或南通沦陷为时间段、大生纱厂为研究对象作专题论述的国内外研究成果并不多见,对于非常时期大生各厂的生产与经营、厂内各阶层人员的生存因应及其与各方势力博弈、互动的全过程,不能做出完整、全面、深入的研究与探讨,不能从真正意义上解构与重构沦陷时期大生纱厂的历史图景,进而不能体现、反映大生上至高层、下至职员和工人的生存实态,无法还原大生纱厂作为复杂的空间多面体在沦陷时空中的形变与变形,不能以小窥大,透彻理解沦陷区民族工业的生存问题之本质与商民因应的深层原因及草蛇灰线。

因此,本书需要在诸位前辈的基础上,与学界主要观点形成对话,塑造"学术共同体",虽无意推翻或颠覆认识,但有意拓宽大生纱厂及沦陷区研究的视野,将沦陷时期大生纱厂的历史全貌完整地呈现出来,还原其真实面相,论证其特殊性所在,引发深层次思考,为现有观点增添更加扎实的论据,可谓任重而道远。

三、研究方法

第一,文献研究法。历史是过去的事情,后人无法对它亲历体验,而史料是研究者借以发现、了解历史的重要载体。历史学的文献研究法要求对文献进行深度判读与理解,在准确获取史料的基础上客观公正评析,用一份材料说一份话,在马克思主义唯物史观的正确指引下对不同的史料进行交叉印证,辨其真伪,去伪存真,更好地将史料运用于学术研究。

无论是以大生纱厂为主体的档案资料,抑或是反映厂内各阶层人员心路历程的信函、文书与日记,都是"在历史中"较有自觉意识的当事人的经验,是较为个人化的、具有某种直接性的文字,是保留了现场感的珍贵材料。基于此,本研究拟下沉到这些具体的往来文书、信件、档案、报告之中,结合考虑其成书的背景与环境,考虑记载人员的主观动机与因素,尽可能地引用其他相关资料尤其是外文资料进行佐证,条分缕析、抽丝剥茧、探本溯源,营造行文的立体感与空间感。

在对待大生纱厂及厂内各阶层人员的研究上,需要以公平、公正、客观的研究眼光去鉴读,避免主观代入感与价值判断,根据判读后的史料进行分析,还原沦陷时期大生纱厂的真实面貌。

第二,量化史学理论方法。当下史学界尤其是经济史学界对史料的运用与分析,离不开量化史学理论方法。利用史料中所呈现的数字,进行相关数学计算及分析考辨,以判断史料真伪性、合理性与否,是量化史学理论方法的关键所在。同时,由于量化方法具有其他方法无法替代的有用性,也具有明显的局限性,故在史学研究中,对于量化方法,既不应盲目拒绝,也不应盲目崇拜。[1]

对于本研究而言,一方面因属经济史范畴,量化史学理论方法

---

① 李伯重:《史料与量化:量化方法在史学研究中的运用讨论之一》,《清华大学学报》(哲学社会科学版)2015 年第 4 期。

不可或缺；另一方面，更需要借助量化史学理论方法进行科学化与现代化的技术提升，利用财务模型对本书史料范围内的大规模数据报表进行计算分析，以其逻辑严密精确的特性减少在文字、文本解读分析上的错误与偏差，推导出新的结果，供历史实证检验，更加明确大生纱厂在沦陷时期的运营生产走向与趋势，做出更为合理的解释判断。

第三，财务管理学研究方法。因本研究属于企业史范畴，关于沦陷时期大生纱厂生产经营状况的研究，需要引入财务管理学中的企业财务报表分析方法，对大生纱厂在沦陷时期相关年度的资产负债表、损益表等进行财务分析，计算相关财务比率，借助杜邦分析法（DuPont Analysis），对得到的数值综合历史背景进行分析研究。

除了采用以上三种研究方法，研究者还需保持自警。进入研究，首先要面对时代立场问题。同一历史事件，旁观者（包括后人研究者）将之作为事件，当事人将之作为经历，显然会形成迥异的叙事。从某种意义上可以说，很多时段的历史是因发生于其后的事件、过程而得到强化解释，而成为"历史"并获取特殊意义。其次要面对个人立场问题。人不可能空着手走进历史，当然也不能空着手走出历史。即使研究者决意不选择立场，并不能保证没有偏见、成见或先入为主。审查自己展开论述时的状态，警戒着将有待澄清的东西作为不言自明的前提，是必要的。不能让研究变成想象与渲染、智力与文字的游戏。研究者都是历史的参与性观察者。研究者努力置身事外，但仍然不可能脱出自己所处的时代。研究者既有的经验积累和已有的思考都会是研究者们"问题意识"的反映。研究者既要窥见镜子中的映像，又要考查那镜子，自身也照入其中，由此获得一种叠印的丰富性。一定要避免在"浪漫"的历史想象中去建构自己的合理性基础，然后从这种虚幻的基础上去寻找支持自己现实立场的历史资源。

四、相关概念界定

大生纱厂。大生纱厂即南通大生纺织公司，系大生资本集团的支柱与母体，具体包括五家分厂：位于南通唐家闸（即唐闸，下同）的大生一厂（后改称大生第一纺织公司），位于崇明外沙（今属江苏省启东市）的大生二厂（后因纱市不振而停产，1935年被银团接管拍卖），位于海门的大生三厂（后改称大生第三纺织公司），位于南通江家桥的大生八厂（后并入大生一厂，改称副厂），以及位于南通天生港的大生电厂（亦称天生港电厂）。

南通。民国肇建后，南通设县。1933年，江苏省第七区行政督察专员公署（1936年6月改为第四区行政督察专员公署）设立于南通城内，辖南通、海门、如皋、启东、崇明五县。南通沦陷后，国民党南通县政府迁往金沙，日军当局在南通建立伪政权。1940年后，新四军东进，在南通、如皋、海门、启东四县建立抗日民主政府。为便于研究展开论述及行文阅读，本书所指的南通地区以南通、海门两县为主，辅以涵盖如皋、启东、崇明等其他三县。

沦陷时期。1938年3月17日，南通沦陷，1945年8月15日，抗战胜利，沦陷结束，故在严格意义上以1938年3月17日—1945年8月15日为沦陷时期。为论述充分起见，本书对这一时期首尾适当延展，上至20世纪二三十年代，下至1949年前后。如无特别说明，本书中的沦陷时期均指南通沦陷时期。

计量单位。民国时期，棉纱的计量单位是"件"，一件纱等同于一箱。棉花的计量单位是"担"（"石"）或"斤"，1929年南京国民政府统一度量衡后，一市担约等于50公斤。

　　棉纱支数。棉纱的支数表示其粗细程度,支数越大,棉纱越细,质量越高。大生纱厂的棉纱支数采用英制式,用"S"表示,12支纱表示为12S,20支纱表示为20S,32支纱表示为32S,以此类推。

第一章　南通沦陷前大生纱厂的生存实态

　　1895 年大生建厂之初,因上海纱市不景气,影响社会资金流向纱厂,只能通过借债的办法来筹措资金。[①] 1899—1900 年间,大生正厂(后改称大生一厂)纱锭全部开齐,此后经营便蒸蒸日上、渐入辉煌,历年获利颇丰。1907—1924 年间,张謇先后建立大生分厂(后改称大生二厂)、大生三厂与大生八厂(后并入大生一厂,改称大生副厂),并在 1922 年设立大生第一纺织公司(以下简称大生一公司)、第二纺织公司(以下简称大生二公司)与第三纺织公司(以下简称大生三公司),分辖一厂、二厂、三厂。顶峰时期的大生纱厂占据近代民族工业的重要分量,成为南通地方的垄断企业,纱布远销东北,被誉为"第一次欧战以前华资纱厂中唯一成功的厂"[②]。

　　第一次世界大战期间,大生纱厂迎来发展的黄金时段。从 1917 年开始,由于外货锐减,国产纱布畅销,特别是四川、江西两地需求量更大,纱价由每箱 156 元涨至 230 元,大生纱厂全年获利 76 万两。并且此后连续四年赢利,至 1921 年共获利 560 余万两。然

---

① 《大生系统企业史》编写组:《大生系统企业史》,第 16 页。
② 严中平:《中国棉纺织史稿》,北京:商务印书馆 2011 年版,第 127 页。

而一战结束后,中外纱厂竞相争购原料,倾销纱布,形成花贱纱贵之势。加上军阀混战、苏北水患淹没棉田等原因,大生纱厂的销量与产量逐年递减,从高额盈余变成大量亏损,各厂均陷入不同程度的生存困境之中,直至 1925 年被银团接管。从此至南通沦陷前,大生纱厂生产与经营时好时坏,时刻影响着企业运转,并受内外因素作用,产生了难以消弭的影响。本章即以银团接管至南通沦陷前这一时间段为经,剖析大生纱厂起伏不断的生存实态,及其产生的连锁反应。

第一节　银团接管与生存困境

一、大生纱厂的发展脉络

1895 年,经两江总督张之洞授意,张謇正式创办大生一厂,筹建于南通唐闸,但因集股困难等情,1899 年 4 月方才准备就绪,5 月 23 日正式开车①。"开车之初迭遇经济困厄,备当艰苦,幸能年获盈余日渐扩展。"②大生一厂是大生资本集团的基石,奠定唐闸工业繁荣与奇迹的根基,更被誉为"南通事业之母"。自此开始,无论是生产规模或经营收入,一厂一直占据着大生纱厂的"半壁江山"。

1901 年后,历年持续增长的营业收入与利润空间,不断刺激张謇开拓事业版图。从该年起,张謇与其兄张詧在通海地区陆续新办一批企业,初步形成以棉纺织工业为中心的大生资本集团,

---

① "开车"意为工厂内纺纱车开动,简称"开车",以下如无特别说明,"开车"均为此意。
②《大生第一纺织公司概况》,南通市档案馆藏,大生第一纺织公司档案,B402/111/292。

也是全国最早的民营股份制企业集团[1]，大生纱厂亦进入全面发展阶段。[2] 在逐年盈利后的 1904 年，张謇等于崇明外沙久隆镇购地筹建大生二厂，1907 年建成投产。同年 8 月 31 日，大生纱厂召开首次股东会议，通过大生纺织股份有限公司章程，由公司董事局统管正厂（一厂）、分厂（二厂），意味大生正式成为股份制企业。

至 1913 年，生产经营渐至顶峰的大生一厂与二厂不断促使张謇野心激涨，决定再次扩大集团版图。张謇计划在通海地区再建 7 个纱厂，分别为三、四、五、六、七、八厂这 6 个分厂，以及在吴淞建大生淞厂，其中三厂选址于海门，其他各厂分别位于天生港、东台、如皋等地。[3] 但随着 1922 年之后大生纱厂生产经营陡然下滑，生存举步维艰，最终建成的只有三厂与八厂。

1914 年，张謇、张詧选址于家乡海门常乐镇，翌年开工建设大生三厂。建成后，三厂距一厂、二厂各 80 华里，厂门以外就是茂密的棉田，每当白露节后，远望整个工厂，就像淹没在一片银海之中。[4] 三厂甚至拥有为己服务的水路运输设施与工具——1920 年，该厂耗费 10 万元铺设了 11 华里轻便铁路，从三厂直达青龙港，亦在青龙港兴建会云闸，疏浚河道 38 华里。[5] 同时，三厂所处之

---

① 陈争平认为，1901 年张謇创办通海垦牧公司，标志着大生纺织企业的跨业发展，逐步形成一个资本集团，也是中国最早的民营股份制企业集团。参见陈争平：《从大生模式看张謇在企业制度方面的历史贡献》，崔之清主编：《中国早期现代化的前驱：第三届张謇国际学术研讨会论文集》下，北京：中华工商联合出版社 2001 年版，第 450—451 页。

②《大生系统企业史》编写组：《大生系统企业史》，第 35 页。

③ 傅国涌：《大商人：影响中国的近代实业家们》，厦门：鹭江出版社 2015 年版，第 22 页。

④《大生系统企业史》编写组：《大生系统企业史》，第 144 页。

⑤《大生系统企业史》编写组：《大生系统企业史》，第 146 页。

地，因其得名"三厂镇"，至今仍存，可见影响之深远。1921年，在排除纺织机器运输受到耽误、工程师缺失等困难后，三厂正式开车生产。

同年，张謇等于南通城南的江家桥建设大生八厂，1924年10月建成。起初，为缓解大生纱厂由债台高筑而造成的经济窘困，张謇决定将八厂租赁与永丰公司生产与经营。但是，一厂与八厂之间相隔不过十余里，如不归并，进货、出货相互竞争，对双方不利。[①] 1926年，永丰公司因投机失败无以经营[②]，经大生董事会议决，八厂归并一厂，更名为"大生第一纺织公司副厂"，简称大生副厂，正式收回自办。

受外部环境突变、内部各项事业支出负担加重等影响，大生三厂、副厂命运与一厂、二厂大体相同，逐渐陷入经营不善的困境。相比之下，副厂无论是生产规模或是经营收入，均不可与一厂、二厂、三厂同日而语。同时不能否认，副厂建成开车生产时，大生各厂已"渐入困顿之境营运，副厂力不逮矣"[③]。加上一厂、副厂距离较近，二者"荣辱与共"，只能一同直面艰难险阻，克服不利因素的影响，勉力维持运转。

二、银团接管

1924年10—12月，大生纱厂债权人南通张德记等9家地方钱庄组织维持会经营大生一厂，以抽回资本，但"以资本患拙，负债过

---

① 傅国涌：《大商人：影响中国的近代实业家们》，第22页。
②《大生系统企业史》编写组编：《大生系统企业史》，第149页。
③《副厂简史》，南通市档案馆藏，大生第一纺织公司档案，B402/111/360。

重,难振危局"①。钱庄维持会经营一厂 3 个月,赚取现银 27 万余两,全厂设备仅能开出 6 万纱锭、500 台布机,1924 年亏损 18 万余两,负债总额达 794 万余两。② 如此状况下,大生纱厂的生存处境愈发艰难,甚至濒临破产倒闭的边缘。

1925 年春,大生纱厂的主要债权人——金城银行、上海商业储蓄银行(以下简称上海银行)、交通银行、中国银行及永丰、永聚钱庄等组织成立银团维持会,作为联合接管机构前来南通对大生各厂进行清算盘点与接收。一厂欠永丰钱庄,二厂欠中国、交通两行债务较多,成立"永中公司";三厂欠永聚钱庄债务较多,成立"永聚银团";副厂欠永丰、金城银行债务较多,成立"永金公司"。③ 7 月,银团正式接收大生各厂,因营运资金全无着落,大生董事会遂以各厂基地、房屋、机器、库存花纱布、车面等,同银团签订厂基营运等押款合同。④

1925 年 8 月 19 日,银团派遣李登魁(李升伯)出任大生一公司经理,陈子樵、卢汉屏先后出任大生二公司经理,费善本、薛昌勋先后出任大生三公司经理,曹禄赐出任副厂经理,蔡廷南出任大生上海事务所账房。至此,大生各厂均有银团代表,他们与代表地方的公司高层之间必然存在着利益纷争,冲突在所难免,成为影响大生生产经营状况的内因。此后十余年间,大生纱厂及各附属产业均处于银团接管控制之下,丧失生存的自主与自由,较

① 张季直先生事业史编纂处编,张謇研究中心等校注:《大生纺织公司年鉴(1895—1947)》,第 174 页。
② 张季直先生事业史编纂处编,张謇研究中心等校注:《大生纺织公司年鉴(1895—1947)》,第 192 页。
③《大生系统企业史》编写组编:《大生系统企业史》,第 226—227 页。
④《大生系统企业史》编写组编:《大生系统企业史》,第 227 页。

为被动。

银团接手后,李升伯等制订了一整套行之有效的改革措施,大刀阔斧地开始整顿、革新大生各厂厂务。[①] 具体包括调整人事、修建厂房、增添机械设备、重启天生港电厂建设、裁减员工、降低生产成本等项。在他的整治之下,跌入低谷的大生纱厂渐有起色,一定程度上缓解其越来越大的生存压力。1929 年,沈燕谋接掌大生三厂,在他的管理下,三厂的生存状况得到明显好转。大生《年鉴》有云:"第三厂自沈燕谋任经理,鉴于积亏债务庞杂,力图整理,并将厂基押于上海银行,而纷琐之债务爬梳略清……三厂之业务浸浸复起。"[②]并且,曾于张謇时期萌生的修建电厂计划,在银团管控大生纱厂时期重新被提上议程,付诸行动。

出于扩张版图的经济需要,亦是造福社会的政治需求,"本公司所属各厂,暨南通地方其他各工业,在昔各谋动力耗煤费工,殊不经济"[③],张謇萌生了筹设电厂的构想。当时无锡申新三厂、振新纱厂均有动力车间,置有锅炉和发电机,而大生各厂使用柴油引擎、电动机后,仍不能满足生产的需要。[④] 因此,历经种种艰险甚至一度搁置后,1933 年 2 月,"勘定天生港口为厂地,同时委托上海扬子建筑公司设计监督土木工程,用三十万元,廿三年(1934)夏季,特置机械,前后历时二年全部竣工,同年十二月开始发电"[⑤]。电厂建成后,归并于大生一公司,并为大生各厂提供电力输出,李升伯

---

① 龚玉和、龚励:《李升伯传》,第 37 页。

② 张季直先生事业史编纂处编,张謇研究中心等校注:《大生纺织公司年鉴(1895—1947)》,第 214 页。

③《电厂概况及电力扩充情形》,南通市档案馆藏,大生纺织公司档案,B403/111/351。

④ 顾纪瑞:《大生纺织集团档案经济分析(1899—1947)》,第 53 页。

⑤《电厂概况及电力扩充情形》,南通市档案馆藏,大生纺织公司档案,B403/111/351。

特聘请黄友兰等专技人才负责电厂事务,很大程度上减轻了大生各厂的经济负担。1936年后,随着"历年来南通工业日有发展,本厂(电厂)负荷迅速增加"[1],即制订扩充计划,并提交大生董事会讨论通过,但因翌年战争突起而被迫中止。

然而,李升伯代表的银团引进西方的科学管理,聘请具有欧美、日本留学经历的陆辅舟、张方佐、吾葆真、徐缄三与南通学院纺织科毕业的张文潜、骆仰止等专业人才主持厂务,采用工程师制与合理化工厂管理替代封建工头管理制度等做法触及了以张謇为代表的大生纱厂高层的既得利益。[2]"大生原先实行的工头制度,都是张謇安排的,李升伯任用新式人才,无疑使得张謇利益受损。"[3]

故自革新厂务开始,李升伯便不断遭受大生纱厂高层绅商的排挤,致使其1929年便向董事会请予辞职:"敬恳准予辞去一、副两厂经理职务,另简贤能接替实行。"[4]董事会进行慰留,职员亦联名上书要求挽留,李升伯遂于8月离厂休息,1931年1月回厂继续主持厂务。一波尚平,一波又起。1933年李升伯精简各厂工人、裁汰冗工,此举势必导致人人自危,生计中断,生存成疑。在中共地下党的领导之下,5月爆发工人大罢工,并在请愿归途中与南通县警察发生流血事件,造成1死6伤,17人被捕,史称"五月的怒潮"。同时,此次罢工事件导致南通县中共地下

---

[1]《电厂概况及电力扩充情形》,南通市档案馆藏,大生纺织公司档案,B403/111/351。

[2] 姜平:《1933年南通大生纱厂大裁员始末》,《中国经济史研究》2005年第3期。

[3] 张若愚访谈、整理:《姜平口述实录》(未刊稿),访谈时间:2019年11月12日,访谈地点:南通纺织博物馆。

[4]《李升伯致董事会为请准予辞职函》(1929年8月11日),张季直先生事业史编纂处编,张謇研究中心等校注:《大生纺织公司年鉴(1895—1947)》,第336页。

党组织暴露,遭国民党"清洗",破坏殆尽。18 日,大生厂方答应支付每位解职工人两个半月的工资,工潮平息。19、20 两日,大生一厂职员连续向李升伯及董事会请求复工:"当此国难严重期间,本厂负债累累,又受纱布布价凋落,影响殆已濒于不可支持之境地……大生为南通事业之母,此次工潮因不良份〔分〕子捣乱而益扩大,匪但影响国计民生,不啻破坏南通整个之事业。"①据此可见,在银团接管、被动经营下的大生纱厂内部,职员与工人之间存在嫌隙与矛盾,职员较多拥护李升伯,工人则处于随时可能被裁的"危险"处境。加之李升伯的改革无法获得董事会的支持与认可,举步维艰,大生纱厂的生存未有明显好转的迹象。

三、再遇困境

1935 年的夏秋季节,大生纱厂命途多舛,堪称"多事之秋"。首先是包括徐静仁、严惠宇、洪兰友、方巨川、沈燕谋等在内的各厂董事、监事向董监事联席会议提出辞职,主要原因就是当时大生所面临的每况愈下的生存处境。

6 月 9 日,徐静仁率先向董事会请辞:"因鄙人年力就衰,本身事务已苦,应接不暇所有……另推贤能以免尸素。"②22 日,洪兰友向董事会请辞,称:"毫无建树,至用愧怍……万无余力,再事滥竽,

①《大生一厂董事长张孝若、经理李升伯和工厂受理人员为工人 1933 年 5 月进行罢工斗争等有关函件》(1933 年 5 月 21 日),南通市档案馆藏,大生第一纺织公司档案,B402/111/72。

②《洪兰友、方巨川、沈燕谋等董监事为请求董监事职致大生公司信件》(1935 年 6 月 9 日),南通市档案馆藏,大生纺织公司档案,B403/111/115。

亟应提出辞职。"①董事长张孝若(张怡祖)②于6月30日、7月1日连续两日挽留,"加以慰勉",但效果不佳,徐、洪二人均表示"董事之名数载,毫无贡献,言之甚愧",决心辞职。③ 10月,大生一厂三厂董监事联席会议召开,"一厂董事名额九人因病出缺,剩三人洪董事兰友又来闹辞职,三厂董事名额七人因病出缺,剩三人"④,会上沈燕谋又以"各厂营业问题纠纷日甚,应付无力"⑤为理由请求辞职,但并未获准。

　　短短数月内,徐静仁、洪兰友等数位董事监事向大生董监事联席会请辞,董事长张孝若亲自对他们作一致慰留。然10月17日,张孝若在沪家中遇刺⑥,"执我国工商业之牛耳,菫声实业界巨擘,前任考察欧美实业专使,逊清状元南通张季直先生(张謇,下同)之长公子张孝若氏,于昨日(17日)黎明六时十分,突遭甫于前日由通(南通,下同)来沪之旧仆、皖人吴义高开枪狙击,殒命于法租界辣

---

① 《洪兰友、方巨川、沈燕谋等董监事为请求董监事职致大生公司信件》(1935年6月22日),南通市档案馆藏,大生纺织公司档案,B403/111/115。

② 张怡祖,字孝若,1898年生,张謇亲生独子。1926年张謇去世后,接任大生纱厂董事长等职务。有学者指出,张孝若由于缺乏其父那种生意天才、领袖魅力、政治关系和社会名望,并在一个极为多变的政治环境中结交了错误的圈子,就大生纱厂的商业利益而言,这是不明智的。参见[德]柯丽莎著,金彩红译:《在战争和政治困境中争取家庭和公司的利益:20世纪20—50年代初大生企业的转型》,张忠民、陆兴龙主编:《企业发展中的制度变迁》,第166页。

③ 《洪兰友、方巨川、沈燕谋等董监事为请求董监事职致大生公司信件》(未标注时间),南通市档案馆藏,大生纺织公司档案,B403/111/115。

④ 《洪兰友、方巨川、沈燕谋等董监事为请求董监事职致大生公司信件》(1935年10月28日),南通市档案馆藏,大生纺织公司档案,B403/111/115。

⑤ 《洪兰友、方巨川、沈燕谋等董监事为请求董监事职致大生公司信件》(1935年10月28日),南通市档案馆藏,大生纺织公司档案,B403/111/115。

⑥ 张孝若遇刺后,因凶手吴义高畏罪自尽,且事后警方调查时,张孝若妻子陈石云说"斯人已去,均是天命,不必深究",故成为悬案一桩。

斐德路一二二八号张之寓所内"①。雪上加霜的噩耗使得大生高层
应接不暇,几乎手足无措。

　　10 月 28 日,大生纱厂召开董监事联席会议,提议"在股东会开
会前暂由常务董事代行董事长职权",并请沈燕谋"在此最短期内
暂请担任(董事长),俟股东会依法补选后,再行互选董事长"。② 根
据大生纺织公司章程第 143 条规定,超过董事会三分之一以上的
董事监事辞职,需要重新投票补选董事监事。遂于 11 月 13 日,董
监事联席会做出决议:"官股董事全部改派……商股董事应行全体
辞职,听候股东会改选。"③15 日,大生一厂临时股东会在上海召
开,董事会表示:"自先后出缺,董会深感所负对内、对外之责任愈
益重大,故其他董事亦经全体提出辞职书,以便股东会改选。"④会
上宣读江苏省政府拟定的改派官股董事名单,重新投票选举董事监
事。翌日,大生三厂临时股东会也在上海召开,同样重新投票选举董
事监事。巧合使然,大生纱厂诸位请辞的董事监事均又当选。⑤

---

① 《张孝若突遭枪杀》,《申报》1935 年 10 月 18 日,第 3 张第 9 版。
② 《大生一二三厂董监事联席会》(1935 年 10 月 28 日),南通市档案馆、张謇研究中心
　编:《大生集团档案资料选编·纺织编(Ⅳ)》,第 444 页。
③ 《大生一二三厂董监事联席会》(1935 年 11 月 13 日),南通市档案馆、张謇研究中心
　编:《大生集团档案资料选编·纺织编(Ⅳ)》,第 445 页。
④ 《十一月十五日大生一厂临时股东会及常会议事录》(1935 年 11 月 15 日),张季直先生
　事业史编纂处编,张謇研究中心等校注:《大生纺织公司年鉴(1895—1947)》,第 345 页。
⑤ 一厂票选董事 9 人,为张敬礼、任祖荣、洪兰友、徐静仁、李耆卿、赵叔雍、沈燕谋、严惠
　宇、周美权;候补董事 3 人,为王子厚、余旭士、徐赓起;票选监察 3 人,为王秉侯、陈光
　甫、方巨川;候补监察 2 人,为李云良、恽季申。三厂票选董事 7 人,为李耆卿、徐静
　仁、吴蕴斋、陈葆初、陆子冬、张敬礼、徐赓起;候补董事 3 人,为任镒安、沈燕谋、章叔
　淳;票选监察 2 人,为李芸侯、吴廷范;候补监察 2 人,为束勛俨、许体钢。参见《十一
　月十五日大生一厂临时股东会及常会议事录》(1935 年)、《十一月十六日大生三厂临
　时股东会及常会议事录》(1935 年),张季直先生事业史编纂处编,张謇研究中心等校
　注:《大生纺织公司年鉴(1895—1947)》,第 349—351 页。

11 月 17 日,沈燕谋致信大生董事会:"大生各厂本是同根所生……相煎相迫毋乃反常……为本厂之稳定,惟有重申前请赐解。"①沈燕谋此语,暗中透露出大生各厂之间存在着矛盾与裂隙,影响生产与经营,很有可能是大生纱厂债台高筑并陷入生存困局的重要原因。22 日,方巨川称:"鄙人连任两次未能稍有匡益,近来职务加繁,势实难以兼顾,用特专函恳辞。"②25 日,严惠宇称:"鄙人在镇(镇江,下同)地方事务甚多,不便时常至沪,所以贵会董事一职实难兼顾,希另选贤能准予辞职。"③这一此起彼伏的请辞风波成为 1935 年终大生高层的一场闹剧,各位董监事意欲借辞职离开大生,从生存困境中"了身脱命",但最终事与愿违,上述诸位在改选董监事后复又当选,不得不迎难而上。辉煌不再的大生纱厂,至此已经沦为各位高层手中的"烫手山芋",不禁令人唏嘘。

此外,受 1929—1933 年爆发的世界经济危机影响,1935 年 8 月,因纱市不振停产近两年之久的大生二厂前途扑朔未卜,"迭经设法谋活,迄无端倪……讵年终沪市金融发生严重恐慌,纺织情势更愈趋愈劣……本厂所希冀觅取之生机,至此遂告断绝"④。25 日,大生纱厂召开临时股东会议商讨二厂命运,做出决定:"(二厂)无法复工,已经股东会议决议清算兹

① 《洪兰友、方巨川、沈燕谋等董监事为请求董监事职致大生公司信件》(1935 年 11 月 17 日),南通市档案馆藏,大生纺织公司档案,B403/111/115。

② 《洪兰友、方巨川、沈燕谋等董监事为请求董监事职致大生公司信件》(1935 年 11 月 22 日),南通市档案馆藏,大生纺织公司档案,B403/111/115。

③ 《洪兰友、方巨川、沈燕谋等董监事为请求董监事职致大生公司信件》(1935 年 11 月 25 日),南通市档案馆藏,大生纺织公司档案,B403/111/115。

④ 《八月二十五日大生二厂临时股东会议事录》(1935 年 8 月 25 日),张季直先生事业史编纂处编,张謇研究中心等校注:《大生纺织公司年鉴(1895—1947)》,第 342 页。

查。"①自此,大生二厂宣告破产,面临被拍卖的生存命运,从而脱离大生资本集团。历经多次流拍后,鉴于停产的大生二厂机器设备、房屋土地等财产都已清理盘点完毕,1937 年 5 月 31 日,扬子纺织公司委托上海诚孚企业股份有限公司,以法币 40 万元"买得大生二厂全部动产暨不动产,除动产部分业已接收外,所有不动产部分因该厂抵押债权人中交两行在契约上迄未签字,延至二十八年(1939)五月四日"②。

四、董事会中的"新"面孔

经历大生纱厂多位董监事的请辞风波后,1935 年 11 月 15、16 日连续召开了大生一厂、三厂临时股东会议,重新选举董事监事,其中出现了一位"新"面孔——陈葆初。陈葆初是南通地方绅商,并且受到张謇的赞赏与表扬,曾任南通保坍会副会长(会长是张謇之兄张詧,"他只挂名,实际事务由陈葆初负责"③)。

陈葆初名陈琛,字葆初,生于清光绪十一年(1885)。其父陈维镛,字楚涛,在南通芦泾港从事"洋棚"买办,跻身南通绅商之列。④张謇创办大生纱厂时,陈维镛参与集股,成为最早的 6 名董事之一。然而在光绪二十二年(1896),陈维镛因集股不力被张謇撤职,两年后郁郁而终,彼时陈葆初 13 岁。父亲的去世对陈葆初打击很

①《洪兰友、方巨川、沈燕谋等董监事为请求董监事职致大生公司信件》(未标注时间),南通市档案馆藏,大生纺织公司档案,B403/111/115。

②《诚孚企业股份有限公司关于购买大生纱厂协商订立契约事,双方的往来文书》,上海市档案馆藏,诚孚企业股份有限公司档案,Q198/1/94。

③ 张若愚访谈、整理:《姜平口述实录》(未刊稿),访谈时间:2019 年 11 月 12 日,访谈地点:南通纺织博物馆。

④ 周宗根:《地方主义与民族主义:南通绅商与战时政治(1937—1949)》,博士学位论文,南京大学,2006 年,第 167 页。

大，家道衰落。此后，陈葆初与其母在众人"落井下石"般的欺凌阴影中生活，其性格受到一定影响。陈葆初曾如此自述："琛（陈葆初）不幸十三龄而孤，不肖者觊觎遗业，以孤寡为可欺，任意侵占。"[1]19 岁时，陈葆初奉祖母张太夫人之命，投身张謇门下，服膺"啬公主义"。

辛亥革命后，陈葆初跟随张謇从事治理地方社会事业，"明习世务"[2]，深受张謇赏识，"引为心膂指臂之助"[3]。此后，陈葆初便一直追随张謇，直至 1926 年张謇逝世。陈葆初自己坦言："少孤时即随先贤张啬公（张謇，下同）学习治事，待至民国十五年（1926）啬公逝世为止。在此三十年中，余未经营任何个人事业，亦未担负任何事业之董、监一席，专心一致辅助啬公所创一切事业之奔走策划耳。"[4]

其父陈维镛虽然因集股不力而去职，但毕竟是大生纱厂创办时期的三位"通董"之一。加上在张謇门下学习、积攒的为人处世等人生经验，以及"与当世贤达商榷国计"[5]的傲人经历，陈葆初逐渐积淀了资本。陈葆初兼具大生元老后代与"张謇门徒"的双重身份，这一"尊贵"的身份指征，是陈葆初干预南通地方事务（尤其是

---

[1]《汉奸陈葆初信件》（1944 年仲秋之月），南通市档案馆藏，南通县自治会（伪县政府）档案，A209/112/590。

[2]《通海大生纱丝厂集股章程跋》（1938 年），南通市档案馆、张謇研究中心编：《大生集团档案资料选编·纺织编（Ⅲ）》，第 7 页。

[3]《汉奸陈葆初信件》（1944 年仲秋之月），南通市档案馆藏，南通县自治会（伪县政府）档案，A209/112/590。

[4]《陈琛自述国难期中经过》（1945 年），南通市档案馆、张謇研究中心编印：《大生集团档案资料选编·纺织编（Ⅴ）》，第 263 页。

[5]《汉奸陈葆初信件》（1944 年仲秋之月），南通市档案馆藏，南通县自治会（伪县政府）档案，A209/112/590。

大生纱厂事务)最有效的通行证,反之,进入大生高层也是其绅商身份的加冕礼。① 在张謇的历练之下,陈葆初迅速成长为一名长袖善舞、左右逢源的近代绅商,他熟稔于人际交往之道,攒集了丰厚的社会财富、政治资源与阅历资历。由于陈葆初追随张謇多年,得到张孝若的尊重,"孝若一直在信件中亲切地称呼'葆初哥'"②。

　　张孝若遇刺身故,大生纱厂困难重重,目睹 1935 年发生的这一切,对陈葆初而言既是机遇亦是挑战,最终他决定进入大生高层。陈葆初通过严惠宇游说江苏银行加入银团,解厂于倒悬,缓解了大生纱厂的债务压力,也为他积攒了进入董事会的砝码与资本。③ 从陈葆初的个人成长史出发,不难理解他在大生纱厂陷入生存困境之时选择迎难而上。正如陈葆初自言:"诚感于啬师(张謇)抱定设厂初衷,为地方公众造幸福,不为一姓一家谋私利,因以为

① 周宗根:《地方主义与民族主义:南通绅商与战时政治(1937—1949)》,博士学位论文,南京大学,2006 年,第 168 页。

② 学者周宗根认为,陈葆初与张孝若关系并不融洽,一直被排除在大生之外,并且陈葆初对张孝若的能力与水平表示怀疑,甚至认为他是凭借其父张謇获取与之不相等的资源与地位。参见周宗根:《地方主义与民族主义:南通绅商与战时政治(1937—1949)》,博士学位论文,南京大学,2006 年,第 168 页。对于这一观点,学者姜平表示反对,他认为从二人往来信件、文书中可以清楚地看出陈葆初与张孝若关系良好。参见张若愚访谈、整理:《姜平口述实录》(未刊稿),访谈时间:2019 年 11 月 12 日,访谈地点:南通纺织博物馆。综合以上两种观点,加上分别向二位学者请教、探讨,笔者认为陈葆初与张孝若的关系相对复杂:一方面,张孝若对陈葆初较为尊重,不仅因为陈葆初年长于张孝若且追随张謇多年,更因为陈葆初长袖善舞的交际能力与手段是张孝若迫切需要的,学者蒋国宏亦认为陈葆初是张孝若处理内外事务的得力臂膀;另一方面,陈葆初对张孝若表面可以,但内心实际想法如何,还需进一步挖掘与研究。

③ 周宗根:《地方主义与民族主义:南通绅商与战时政治(1937—1949)》,博士学位论文,南京大学,2006 年,第 106 页。

报,亦即以慰先君之灵,聊尽人子之责也。"①这也有助于其后更加透彻地分析陈葆初在南通沦陷前后为大生纱厂的生存、张謇事业的延续所作的一切努力。

五、大生总管理处成立

经历 1935 年夏秋之季的多位董监事辞职风波、董事长张孝若遇刺、大生二厂破产拍卖等三件严重影响大生生存与发展的不良事件后,大生一厂、副厂、三厂及电厂②均在银团控驭下勉强度日。为提升经营质量、扩大生存空间,在银团管控之下力求最大限度的自主与自由,大生纱厂新任董事长徐静仁决定在原有上海事务所的基础上,效仿交通银行、中国银行等重要金融机构设立总管理处(General Administration Division)。1935 年 12 月 31 日,大生一公司与三公司召开董事监事联席会议,"大生第一、第三纺织公司董事会为适应环境增进业务,依照董事会规程第十条之规定联合设立总管理处,总揽两公司全部事务"③。

从布迪厄(Pierre Bourdieu)的场域(field)理论出发,大生纱厂以南通、海门等地的工厂为主体,因其独具影响力的地位与基础形成排他性垄断,建构出一个共同体(community),即一个相对独立

---

① 《通海大生纱丝厂集股章程跋》(1938 年),南通市档案馆、张謇研究中心编:《大生集团档案资料选编·纺织编(Ⅲ)》,第 7 页。

② 即天生港电厂,原系张謇构想,其"欲使已办之厂节省开支,从起之厂减轻成本,遂有以电力为动力,集中发电",遂于 1919 年"筹设电厂于天生港",但因 1922 年发生水灾及此后大生纱厂债台高筑,工程暂停。1933 年经银团周转,重新开工建设,于 1934 年建成并投入使用,为大生各厂提供电力,归入大生一公司管理。参见《南通天生港电厂概况》(1947 年 6 月),南通市档案馆藏,大生第一纺织公司档案,B402/111/430。

③ 《大生纺织公司董事会、总管理处、组织规程及办事细则,办公时间规则,职工福利计划纲要》,南通市档案馆藏,大生纺织公司档案,B403/111/153。

的地区性经济空间。① 然而,大生纱厂在陷入生存困局后,各厂之间联系松散、相互掣肘,原有上海事务所不能很好地发挥作用,高层的决策与命令往往不能有效地下达,并且银团的监管形成一种外力,试图冲决这种共同体,使之解体与重塑。总管理处的设立一方面可以强化共同体的向心力与凝聚力,连接各厂与高层之间若即若离却又千丝万缕的各类关系,使得大生纱厂这一共同体落为具象化,扮演着承上启下的重要作用;另一方面,总管理处架空各厂经理、厂长职权,对大生纱厂这一场域进行解构与重构,在此之中根据所处的不同位置争夺各种权力或资本的分配,从而形成全新的经济空间。②

　　总管理处由董事会常务董事主持,对内对外之事务均以董事长的名义行之,董事长徐静仁担任处长,具有"审定业务计划、筹划营运资金、考核进出货状况及业务上应行与革事项、整理各项债务、缔结营运及其他契约、编制会计年度决算报告、核定各部办事章程、关于职员办事成绩之考核及人事上所声之事项、对外之重要事项"③等职权。总管理处下设产业组、业务组、总务组及经济组四部门,统领一切厂务。"徐(静仁)董事长担任业务组组长,赵叔雍总务组组长,李耆卿经济组组长,张敬礼产业组组长。"④组织架构如图1-1所示。

---

① [法]皮埃尔·布迪厄、[美]华康德著,李猛、李康译:《实践与反思——反思社会学导引》,北京:中央编译出版社1998年版,第39页。

② 周鸿:《布迪厄的阶层场域论与阶层的形成》,《学术论坛》2005年第1期。

③ 《大生纺织公司董事会、本处组织规程、办事细则及总管理处通函》,南通市档案馆藏,大生纺织公司档案,B403/111/134。

④ 《十二月三十一日一、三两厂董事、监察联合会议案》(1935年12月31日),张季直先生事业史编纂处编,张謇研究中心等校注:《大生纺织公司年鉴(1895—1947)》,第351页。

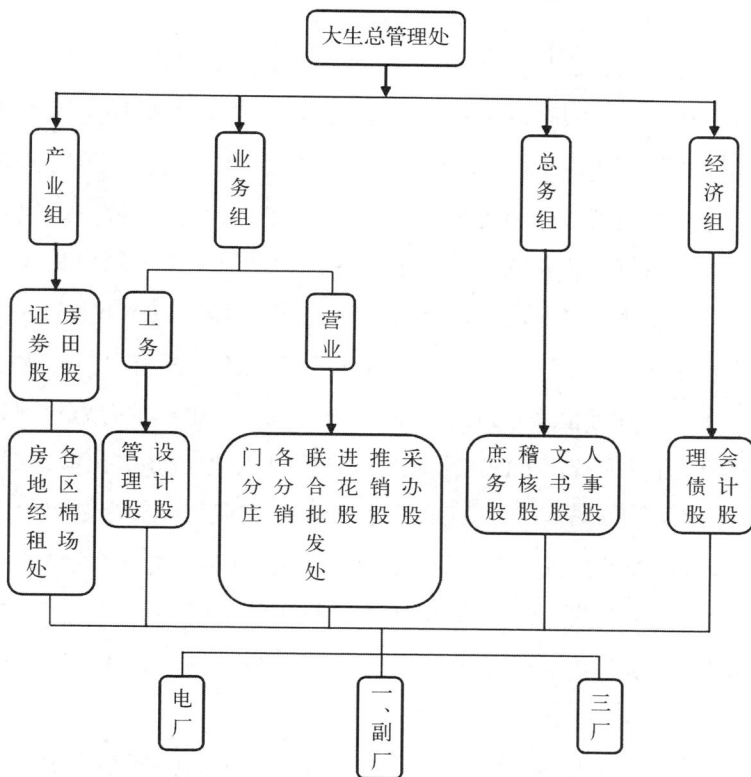

图 1‑1　大生纱厂总管理处组织系统图

资料来源:《大生纺织公司董事会、总管理处、组织规程及办事细则,办公时间规则,职工福利计划纲要》,南通市档案馆藏,大生纺织公司档案,B403/111/153。

　　1936 年 2 月 27 日,徐静仁首次以总管理处处长的身份向大生各厂发函:"根据董事会决议,组织总管理处总理一切事务……订于三月一日为总管理处成立之期。"[1]3 月 1 日,大生总管理处在上海南京路 480 号保安坊内正式成立,直接对大生一厂、副厂、三厂、

―――――――――――

[1]《大生纺织公司董事会、本处组织规程、办事细则及总管理处通函》,南通市档案馆藏,大生纺织公司档案,B403/111/134。

电厂发号施令。

总管理处以徐静仁为核心、各常务董事为骨干，与董事会共同构成大生纱厂"双核"的中枢神经，实现集权与专权的合一，掌控决策、管理、经营等权力，成为凌驾于各厂之上的总司令部。7月，董事长徐静仁提议取消经理名义，向各位董事询问意见，称："改组总管理处之本旨原为化除内部竞争并各自为谋起见……鄙意拟将一副厂三厂经理名义同时取消，俾营业及工作效能可以整齐划一。"①7月30日—8月26日，各位董事致函徐静仁表示同意，均称"取消经理名义为业务前途得以通符发展"②，"以两厂业务改有总管理处之策划指挥，又有厂长之实际治理，则经理名义于事实无益，反多妨碍，尊见予以取消"③。显而易见，徐静仁有意打破大生各厂之间的壁垒，重塑大生共同体，强化总管理处的领导位置，实现上传下达，改善生存现状。自此，大生各厂只管生产，凡货物进出、人员任免以及工艺增减等原属各工厂的行政职权，被统一划归给总管理处。④

此外，总管理处继承自1896年设立大生上海公所以来的独特现象——企业高层与工厂分跨两地，由上海的总管理处指挥南通各厂。同时，也正是由于董事会与总管理处长驻上海，徐静仁等高层要员多在沪活动，积累了较多的人脉关系，为大生纱厂应对战争

---

①《总管理处取消经理制　各董事来函表示同意》(1936年7月)，南通市档案馆藏，大生沪事务所档案，B401/111/493。

②《任祖荣致徐静仁函》(1936年8月22日)，南通市档案馆藏，大生沪事务所档案，B401/111/493。

③《洪兰友致徐静仁函》(1936年8月26日)，南通市档案馆藏，大生沪事务所档案，B401/111/493。

④何新易：《张謇家族所创立的金融体系》，《南通工学院学报》2002年增刊。

来临、南通沦陷和企业生存危机奠定了一定基础。

第二节　大生纱厂的战争应对措施

一、设立镇江办事处转运棉纱

1937 年七七事变后，日本发动了全面侵华战争，局势迅速恶化。大生一厂存通纱布 6 000 余箱，存沪纱布 3 000 余箱，棉花 7 万担，电厂存煤足够 5 个月使用。三厂"计有棉花二万一千三百九十二包，分储本厂及其他堆栈，其纱布部份〔分〕除本厂及他栈堆存一千八百六十九件外，上海原存大达栈纱十一件，布五百八十四件"①。8 月，日军将侵略的重心指向上海，淞沪会战打响。考虑到"上海战事扩展至吴淞口外，租界情形似较安靖"，为避免存放于上海南市的棉纱等货物因战火被毁，大生纱厂加紧转运货物，"厂存大达栈货现拟趁此机会迁移至租界"。② 大生一厂将纱布分存大储、裕通、四安等货栈，副厂纱布寄存南通姜灶港，三厂纱布"暂迁于霞飞路 1698 号启人女校内"③。

此时，南通因邻近上海而频遭日机空袭。8 月 17 日，日机轰炸了南通唐家闸、江家桥，位于该地的大生一厂、副厂均受不同程度

①《三厂近期情况报告》(1937 年 9 月 14 日)，南通市档案馆藏，大生第三纺织公司档案，B406/111/27。

②《抗战开始时大生厂的生产经营状况》，南通市档案馆藏，大生沪事务所档案，B401/111/537。

③《大生第三纺织公司总务部为运销纱布、采购物料、银款支解等事项致大生总管理处的号信》(1937 年 9 月 11 日第 196 号)，南通市档案馆藏，大生沪事务所档案，B401/111/569。

损失,副厂周边民房被炸,死亡4人。副厂厂长张方佐致信经理李升伯称:"有二弹落(副)厂东面三数丈之草棚上,似对厂而未命中……机枪扫下数发,亦未命中工房。"①另据中国银行南通支行报告:"当日机掷弹之时,幸天公忽晴忽雨,目标未清,故主要者均未遭灾,惟本城人士,历来未闻此声,经此未免胆寒。"②21日,日机再来空袭,"下午四时,又来掷弹三枚……夜间又有飞机过境"③。大生三厂董监事会报告:"二十六日早晨,敌机在厂南十里青龙港投弹两枚,目标似在驻港之靖海巡舰,投而未中……三十日下午,又有敌机一架在青龙港上空盘旋十余次,历时三刻投弹两枚,炸死乡民一人伤一人。"④此后日机经常赴南通轰炸,或一日五六次,或间隔三日一次。如此袭扰虽未使大生各厂蒙受重大损失,但引起厂内工人的恐慌,正常的生产经营秩序被打乱乃至无法维持。⑤"通海一带既时有敌机轰炸,及敌舰企图天生港登岸",大生各厂暂时停工,"各厂来电均案惟人心惶惶,不能开工"。⑥

　　战争对大生纱厂带来两方面的影响:一是员工的人身安全、工厂的财产受到威胁;二是通货膨胀、花贱纱贵等"利好"消息。这一

---

① 《为大生厂之生产状况和应变办法张方佐等致李升伯的信》(1937年9月),南通市档案馆藏,大生沪事务所档案,B401/111/537。

② 《中国银行沪辖松江、南通、芜湖等行报告敌机舰轰击及遭受损失撤退情况》(1937年8月17日),上海市档案馆藏,中国银行上海分行档案,Q54/3/54。

③ 《中国银行沪辖松江、南通、芜湖等行报告敌机舰轰击及遭受损失撤退情况》(1937年8月21日),上海市档案馆藏,中国银行上海分行档案,Q54/3/54。

④ 《三厂近期情况报告》(1937年9月14日),南通市档案馆藏,大生第三纺织公司档案,B406/111/27。

⑤ 周宗根:《地方主义与民族主义:南通绅商与战时政治(1937—1949)》,博士学位论文,南京大学,2006年,第137页。

⑥ 《抗战开始时大生厂的生产经营状况》,南通市档案馆藏,大生沪事务所档案,B401/111/537。

时期,员工的生计是当务之急,而工厂复工不仅可以保障员工生计,更可实现盈利。大生高层权衡利弊,决定尽快复工以摆脱困局。徐静仁意识到,"此战决非短期可得结束,后方工厂不事生产终属非计……及早复工维持秩序安定人心"①。9月,大生一厂常务董事严惠宇电告大生一公司经理李升伯:"闻通厂现已停工……务望即日复工,加紧生产,如有困难,希即具情径呈该处请予协助。"②官股董事洪兰友、任祖荣亦致信李升伯:"江北各处棉产甚丰……花价日低……外货进口日少而国内需要服料自必日见增多,亟应设法运销内地各埠。"③不能忽视的是,战争带来的"利好"虽然可以帮助大生纱厂走出"后张謇"时期债台垒筑的生存困局,但日渐紧张的局势亦能影响工厂的生产秩序,甚至致使停工,这一矛盾的怪圈是大生纱厂做出战争应对措施时必须面对的。

因此,大生高层一面向李升伯等施加压力,迫使其强令各厂迅速开车,一面选择航运发达、交通便利的江苏省会镇江作为棉纱转运地,设法"运镇转汉(口)"④,以销往大后方。9月7日,大生高层向银团报备:"通沪交通阻绝,敝厂拟将积存之货及以后所产纱布由通运至镇江,转运至长江上游。"⑤8日,银团通过此项策略,

①《抗战开始时大生厂的生产经营状况》,南通市档案馆藏,大生沪事务所档案,B401/111/537。

②《严惠宇致李升伯电》(1937年9月9日),南通市档案馆、张謇研究中心编印:《大生集团档案资料选编·纺织编(Ⅴ)》,第78页。

③《为大生厂之生产状况和应变办法张方佐等致李升伯的信》(1937年9月),南通市档案馆藏,大生沪事务所档案,B401/111/537。

④《为大生厂之生产状况和应变办法张方佐等致李升伯的信》(1937年9月10日),南通市档案馆藏,大生沪事务所档案,B401/111/537。

⑤《交通银行关于江苏银行转移大生第一纺织公司借款的来往文书之一》,上海市档案馆藏,交通银行上海分行档案,Q55/2/1298。

回复大生:"南通运至镇江由贵厂负责装运……自镇江以上运至何处,随时用正式运输提单,托镇中国行代理,凡运赴南昌及汉口之纱布,由各该处中国银行代为收款发货,运赴重庆之货,由敝代表行重庆分行代为收款发货。"①

于是,"因上海陷于战争,失去商业中心,大生公司经营活动亦由上海转向长江流域"②,镇江遂成为大生纱厂生存道路上的关键枢纽,亦是战争应对的首项措施的实施要地——南通各栈房存货经泰州走水路至镇江,上海各栈房存货"交民船沿内河运至常州,再由常至镇",统一由"镇江再转至汉口等地"。③

通沪交通受战争影响阻滞后,大生纱厂即向江苏省政府与江苏全省保安司令部请求,将"棉纱二千件、厂布一千件拟分五批,用轮船拖带运至镇江,转往内地销售……请予发给护照"④,由同属大生系统企业的大达步轮公司走水路运输,"内河班轮拖运开往泰州转镇……附上统税运照"⑤,再运往徐州、蚌埠、南昌、汉口、重庆、成都等地销售。为方便转运棉纱、广增销量,以获取丰厚利润,大生纱厂拟于镇江设立办事处,主要负责将各厂生产的棉纱等运往后方等业务。

---

① 《交通银行关于江苏银行转移大生第一纺织公司借款的来往文书之一》,上海市档案馆藏,交通银行上海分行档案,Q55/2/1298。

② 《经理李升伯与常州布商唐定庵等为商谈经营活动重心由沪转向长江流域之来往函件》(未标注时间),南通市档案馆藏,大生一厂(副厂)档案,B404/111/116。

③ 《经理李升伯与常州布商唐定庵等为商谈经营活动重心由沪转向长江流域之来往函件》(1937年9月3日),南通市档案馆藏,大生一厂(副厂)档案,B404/111/116。

④ 《大生纺织公司分销通用简易电报替代名单表、银团因通沪交通阻滞准大生一副厂积存纱布由通运镇江转运手续》(1937年9月14日),南通市档案馆藏,大生纺织公司档案,B403/111/168。

⑤ 《总管理处致镇江办事处业务函件暨镇江办事处分销纱布汇款等状况》,南通市档案馆藏,大生沪事务所档案,B401/111/541。

9月15日，徐静仁做出决定："沪战发生以来，江南北交通阻绝……本处因厂货运输事……必要时当可由镇转运。"①徐静仁代表大生纱厂，正式向江苏省建设厅呈请登记："于镇江地方添设分事务所"②，"缴执照费国币（法币，下同）十元，印花税国币一元"③。办事处设立于镇江东坞街大中公司内，任命张神州为主任。至此，大生高层在全面抗战之初基本确定了转运棉纱的战争应对政策，充分利用非常时期通货膨胀、物价飞涨、棉纱紧缺等条件，为实现广开销路、偿还债务及各厂复工生产不辍奠定市场基础。

9月至11月间，全国各地向大生纱厂购买棉纱布匹之信件如雪花般飞往驻镇办事处，诸多服装公司、商号与大生签订购买粗布、细布合同，"红魁星"等品牌的纱布销量迅猛增长，收益丰硕。棉纱市场的扩张使大生各厂供不应求，销量激增，利润丰厚，进而推动大生实现短暂复兴。

二、强压工潮与迅速复工

镇江办事处成立前后，大生各厂存货陆续运往镇江，由于工厂尚未复工，意味着生产中断，直接与间接损失与日俱增。权衡利弊，在生存与获利的双重压力下，大生纱厂亟需尽快复工，迅速应对战争。为保证生产不辍，大生一厂厂长骆仰止向李升伯汇报："关于本月（9月）九日本厂先行复工，单开夜班，诸事均可，筹备就

---

① 《总管理处致镇江办事处业务函件暨镇江办事处分销纱布汇款等状况》，南通市档案馆藏，大生沪事务所档案，B401/111/541。

② 《1937年抗日战争爆发后各地向大生厂购买纱布信件》（未标注日期），南通市档案馆藏，大生第一纺织公司档案，B402/111/150。

③ 《江苏南通大生纺织公司镇江支店》，台北"中央研究院"近代史研究所档案馆藏，实业部档案，17/2/1/11/7/152。

绪……职员陆续到厂,工人亦在召集之中,可无甚大问题。"①看似风平浪静,实则云谲波诡。就在准备复工之际,一厂爆发工潮,根本原因是工人要求分享所获利润,工人对自身生存来源的保障诉求与高层的盈利诉求发生冲突。

其时,工人要求厂方按例派发 7.5% 的红奖,并坚持认为各厂有盈利派发红奖的惯例(职员 17.5%,工人 7.5%),厂方以变更会计年度为由推脱,称要待年底才发放。② 全面抗战爆发以来,大生纱厂的持续获利使得现有工资已经无法满足工人激增的"经济欲望",故工人提出更高要求,希望通过薪资收入与利润分红保证非常时期的经济来源,提升生活质量,无后顾之虞。但大生高层有着自己的考量,他们希望最大程度借助战争带来的特殊"利好",获取尽可能多的利润,以偿清所欠债务从而重获自主经营权。双方的矛盾一触即发,大生高层准备一如既往采取强硬手段应对③,认为失去中共领导的工人运动不堪一击,甚至信心满满——"已经成为顽愚之人,各解雇及开除之职工,只有取此手段,并请放心,最后胜利必归于我们"④。结果事与愿违,"工人受辱,全体愤慨……安慰无遗,故诸位得以暂

① 《骆仰止致李升伯函》(1937 年 9 月 7 日),南通市档案馆、张謇研究中心编印:《大生集团档案资料选编·纺织编(V)》,第 74 页。

② 周宗根:《地方主义与民族主义:南通绅商与战时政治(1937—1949)》,博士学位论文,南京大学,2006 年,第 139 页。

③ 1930 年代,大生工潮迭起,其中最为典型的是受金融危机影响的 1933 年大裁员,一厂解雇工人 1 200 名,副厂及三厂解雇工人 1 600 名,并爆发"5·14 流血事件"。参见曹婷婷:《南通纺织女工研究》,博士后出站报告,北京大学,2010 年,第 44—45、53—54 页;姜平:《1933 年南通大生纱厂大裁员始末》,《中国经济史研究》2005 年第 3 期。

④ 《一副厂经理李升伯函,报告底下工会与国民党部为组织工会而进行斗争及资方开除工人情况》(未标注时间),南通市档案馆藏,大生第一纺织公司档案,B402/111/141。

忍大忿"①,索薪索红声浪高涨。耐人寻味的是,彼时李升伯擅作主张,未经总管理处允许,即答应工人的条件,同意借薪。此举一面引发了大生高层震荡,徐静仁、陈葆初等先后警告李升伯,未经允许不得动用外支;一面则刺激工人们提出更高的要求,形势俨然失控。

由于国民党南通县党部调解失败,"事关四个月薪金……党部为之声援调解,系官办固不可耶……防(工人)一索再索耶"②。失去中共领导的大生工人依旧迸发出巨大势能,使大生高层怀疑"盈余多少,非厂中有地位者谁能言之……此事后台人物愈弄愈悬"③,言下之意为有重要人物在幕后操控工运,可见曾接受中共领导的大生工人已经形成一套成熟完备的斗争方式,迫使大生高层决定绕开南通,借助严惠宇、赵棣华等董事与江苏省主席陈果夫之间的特殊关系,直接与省政府取得联系。最终,经江苏省政府出面,向南通地方施压,工运暂歇,9 月 19 日大生一厂复工。

复工之后,大生纱厂的生产仍时断时续,工人惶恐上海的战火蔓延至南通,要求发给存工费。厂方以工人确保到厂工作为要求,"数小时劝导,工人四散"④。战争具有的不确定性使得工人极易受环境影响,人心涣散。对身处战争环境中的工人而言,红奖、薪金、存工费等不仅关系个体的生存,更影响其所在家庭的经济保障与

①《一副厂经理李升伯函,报告底下工会与国民党部为组织工会而进行斗争及资方开除工人情况》(未标注时间),南通市档案馆藏,大生第一纺织公司档案,B402/111/141。

②《汉奸陈葆初信件》(1937 年 9 月),南通市档案馆藏,南通县自治会(伪县政府)档案,A209/112/598。

③《汉奸陈葆初信件》(1937 年 9 月),南通市档案馆藏,南通县自治会(伪县政府)档案,A209/112/598。

④《为大生厂之生产状况和应变办法张方佐等致李升伯的信》(1937 年 9 月 23 日),南通市档案馆藏,大生沪事务所档案,B401/111/537。

生计来源，故而不得不为求生不断向厂方抗议。11 月 23 日，"工人咸聚一起，不肯工作，要求发给工资红奖"①。另据总管理处统计 1937 年大生纱厂职员薪金红奖数据显示，一厂每人每月 2 681 元，副厂每人每月 609 元，三厂每人每月 1 226 元。② 经过计算，大生纱厂每月需要支付职员薪金红奖 4 516 元，全部 400 余名职员即 180 余万元，已是一笔不菲的开支，如若再按工人要求，那么大生所获利润将所剩无几，显然与高层意愿相悖。考虑到职员与工人之间的"阶级差异"，工人的诉求似乎可望而不可即。同时，工人利益受损势必会引发群起斗争，进而影响企业的生产与运转，这是一个双向互动的过程，更是矛盾的症结所在。

就在劳资双方僵持不下之时，战争再次发挥其特殊作用，平息了这场工运余波。随着上海、南京相继沦陷，京（南京，下同）沪线全部失守，位于江北的南通岌岌可危。鉴于此，12 月 15 日，大生高层发给工人上半年的薪金红奖约计 12 万元，每个职工分得四五个月生活费。③ 世界时移，这场耗时 3 个月之久的工运以大生高层妥协而收场，工人看似胜利，实则根基不稳。究其原因，工人斗争影响工厂运转，进而影响薪金发放，即便工人可以采取罢工这种极端工运表达抗议与不满，却极易受到战争的影响而导致经济损失不断放大，终究得不偿失，这样的斗争从开始工人即不占优势，大生高层对工人形成了一种微妙的权力制衡。并且，大生高层出于局

---

① 《为大生厂之生产状况和应变办法张方佐等致李升伯的信》（1937 年 11 月 23 日），南通市档案馆藏，大生沪事务所档案，B401/111/537。

② 《总管理处调整薪金、人事的文件》，南通市档案馆藏，大生沪事务所档案，B401/111/576。

③ 周宗根：《地方主义与民族主义：南通绅商与战时政治（1937—1949）》，博士学位论文，南京大学，2006 年，第 140 页。

势不稳,亟需安抚工人,稳固生产经营的需要,做出让步,其背后掩盖的是战争引发货币不断贬值,价值大打折扣,且考虑到大生各厂复工后所获的丰厚利润,终使工运停歇。

值得一提的是,战时劳资关系的变化,也在一定程度上削弱了工人斗争的势能。工人虽不能透彻领会"国难当头""民族存亡"等思想意涵,却也无法回避民族主义的影响。受制于日本军事打击与经济封锁造成上海及周边各民族企业面临生存困境的前提条件①,大生工人"明了今日分红盈余多少,非厂中有地位者尚能言之"②,自然而然工运渐趋缓和,双方达成初步和解,并未如战前一般出现流血事件。

回溯这场发生在全面抗战爆发后的大生工运,即使没有中共的领导,工人的凝聚力未有明显减弱,甚至迫使大生高层动用其与江苏省政府的特殊关系,依靠政治施压方才平息。如是说,一方面,经历中共领导的工人运动的大生工人,其斗争方式与机制已日渐成熟,工运有经验与路径可循;另一方面,战争对工人生存产生的影响不容小觑,无形中增加了工人斗争的战斗力。与战前相比,这一场同样因为经济与利益纠纷而引发的工运,既是大生纱厂不同阶层之间难以调和的矛盾所致,更与战争关系紧密,因战争而起,复因战争而熄。

相比于大生一厂复杂的斗争情形,大生副厂与三厂情势较为稳定。副厂"定自今晚(9月14日)起开长夜班"③,9月16日"秩序

① 张福运:《"孤岛"时期上海劳资关系中的民族主义》,《近代史研究》2016年第2期。
② 《汉奸陈葆初信件》(未标注时间),南通市档案馆藏,南通县自治会(伪县政府)档案,A209/112/598。
③ 《大生副厂有关经营业务致总管理处号讯》(1937年9月14日第177号),南通市档案馆藏,大生沪事务所档案,B401/111/566。

为佳"①。三厂 11 日晚到厂"工人数约在九成以上,纱锭全部开齐……分嘱工头召集未到工人,如日内可全到,即可开日夜班"②,于 9 月 12 日先行复工。至于大生电厂,"天生港情形复杂,形式险恶,不便开车"③。为克服困难,李升伯令骆仰止"整理新厂引擎,开动新厂纺织机大部分"④,并令电厂开工,不能坐以待毙。经过努力运作,情况最为复杂多变的电厂于 9 月 14 日复工,先开夜班。电厂厂长黄友兰向李升伯汇报:"二十日正备开日班,忽敌舰连日乘潮来港击炮,人心惶恐万状,不得已电厂停一昼夜,二十一日仍继开工。"⑤并且为安抚职员情绪,保证他们生存无虑,黄友兰做出决定,将"家眷早已他迁,无所顾虑,个人均能安心工作"⑥。

三、内迁无望与"土产土销"

1937 年 7 月 22 日,由军政部长何应钦主持的国家总动员设计委员会成立,并召开会议商讨上海等地工厂内迁,准备经长江内迁汉口等地。8 月 11 日,蒋介石令海军总司令陈绍宽于江面狭窄的长江江

①《大生副厂有关经营业务致总管理处号讯》(1937 年 9 月 16 日第 178 号),南通市档案馆藏,大生沪事务所档案,B401/111/566。

②《大生第三纺织公司总务部为运销纱布、采购物料、银款支解等事项致大生总管理处的号信》(1937 年 9 月 12 日第 197 号),南通市档案馆藏,大生沪事务所档案,B401/111/569。

③《骆仰止致李升伯函》(1937 年 9 月 7 日),南通市档案馆、张謇研究中心编印:《大生集团档案资料选编·纺织编(Ⅴ)》,第 74 页。

④《骆仰止致李升伯函》(1937 年 9 月 7 日),南通市档案馆、张謇研究中心编印:《大生集团档案资料选编·纺织编(Ⅴ)》,第 74 页。

⑤《黄友兰致李升伯函》(1937 年 9 月 24 日),南通市档案馆、张謇研究中心编印:《大生集团档案资料选编·纺织编(Ⅴ)》,第 82 页。

⑥《黄友兰致李升伯函》(1937 年 9 月 24 日),南通市档案馆、张謇研究中心编印:《大生集团档案资料选编·纺织编(Ⅴ)》,第 82 页。

阴段沉船封江,并布设水雷,以阻止日本军舰溯江而上。这意味着长江航运基本断绝,位于江阴下游的上海等地工厂须经运河至镇江,再沿长江运至汉口。这无形之中增加了工厂内迁的难度和厂家的负担。9月13日,工矿调整委员会在汉口成立,资源委员会秘书长翁文灏兼任工矿调整委员会主任委员,全面负责厂矿内迁事宜。

9月14日,上海工厂迁移监督委员会向资源委员会秘书长翁文灏、副秘书长钱昌照呈《迁移工厂案工作概要》,国家总动员设计委员会秘书组副组长张华辅建议:"上海工厂迁移,失之太晚,无锡、南通之工厂应速着手。"①同时,随着大生各厂陆续复工,生产经营渐序恢复,生存问题得到初步解决。复工后,大生纱厂抓紧生产,稍有所产即运镇转销。但好景不长,11月12日上海沦陷,日军沿京沪线向南京进发,紧邻南京的镇江岌岌可危。

长江南岸陷于战争的火海之中,长江北岸的南通虽暂时安全却亦感觉唇亡齿寒。11月22日,副厂厂长张方佐向大生总管理处询问是否效仿江南其他各厂内迁后方,以避日军,他在信中说:"闻戚墅堰电厂已命搬迁,我纺织厂被炸……断送敌手深为可惜,搬又是不易……苏州失守,大局危急,江北随时有被占可能。"②此时,副厂积存棉纱价值20万元之多,且没有任何防范应急准备,"一旦敌军登岸,迳能捞手"③。处境告急、工厂危险、存纱无备,多种情形在

---

① 《孙拯关于迁移工厂经过致翁文灏钱昌照签呈》(1937年9月14日),中国第二历史档案馆编:《中华民国史档案资料汇编》第5辑第2编,"财政经济"(6),南京:江苏古籍出版社1997年版,第395页。

② 《为大生厂之生产状况和应变办法张方佐等致李升伯的信》(1937年11月22日),南通市档案馆藏,大生沪事务所档案,B401/111/537。

③ 《为大生厂之生产状况和应变办法张方佐等致李升伯的信》(1937年11月22日),南通市档案馆藏,大生沪事务所档案,B401/111/537。

战争初期交织成网,约束大生纱厂的生存。

　　一方面,为配合大生纱厂的战争应对措施,在复杂多变的局势环境中寻求生存空间,官股董事洪兰友、任祖棻等提出工厂处理办法四项——"其一,成立战时职工服务团,由厂长担任团长……以保护本厂;其二,应设法运销内地各埠……一方既增厂方产销,一方亦维民生所用;其三,盼在各岸多派推销人员设法推销;其四,由本厂战时服务团督饬工程组于本厂附近空地多开防空壕……至厂之房产应由警卫、校方各组随时督察防护"[1],并提交总管理处批复执行。

　　另一方面,大生纱厂的内迁提上议程。11月1日,经工矿调整委员会派员与江苏省政府及各主管部门就工厂内迁事宜洽商后,确定"纺织业应先注重纱厂,但不必全部迁移。应指定迁移若干家,其不迁者,责令加紧生产"[2]。迁移工厂名单中,拟定"南通:大生纺织公司第一厂及副厂(先迁移一部分)"[3]。大生三厂与电厂均未列入名单,且一厂、副厂只是部分迁移。

　　需要注意,置于战争的环境之中,军工企业及国营厂矿是内迁的重点,具体包括军政部所属兵工厂、航空委员会所属飞机制造厂、资源委员会所属工矿以及国家行局有关重要工厂等部分。[4] 不同于军工企业及国营厂矿,大量民族工业在某种程度上被视为资

① 《洪兰友、任祖棻致大生总管理处函》(1937年9月),南通市档案馆、张謇研究中心编印:《大生集团档案资料选编·纺织编(V)》,第79—80页。

② 《江苏省迁移工厂要点》(1937年11月1日),中国第二历史档案馆编:《中华民国史档案资料汇编》第5辑第2编,"财政经济"(6),第410页。

③ 《江苏省迁移工厂要点》(1937年11月1日),中国第二历史档案馆编:《中华民国史档案资料汇编》第5辑第2编,"财政经济"(6),第412页。

④ 张守广:《筚路蓝缕:抗战时期厂矿企业大迁移》,北京:商务印书馆2015年版,第83页。

本家的"私产",牵一发而动全身,内迁很有可能对他们的利益获得产生影响,正如上海某大型电机厂代表曾言:"像我的厂就有机器二、三千吨,怎样迁法?"[1]虽然众多华资小厂响应号召,决定内迁,但大型华资企业依旧保持怀疑态度,举棋不定,他们的顾虑主要有交通不便、动力困难、原料难求、厂基难觅、工人难招、金融不灵、安全问题、税则不一等。[2]

果不其然,大生高层就内迁问题产生分歧、矛盾重重——代表银团的经理李升伯主张迁蜀,并拟定计划,但董事会陈葆初等人反对,原大生一厂厂长、时任资源委员会秘书的张文潜亦认为此事行之不易,且属多此一举。[3]并且,大生高层在选择内迁这一战争应对措施的同时,意味他们放弃迁入租界避战。对大生高层而言,象征着心脏与大脑的董事会与总管理处均在上海,迁入租界的经济成本与社会压力均远小于内迁。然而,作为南通地方的社会经济基石,大生纱厂一旦迁移必将引发民众慌乱,由此产生的连锁反应难以预估。加上长江江阴段被封锁,船只数量与运力有限,作为普通工厂的大生纱厂内迁困难频生。"敌军渡江而北者骤增,交通梗阻"[4],最终全省只有9家工厂得以迁出。

美国驻华记者白修德(Theodore. H. White)、贾安娜(Annalee Jacoby)说:"翁氏(翁文灏)把中国差不多全部的纺织工厂和消费品

① 颜燿秋:《抗战期间上海民营工厂内迁记略》,吴汉民主编:《20世纪上海文史资料文库》第3辑《工业交通》,上海:上海书店出版社1999年版,第376页。

② 潘仰山:《游资引用与工业建设及税则奖掖之联环性》,《西南实业通讯》第4卷第3期,1941年9月。

③ 周宗根:《地方主义与民族主义:南通绅商与战时政治(1937—1949)》,博士学位论文,南京大学,2006年,第137页。

④ 《南通大生第一纺织公司民国三十五年股东会议事录》(1946年5月6日),南通市档案馆、张謇研究中心编:《大生集团档案资料选编·纺织编(IV)》,第331页。

工厂放弃给敌人，集中力量把重工业和兵工厂迁移入内地。中国只救出不到百分之十的纺织机，救出了机器厂和重工业约百分之四十，但十一所破旧的兵工厂里的东西，救出的达百分之八十。"①毫无疑问，兵工及国营厂矿企业一直是国民政府主导下的内迁重点，即"为政府效力，以充实军备"②，纺织企业、消费品工厂等民营企业的内迁陷入失序失范且被动的局面之中。正如翁文灏所言："窃查上海及华北一带纱布各厂，抗战以还，多以沦陷敌手。"③换言之，以大生纱厂为代表的民族工业，不得不放弃内迁，艰难寻求新的出路与生存空间。

　　随着日军的进攻，1937 年 12 月 2 日常州失陷，6 日江阴失陷，10 日镇江运输站撤退，13 日南京失陷，至此上海及附近各工厂沿运河再转长江下游航道的内迁运输宣告结束。④ 南通地处江北，此时尚未沦陷，大生纱厂仍可依靠自身力量组织迁移。徐静仁等动见观瞻，仍然积极与工矿调整委员会、江苏省政府、驻通专署等沟通，据大生《年鉴》记载："本公司各厂或议埋藏重要机器……或议迁内地，曾密求政府援助。"⑤1938 年 1 月，江苏省第四、六两区联防指挥部指挥官杨仲华致函徐静仁："关于战区以内一切抗战工业生产机器，或令厂方迁徙乡野，或即驻地销毁，以免

---

① ［美］白修德、［美］贾安娜著，以沛、端纳译：《中国暴风雨》，上海：群益出版社 1949 年版，第 55—56 页。

②《迁移工厂案经过概要》，中国第二历史档案馆编：《中华民国史档案资料汇编》第 5 辑第 2 编，"财政经济"(6)，第 386 页。

③《翁文灏关于纺织工业等内迁困难的折呈》(1938 年)，中国第二历史档案馆编：《中华民国史档案资料汇编》第 5 辑第 2 编，"财政经济"(6)，第 413 页。

④ 张守广：《筚路蓝缕：抗战时期厂矿企业大迁移》，第 109 页。

⑤《五月六日大生一厂股东会议事录》(1946 年 5 月 6 日)，张季直先生事业史编纂处编，张謇研究中心等校注：《大生纺织公司年鉴(1895—1947)》，第 382 页。

资敌……江北各县早在战区以内,贵厂(大生)接近江沿,随时有发生战事可能,急宜从速自行处置,限期迁到安全地境。"①1月28日,徐静仁回复称:"各厂所置纺织机件过半为四十年前制品,笨重琐碎,装运不便,加以交通金融俱感困难,(迁厂)事遂搁置。"②

徐静仁强调:"南通虽属密集战区,似尚非军事必争之地……在极度之困难环境下,仍以力之所及勉图维持希冀,于国军军需布匹方面有所贡献……江北地瘠民贫,南通尤甚,敝公司各厂规模虽非宏敞,为江北最大企业,然通属各地平民直接、间接赖以生活者为数亦达十万左右,设或即此停顿,影响所及关系工人生计,抑且牵涉地方治安。"③显然,大生纱厂与南通地方息息相关,牵一发而动全身。况且除电厂外,大生各厂本就位于工业区或邻近城区,不可能奉行政府的"焦土政策",使张謇事业毁于一旦,付之一炬。因此,徐静仁只能以大生各厂机件老化难以运输、南通非战略要地、工人生计与地方治安为由,婉拒政府"迁徙乡野"或"驻地销毁"的要求。

内迁无望,徐静仁等亦无力再将大生纱厂迁入租界,何况彼时上海已经沦陷,几乎不存在迁移的可能。战事吃紧,转运棉纱因"镇江已封锁,纱已请停运,此后熟货分堆于海安等各地,迨机运沪"④。鉴

---

① 《关于抗战初期大生工厂移从交涉文件》(1938年),南通市档案馆藏,大生纺织公司档案,B403/111/175。

② 《关于抗战初期大生工厂移从交涉文件》(1938年),南通市档案馆藏,大生纺织公司档案,B403/111/175。

③ 《关于抗战初期大生工厂移从交涉文件》(1938年),南通市档案馆藏,大生纺织公司档案,B403/111/175。

④ 《为大生厂之生产状况和应变办法张方佐等致李升伯的信》(1937年11月23日),南通市档案馆藏,大生沪事务所档案,B401/111/537。

于局势紧张,大生高层重新调整战争应对策略,恢复了 1920 年代之前"土产土销"的习惯。[①] 所谓"土产土销",系张謇所创,即利用南通通海本地的土布行业发达的便利条件,大生纱厂从本地棉农手中购得棉花,以生产 12 支纱为主专供通海织户,农民购买大生所产机纱织成关庄布再行销各埠。[②] "土产土销"的生产模式将本地棉农、棉花市场与大生纱厂紧密联系起来,不但有助于大生成为南通乃至江北独占鳌头的民族工业,而且将三者熔铸成经济命运共同体,推动南通的发展与繁荣,更夯实大生作为南通地方社会经济的支柱地位。

全面抗战初期,随着镇江、南京沦陷,京沪全线被日军封锁,大生各厂所生产的棉纱、土布制品均不能运往江南地区,只能向苏北本地行销或经苏北运往汉口、重庆、四川等大后方销售。并且,苏北徐州、淮阴一带手工织户对棉纱的需求量甚大,一时形成供不应求之势。大生纱厂往苏北行销棉纱、土布,可带回大量价格低廉的徐州贾汪地区所产煤炭,供生产所用,以降低成本,赚取可观的利润。[③] 故此,一度被大生高层废弃的"土产土销"经营方针,因企业渐陷生存困境,在战争的影响下再度启用。

"受益"于通海一带"棉产甚丰"及花贱纱贵等基础条件,并且迁往苏北的江苏省政府在大生纱厂所产棉纱的通行上给予相当程度的便利,省主席函告徐静仁"已令饬驻军,凡有棉花运厂及厂纱

---

① 周宗根:《地方主义与民族主义:南通绅商与战时政治(1937—1949)》,博士学位论文,南京大学,2006 年,第 138 页。

②《中国经济发展史》编写组编:《中国经济发展史(1840—1949)》第 1 卷,上海:上海财经大学出版社 2016 年版,第 655 页。

③《大生系统企业史》编写组编:《大生系统企业史》,第 261 页。

运销准予通行"①并令南通县政府予以方便,此时,大生纱厂"尚能密切与中央政军各方面联系年余,努力生产,淮阴省府(即江苏省政府)及江北驻军随时予以花纱运销之便利"②。这为大生纱厂创造"生存奇迹"奠定了现实条件,有助于稳固其在苏北的垄断地位,及时弥补因交通阻滞、运输成本增加而带来的经济损失,生存与获利得以持续。大生纱厂投桃报李,对省府及国民党驻军"按月量力协助,同伸敌忾之忱"③,每月补助价值 2 万元的军需棉纱。苏北"各县农民以绒布为原业,亦需要厂纱,该厂(大生)流转江北金融所闻甚巨"④。大生纱厂、省政府与苏北农村之间形成了多重互利格局——大生需苏北棉花投入生产,政府及驻军需棉纱支援抗战,苏北农村需经济扶助解决农民生计,因此三方各取所需,共同促成大生纱厂"土产土销"的生产经营策略。甚至在南通沦陷后,该项政策虽因日军在苏北占领地的扩张而大打折扣,大生纱厂与省政府之间互通有无的售纱协议被迫中断,但省政府依然给予大生经苏北运纱销往后方等便利。作为回报,大生纱厂由棉纱补助军需,改为经费上支援国民党游击部队(第四章将专文论述),从而确保生存无虞。

---

① 《在抗战初期为应变与国民党政府经济部及各级地方政权来往文件》(1938 年 3 月 10 日),南通市档案馆藏,大生第一纺织公司档案,B402/111/185。
② 《五月六日大生一厂股东会议事录》(1946 年 5 月 6 日),张季直先生事业史编纂处编,张謇研究中心等校注:《大生纺织公司年鉴(1895—1947)》,第 382 页。
③ 《五月六日大生一厂股东会议事录》(1946 年 5 月 6 日),张季直先生事业史编纂处编,张謇研究中心等校注:《大生纺织公司年鉴(1895—1947)》,第 382 页。
④ 《在抗战初期为应变与国民党政府经济部及各级地方政权来往文件》(1938 年 3 月 10 日),南通市档案馆藏,大生第一纺织公司档案,B402/111/185。

四、沦陷前的生产经营规模

历经 40 年的发展,大生纱厂虽登高跌重,但在银团接管后厂务革新,稍有起色。当然,这与世界经济危机后民族工业在 1936年开始短暂复兴的大环境密切相关。加上全面抗战爆发后,大生高层接连采取了内迁后方、"土产土销"等战争应对措施,并与撤往苏北的江苏省政府达成互通有无的售纱协议,不仅为其向后方运销棉纱提供便利,更奠定了大生纱厂在苏北的垄断地位,一定程度上帮助大生于全面抗战之初短暂重返"辉煌"。

至南通沦陷前,大生各厂规模仍在,未有明显缩减,设备、机件等运转良好,职员、工人人数均占有一定比重,依然是南通乃至江北的垄断型支柱企业,是南通地方社会的经济命脉。大生各厂的生产经营规模整理如表 1-1 所示。

表 1-1　南通沦陷前大生各厂生产经营规模一览表

工厂	经理	厂长	纱锭(枚)	布机(台)	职员数	工人数
一厂	李升伯	骆仰止	92 520	602	258	6 000 余
副厂		张方佐	19 508	314[1]	58	近 1 000
三厂	沈燕谋	沈燕谋	37 900	594	95	2 000 余
电厂	李升伯	黄友兰	—	—	20	96
总计	—	—	149 928	1 510	431	近 10 000

资料来源:《大生一副三厂抗战前后机械状况调查》(1945 年 11 月)、《大生纺织公司抗战前后职员人数比较表》(1947 年),南通市档案馆、张謇研究中心编印:《大生集团档案资料选编·纺织编(Ⅴ)》,第 258—261、415—416 页。

注[1]:有 14 台丰田式自动布机未装。

从表 1-1 中可以看出,南通沦陷前,大生各厂共有纱锭近 15万枚,布机 1 500 余台,400 余名职员,近 1 万名工人,大生纱厂虽陷于生存困局的泥淖中,但根基仍在,"家底"可观。

具体来说,李升伯任大生一公司经理,成纯一任副经理。其中大生一厂由骆仰止任厂长,吴绩咸、汪悦庭任总稽核。设有厂长办公室、驻通营业所、人事科、修理科、原动科、物料科、工帐科、庶务科、第一纺纱工场、第二纺纱工场、织布工场、稽核室、营业所、会计科、批发所、进货科、仓库科、花行、大中分庄、新丰分庄、鼎丰分庄、掘港分庄、大有晋分庄、合德分庄、鲍家墩分庄、二窎分庄等。一厂共有职员 258 名,工人 6 000 余名,纱锭 92 520 枚,布机 602 台。

大生副厂由张方佐任厂长,并兼任纺纱工场主任,李昌林任织布工场主任兼保全,另有人事员、工帐员、物料员、庶务员、原动监工、修机监工、会计员等,部门设置与一厂大致相同,但规模较小,共有职员 58 名,工人近 1 000 名,纱锭 19 508 枚,布机 314 台。

大生电厂由黄友兰任厂长,下设事务、工务两科,另有工程师、技术员等若干,共计职员 20 名,工人 96 名,发电机、锅炉及相关附属配件等若干。

大生三公司即大生三厂,在规模与设备数量上略逊一厂,远超副厂。其时,沈燕谋任经理兼厂长,下设机动科、人事科、总务科、会计科、花行及各分庄等部门,并有第一、第二等 2 个纺纱工场及 1 个织布工场,共有职员 95 名,工人 2 000 余名,纱锭 37 900 枚,布机 594 台,“更购置 640KW 煤汽引擎一座及其他附属设备”[1]。故而,大生各厂“仍开工不辍,是为拒敌营业时期”[2]。

①《大生第三纺织公司概况》,南通市档案馆藏,大生第三纺织公司档案,B406/111/63。
② 张季直先生事业史编纂处编,张謇研究中心等校注:《大生纺织公司年鉴(1895—1947)》,第 369 页。

第二章 "德产"外衣下的大生纱厂

1937 年末,京沪沿线城市均已沦陷,借助镇江转运棉纱等战争应对措施宣告失效,大生纱厂不得不将熟货暂存于上海、南通等地栈房,运往苏北销售。受制于急转直下的战争形势,考虑到南通空袭频繁、随时可能沦陷的危险处境,内迁无望的大生纱厂意欲冲决桎梏,重寻生存因应。

如前所述,中国东部一带尚有相当数量的民族工业出于种种原因未能内迁,在危难之际如何生存、如何护厂,从而免遭日军占领或摧毁,成为它们必须面对亦必须解决的难题。这一时期,南京江南水泥厂、上海大隆机器厂、常州大成纺织染公司第三厂、武昌第一纱厂等民族工业均采取"抵押"给外商的战争应对措施,通过整合债务等形式"转籍"他国,悬挂外国国旗,防范日本侵占。此外,国民政府出具政令——"中央……最近又规定凡人民所有之工厂,准其转籍于第三国家,俾一方保全国家之资源,一方不至资敌以利用"[1],使得"抵押"给外商这一生存策略具备战时特殊的合法

---

[1]《关于抗战初期大生工厂移从交涉文件》(1938 年),南通市档案馆藏,大生纺织公司档案,B403/111/175。

性(legality)与正当性(legitimacy)。因而,为表在沦陷区仍奉国民政府为正朔的政治忠诚,以示服从中央政令,徐静仁、李升伯等大生高层决定寻求外商的保护。在生存的十字路口,大生纱厂选择一直保持业务往来且合作关系良好的蔼益吉公司,作为南通沦陷时期最为重要的战争应对措施,进而获得"德产"身份,一面抵御日军当局的侵占,一面维持生产经营,艰难寻求生存空间。本章遂考察南通沦陷初期大生纱厂"借德御日"这一生存因应,及其与日伪之间的互动与博弈,分析这一时期的生产经营与生存状况。

第一节 "借德御日"

一、签订抵押合同

1937年9月5日,身为大生一厂厂长的骆仰止曾致函经理李升伯:"闻无锡各厂均用英商保险法,高插英旗保护照常开车。未来南通各厂可否采用同样办法? 可增厂内工作人员之定心不少。"①这为徐静仁及李升伯提供了寻求战争应对的有效办法。自大生纱厂内迁无望后,徐、李二人选择了德国的蔼益吉公司,作为非常时期的求助对象,"借德御日",防范日本入侵。

蔼益吉公司系德国机械工程师埃米尔·莫里茨·拉特瑙(Emil Moritz Rathenau)于1883年4月19日创办,原名德国爱迪生通用电气公司(Deutsche Edison Gesellschaft für angewandte Elektricität,DEG),1887年正式更名为德国蔼益吉电气公司

---

① 张季直先生事业史编纂处编,张謇研究中心等校注:《大生纺织公司年鉴(1895—1947)》,第393页。

(Allgemeine Elektricitäts-Gesellschaft，AEG)，总部位于德国柏林,是仅次于西门子(Siemens)的德国第二大电气公司。蔼益吉公司进入中国后,在上海、天津等地建立办事处与分厂,其中上海的驻华办事机构系中华电机厂远东机器公司(A. E. G. China Electric Co. far East Machinery Co. ,Ltd),位于江西路267号,其工厂位于圆明园路24号的远东机器公司内。

早在1919—1920年,大生纱厂就向蔼益吉公司订购过XC3868电机等一系列电气设备,包括汽轮发电机、蓄电池及水管等附属设备,并聘请蔼益吉公司的技术人员赴厂指导工作。[①]大生电厂建成后,由于需要借助外国公司先进的发电机等动力设备,遂与蔼益吉公司形成合作关系,为沦陷初期大生纱厂实现以"抵押"换"德产"的生存因应奠定基础。此后,双方的合作愈发紧密,就此建立良好的业务关系。

1936年11月20日和1937年8月2日,大生纱厂先后向蔼益吉公司订购了"一万千瓦扩电机一套,供一厂用电,价值法币27万元"[②]、"一万千瓦发电机两具,供全市用电,价值英镑141 260元"[③],货款均未支付。战争爆发后,大生各厂内迁无望,高层决意以这两笔债务,将工厂资产及设备"抵押"给德国蔼益吉公司,从而使其成为"德国资产"。这也符合国民政府、江苏省政府及驻通专署所要求的"或拆卸机件埋藏安全地带……或转让第三国

① 《沪所为采购电厂件与德商蔼益吉电机公司等的业务往来函件电及账单》(1920年2月),南通市档案馆藏,大生沪事务所档案,B401/111/107。

② 《大生一厂抵押给德商字据》(原件为英文),南通市档案馆藏,大生第一纺织公司档案,B402/111/145。

③ 《大生一厂抵押给德商字据》(原件为英文),南通市档案馆藏,大生第一纺织公司档案,B402/111/145。

家"①,从而获得法律与法理上的效力与许可。

　　据大生档案记载,"现债务人(大生纱厂,下同)因中日发生战事对于上述两定单无力履行……兹经双方协议,债务人愿将南通大生第一纱厂附〔副〕厂、天生港之大生发电厂及海门第三纱厂现在或将来所有土地、房屋建筑物、工作物、机器定着物……其他在上开各处之一切动产……分别质押与债权人(蔼益吉公司,下同)"②。1938年1月2日,大生纱厂董监事联席会通过决议,将一厂、副厂、三厂、电厂"抵押"给蔼益吉公司经营管理,以实现"借德御日",即利用"德产"身份保护大生企业的目的。从某种意义上说,"借德御日"不仅是大生纱厂面对特殊时局所做出的颇为无奈的战争应对措施,更于一定程度上改变其生存轨迹,为日后偿清债务,实现自主经营埋下伏笔。

　　1月10日,大生纱厂与蔼益吉公司签订抵押合同,大生纱厂更名为"德商蔼益吉中华电机厂远东机器公司经理大生纺织公司"。合同规定:"债权人得在担保品所在地悬挂德国国旗,并将本合同向驻沪德国总领事署备案,必要时并得呈请其政府救济,以保护利益,并用合法之方法防止担保品之被侵占、劫夺或损毁。"③因此在合同生效后,大生一厂、三厂钟楼均悬挂德国国旗,以免遭日机轰炸,各厂门口亦悬挂"独逸人所有财产"的牌

---

① 《在抗战初期为应变与国民党政府经济部及各级地方政权来往文件》(1937年□月9日),南通市档案馆藏,大生第一纺织公司档案,B402/111/185。

② 《大生与德商签订抵押合同有关文件》(1938年1月10日),南通市档案馆藏,大生纺织公司档案,B403/111/182。

③ 《大生与德商签订抵押合同有关文件》(1938年1月10日),南通市档案馆藏,大生纺织公司档案,B403/111/182。

子。[①]（如图 2-1、2-2 所示）显然，大生高层充分明了德国与日本的盟国关系，并利用这层关系作战争应对措施，以"抵押"换生存，改换门庭，从此披上"德产"外衣获得庇护。

图 2-1　南通沦陷时大生一厂钟楼

资料来源：『週刊朝日·アサヒグラフ臨時增刊支那事變画報』第十五輯、1938 年 5 月 5 日。

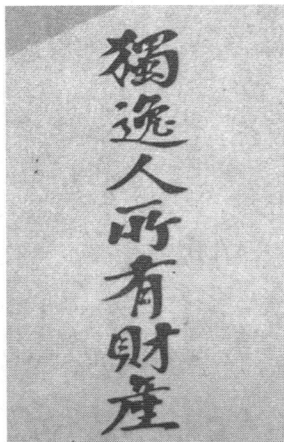

图 2-2　大生各厂悬挂的厂牌

资料来源：江苏大生集团有限公司提供。

从图 2-1、2-2 可以清楚看出，南通沦陷时日军经过大生码头，一厂钟楼上悬挂着德国国旗，各厂门口也挂出了带有德国国旗及国徽元素的厂牌，以明示大生纱厂的"德产"身份。

更应注意，大生纱厂的"抵押"是形式上的，不失为保证企业生存的因应良策。在大生高层的往来信件中，经理李升伯曾向徐静仁、陈葆初表示："抵押之后，仍照本厂原有组织办公，德人不得参

---

① "独逸人"为"德意志"的日文发音——ドイツ人所有財產（*Doitsu jin shoyu zaisan*）。张季直先生事业史编纂处编，张謇研究中心等校注：《大生纺织公司年鉴（1895—1947）》，第 393 页。

与之、干预之。"①有学者指出,大生纱厂在"抵押"后的日常经营管理几乎没有变化,厂内工人对"抵押"毫不知情,甚至从未耳闻"抵押"之事。② 对蔼益吉公司而言,"借德御日"之举不仅没有任何损失,而且每月可以获得一定的管理费用,派往各厂的驻厂员工亦可得到厂方支付的薪水、伙食费、厨工费、红奖等。③ 大生纱厂迫于形势,通过支付一定的费用以换取"德产"外衣,此举在战争时期具有其特定的"合理性",蔼益吉公司及德国人实际上成为大生各厂的守护者。从法律角度而言,大生纱厂"抵押"给蔼益吉公司,类似于刑法学上的"紧急避险",以保障最大程度的合法权益与经济利益。并且,鉴于当时德日间的政治联盟,对大生高层来说,接受德国公司的保护,似乎比美英等国企业更为有效、稳固。④

通过整合债务进行外国企业登记是全面抗战初期中国资本家保护各自产业、抵御日本侵扰的重要生存策略,对他们而言,相比内迁后方这种既费时又费力、需要拆除工厂、更易遭受日军轰炸等潜在危险的战争应对方式,借助外国企业力量是一种风险相对小、

①《汉奸陈葆初信件》(1938年6月2日),南通市档案馆藏,南通县自治会(伪县政府)档案,A209/112/587。

② 在20世纪五六十年代对大生各厂原214名工人的访问中,没有人提到新的德国所有人对他们所在工厂及居住区的生活有过任何影响,不管是正面的还是反面的。甚至有可能这些工人根本不知道所有权转移这回事。参见[德]柯丽莎著,金彩红译:《在战争和政治困境中争取家庭和公司的利益:20世纪20—50年代初大生企业的转型》,张忠民、陆兴龙主编:《企业发展中的制度变迁》,第167—168页。

③《总管理处致三厂号讯(第一卷)》(1938年10月4日第222号底册),南通市档案馆藏,大生沪事务所档案,B401/111/589。

④ Elisabeth Köll, "Control and Ownership During War and Occupation: The Da Sheng Corporation and its Managerial and Financial Restructuring, 1937 - 49," *Asia Pacific Business Review*, Vol. 7, No. 2(2000), p. 117.

难度系数低的自我保护形式。[①]　不止大生纱厂,在民族工业云集的长江中下游地区,南京的江南水泥厂[②]、上海的大隆机器厂[③]、武昌第一纱厂[④]等亦是如此。

二、"抵押"实质与利益交换

根据大生纱厂与蔼益吉公司签订的抵押合同,"债权人及合作公司得委派西人一人或数人为管理人,至上开各处(指大生各厂)收取上述纱厂及发电厂之盈利,其薪金或佣金由债权人及合作公司裁量"[⑤]。可见在"抵押"后,大生纱厂改头换面,"一厂、副厂、电厂厂务由德人纽满(Neumann,又译为钮满)等经理,三厂厂务由德人欧纳汉(Onnermann,又译为欧乃汉)等经理"[⑥]。除纽满与欧纳汉两人分别负责一公司、三公司事务外,另有会计师佛伦特

① Parks M. Coble, *Chinese Capitalists in Japan's New Order: The Occupied Lower Yangzi, 1937-1945* (Berkeley: University of California Press, 2003), p. 63.

② 江南水泥厂在抗战初期充分利用德国禅臣洋行和丹麦史密斯公司的关系,以款项未付清为由,采取"以夷制夷"策略,成功地保护了工厂机器。参见张连红、张朔人:《战时江南水泥厂的命运与汪政权的角色——以日方强拆机器为中心的考察》,《抗日战争研究》2012年第1期。

③ 大隆机器厂采用英文名(Union Iron & Foundry Works)进行改头换面,并用新的中文名"泰利"表示所有权的转让。参见上海社会科学院经济研究所编:《大隆机器厂的产生、发展和改造》,第57页。

④ 武昌第一纱厂曾向英商安利洋行购置设备机器,欠款百余万两银。1938年10月25日武汉沦陷后,武昌第一纱厂挂上"英商安利洋行财产"的牌子。参见《中国近代纺织史》编委会编著:《中国近代纺织史》下,北京:中国纺织出版社1997年版,第252—253页。

⑤ 《大生与德商签订抵押合同有关文件》(1938年1月10日),南通市档案馆藏,大生纺织公司档案,B403/111/182。

⑥ 张季直先生事业史编纂处,张謇研究中心等校注:《大生纺织公司年鉴(1895—1947)》,第369—370页。

（Freundlich，又译为方立熙），职员康诺德（Kohnert，又译为高纳脱、孔诺德）、甘蒂莫洛夫（Gantimuroff，又译为江继莫）、汉斯·厄恩（Hans Erne），秘书简（K. Chien）、郭（V. Kwok）等多人在各厂办公。①

1938 年 1 月 22 日，大生纱厂董事沈燕谋就德方驻厂代表的办事权限向各厂人员声明，如下所示：

一、本厂高级职员遇事应商同驻厂德籍代表办理（高级职员包括厂长、部长、科长等级而言）；②

二、栈房货物之堆储、保管或转运，以及工厂内外财产之保全、消防，应与代表商订安全办法，分别实行；

三、对外发生事故时，本厂高级职员随时应将事故及处理方法与代表协商同意，由代表执行之，有事关重大不能就地解决，此应由代表函电蔼益吉报告，另行交涉。

从声明来看，大生各厂的德籍代表获得了较大权力与较高地位，遇事尤其是重大事件时，原先主持厂务的各厂厂长等需要与代表们商议办法，必要时须向蔼益吉公司汇报。至少在形式上，蔼益吉公司确实成了大生纱厂的所有者与管理者，握有定夺之权。

"抵押"之后，为便于管理与加厚加重大生纱厂"德产"外衣的保护力度，蔼益吉公司派员成立了"大生纺织公司经理人蔼益吉中华电机厂远东机器公司上海经理处"（以下简称经理处），制定经理

---

① *Politische Beziehungen zwischen China und Japan-Der chinesisch-japanische Konflikt im Jahre 1937 – 1939*：*Rotes Kreuz*．RAV Shanghai-General konsulat Shanghai 1926 – 1945，R104862，Politisches Archiv des Auswätigen Amtes.

② 本段及以下 2 段均出自《大生与德商签订抵押合同有关文件》（1938 年 1 月 10 日），南通市档案馆藏，大生纺织公司档案，B403/111/182。

处办事简则。其中规定，"大生总管理处至通海各厂及其他第三者之函件，均通由经理处签字盖章，并留存附奉以备查"[1]。从字面理解，大生纱厂的中枢神经——总管理处与董事会，在"抵押"后均被经理处取代，由经理处负责指挥、决策各厂的生产经营活动。经理处对"无大生各部主管人员盖印之函件概不签署"[2]，各主管人员分为大生与经理处两方面，分别是李升伯（一公司经理）、沈燕谋（三公司经理）、黄友兰（电厂厂长）与海勒斯先生（Halas，蔼益吉驻华电气公司董事）、伏益特博士。不仅是公文函件，连同大生纱厂与银团往来的单据、借款、收汇款项等均由经理处接手，各厂的每日收入、支出、花纱布报表等亦在填报后交由经理处查核与管理。

　　在大生纱厂与经理处的关系方面，"大生与经理处双方负责人员应每月会集一次……遇有不当解决或相持不决问题，应即详加研讨互为解释，俾利进行而免误会……经理处各项工作……大生方面并须竭力扶助，籍收合作之效"[3]。然而，从严格意义上而言，在实际运作中，无论是沈燕谋的声明或是经理处的设立，均未对大生纱厂的生产经营做出过分制约，各厂的号信、汇报等依旧发往总管理处与董事会，从现有档案文献中难以觅得经理处的身影，对其是否发挥实质作用存疑。可以推断，大生纱厂的生存命运依然掌握在自己与银团手中，蔼益吉公司未做过多干预。由此证明，发布声明及成立经理处仅系增强"抵押"的合法性与正当性之举，从而

---

① 《大生与德商签订抵押合同有关文件》（1938年），南通市档案馆藏，大生纺织公司档案，B403/111/182。

② 《大生与德商签订抵押合同有关文件》（1938年），南通市档案馆藏，大生纺织公司档案，B403/111/182。

③ 《大生与德商签订抵押合同有关文件》（1938年），南通市档案馆藏，大生纺织公司档案，B403/111/182。

对大生纱厂形成全方面、多维度的保护罩,强化其"德产"外衣分量,增加厚实度,"抵押"为虚,生存为实,更作掩人耳目、以假乱真之效,以应对南通随时可能沦陷的不利局面。

但是,无论经理处是虚设或是实设,它既然存在,并且大生各厂已在形式上交由德国人管理,那么意味着大生纱厂需要履行抵押合同中明确的薪水给付并承担相关费用,使得"借德御日"这一战争应对措施落到实处。首先,大生总管理处每月支付蔼益吉公司 200 英镑的管理费用,德国经理的薪水亦由各厂分担。① 其次,"德商经理大生纺织公司"还向德国驻沪领事馆注册备案,缴纳注册费 300 英镑,折合法币 5 094.4 元。② 这已是两笔不菲的开支,再加上德国经理、职员在各厂供职期间所花费的各类生活开支、往返通沪两地的差旅费用等,以及经理处的各类费用,共同成为大生纱厂在"抵押"时期需要付出的经济代价,从而与蔼益吉公司实现利益交换,筑牢生存空间的保护屏障。

依照大生纱厂与蔼益吉公司之间的往来单据,就"抵押"中期(1938 年 5—12 月)大生纱厂向蔼益吉公司支付的各类费用情况整理如表 2-1 所示。

表 2-1 大生纱厂支付各类费用明细表

类别	费用明细	金额(元,法币)
薪金	7 月薪金(纽满、佛伦特、厄恩、甘蒂莫洛夫)	2 577.6
	7 月薪金(简、郭)	450

---

① 《大生系统企业史》编写组编:《大生系统企业史》,第 262 页。

② *Politische Beziehungen zwischen China und Japan-Der chinesisch-japanische Konflikt im Jahre 1937 - 1939*:*Rotes Kreuz.* RAV Shanghai-General konsulat Shanghai 1926 - 1945,R104852,Politisches Archiv des Auswätigen Amtes.

续表

类别	费用明细	金额(元,法币)
	8月薪金(纽满)	879.7
	8月薪金(佛伦特、厄恩、甘蒂莫洛夫)	1 865.16
	8、9月薪金(简、郭)	900
	9月薪金(纽满、佛伦特、厄恩、甘蒂莫洛夫)	2 601.6
	10月薪金(简、郭)	450
	10月薪金(纽满、佛伦特、厄恩、甘蒂莫洛夫)	2 889.6
	11月薪金(纽满、佛伦特、厄恩、甘蒂莫洛夫)	2 832.96
	11月薪金(简、郭)	450
	12月薪金(纽满、佛伦特、厄恩、甘蒂莫洛夫)	2 793.6
	12月薪金(简、郭)	450
小计	19 140.22(占比39.59%)	
管理费	7月10日—8月10日管理费用	4 359.39
	8月11日—11月10日管理费用	8 500
	11月11日—12月10日管理费	5 884
小计	18 743.39(占比38.77%)	
办公室小额支出	6月办公室小额支出	118.66
	7月办公室小额支出	34.07
	8月办公室小额支出	53.08
	9月办公室小额支出	35.25
	10月办公室小额支出	7.01
	11月办公室小额支出	35.69
小计	283.76(占比0.58%)	
经理处各项费用	5月账单	438.44
	6月账单	445.6
	7月账单	1 008

续表

类别	费用明细	金额（元，法币）
	8、9 月账单	249.05
	7 月外人费用	414.16
	10 月外人费用	867.69
	经理处食物两箱（8 月）	54.49
	经理处食物一箱（8 月）	102
	经理处各项杂费（8 月）	104.02
小计	3 683.45（占比 7.62%）	
德国经理职员各项开销	纽满、佛伦特、厄恩的 5 月开销	310.8
	纽满、佛伦特、厄恩的 6 月开销	214.8
	纽满、厄恩、佛伦特 7 月开销	802.98
	纽满、厄恩、佛伦特 8 月开销	490.67
	纽满开销	100
	垫甘蒂莫洛夫各项支出	1 049.44
	德国经理职员采购费（8 月）	119.25
	纽满通沪差旅费、汽车费等（10 月）	189.6
	佛伦特通沪差旅费、汽车费等（11 月）	65.2
小计	3 342.74（占比 6.91%）	
德国经理职员伙食费	驻通德国职员伙食费	123.25
	欧纳汉伙食费	119.25
	厄恩 9 月伙食费	165
	纽满、厄恩 10 月伙食费	370
	甘蒂莫洛夫 10 月伙食费	185
	厄恩 11 月伙食费	185
	厄恩 12 月伙食费	185
小计	1 332.5（占比 2.76%）	

续表

类别	费用明细	金额(元,法币)
杂费	7月办公杂费等	225
	8、9月房租等杂费	215
	10月房租等杂费	165
	11月房租等杂项	165
	12月房租等杂项	225
小计	995(占比2.06%)	
保险费	佛伦特购买西海岸人寿保险保费	260.82
	佛伦特人身疾病意外险等保费	67.5
	厄恩人身保险等保费	98
	纽满购买西海岸人寿保险保费[1]	235.72
	甘蒂莫洛夫购买西海岸人寿保险保费	163.16
小计	825.2(占比1.71%)	
总计	48 346.26	

资料来源:《德经理处单据》,南通市档案馆藏,大生一厂(副厂)档案,B404/111/156。

说明:表格中薪金、管理费等支付的货币单位为英镑,因汇率时刻波动,故而折合成法币时每月有所差异。

注[1]:纽满购买了西海岸人寿保险,保费710.72元,因4月8日及9月16日大生纱厂分别代纽满垫款200元与275元,故此项支出应为710.72-200-275=235.72元。

　　检视表格,可以发现薪金与管理费的给付占据大生纱厂支付总额比重之大,两者占比之和超过2/3,而经理处各项支出的占比则紧随前两者之后。从1938年5月至12月,大生纱厂需要付出接近5万元的经济代价,加上各厂摊派的经理处费用合计58 023.99元①,二

---

① 1938年5—12月间,大生各厂共有4次摊派经理处费用,分别是9月1日摊派15 251.05元,9月7日一公司摊派200元,10月27日摊派29 040.88元,11月15日摊派13 532.06元,合计58 023.99元。

者相加超过 10 万元。也就是说,大生纱厂选择"抵押"给蔼益吉公司,需要付出不容小觑的经济代价,方可实现利益交换。9 月 7 日,骆仰止向大生总管理处汇报:"德人膳食费高昂……请予拨付。"①由此可见,大生纱厂"借德御日"的生存因应会耗费较大的经济成本,与蔼益吉公司的利益交换来之不易。即便如此,徐静仁、李升伯等充分信赖蔼益吉公司,认可自己寻求的"德产"外衣足够坚固,可以抵御日方的冲击。而蔼益吉公司在收获可观的收入后,亦能尽职尽责,最大程度上保障大生纱厂的生存空间与经营质量。

三、"抵押"后的政治忠诚

大生纱厂在"抵押"后,以"德产"的身份向德国驻沪领事馆注册,获得了德国政府的承认与许可。更为重要的是,"抵押"虽然可以暂时性地抵挡日本侵占,从外在表象蒙蔽日方,实现自我保护,若要生存并获利,大生纱厂必须在沦陷区这一"灰色地带"中继续保持对国民政府的政治忠诚。一方面,大生纱厂奉中央政令采取"借德御日"的生存因应,避免"资敌";另一方面,大生纱厂生产的棉纱布匹,需要销往市场广阔的后方国统区,获得高额利润,保证生存。全面抗战爆发后,国民政府为严密防范"敌货"流入国统区,"经济部为防止敌货侵略",公告列出"被敌人攫夺统制之厂,所出之品应属敌货,禁止购运"。②为避免产品被贴上"敌货"标签,影响销售与获利,获得"德产"身份的大生纱厂必须选择向国民政府报

---

① 《德经理处单据》,南通市档案馆藏,大生一厂(副厂)档案,B404/111/156。
② 《新记新号罗莲舫呈请发还所扣大生厂及苏纶厂出品绒布的文书》(1940 年 2 月),中国第二历史档案馆藏,经济部档案,四/24156。

备,争取许可,确保可以畅通无阻地销往后方,更可强化其坚守民族主义的政治意涵。

　　因而,1938年2月18日,徐静仁呈文国民政府经济部称:"自本年(1938)一月一日起,每月提付英金二千磅,作为基金以供清债,并将本公司所有第一厂、附〔副〕厂及天生港之发电厂,连同海门第三厂之全部厂产、纱花、布匹,连同机上纱花等附产一并质押与德洋行,以作提付此项基金之保品。"①3月10日,李升伯向已在经济部任职的张文潜发函,"大生董事会为应付紧急环境……以电厂及纺织厂抵押与蔼益吉……依照抵押与外商必须呈报政府特许,特□文呈经济部核准备案",请求其"代为陈情,可迅速办理"。②由此可见,大生纱厂对于政府许可较为重视,一方面是政令使然,另一方面则是确保售纱的通行无阻,获利无虞,经济利益始终是徐静仁、李升伯等大生高层选择战争应对措施时的重要考量因素。换言之,大生高层之所以选择政治忠诚,民族主义的影响固然存在,但寻求生存与保障利益显得更为重要,这也不难理解徐、李等利用人际关系督促经济部备案批准的急切心情。同日,徐静仁再呈文经济部:"将设定抵押及质权之经过具文陈明,伏祈附赐准予备案并赐特许。"③11日,徐静仁又将相同呈文递交江苏省政府、南通县政府与海门县政府,从中央到地方逐级呈送,以期许可。

　　7月29日,经济部回复大生纱厂,要求其补呈抵押与质权合

①《在抗战初期为应变与国民党政府经济部及各级地方政权来往文件》(1938年2月18日),南通市档案馆藏,大生第一纺织公司档案,B402/111/185。

②《在抗战初期为应变与国民党政府经济部及各级地方政权来往文件》(1938年3月10日),南通市档案馆藏,大生第一纺织公司档案,B402/111/185。

③《在抗战初期为应变与国民党政府经济部及各级地方政权来往文件》(1938年3月10日),南通市档案馆藏,大生第一纺织公司档案,B402/111/185。

同,明确"管理权及代理权限"①。10 月 6 日,徐静仁向经济部解释说明并附呈合同照片,呈文称:"即债务于期内已经还清,并不消灭其规定之管理及代理权限之有效期限,此为应付目前环境,期于保障主权不得不采用方法。"②也就是说,大生纱厂所欠蔼益吉公司的债务即使已经还清,"抵押"关系也不立即解除,而是维持现状。实际上,徐静仁向经济部阐明此次"抵押"实为战争时期大生纱厂谋求企业生存的因应之策,系非常时期沦陷区民族工业"保障主权"之举,绝非真正意义上的转籍。国民政府西迁重庆,以徐静仁为核心的大生高层在"灰色地带"继续奉之为正朔,政府的许可亦是在民族主义层面为其生存扫清障碍,合乎民族国家(nation state)的道德阈值,夯实保护壁垒。徐静仁领导下的大生纱厂,在"灰色地带"之中继续保持对国民政府的政治忠诚,实现"德产"护厂并生产不辍、国统区售纱售布经营无阻的双重保障,营造沦陷初期颇具立体感的生存空间。

11 月,大生纱厂的"抵押"正式得到经济部核准,大生《年鉴》记载:"奉到经济部指令,核准本公司借用德商经理为保障……谋定保管官股、保全商股股票不入伪市,逃脱伪府注册。"③实际上,政府明示的"官股、商股不入伪市、不在伪政府登记注册",也是大生高层奉为圭臬的生存原则和底线。大生纱厂从 1938 年 1 月 1 日"抵押"给德商,至获得政府许可已是 11 月,并且南通已经沦陷,甚至

---

① 《在抗战初期为应变与国民党政府经济部及各级地方政权来往文件》(1938 年 7 月 29 日),南通市档案馆藏,大生第一纺织公司档案,B402/111/185。

② 《在抗战初期为应变与国民党政府经济部及各级地方政权来往文件》(1938 年 10 月 6 日),南通市档案馆藏,大生第一纺织公司档案,B402/111/185。

③ 张季直先生事业史编纂处编,张謇研究中心等校注:《大生纺织公司年鉴(1895—1947)》,第 370 页。

"距敌军战场日期仅四阅月矣"①，为求生存的艰难历程可想而知。当月，徐静仁致信翁文灏："公司苦心应付，历尽艰辛，所幸仍能勉存主权完整……迫以空拳抵御，则有螳臂当车之难，忍痛牺牲，誓保国家资源无损。"②字里行间，显示出徐静仁服膺民族、服膺国家的浓厚意味，将企业"借德御日"的生存因应与守护国家资源相联系，以昭彰其个人的深明大义。11 月 17 日，为褒奖、鼓励大生纱厂，经济部部长翁文灏致函徐静仁："贵公司在沦陷区域不为暴力所屈，屹然自存，继续生产于国计民生，裨益匪浅……望一本初心，赓续善处。"③

借助于"德产"的身份庇护，工厂与职员的生存暂时无虞，大生各厂销量、盈利迅增，似一针强心剂注入各阶层人员内心，直至南通沦陷。

第二节　南通沦陷与大生纱厂的生存因应

一、沦陷前的厂产保管

南通沦陷前夕，即 1938 年 3 月 10 日，"兹因通海地方形势严重，敝公司（大生）为力谋保障厂产计"④，经与蔼益吉公司商议后，

① 《五月六日大生一厂股东会议事录》(1946 年 5 月 6 日)，张季直先生事业史编纂处编，张謇研究中心等校注：《大生纺织公司年鉴(1895—1947)》，第 382 页。

② 《在抗战初期为应变与国民党政府经济部及各级地方政权来往文件》(1938 年 11 月)，南通市档案馆藏，大生第一纺织公司档案，B402/111/185。

③ 《在抗战初期为应变与国民党政府经济部及各级地方政权来往文件》(1938 年 11 月 17 日)，南通市档案馆藏，大生第一纺织公司档案，B402/111/185。

④ 《"德商经理时期的大生厂"管理的具体规定》(1938 年)，南通市档案馆藏，大生一厂（副厂）档案，B404/111/136。

由大生、蔼益吉、银团代表共同组织设立厂产保管委员会（以下简称保管会），订定《非常时期厂产保管办法》。

保管会"设委员三人至五人，以各厂厂长、营业所所长、银团代表、职工代表一人为委员，以德商蔼益吉驻华电气公司代表为主任委员，内设总务、消防、工程、设计等股"①。具体任务是：将厂内产品迅速运到安全地点再转至上海；选择仓库密室、挖掘地窖严密保存，大宗货移至厂外；厂内巡丁、实业警卫队更换为便衣，厂内设瞭望台，添置报警装置。② 组织系统如图2-3所示。

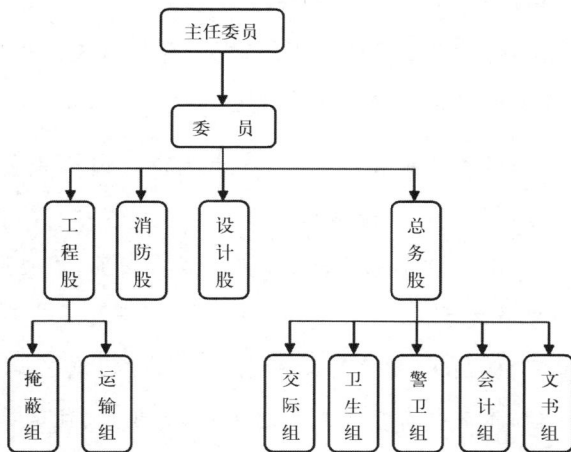

图2-3　厂产保管委员会组织系统图

资料来源：《"德商经理时期的大生厂"管理的具体规定》（1938年），南通市档案馆藏，大生一厂（副厂）档案，B404/111/136。

因局势特殊，保管会"视时势之推移，认为有停工之必要时，得

---

① 《"德商经理时期的大生厂"管理的具体规定》（1938年），南通市档案馆藏，大生一厂（副厂）档案，B404/111/136。

② 舒祥鑫：《日寇铁蹄下的大生纱厂》，南通市政协文史委员会编：《南通纺织史话》，北京：中国文史出版社2016年版，第148页。

执行职权随时宣告停工"①。众所周知,作为大生纱厂的决策机构与指挥中心,总管理处、董事会、经理处同处上海,对于南通情形不能第一时间知晓并做出正确应对措施。因而,以上三者亟需一个既位于南通亦能传达指令、发挥承上启下作用的关键组织,保管会最为适合,它在南通沦陷前后成为以上三者的联合派出机构,代为行使相关权力。同时,大生各厂一旦因战事暂时关停,厂内职员(不含工人)生计来源中断,必须采取相关安抚手段以稳定其情绪,避免意外发生。故此,保管会决定:"除保管员〈外〉工作一律遣散,并暂发职员遣散费,每人三十元。"②

　　除去职员,保管会更需注意工厂设施、存货等关系生存的重要物资设备,对急需准备事项作如下规定:

　　　　其一,各厂已制成之熟货,在天生港交通未恢复之前,即日运存距厂较远之安全地点;③

　　　　其二,各厂应即备贮砖石,佣雇泥水工匠,以便停工后砌闭工场要道之用;

　　　　其三,印制华、英两种文字之封条,准备于停工后应用;

　　　　其四,本公司各厂及厂外之财产,为工房、住宅等,应即日悬挂德国旗帜;

　　　　其五,购备急救必须之各种药品;

　　　　其六,选择仓房密室,挖掘地窖,准备于紧急时储藏重要

<hr>

① 《"德商经理时期的大生厂"管理的具体规定》(1938年),南通市档案馆藏,大生一厂(副厂)档案,B404/111/136。

② 《"德商经理时期的大生厂"管理的具体规定》(1938年),南通市档案馆藏,大生一厂(副厂)档案,B404/111/136。

③ 本段及以下7段均出自《"德商经理时期的大生厂"管理的具体规定》(1938年),南通市档案馆藏,大生一厂(副厂)档案,B404/111/136。

机件之用；

其七，消防器具即日作充分准备；

其八，物色熟谙外语人员二人，担任交际事宜。

检视以上规定不难看出，大生纱厂各阶层人员虽不能准确预估南通沦陷时间，但终有感觉沦陷在即，保管会做出充分的生存因应，最大程度上保护大生纱厂命脉不断。规定之中，保管会对工房住宅等财产做出悬挂德国旗帜、物色熟悉外语人员负责交际事宜等准备工作，与大生纱厂的"德产"身份遥相呼应，正如"厂中房产如厂屋、栈房等处，应于屋顶上髹漆德国旗帜……值兹中日作战期间，飞机肆扰，势所不免，故对于火患之预防尤为切要"①一样，这更加有助于理解大生纱厂依赖"德产"外衣寻求保护的生存实态。

此外，保管会还制定了《厂产保管人员服务及待遇规则》，明确厂产保管人员的待遇薪水问题，"各职员薪给照原额加半支付"②，要求"非常期内各厂保管人员须绝对服从厂产保管委员会之指挥调遣"③，为守厂职员人身财产安全"向外商人寿保险公司投保高额之意外险"④，保险费由大生纱厂负担。上述之举，均系大生高层从经济上消除守厂职员的生存顾虑，具有动乱时期稳定人心的效用。

---

① 《"德商经理时期的大生厂"管理的具体规定》(1938 年)，南通市档案馆藏，大生一厂(副厂)档案，B404/111/136。

② 《大生纺织公司各厂厂产保管人员服务及待遇规则》，南通市档案馆、张謇研究中心编：《大生集团档案资料选编·纺织编(IV)》，第 99 页。

③ 《大生纺织公司各厂厂产保管人员服务及待遇规则》，南通市档案馆、张謇研究中心编：《大生集团档案资料选编·纺织编(IV)》，第 99 页。

④ 《大生纺织公司各厂厂产保管人员服务及待遇规则》，南通市档案馆、张謇研究中心编：《大生集团档案资料选编·纺织编(IV)》，第 99 页。

遗憾的是，大生各厂的工人无法得到保管会的关心与照顾，他们普遍在生存线上苦苦挣扎，并且需要借助罢工等工潮工运向厂方抗议，争取自己狭小的生存空间，这也在无形之中加剧了劳资关系的不稳定性，以及工人与职员间的矛盾与纷争。诚然，从大生高层的角度出发，战争的特殊性与沦陷区的危险处境必然使他们无法顾及占比较大的工人群体，民族资本家的身份亦决定了他们更倾向于握有技术资本的职员群体。毕竟，在追求利益与确保生存之间寻求平衡点，也是大生高层必须面对与解决的难题，进而在很大程度上影响他们选择保职员而弃工人的"非常之道"。

二、南通沦陷与大生停工

1937 年 12 月后，京沪线全部沦陷，日军亦不忘袭扰江北南通。"有少数敌军用小舢板在（南）通如（皋）接壤之丝鱼〔渔〕港登陆，掳得居民三四人旋即退去……人心不无惊皇〔惶〕……港口敌舰近日均有数艘驻泊不离，未有举动。"[1]南通岌岌可危，笼罩于恐怖的阴霾之下。其时，驻防南通的国民党第57军第111师奉命北撤，仅剩江苏省保安部队杨仲华团及县保安队。[2]

1938 年 3 月，为策应徐州会战，日军当局决定在"南通附近及崇明岛攻略作战"[3]。需要说明的是，南通沦陷曾一度被定性为陈

---

[1]《中国银行沪辖松江、南通、芜湖等行报告敌机舰袭击及遭受损失撤退情况》(1937 年 12 月 4 日)，上海市档案馆藏，中国银行上海分行档案，Q54/3/54。

[2] 管劲丞：《南通沦陷前后》，南通市政协文史资料研究委员会编：《南通文史资料选辑》第 5 辑《纪念抗日战争胜利四十周年》，1985 年编印，第 17—18 页。

[3] JACAR(アジア歴史資料センター)Ref. C14120596900、自昭和 13 年 1 月～至昭和 13 年 11 月『支那事変主要作戦研究　其の2』(防衛省防衛研究所)。

葆初"引狼入室说"①,但这一说法有片面之处。南通沦陷当日(1938 年 3 月 17 日)系农历二月十六,海水与江水受太阳、月球引力及地球自转影响,会在每月农历初一与十六两日形成大潮汐,日军可借助凌晨的大涨潮方便军舰停靠南通港口,从而登陆作战。因此,日军先于 13 日在上海操练登陆演习,16 日第 101 师团佐藤支队、谷川支队等部在上海吴淞口乘"新兴丸"号等军舰,17 日凌晨 3 时抵达南通江面,发动奇袭。②

日军步兵伍长荻岛静夫日记记载:"我们从七千〔吨〕的新兴丸号下来……五点半,我军消灭了岸边所有的敌人,取得登录〔陆〕的成功。这个时候天还没有亮,村民竟然没有发觉,我们就那样突然攻击,敌军的身影也不见了。天渐渐亮了,我军攻入通州(南通)城的时候,遭遇了敌人的反击,我军马上应战,在市区的各个地方与敌军展开战斗,终于在上午九点的时候占领了南门……正午时分,

---

① 所谓陈葆初"引狼入室说",即管劲丞在《南通沦陷前后》一文中指出:陈葆初在南通沦陷前夕与日军勾结,甚至扬言其阻挡日军进攻南通,并向日军提供包括大生各厂在内的张謇事业名单一张,请求保护。参见管劲丞《南通沦陷前后》,南通市政协文史资料研究委员会编:《南通文史资料选辑》第 5 辑《纪念抗日战争胜利四十周年》,第 20 页。另据 1955 年南通市人民法院对陈葆初所作死刑判决书,其中载明相关罪行:"早在抗日前即与日本间谍吉村虎雄勾结,聘吉村为家庭教师,以掩护其绘制地图……日寇侵通前夕,除供给日寇重要情报外,并密荐徐宇春等大批汉奸,预谋组织伪政权,同时又与日会上海特务机关长松室密商侵通计划。"参见《南通市人民法院刑事判决书》(1955 年 9 月 3 日),南通市公安局藏。综上,称为陈葆初"引狼入室说"。周宗根在《地方主义与民族主义:南通绅商与战时政治(1937—1949)》中亦以一目的篇幅对这一说法展开论述,本书在此仅补充解释。参见周宗根:《地方主义与民族主义:南通绅商与战时政治(1937—1949)》,博士学位论文,南京大学,2006 年,第 28—30 页。

② JACAR(アジア歴史資料センター)、Ref. C14120597500、自昭和 13 年 3 月 16 日～至昭和 13 年 3 月 19 日『主要作戦研究 18 南通附近及崇明島攻略作戦』(防衛省防衛研究所)。

我军完全占领了通州城。"①

　　另据《申报》、中国银行南通支行报告及留守南通基督医院的美籍护士麦文果寄出信件等多种文献显示,"敌舰陆战队,用敌机六架掩护,由南通之狼山增港一带登陆,我江岸守军,当予以猛烈抵抗,伤亡殆尽,被敌侵入县城,我城内守军,又与之巷战,卒以寡不敌众,县城遂告陷落"②,均印证"日军在 3 月 17 日占领了南通城,他们遇到的抵抗是微弱的,因为长江提供了如此宽广的滨江水域,不利于开展防御战"③。当日拂晓时分,日军由长江登陆狼山,进入南通第一区姚港乡,"日机多架盘绕南通满城,同时机枪声、步枪声密集四起"④。江防保安队势单力薄,无力抵抗,被迫撤退。是日,日军入城,南通沦陷。

　　时局动荡下,大生一厂、副厂与电厂"均悬挂德国国旗,停止开车"⑤,作观望之姿。因海门稍晚于南通,在 3 月 21 日失陷,故大生三厂"事先已得消息,全体职员均未离厂"⑥。24 日,"日军十余人曾到该厂……由重要职员出面招待,未发生事端"⑦。由于欧纳汉

① 四川建川博物馆收藏:《荻岛静夫日记》,1938 年 3 月 17 日,北京:人民文学出版社
　　2005 年版,第 71—72 页。

② 《南通陷落后,敌又窥崇明》,汉口《申报》,1938 年 3 月 21 日,第 1 版。

③ 《麦文果致友人的信》(1938 年 12 月 20 日),南通市档案局(馆)编:《西方人眼中的民
　　国南通》,济南:山东画报出版社 2012 年版,第 171 页。

④ 《中国银行沪行辖南通、芜湖等行处报告地区沦陷撤退情况的文书》(1938 年 4 月 8
　　日),上海市档案馆藏,中国银行上海分行档案,Q54/3/59。

⑤ 《南通特务机关(喜多)对于处置大生纺织公司的调查书》(原件为日文),南通市档案
　　馆藏,大生纺织公司档案,B403/111/622。

⑥ 《海门大生三厂最近情形报告》(1938 年 4 月 4 日),上海市档案馆藏,上海商业储蓄银
　　行档案,Q275/1/606。

⑦ 《海门大生三厂最近情形报告》(1938 年 4 月 4 日),上海市档案馆藏,上海商业储蓄银
　　行档案,Q275/1/606。

等德国职员当时不在厂内,日军并不相信大生三厂为"德国资产",故"当时曾被迫将德旗取下,改悬日旗"①。待德国职员返回并与日军交涉后才重新悬挂德国国旗,对此"日方尚无异议"②。可见南通、海门沦陷时,大生纱厂凭借"德产"外衣及德国职员暂时保护住企业,至少在了解真相前日方不会对大生采取过分举动。

南通沦陷时,身为大生一公司经理的李升伯,率领"大生部分职员撤退上海,避居租界,清理债务"③。李升伯有着自己的苦衷,"因为日本人就要打过来了,南通的各项事业是日军蓄谋已久要摧毁的,我无力支撑下去"④。此外,大生各厂厂长亦发生人事变动。张方佐称病赴沪,撤离南通,"纺厂余主任又久假未回"⑤,故由王元章代行副厂厂长职务。成纯一向徐静仁夸赞王元章"有肝胆魄力,既允效力,故宜慎重其事"⑥,其后大生纱厂遭遇"军管理"⑦时,王元

---

① 《海门大生三厂最近情形报告》(1938 年 4 月 4 日),上海市档案馆藏,上海商业储蓄银行档案,Q275/1/606。

② 《海门大生三厂最近情形报告》(1938 年 4 月 4 日),上海市档案馆藏,上海商业储蓄银行档案,Q275/1/606。

③ 《上海高等法院检察处关于李升伯汉奸案》(1946 年),上海市档案馆藏,上海高等法院检察处档案,Q188/2/348。

④ 龚玉和、龚励:《李升伯传》,第 73 页。

⑤ 《南通沦陷后大生厂的处境》(1938 年),南通市档案馆藏,大生一厂(副厂)档案,B404/111/137。

⑥ 《南通沦陷后大生厂的处境》(1938 年),南通市档案馆藏,大生一厂(副厂)档案,B404/111/137。

⑦ "军管理"是日本对占领区内华资民族工业以"军管"的名义推行经济统制的普遍政策,包括直接盗拆盗运、利用、"合办""租赁""收买"等具体形式。另据日本"兴亚院"的解释,依据"国际公法"和"战时法规"没收"敌人官产"的行为,但为防止"不逞之徒"加以破坏,对占领区内的无主私人产业也由军方暂时保管。参见庄志龄:《"军管理"与日本战时对上海华资企业的攫夺》,《档案与史学》2001 年第 6 期;周宗根:《1938—1939 年大生纺织公司对日本"军管理"的应对》,《抗日战争研究》2018 年第 4 期等。

章作为唯一在通大生高层,出面与日方交涉,可见成纯一并非过誉。

这时,南通各厂群龙无首,亟待高层派员主持厂务。并且大生各厂的被迫停工直接导致生产经营的中断,更意味着生存空间受到威胁,复工的重要性不言而喻。无论是大生高层,抑或普通工人,均能明晰"努力复工,约能次第实现现值纱布市价"①。为解决大生各厂的运转与人员的生存问题,总管理处决定"筹备复工,渐有端绪,特派高级职员成纯一为驻厂专员,希即查照前订复工应办事项,主持监督指挥进行"②。

值得一提的是,李升伯虽避居上海法租界愚园路 1320 弄 23 号,后来仍未能逃脱日军加害。据张方佐回忆,"因李升伯于南通沦陷前,曾会同江苏农民银行抢运苏北棉花,数量甚巨(四十余万担),致遭日人嫉视,认为抗日分子"③。1939 年 8 月 28 日,"上午九时许……李升伯由家赴公司,乘坐二二三号黑牌汽车,至弄口外马路上,突来盗匪四五人,各持盒子枪,拦阻去路,当将司机人驱逐下车,该匪等跃车急驶而去"④。后经伪上海特别市警察局沪西警察署署长王德林等"分报取访顾问,宪兵队察核,理合将被绑及查缉情形,备文呈报"⑤,发现李升伯系被日方抓捕至极司菲尔路 76 号,

---

① 《抗战时期大生一厂营业情况及其他事务材料》(1938 年),南通市档案馆藏,大生一厂(副厂)档案,B404/111/177。

② 《"德商经理时期的大生厂"管理的具体规定》(1938 年),南通市档案馆藏,大生一厂(副厂)档案,B404/111/136。

③ 《上海高等法院检察处关于李升伯汉奸案》(1946 年),上海市档案馆藏,上海高等法院检察处档案,Q188/2/348。

④ 《日伪上海特别市警察局关于汇报沪西警察署辖境愚园路居民李升伯被绑一案情形的呈》(1939 年 8 月),上海市档案馆藏,日伪上海特别市政府档案,R1/3/165/32。

⑤ 《日伪上海特别市警察局关于汇报沪西警察署辖境愚园路居民李升伯被绑一案情形的呈》(1939 年 8 月),上海市档案馆藏,日伪上海特别市政府档案,R1/3/165/32。

9月20日获释。在关押期间，李升伯所受折磨与苦楚，对其身心造成伤害，"旧病复发，留沪就医"[1]，后移居大后方工作。从此插曲一可看出大生经营之丰，二可反映李升伯对大生的认真与负责，三可展现日方欺凌之甚，即便是身居高位的李升伯，亦不能幸免，各厂职员与工人安危，更自顾不暇。

第三节 日本占领初期大生各厂复工与运纱贸易

一、成纯一多方活动

成纯一到达南通后，先行拜访唐家闸附近日军各部队，再访晤城区各部队以及特务机关与南通"宣抚班"（以下简称"南通班"），最后与伪南通县自治会（以下简称伪自治会，后改为伪南通县知事公署、伪南通县政府）接洽。[2] 成纯一受公司指派，与日军当局及伪政权沟通交涉，力争大生纱厂早日复工。同时，大生总管理处制订《二十七年（1938）五月筹备复工应办事项》，交由成纯一予以执行，由其负责统领南通各厂复工等各项事务，与日军当局及南通地方伪政权交涉沟通，并随时向总管理处及董事会、经理处汇报。

此外，受停工影响，有关大生各厂职员在沦陷之初的薪金问题，总管理处于5月12日做出决定："非经派有工作之职员一律留职停薪，另行发给生活维持费……平时薪水在二十元以下者仍照

---

① 《上海高等法院检察处关于李升伯汉奸案》（1946年），上海市档案馆藏，上海高等法院检察处档案，Q188/2/348。

② 周宗根：《1938—1939年大生纺织公司对日本"军管理"的应对》，《抗日战争研究》2018年第4期。

原额支给不再折扣,平时薪水在二十元以上者一律五折但至少不得低于三十元至多不得超过五十元。"①此举一出,可稍作稳定大生各厂职员心态之用,一定程度上缓解因停工停职带来的生存危机,全力为复工而努力。

在李升伯与沈燕谋的指挥下,成纯一与多方势力折冲,努力争取大生纱厂可以及时复工。南通沦陷后未久,1938 年 3 月 31 日,成纯一向李、沈二人感慨:"派驻厂迄今……维感尤常困难……存煤用完不过十五天,厂存棉花亦不过十余日即完……司令及南通特务机关许可未下,停顿停工势不可免……不及先请示而后谈判。"②这时,大生一厂"厂存纱布约一千六百余件,而原料尚有近五万石"③。成纯一表示应"急速先运熟货"④,将厂内存货数次运出南通,要求职员专管,并按需求运至码头及栈房。

由于南通已经沦陷,大生纱厂在停工期间将货物运出销售,除需征得日本方面同意外,运货所带来的税费问题颇为困扰。成纯一向南通地方伪政权"示好",言语"以后花纱布、物料、进出之纳税……拜烦探询"⑤,并了解"南通之统税局情形,或有新人出

① 《奖励抢救沪栈物资职工人员名单及奖励办法》(1938 年),南通市档案馆藏,大生沪事务所档案,B401/111/577。

② 《抗日战争期间成纯一所收信件及所发信件底稿》(1938 年 3 月 31 日),南通市档案馆藏,大生第一纺织公司档案,B402/111/204。

③ 《抗战时期大生一厂营业情况及其他事务材料》(1938 年),南通市档案馆藏,大生一厂(副厂)档案,B404/111/177。

④ 《抗日战争期间成纯一所收信件及所发信件底稿》(1938 年 4 月 1 日),南通市档案馆藏,大生第一纺织公司档案,B402/111/204。

⑤ 《抗日战争期间成纯一所收信件及所发信件底稿》(1938 年 4 月 1 日),南通市档案馆藏,大生第一纺织公司档案,B402/111/204。

任"①,以免利益受损。经成纯一等的设法努力,"运输方面渐有办法……厂中计续出纱布一万二千余件,运沪达八千余件,均能随到随销,利润优厚"②。丰硕的利润犹如雪中送炭,对于地处沦陷区的大生纱厂及其员工而言,可在一定程度上暂时保证生存与工厂运转,稳定人心,有助于成纯一全力与日军当局斡旋,争取复工。大生一厂与三厂针对各自不同的境遇情形,做出不同的应对措施:一厂"虽运输尤感棘手,然照目前供求情形,仍能于就地收买关系,有利可获……原料陆续收购,熟货随时成随运到沪,立即随市求售"③;三厂"所处地势较优(指驻厂日军较少),进出货尚不十分困难,但时事变幻莫定,亦惟力持稳健,不敢稍涉大意也"④。

这一时期,成纯一将希望寄托于董事会暨总管理处与蔼益吉公司身上,将自己定位成高层命令的执行者。成纯一向大生高层表示:"本厂此次重大事件(停工)为厂之存亡关头,为厂史中重要之一页,对外交涉自有董事会、蔼益吉等在上主指。"⑤很明显,成纯一虽然认识到复工的重要性,却未察觉日军当局对大生纱厂的侵占野心,故耐心等待高层指示。为稳定工人情绪,成纯一"特告工人务须保持

———————————

① 《抗日战争期间成纯一所收信件及所发信件底稿》(1938年4月1日),南通市档案馆藏,大生第一纺织公司档案,B402/111/204。

② 《抗战时期大生一厂营业情况及其他事务材料》(1938年),南通市档案馆藏,大生一厂(副厂)档案,B404/111/177。

③ 《抗战时期大生一厂营业情况及其他事务材料》(1938年),南通市档案馆藏,大生一厂(副厂)档案,B404/111/177。

④ 《抗战时期大生一厂营业情况及其他事务材料》(1938年),南通市档案馆藏,大生一厂(副厂)档案,B404/111/177。

⑤ 《抗日战争期间成纯一所收信件及所发信件底稿》(1938年4月),南通市档案馆藏,大生第一纺织公司档案,B402/111/204。

秩序,勿妄散播谣言,勿轻举妄动……静候厂中救济"①。

二、逐步复工

南通沦陷后,日军当局鉴于固有的社会秩序被打乱,民心不稳,大生纱厂又是南通社会经济的支柱,且各厂停工,"致发生多数职工失业,治安上不能任其自然"②,希望通过营造"日中亲善"的"和谐"氛围,以利于日伪当局的统治。如此情况下,日方的当务之急便是尽快安定人心、工厂复工、恢复市面。经交涉,4月11日,在保障厂内工人尤其是女工的人身安全前提下,大生一厂、副厂先行复工,但生产时断时续。

"11日晨,一厂第一工场、第二工场、织布工场及副厂纺织两工场同时开工,一厂计到男女工1 300余人,副厂到300余人,副厂收回厂房三分之二,撤除日军警戒线。"③当日9时,南通特务机关长、"宣抚班"班长率领"经济部"④主任等10余人到厂对全体职员发表复工演说。特务机关长说明大生复工之原因:"一,为增加生产;二,为平民生计;三,为地方复兴,故决予以全力保护职工安全……女工保障条法已定……切诚毋有违反军事时期之行动。"⑤"宣抚

①《抗日战争期间成纯一所收信件及所发信件底稿》(1938年4月),南通市档案馆藏,大生第一纺织公司档案,B402/111/204。

②《南通特务机关(喜多)对于处置大生纺织公司的调查书》(原件为日文),南通市档案馆藏,大生纺织公司档案,B403/111/622。

③《汉奸陈葆初信件》(录银团稽核发来函),南通市档案馆藏,南通县自治会(伪县政府)档案,A209/112/598。

④此"经济部"为日军驻南通特务机关下设专门负责处理南通地方经济事务的部门,主任先后由植村、米内山等人担任。

⑤《汉奸陈葆初信件》(录银团稽核发来函),南通市档案馆藏,南通县自治会(伪县政府)档案,A209/112/598。

班"班长随后演说:"大生创建人张四先生(张謇,下同)为地方之主旨与苦心完全明了,故此次复工动机在此后种种保护……职工体会张先生遗志,向进步方面努力……大生及诸君……如有困难可随时报告。"①日军当局的上述言辞极尽笼络人心之意,以"保护大生及职工利益""继承张謇遗志"等辞藻粉饰其在入侵占领南通时所犯下的罪恶行径。不过,无论日军当局是重视大生纱厂在南通乃至江北的垄断地位,或是对大生纱厂"德产"外衣有所忌惮,它对复工的允许保证了生产经营不辍,工厂与人员的生存暂时无虞。

成纯一看到日军当局如此态度,似乎沉浸于"胜利"的喜悦之中——作为驻厂专员的他已经"顺利"完成总管理处及董事会交予的任务与使命。此情此景下,4月15日成纯一向徐静仁、陈葆初汇报:"筹备(复工)工作顺利,十一日平安开工……今日宴开车,经全班力导圆满,近来私事已遂至便利,凡有所要求无不照办……静(徐静仁)葆(陈葆初)老勿念。"②17日称:"厂内一切平安……工人问题可解决,运煤事应当允许。"③同时,成纯一向李升伯汇报:"筹备工作顺利,十一日平安开工……秩序甚佳,信用大昭。"④从字里行间来看,成纯一信心满满,南通沦陷后大生纱厂的生存困局似已解决。

日军当局的真实意图,从它发出的允许大生各厂复工备忘录或能管窥一二。"日方为救济计,以将来实行日中经济提携为条

---

① 《汉奸陈葆初信件》(录银团稽核发来函),南通市档案馆藏,南通县自治会(伪县政府)档案,A209/112/598。

② 《汉奸陈葆初信件》(1938年4月15日),南通市档案馆藏,南通县自治会(伪县政府)档案,A209/112/598。

③ 《汉奸陈葆初信件》(1938年4月17日),南通市档案馆藏,南通县自治会(伪县政府)档案,A209/112/598。

④ 《抗日战争期间成纯一所收信件及所发信件底稿》(未标注时间),南通市档案馆藏,大生第一纺织公司档案,B402/111/204。

件，于昭和十三年（1938）五月十八日发出备忘录，令其复工。"①备
忘录全文如下：

  兹为促进复兴江北地方起见，在下列条件之下即准大生
纺织工厂开工复车。计开条件如下：②

  一、今后工厂之经营方针应以中日经济提携为基本原则，
并应随时接受日方要求开始关于是项提携之交涉。

  二、日本军认为必要时，工厂应随时接受命令，停止工作。

  三、德方之债务应尽速归偿。

  四、工厂之经营须受南通特务机关长之监督。

此致

大生纺织公司知照

日本军特务部南通特务机关长

德本中佐

昭和十三年五月十七日

  备忘录的发布，标志着大生各厂的复工正式得到了日军当局
的准许。但是这种复工，在很大程度上受日本占领后新建或是重
建的统治权威与秩序的影响，是"屈辱"的复工，大生纱厂的生存质
量势必降低，生存空间亦被挤压。揆诸备忘录，一方面"日中经济
提携"成为大生纱厂复工的前提条件，但只要日军"认为必要时"，
大生必须接受命令停工；另一方面，大生纱厂的"德产"外衣仍然有
效，可继续借偿债之名行生产之实。日方提出"德方之债务应尽速

---

① 《南通特务机关（喜多）对于处置大生纺织公司的调查书》（原件为日文），南通市档案
 馆藏，大生纺织公司档案，B403/111/622。

② 本段及以下9段均出自《南通特务机关（喜多）对于处置大生纺织公司的调查书》（原
 件为日文），南通市档案馆藏，大生纺织公司档案，B403/111/622。

归偿",可见其并未怀疑大生纱厂与蔼益吉公司之间的"债务抵押"关系。至此,大生各厂陆续恢复生产与经营。

可以看出,大生纱厂能在沦陷区博得生存空间实属不易,即使这样的生存需要完全置于日方的控驭之下,并服务于日方的经济利益与政治利益。并且,这与沦陷区的整体环境不可分开,置身于日方占领地意味着正常的生活秩序被打破,南通民众被迫置于一种全新的生存状态,接受一种不以其意志为转移的"卑微生存方式"。比较之下,大生纱厂及其员工,可以凭借"德产"的保护衣,一定程度上自主生存,成为相对独立的场域,但这也只能是暂时的。

三、复工后的运纱贸易

大生各厂全面复工后,生产迅增,其棉纱布匹等熟货应尽快运往苏北或后方销售。考虑到所处沦陷区的生存环境对运货形成诸多阻力,大生纱厂在通行贸易方面需要获得日方的许可。不仅是日方,伪自治会等地方伪政权亦会从中作梗,谋取税费获利,大生纱厂即将面临多方势力的压榨,生存空间进一步缩小。

早在尚未复工、与各方交涉时,成纯一便向徐静仁感叹:"自纯一到厂以来,在各奔波,及在厂接见各人,往往忙迫不克分身。"[1]如前所述,成纯一一方面拜会各方努力争取复工,另一方面请求日方允许运货,并降低各类过境税费。而在正式复工后,大生纱厂凭借"德产"外衣暂时保证了一定程度的自由与自主,争取到难得且宝贵的时间差,当下重任即为扩大生产,抓紧运货,广开销路,收获厚

---

[1]《南通沦陷后大生厂的处境》(1938年),南通市档案馆藏,大生一厂(副厂)档案,B404/111/137。

利。成纯一奉大生总管理处指令,与各方斡旋折冲,力争运纱贸易上的便利条件,确保生产经营与销售获利的赓续。

1938年7月26日,成纯一向徐静仁、陈葆初、李升伯、沈燕谋等汇报工作:"三个月以来,纯(成纯一)为此苦痛甚多,(七月)廿三日在城纯得病,廿四回(唐)闸,廿五热稍退(廿四热至四十度),宜稍休养……廿六清晨不得不办公……今日唐闸警备司令派员到厂,无人接见……"①显而易见,这与他在复工之时的状态截然相反,当时的轻松感与喜悦感荡然无存,心态变化巨大。此时成纯一所言的"为此苦痛甚多"即指与日伪等多方势力的交涉与沟通,终使其心力交瘁,力不从心。这从他"较真、执着,为大生纱厂倾注半生的心血"②性格出发,便不难理解。在成纯一向总管理处请求援助后,吴冀阶、张神州、王元章等人分担各项事务,共助大生纱厂生存状况的好转。

1938年7月前后,适逢有日资纱厂欲与大生纱厂展开"合作"经营(相关内容下一章将专文述论),为达目的,日方以售纱为杠杆对其诱之以利,强之以力,不仅在客观上促成了大生纱厂在苏北的原料垄断,并且同意其向内地销纱,大生因此通行无阻,获利甚丰。③ 在日军驻"南通班"班长川又务等人的授意下,自治会、伪南通县商会等地方机构给予大生各厂棉纱通行上的许可,从6月末至10月间,大生一厂、副厂运出各类棉纱布匹,具体如表2-2所示。

---

① 《南通沦陷后大生厂的处境》(1938年),南通市档案馆藏,大生一厂(副厂)档案,B404/111/137。

② 张若愚访谈、整理:《姜平口述实录》(未刊稿),访谈时间:2019年11月12日,访谈地点:南通纺织博物馆。

③ 周宗根:《地方主义与民族主义:南通绅商与战时政治(1937—1949)》,博士学位论文,南京大学,2006年,第75页。

表 2-2　大生一厂、副厂运出棉布明细表

单位:件

时间	厂名	数量	运出地
1938 年 6 月 26 日	大生一厂	830	上海
7 月 7 日	大生一厂	695	苏北
7 月 7 日	大生副厂	191	
7 月 18 日	大生一、副厂	1 140	
7 月 22 日	大生副厂	215	
7 月 26 日	大生副厂	350	
7 月 31 日	大生一厂	430	
8 月 8 日	大生一厂	93	上海
9 月 6 日	大生副厂	814	
9 月 7 日	大生一厂	3 230	
9 月 13 日	大生一厂	600	
9 月 14 日	大生副厂	400	
9 月 23 日	大生一厂	1 700	
9 月 28 日	大生一厂	600	
10 月 4 日	大生一厂	1 280	
总计		12 568	

资料来源:《临时商品搬出许可证》(1938 年 2 月至 1938 年 6 月),南通市档案馆藏,南通县自治会(伪县政府)档案,A209/113/12;《临时商品搬出许可证》(1938 年 7 月至 1938 年 10 月),南通市档案馆藏,南通县自治会(伪县政府)档案,A209/113/27。

由表 2-2 可见,在 4 个月内,仅大生一厂、副厂向苏北与上海运出棉布达 12 568 件,数量惊人,生产经营之丰略见一斑。但是,大生纱厂在获得运纱便利的同时,需要缴纳一定税费,主要为统税与货物税,方可通行。

南通沦陷之初,日方向大生各厂"征收统税,一道通行全国,概

不重征,当地营业税等向章亦一律豁免"①。海门的大生三厂,在沦陷之初"纱布各每件征税四元"②。随着大生各厂复工,产销两旺,虽然此时日方仍然忌惮大生的"德产"身份,不能有过分举动,但在运纱贸易上,日方可以频频设阻,上涨税率,提高门槛,从中"分享"获利。由于 7 月后日资纱厂向大生高层表达了"合作"的初步意向,准备开始谈判,因而此后大生各厂需缴纳的税费高低,不仅与成纯一等人与日方的交涉有关,更受"合作"谈判进程影响。

　　另一方面,伪自治会虽受日方扶持,大生纱厂又系南通地方经济支柱,且有着深厚的社会根基,其运货税费高低,伪自治会并无定夺权力。然而伪自治会似乎对大生纱厂与日方达成的税费约定有所异议,屡屡暗中作绊。7 月 1 日,成纯一代表大生总管理处向当地红卍字会"捐款五千元,由厂垫出送去"③,用作伪自治会救济当地民众,以示"亲善"。成纯一此举带有向伪自治会"示弱示好"的意味,希冀对方能在通行上予以方便。伪自治会却并不满足,将大生纱厂向唐闸税局缴纳的各项税费悉数收走,致使大生一直为唐闸税局垫款,达数万元之多。④ 同时,日方对待大生各厂的态度,亦随着"合作"谈判进程不断变化,进而不断影响着大生纱厂的生存空间。

---

① 《抗战时期大生一厂营业情况及其他事务材料》(1938 年),南通市档案馆藏,大生一厂(副厂)档案,B404/111/177。

② 《抗战时期大生一厂营业情况及其他事务材料》(1938 年),南通市档案馆藏,大生一厂(副厂)档案,B404/111/177。

③ 《南通沦陷后大生厂的处境》(1938 年),南通市档案馆藏,大生一厂(副厂)档案,B404/111/137。

④ 周宗根:《地方主义与民族主义:南通绅商与战时政治(1937—1949)》,博士学位论文,南京大学,2006 年,第 78 页。

随着日军第二次占领海门①,大生三厂的运纱贸易阻力频增。10月,日军驻海门"宣抚班"(以下简称"海门班")班长平松久敬要求"厂货运沪,每匹均向特务班请领货物搬出许可证,并经口头陈明,如果仍须完纳前项类似之通过货物税,必须有正式命令"②。言下之意,若要运出棉纱布匹,一需"货物搬出许可证",二需交纳税费,三需日军当局的正式命令,三者缺一不可,条件较沦陷之初甚为严格。

11月后,由于日资纱厂与大生纱厂的"合作"谈判渐陷僵局,伪自治会在日方授意下拟加税1.5倍至4倍,并采取扣押花纱的强硬手段进行压迫。③ 货物税从每箱2元"忽涨至每箱五元,幸预领税票及通行证,万箱至年底所缺有限,今已交涉,不久即为取消,至于棉花货物税每担八角,照数缴纳,须达六、七万元,兹经一再交涉,所缴不及两万元,以后当可与纱布税同时取消"④。28日,成纯一等苦不堪言:"照原价支付棉花货物税……屡请减免,

① 1938年3月21日海门沦陷。4月17日,随着台儿庄战役胜利结束,日军当局深感兵力不足,驻通日军为收缩防务,令侵占海门的日军部队于4月24日撤回南通,海门暂时沦陷结束,被迫撤往江家镇的国民党海门县政府亦搬回海门政府驻地茅镇办公施治。9月中旬,日军决定第二次进犯海门。21日分三路由南通出发,向海门进攻。虽然三路均遭到国民党游击部队的阻击,但终因日军兵力集中,炮火猛烈,游击部队抵抗不力,纷纷溃退。是日,海门再次沦陷。参见施勇石整理:《日军两次进犯海门及"自治会"组织情况》,海门县政协文史资料工作委员会编:《海门县文史资料》第4辑,1985年编印,第6—7页;陶建明:《海门的两次沦陷》,《南通日报》,2017年7月11日,第A6版。

②《抗战时期大生一厂营业情况及其他事务材料》(1938年),南通市档案馆藏,大生一厂(副厂)档案,B404/111/177。

③ 周宗根:《地方主义与民族主义:南通绅商与战时政治(1937—1949)》,博士学位论文,南京大学,2006年,第78页。

④《南通沦陷后大生厂的处境》(1938年),南通市档案馆藏,大生一厂(副厂)档案,B404/111/137。

迄未如愿,款尚未付……近来各方面应付更形困难。"①面对伪自治会的扣纱行为,成纯一提议通过日方的米内山予以通融:"[赠]如上次相仿之礼三五件,米君(米内山)……代滨君(滨本宗三郎)交理各厂事务,其人和平……如无应酬,似觉不妥。"②30日,成纯一向高层补充汇报:"货进沪上尤重要也,以后困难恐甚,多为此间收加税,及各方有故意含蓄意义者,不得不防。"③经成纯一及大生纱厂的据理力争,并借助"南通班"施压,伪自治会同意布纱税费只增加1倍,并以保管费的名义补助地方,支付数千元后将纱布运出。④ 同时在大生三厂,平松久敬亦命令"纱布应照值缴税百分之十"⑤。

　　自12月21日起,日伪方面决定采用修订后的货物税率,如表2-3所示。

表2-3　南通货物税改定税率表

货物	税率
机纱	每箱5元
20支纱	每箱6元
30支纱	每箱8元

---

① 《南通沦陷后大生厂的处境》(1938年),南通市档案馆藏,大生一厂(副厂)档案,B404/111/137。

② 《南通沦陷后大生厂的处境》(1938年),南通市档案馆藏,大生一厂(副厂)档案,B404/111/137。

③ 《南通沦陷后大生厂的处境》(1938年),南通市档案馆藏,大生一厂(副厂)档案,B404/111/137。

④ 周宗根:《地方主义与民族主义:南通绅商与战时政治(1937—1949)》,博士学位论文,南京大学,2006年,第78页。

⑤ 《抗战时期大生一厂营业情况及其他事务材料》(1938年),南通市档案馆藏,大生一厂(副厂)档案,B404/111/177。

货物	税率
线布绒布	每匹 3 角
厂机布	每匹 2 角
阔面手机布	每匹 1 角
窄面手机大布	每匹 4 分
窄面手机小布	每匹 2 分
木架工花	每件 2 元
皮花	每石 8 角
黄花	每石 4 角
脚花	每石 4 角
子花	每石 3 角
米麦	每石 1 角
豆	每石 1 角 8 分
麦粉	每袋 1 角
煤	每吨 5 角
煤油汽油	每升 5 角
柴油	每吨 5 元
火柴	每箱 2 元 5 角
洋烛	每箱 1 角
洋皂	每箱 3 角
糖	每包 6 角
猪出口	每头 5 角
牛出口	每头 2 元
纸烟	每千枝 4 角

资料来源:《南通沦陷后大生厂的处境》(1938 年),南通市档案馆藏,大生一厂(副厂)档案,B404/111/137。

　　检视表2-3,可以发现棉纱的货物税率最为高昂,只有柴油与其大致相当,可见战时纱布与能源燃料的紧缺。在大生纱厂运出货物中,棉纱比重最大且销量最好,后方与苏北更是亟需。而如此税率无形之中加重了大生纱厂的生产成本,缩小了利润空间,迫使成纯一等不得不多次与日方交涉,尽其所能实现运纱通行畅通与贸易获利最大化,以保障生存。

　　直至"合作"谈判渐陷破局的1939年初,大生纱厂依然需要负担日伪方面的高额税费,以换取通行贸易上的便利。1月29—31日,"海门班"班长平松久敬签署临时商品搬出许可证,大生三厂共运出棉布480件,售价达96 000元,但同时大生纱厂缴纳不菲税费5 867.45元,占比超过6%。① 而从12月底至2月4日,大生三厂"先后缴款四次,共计三万五千八百六十七元四角五分"②。即便缴纳足额税费,依然有被日方以各种理由扣留的风险,"一经扣留,即急□变卖,事前事后均未通知"③。由此可见,南通沦陷后形势的变化,不仅使得大生纱厂在运纱贸易上的税费水涨船高,更无形中增加了运输途中的风险系数,生存空间被进一步压缩。

　　总体而言,虽然日伪方不断增加大生各厂运纱贸易的难度,使之经济负担相对沉重,但经陈葆初、成纯一等人动用各类社会关系积极运作后,大生纱厂还是得以减少不少税负,大生

---

① 《海门日特机关收税,准许三厂运布去沪发给通行证等件》(1939年2月2日),南通市档案馆藏,大生纺织公司档案,B403/111/196。

② 《抗战时期大生一厂营业情况及其他事务材料》(1938年),南通市档案馆藏,大生一厂(副厂)档案,B404/111/177。

③ 《抗战时期大生一厂营业情况及其他事务材料》(1938年),南通市档案馆藏,大生一厂(副厂)档案,B404/111/177。

一厂、副厂在复工以来节省税款 7.8 万元①,并未严重影响大生的生产与经营。另据成纯一 2 月 10 日向大生董事会的报告,"(复工)历时八月,解款运货达百次,分庄十余处,解款运货又达数百次……运沪之货约千万元,本厂基础赖以维持"②。原料与存货运输通畅,购销两旺,大生纱厂抓住难得机遇,副厂纱锭开齐,一厂开锭八成,合计开工 10 万锭。

第四节　"德产"外衣下的生产与经营

一、销路广开与战争"利好"

南通沦陷前的 1938 年 2 月 21 日,生产经营蒸蒸日上的大生纱厂借助"德产"外衣,先后与上海通成公司经理香港、广州事务所订立合同,目的是扩大销售,将"本厂出品红魁星、蓝魁星及绿魁星商标棉纱及各牌棉布,委托乙方运往香港及广州并华南区域,包括广东、广西、云南及南洋区域之内,尽力推销之"③。显然,大生纱厂虽在此前垄断苏北棉纱市场,熟货运往汉口、四川、重庆等后方销售,所获利润并不能完全意义上满足广开销路的生产经营方针。现如今有着"德产"的保护外衣,大生纱厂得以继续扩大市场,销往华南

---

① 周宗根:《地方主义与民族主义:南通绅商与战时政治(1937—1949)》,博士学位论文,南京大学,2006 年,第 79 页。

②《南通沦陷后大生厂的处境》(1938 年),南通市档案馆藏,大生一厂(副厂)档案,B404/111/137。

③《大生第一纺织公司委托上海通成公司经理香港、广州事务所的合同》(1938 年 2 月 21 日),南通市档案馆、张謇研究中心编:《大生集团档案资料选编·纺织编(IV)》,第 648 页。

及南洋等地,一可突出生存空间日益扩大的"好转"迹象,二可昭彰它是全面抗战初期依然"独树一帜"从事生产经营的民族工业。

棉纱市场的销路广开,意味着生产规模与日俱增,大生纱厂需要加大力度采购原料,维持供销平衡。故此在 2 月 28 日,大生纱厂与通记棉行签订收购棉花合同,约定"甲方(通记棉行)在大中集、合兴镇二处所受棉花悉数供给乙方(大生)需用,乙方应全数承受之"①。苏北棉花供应扩大,大生各厂开足马力,加速生产,棉纱制成品运往各地销售,市场反馈良好。自披上"德产"外衣以来,大生纱厂的生产经营逐渐进入良性循环的运转模式,生存质量稳步提升,生存空间亦渐次宽敞、明亮。就此而言,与江南水泥厂等诸多寻求外商护厂的沦陷区民族工业相比,大生纱厂更进一步,在生存的基础上对空间与质量提出更高的要求,在内外合力的作用下,创造了沦陷区极为罕见的"生存奇迹"。

在大生纱厂短暂重返"辉煌"的同时,与之相邻的上海租界内亦出现畸形繁荣。与大生纱厂依靠"德产"外衣的保护在日军当局的占领下寻求生存空间相类似,上海众多民族工业亦借助"孤岛"租界获得天然屏障,加上大量人口、资本的涌入,创造了难以复制的畸形繁荣。大生纱厂与租界内的民族工业相比,一方面,二者共同受到战争"利好"的影响。全面抗战的爆发导致华商纱厂衰落,国纱产量锐减。大生纱厂所生产的"魁星纱"20 支一包,1937 年 12 月售价 262 元,1938 年 12 月涨至 348.5 元。② 另据华商纱厂联合会的调查,1938 年 1 月"重庆二十支棉纱每包平均市价为 382.88

---

① 《通记棉行为大生第一纺织公司收购棉花的合约》(1938 年 2 月 28 日),南通市档案馆、张謇研究中心编:《大生集团档案资料选编·纺织编(Ⅳ)》,第 650 页。

② 南通市工商联:《商情调查》卷,《大生系统企业史》编写组编:《大生系统企业史》,第 261 页。

元,至8月份涨至平均价703.15元,增加83.65%。汉口每包平均市价为318.56元,至8月份涨至平均价566.64元。增加77.87%。至10月中旬,重庆纱价每包涨至千元左右。因后方纱价之暴涨,激增纱布商人在上海特区吸收华纱,运销西南各省以图厚利"①。可见战争是形塑租界畸形繁荣的重要原因之一。

另一方面,虽然大生纱厂与租界内的民族工业都出现了不同程度的短暂"辉煌",呈现出它们所处的时代背景造就的特殊性,但两者之间依然存在较为明显的差异性。租界的畸形繁荣,其内部作用要大于外部影响,外商与华商的合作与竞争,金融、商业等行业的爆发式增长,银行业的投机行为等,共同合力缔造这一现象。而大生纱厂的短暂"辉煌",更多依赖其与占领者的交涉与折冲,外部环境的变动是决定大生纱厂生存空间与生产经营的重要变量,毕竟缺少租界的天然屏障,"德产"外衣的保护势必显得单薄。

因此在南通沦陷后,经大生高层派员与日军当局努力沟通,各厂陆续复工,产销两旺。随着外部变量渐趋稳定,大生纱厂把握住战争时期物价飞涨、棉纱紧缺等"绝佳"机遇与条件,内部作用开始发酵,确保生存空间的最大化。战时剧烈的通货膨胀导致法币不断贬值,使得多家银行及钱庄均表示收回债务本金即可,极大程度上减少了大生纱厂所欠债务的高额利息,最终巩固了其先前相对不稳的财务状况。② 对大生高层而言,借助通货膨胀不仅可以较为迅捷地偿还债务,财务上如释重负,更重要的是成功摆脱银团长达

---

① 《南通学院设厂制造改良家庭纺纱机计划书》,中国第二历史档案馆藏,教育部档案,五/4772。

② [德]柯丽莎著,金彩红译:《在战争和政治困境中争取家庭和公司的利益:20世纪20—50年代初大生企业的转型》,张忠民、陆兴龙主编:《企业发展中的制度变迁》,第168页。

十数年的管控,实现生产经营上的自由与自主。并且,与之相伴随的连锁反应是,自接手大生一公司实行厂务革新后便屡受高层董事排挤与打击的银团代表人物李升伯,在历经多次风浪后,借南通沦陷前往上海理债,与大生纱厂渐行渐远,于1938年9月正式辞职离开。

南通沦陷初期,作为战争急需品的棉纱有着高昂的售价与巨大的利润空间,银团大量减免大生纱厂的债务利息,为其消除额外的负担。大生纱厂在经营可观的同时,通过不动产押款(厂基押款)、证券押款与花纱布押款的方式进一步消减债务。① "轻装上阵"的大生纱厂,与上海租界"孤岛"中的民族工业一道创造战争年代沦陷区内的畸形繁荣,生产经营渐入"辉煌"。相比于后者,大生纱厂仅依靠"德产"外衣及高层与日方之间的互动博弈,借助大后方与苏北两大棉纱市场作为这一时期盈利激增的生存根基,在历史的必然与偶然合力催化下,实现这一如迷思(myth)般的"生存奇迹",更加具有想象力与张力。

据1937年4月华商纱厂联合会统计,彼时全国共有华资纱厂96所,纱锭3 124 000余枚。② 抗战军兴,"所有战区纱厂,非被毁坏,即遭侵占。苏沪一带,纱厂林立,损失尤为重大。其事前迁移于安全区域者,不及十一"③。放弃内迁的大生纱厂未能移入后方或租界安全区域,而是选择外国公司庇护的生存因应,由华资变"德产","独树一帜"地在沦陷区内生产经营,计有纱锭10万余枚,规模不小。

---

① 何新易:《近代大生企业集团资本运作的兴衰》,第177—182页。
②《华商纱厂联合会年会报告书》(1937年4月),上海市档案馆藏,中文资料(工业、商业、旅游)档案,Y9/1/255。
③《南通学院设厂制造改良家庭纺纱机计划书》,中国第二历史档案馆藏,教育部档案,五/4772。

二、企业财务比率分析

自 1938 年 1 月起至 1939 年 3 月"抵押"被迫中止,大生各厂在聘用德国经理及技术人员等方面花费管理费用、经理薪金等开支达 184 343.56 元,同时一厂、副厂、三厂均获得丰厚利润:三个厂从 1938 年 1 月至 8 月,共盈利 2 347 731.58 元,其中一厂盈利 1 385 075.23元,副厂盈利 555 574.78 元,三厂盈利 407 081.57 元, 1938 全年大生三厂纯益达 882 907.69 元,各厂在这一阶段获利至少达四五百万元之多。[1] 另据日方文献资料显示,"自昭和十三年(1938)六月份起至昭和十四年(1939)二月间之八个月中(大生)至少获得九百万元之利益"[2]。

这一时期,大生纱厂所获的巨额利润帮助其偿还所欠银团的大部分新旧债务。1937 年一厂与金城、中国、江苏三行订立新押款 240 万元,电厂与交通银行订立押款 100 万元,均系用来偿还债务。一厂与电厂将以前第二、第三、第四、第五债权及新生公记债权(均为旧债),共 301 万余元陆续偿清(第一债权系营运垫头不计),且于 1938 年 6 月偿还新债67.4 万元;副厂欠金城、上海两行及永聚钱庄共计 127 万余元,偿还永聚 20 万元,尚欠 107 万余元;三厂所负上海、江苏两行 100 万元,亦于 1938 年内偿还债务 80 万元,尚欠 20 万元。[3] 由此可得,除副厂因"新增置纱锭运

---

[1]《大生系统企业史》编写组编:《大生系统企业史》,第 262 页。

[2]『大生紡績公司ノ処置二関スル調査書』(昭和 15 年 6 月),南通市档案馆藏,大生纺织公司档案,B403/111/200。

[3]《五月六日大生一厂股东会议事录》(1946 年 5 月 6 日),张季直先生事业史编纂处编,张謇研究中心等校注:《大生纺织公司年鉴(1895—1947)》,第 381—382 页。

至香港,中途陷于敌境"①而债务偿还情况不佳外,一厂、三厂、电
厂的债务偿还均相当可观,不仅偿付债息,预留周转资金,更使得
大生纱厂与银团的关系变得融洽许多,有利于非常时期自身生存。

　　现将 1938 年大生一公司与三公司具体账目列表 2-4、2-5,
如下所示,以作财务比率分析。

表 2-4　1938 年大生第一纺织公司资产负债表

单位:元(法币)

负债类	金额	资产类	金额
资本项下	7 330 298.51	房地机器项下	7 710 803.57
股本	6 214 040	一厂基地房屋	1 392 083.55
股款存单	6 650	一厂机器成本	4 173 299.91
公积金	14 360.14	一厂生财器具	9 868.68
折旧金	806 407.82	副厂基地房屋	376 416.4
自保险	286 713.29	副厂机器生财	1 753 036.8
余利滚存	2 127.26	副厂生财器具	6 098.23
借入款项下	5 470 583.66	棉田证券项下	1 741 042.41
一厂押款	1 726 000	各区棉田	870 333.69
副厂押款	1 061 695.1	有价证券	870 708.72
电厂押款	1 000 000	放出款项下	2 739 534.29
证券押款	334 649.53	各户欠款	2 221 670.63
实业存款	581 701.08	教育公益各项垫款	517 863.66
各户存款	766 537.95	往来暂记项下	1 250 111.07
往来暂记项下	1 016 089.02	各户往来	7 987.81
各户往来	55 080.65	电厂往来	685 000

———————————

① 《五月六日大生一厂股东会议事录》(1946 年 5 月 6 日),张季直先生事业史编纂处编,
　　张謇研究中心等校注:《大生纺织公司年鉴(1895—1947)》,第 382 页。

续表

负债类	金额	资产类	金额
一厂往来	384 315.36	副厂往来	324 375.94
得记	710.5	暂记	201 986.89
余记	575 982.51	各记	30 760.43
应货未付款项下	1 066 713.41	现款项下	1 156 072.07
历届正息余利已付未清	47 287.55	金城备还户	1 109 526.39
旧第二债权本	124 062.91	上海银行	46 011.1
又第三债权	312 035.02	现金	534.58
又新生公记	60 201.4	结亏项下	1 369 990.99
又以上三户利息	278 868.44	历届结余	1 369 990.99
副厂布存本息	42 495.59		
永聚钱庄	201 762.5		
盈余项下	1 083 869.8		
一厂上届盈余还押及自由支配	847 875.95		
副厂上届盈余自由支配	49 210.02		
本届收支利比结存	186 783.83		
合计	15 967 554.4	合计	15 967 554.4

资料来源：《一九三八年账略》，南通市档案馆藏，大生第一纺织公司档案，B402/111/184。

表 2－5　1938 年 1—6 月大生第三纺织公司资产负债表

单位：元（法币）

负债类	金额	资产类	金额
股本	3 193 083.87	厂屋地基	1 360 028.75
公积金	112 702	机器生财	2 762 279.82

负债类	金额	资产类	金额
未付股息	175 011.37	水闸铁道	184 802.93
上海银行往来	171 453.57	存栈花纱布	41 515.1
上海银行押款	400 000	存栈脚花棉子	3 288.89
行庄往来	1 588.14	办存物料煤斤	178 272.66
存款	187 489.72	办存杂件	21 482.32
储蓄存款	23 926.09	未收货款	820 051.22
暂时存款	469 162.97	往来欠款	11 642.4
抛售纱布款	525 734.77	暂记欠款	37 932.59
应付未付款	736	购置证券	31 735.7
存入保证金	6 759.14	预付货款	2 337.24
滚存盈余	243.94	存出保证金	3 472.56
折旧准备	103 063.96	各分销处往来	36 930.23
本期损益	222 355.04	现金	97 552.77
		呆账	52
合计	5 593 330.58	合计	5 593 330.58

资料来源:《民国26年1月至27年6月帐略》,南通市档案馆藏,大生第三纺织公司档案,B406/111/32。

说明:1938年7—12月账略未找到。

根据表2-4、2-5,大生一公司总资产达15 967 554.4元,三公司总资产达5 593 330.58元,总体而言均有着较大的生产规模。进而利用财务比率分析法对两表内容展开计算,得出相关数值,如表2-6、2-7所示。

表2-6　1938年大生第一纺织公司财务比率数值表

单位:元(法币)

偿债能力	数值	营运能力	数值	盈利能力	数值
资产负债率	47.3%	流动资产	2 406 183.14	营业净利率	39.21%

续表

偿债能力	数值	营运能力	数值	盈利能力	数值
产权比率	89.77%	固定资产	7 710 803.57	总资产净利率	33.64%
权益乘数	1.897 7	总资产周转率	85.8%		
总资产	15 967 554.4				

表 2 - 7　1938 年大生第三纺织公司财务比率数值表

单位:元(法币)

偿债能力	数值	营运能力	数值	盈利能力	数值
资产负债率	35.93%	流动资产	1 254 483.38	营业净利率	14.45%
产权比率	56.07%	固定资产	4 307 111.5	总资产净利率	3.98%
权益乘数	1.560 7	总资产周转率	27.3%		
总资产	5 593 330.58				

首先在偿债能力方面,1938 年全年,大生一公司的资产负债率为 47.3%,低于 50%,反映其资产总量超过负债总量一倍有余,总体的抗风险能力可以,财务状况较沦陷前已大为改善。产权比率 89.77%,反映其每 1 元权益都有 0.9 元负债对应,企业利用权益资金和债务资金进行日常的生产经营,权益资金比重相对高于债务资金比重,呈现高风险、高报酬的财务结构,适应了抗战初期通货膨胀的现实条件。一公司举债,可以将损失与风险转移至债权人,从而获得更高的利润。权益乘数 1.897 7,反映其每 1 元权益资金都有 1.9 元的资产相对应,资产规模是权益资金的接近 2 倍。考虑到全面抗战爆发前十数年来一公司层累的高额债务,可见其负债已大为减少,财务杠杆与财务风险亦大为降低。1938 年上半年,大生三公司的资产负债率为 35.93%,较一公司更低,说明三公司偿债能力更强,抗风险性更高,负债更加安全。产权比率 56.07%,意

味着三公司每 1 元权益有 0.56 元的负债对应,权益是负债的近 2
倍,同样可以利用通货膨胀的"利好"进行举债后的风险转移。权
益乘数 1.560 7,较一公司的财务杠杆更低,偿债能力更优,财务状
况更加合理。

其次在营运能力方面,1938 年全年,大生一公司的流动资产为
2 406 183.14 元,固定资产为 7 710 803.57 元,总资产周转率达
85.8%,数据表明一公司无论是流动资产还是固定资产都有着较
快的流动速度,库存存货在一个营业周期内可以较快周转,不会产
生积压库存,营运能力提升。1938 年上半年,大生三公司的流动资
产为 1 254 483.38 元,固定资产为 4 307 111.5 元,总资产周转率为
27.3%,意味着其资产的流动速度远低于一公司,营运能力欠佳。
但考虑到一公司数据包含一厂、副厂及电厂,无论是生产规模还是
产销量均远高于三公司,且该数据仅系三公司上半年运营情况,因
而置于沦陷时期民族工业生产经营视域来看,三公司较沦陷前已
有较大改善,流动性良好。

最后在盈利能力方面,1938 年全年,大生一公司营业净利率
39.21%,这一指标表示其净利润(纯益)占到了收入的近四成,反
映了一公司极强的盈利能力,体现出良好的发展前景。总资产净
利率为 33.64%,仅比营业净利率低不到 6 个百分点,并且总资产
净利率是公司盈利能力的关键,反映出一公司在雄厚的规模基础
与庞大的资产总量下,依然获得了丰厚利润,取得不错的经营成
果。1938 年上半年,大生三公司营业净利率 14.45%,较一公司而
言下降不少,但考虑到营运规模与产销量,可以窥见三公司盈利能
力虽较一公司弱但依然可观。总资产净利率为 3.98%,意味每 1
元总资产可以创造 3.98 元净利润,利润额虽然低于一公司,但综
合考量三公司的规模、生产、资产总量等情形,可以发现一公司盈

利能力强但财务杠杆亦高,风险大,接近临界状态,而三公司则发展更为合理化。

此外,为更好窥探并综合评价大生一公司与三公司的财务状况与经营成果,廓清各项财务比率之间的内在联系,引入财务管理学中的杜邦分析体系(the DuPont system of financial analysis),对表2-4、2-5中的相关财务比率分解计算,如图2-4、2-5所示。

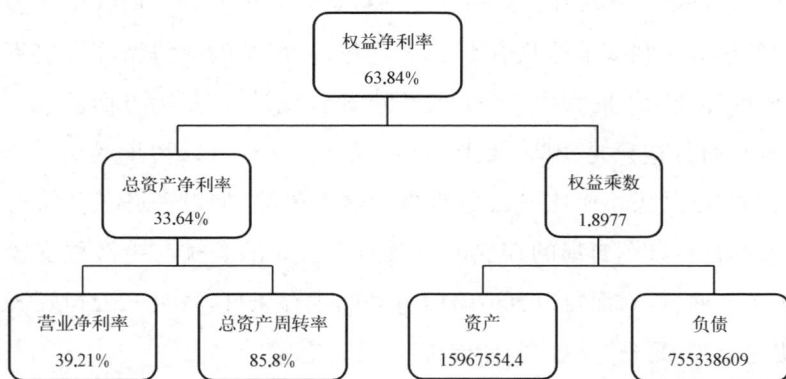

图2-4 大生第一纺织公司杜邦分析体系简图

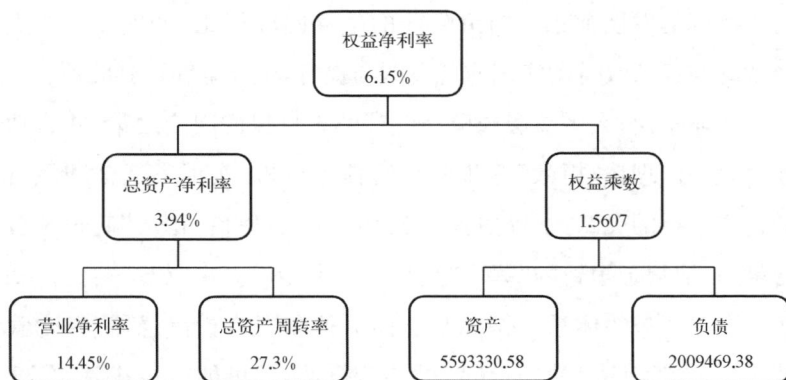

图2-5 大生第三纺织公司杜邦分析体系简图

　　作为杜邦分析体系中的核心比率,权益净利率=净利润/股东权益×100％＝营业净利率×总资产周转率×权益乘数＝总资产净利率×权益乘数,不仅有很强的可比性,而且有很强的综合性,权益净利率越高,表明公司的获利能力越强。经过计算,大生一公司的权益净利率达到 63.84％,基本反映出其较好的财务状况,虽然财务杠杆略高,但无论是偿债能力、营运能力或是盈利能力,各项数值均能显示其在沦陷初期无限接近曾经的辉煌。而大生三公司的权益净利率虽然只有 6.15％,但这一成绩的取得已经来之不易,内外交困下的大生三公司在生产经营规模、产量等方面远逊一公司,而且这只是 1938 年上半年的数据,已经可以初步展现三公司的复苏劲头。相比一公司略高的财务风险,加以考虑三公司所处的海门,日军当局的控驭能力及对三公司的袭扰与干涉程度较小于南通城,因而可以创造略微有利的生存条件,可见三公司发展更为合理,呈现"高盈利、低周转"的营运态势。

　　要而论之,"德产"外衣下的大生各厂在沦陷初期呈现出赢利能力强、销售回款速度快、资产规模大、经营情况良好的生存实态,有着良好的发展前景。与沦陷前的生存困境相比,大生纱厂的生产状况与经营收益均实现质的飞跃与提升,生存空间达到峰值。

　　具体来说,大生高层选择"德产"外衣自保的因应之策,并成功通过"盈亏、理债、拒敌"等步骤化解债务危机,实现了从被动经营向自主生存的飞跃,不仅摆脱了银团控制,更凭借"德产"庇护及自身努力,取得了短暂的"辉煌"业绩。大生纱厂一靠"德产"身份,利用日方基于条约体系与国际公法而对德国资产投鼠忌器,暂时蒙蔽对方,二赖其高层与日伪当局交涉折冲,尽可能减少税费,降低成本,将棉纱布匹运出沦陷区,三借南通沦陷前与江苏省政府各取所需的互利关系,享受省政府给予的苏北运纱便利,克服困难,在上海租界畸形繁荣的时代背景下,创造了几乎匪夷所思的"生存奇迹"。

需要注意的是,大生纱厂在南通沦陷初期取得的丰厚利润,存在着战争时期特殊背景与环境造成的"合理性"——通货膨胀、物价飞涨与花贱纱贵,更有其"不合理性"——企业高层与日伪方不断斡旋博弈,蔼益吉公司亦努力帮助大生,争取宝贵的时间差,并在一定程度上获得了日军当局的"恩惠"条件。日方称:"大生在日军保护之下开车复工……获得莫大之利益。"①当然,置于沦陷区的大环境,大生纱厂重返"辉煌"与创造"生存奇迹"势必引起日方的强烈不满与干预,一系列麻烦与困扰接踵而至,短暂繁荣转瞬即逝。

---

① 『大生紡績公司ノ処置ニ関スル調査書』(昭和 15 年 6 月),南通市档案馆藏,大生纺织公司档案,B403/111/200。

第三章　大生纱厂、蒺益吉公司与日方的博弈

南通沦陷后，日军当局在占领地陆续建立了一系列统治机构，扶植地方伪政权——南通特务机关、"南通班"与伪自治会，逐步施行政治占领、经济统制、文化侵略等殖民政策。作为铸就南通地方社会经济基础的大生纱厂，在张謇时代其命运便与南通紧密相连，二者逐渐形塑成荣辱与共的"地域共同体"（spatial communities），外部环境的变化与内部动荡的作用时刻产生相互影响。考虑到张謇与日本之间曾经密切的历史渊源，对日方来说，张謇是其侵略与占领南通的"敲门砖"与"通行证"。借助近代以来多名日本军政人员的实地考察报告，以及满铁等机构的调查，日方对南通及大生纱厂较为知根知底，充分明晰大生之于南通乃至整个江北的意义所在。即便在张謇逝世后的十数年内，大生纱厂已陷入债台高筑的生存困局，但它之于日方而言依然具备相当的"诱惑力"。

同时，身处沦陷之地的大生各厂通过"抵押"的方式获得"德产"身份，"改换门庭"，成为日本战时盟国的合法财产，并通过悬挂德国国旗等行为向日方明示。即便侵略者对占领地的一切组织、团体、工厂、企业及个人拥有统治权威，依据国际公

法中交战国双方不得损害中立国财产等约定,日军当局不得不对已属"德产"的大生各厂有所忌惮,从而影响日方在江北地区的占领计划。这一时期,大生纱厂蒸蒸日上的生产与经营亦不断刺激着日方,促使其有所行动。同时,作为大生纱厂名义上的经理人与所有者,蔼益吉公司如实履行与之相应的责任与义务,不断与日方博弈,协助大生抵挡来自日方强有力的冲击。本章继续考察南通沦陷后的一年时间内,大生纱厂、蔼益吉公司与日方之间形成的这两股冲力,此起彼伏的碰撞过程,以及它们共同形成的多重空间维度的互动,勾勒出较为独特的沦陷区民族工业生存逻辑。

第一节　大生纱厂与日本的历史渊源

一、张謇与日本的关系

1895 年,张謇秉持"为通州民生计,亦即为中国利源计"①的宗旨,创办大生纱厂,走上"实业救国"的道路。1902 年,张謇创立通州师范学校,系全国第一所民立师范学校。其后,张謇通过"父教育、母实业"来践行自己爱国、救国、报国的崇高理想。在此过程中,张謇开始接触日本,学习日本,并在自己的实业与教育体系中有所呈现西化的日本元素。

1903 年 5 月 28 日—7 月 26 日,张謇受邀东渡日本参加第五次国内劝业博览会(即大阪博览会),这也是张謇首次访日。在日本

①《厂约》(1899 年),张謇撰,张怡祖编:《张季子九录·实业录》卷 1,上海:中华书局 1931 年版,第 18 页。

期间,张謇写下了著名的《癸卯东游日记》。除参加博览会外,张謇还细致入微地寻访日本实业与教育,足迹南至九州长崎,北至北海道,参观、考察了数十个工厂、农场、学校和其他机构,首次对日本有了比较深入、全面的了解。① 日本画师山内愚仙特意为张謇绘制画像一幅,刊登在《朝日新闻》上,引起日本各界的浓厚兴趣。② 如是说,张謇形象在公众面前的第一次展示,便是在日本完成,受众主要是日本公民而非中国公民,既可昭彰张謇与日本之间的渊源,也为其形象的建构与变迁埋下了种子。张謇回国后,或聘请日本教习来通州师范学校任教,或向日本订购机器改良大生纱厂的生产工艺技术,均体现出不同程度的日本元素。

斗转星移,1913 年,鲁迅挚友、中日友好活动家内山完造第一次来到南通考察,了解到"有位叫张謇(张季直)的大人物,南通甚至因此而俗称'张謇王国'"③。之后,内山于 1924 年 4 月 19 日—21 日和 1943 年 4 月 14—17 日,再次造访南通,并在此期间专门拜访张謇,让他记忆犹新。1918 年,南满洲铁道株式会社(以下简称满铁)职员上冢司"接到调查中国华南经济的任务",于该年中秋启程前往中国,并于 12 月 31 日离开上海,经崇明岛来到南通,翌年 1 月 6 日与张謇会面,作"一般寒暄"④。回到日本后,上冢司作在华经济调查报告《以扬子江为中心》,赞誉南通为"江北一带的商业工

---

① 马敏:《商人精神的嬗变——辛亥革命前后中国商人观念研究》,武汉:华中师范大学出版社 2011 年版,第 215 页。

② 李礼:《求变者:回首与重访》,太原:山西人民出版社 2019 年版,第 155 页。

③ [日]内山完造著,刘柠译:《花甲录》,北京:九州出版社 2021 年版,第 96 页。

④ [日]野泽丰:《日本文献中的张謇和南通》,南京大学外国学者留学生研修部、江南经济史研究室编:《论张謇——张謇国际学术研讨会论文集》,南京:江苏人民出版社 1993 年版,第 148—149 页。

业中心",认为"南通造就了张謇,张謇造就了南通,现在张謇的力量如此宽广、如此强大地在这一点扩展"①。

1922 年 5 月,日本人鹤见佑辅来到南通,作为他第六次游历中国的重要一站,与张謇晤谈,并安排参观。② 从鹤见佑辅记述的文字来看,他高度评价张謇:"自己在中国见到的所有人当中,没有哪一位能比得上张謇先生所具有的那种'威力'……张謇先生的事业,是中国 400 余州县里面成绩卓著的一个。"③

该年,时任日本驻沪总领事的船津辰一郎也前往南通考察,并专程进入大生纱厂展开调查。8 月 3 日,船津辰一郎向日本外务大臣内田康哉递交报告《南通情况》,对南通城的位置、面积、人口、工农商业、交通、教育、社会事业、娱乐等进行全面调查分析,其中指出:

> 张謇在南通缔造了张謇王国……南通全县平原土地肥沃,棉花是重要产物……棉纺织业、织布行业发达……近些年来大生纺织公司规模庞大、机器众多、装置优良,棉纱产量巨大,并且有仿照日本女子美术学校纺织科建制的女工传习所,学生数量多。大生纺织公司创立以来,增添新式机器,扩大规模……南通的繁荣与张謇家族息息相关。④

---

① 小島晋治監修、上塚司著『大正中国見聞録集成』第 11 卷『揚子江を中心として』上、ゆまに書房、1999。

② 庄安正编著:《张謇年谱长编(民国篇)》,上海:上海交通大学出版社 2018 年版,第 487 页。

③ 小島晋治監修、鶴見祐輔著『大正中国見聞録集成』第 16 卷『偶像破壊期の支那』、ゆまに書房、1999。

④ JACAR(アジア歴史資料センター)Ref. B03050378700、船津辰一郎「南通事情」提出ノ件』(大正 11 年 8 月 3 日)(外務省外交史料館)。

虽然在此之前，上冢司、鹤见佑辅均对张謇及其事业形成相关文字报告，但这次是由船津所写并呈报日本外务省，可以理解为日方对南通、张謇的第一份官方文书，甚至船津的调查行径亦带有政治用意。行文中，船津对张謇的赞誉之情溢于言表。从山内愚仙到上冢司，从鹤见佑辅到船津辰一郎，历经多名日本各界人士的调查与寻访，张謇与日本的关系逐步深厚，其形象也在日方的帮助下日渐饱满与丰富，为"后张謇"时代日方将其形象应用于侵略计划积蓄资本。并且，经过轮番接触，张謇与其庞大的大生资本集团，开始为日本政商界所关注，知名度与影响力有所提升。自船津辰一郎来访南通后，张謇与日本之间建立了颇为密切的关系网络。

在张謇与日本逐步建立关系网络的过程中，身兼日本外务省总督官员、满铁职员等身份的驹井德三发挥了关键的作用。1921年6—7月，张謇曾派殷汝耕、陈仪赴日本，访问驹井德三，以新农、裕华垦殖公司（筹建中）名义请求贷款，两公司后获准与日本东洋拓殖株式会社达成"借款契约"或"协议"。[1] 这是张謇在日本开展全面借款的一次尝试。

由于通海垦区自然灾害频仍，中外纱厂争购棉纱原料，产品削价竞销导致恶性循环，大生纱厂陷入生存困境。张謇几乎穷尽所能向国内有关银行及钱庄借款，但依然无法填补巨大的债务漏洞，不由感叹："厂步艰难，一由于事大本小，一由于运筹失策，固无可讳；而时际之花贵纱贱，动受束缚，亦一大原因也。环顾国内纱厂，

---

① 庄安正编著：《张謇年谱长编（民国篇）》，第 421 页。

又孰不感此痛苦。"①1922 年，大生纱厂出现了发轫以来的首次亏损，无论是各厂还是新办的盐垦公司，本来患着"浮肿"，又接上"血亏"，处在进退维谷的苦境。② 张謇开始寻求国外借款，与大生纱厂共克时艰，改善生存质量。8 月，张謇再派陈仪、大生纱厂高级职员张同寿（张作三）与大有晋公司经理章亮元（章静轩）三人东渡赴日游说，嘱托他们拜会日本企业家涩泽荣一，"与日本实业家洽商借款，日人涩泽子及和田二氏已将此问题提出与日华实业讨论，结果大体赞成"③。

9 月，陈仪等自日本返回，带来借款受阻的消息，同时"涩泽荣一与日本银行总裁井上准之拟派驹井德三近期来南通，先到现场进行调查研究"④。11 月 24 日—12 月 16 日，驹井来华考察江北与南通。⑤ 在南通，张謇设宴款待驹井，双方进行了较为深入的沟通接触。据张謇日记记载，11 月 24 日，"濠南别业宴驹井、中山，由视察唐闸回"⑥；12 月 9 日，"城南约驹井小饮，因共说参观计划事"⑦；10 日，"驹井乘'大稣'去沪，午后复在濠阳谈"⑧。驹井在南通共计

① 张謇：《大生纱厂股东会宣言书》（1925 年），李明勋、尤世玮主编：《张謇全集》第 4 卷《论说·演说》，上海：上海辞书出版社 2012 年版，第 629 页。

② ［日］驹井德三：《张謇关系事业调查报告书》，江苏省政协文史资料研究委员会编：《江苏文史资料选辑》第 10 辑，南京：江苏人民出版社 1982 年版，第 131 页。

③《南通张啬公特派代表赴日借款》，《通海新报》，1922 年 9 月 12 日。

④ 庄安正编著：《张謇年谱长编（民国篇）》，第 507 页。

⑤ JACAR（アジア歴史資料センター）Ref. B16080435300、『帝国官吏出張及巡廻雑件/本省之部第一卷海外出張/(18)嘱託駒井徳三』（大正 11 年 9 月）（外務省外交史料館）。

⑥ 李明勋、尤世玮主编：《张謇日记》，1922 年 11 月 24 日，上海：上海辞书出版社 2017 年版，第 928 页。

⑦ 李明勋、尤世玮主编：《张謇日记》，1922 年 12 月 9 日，第 928 页。

⑧ 李明勋、尤世玮主编：《张謇日记》，1922 年 12 月 10 日，第 928 页。

停留 17 天,与张謇会晤 3 次,作《中国江苏省南通州张謇关系事业调查报告书》①一份,从张謇履历、个人经历、经济及政治地位、各项事业规模概况及现状、对其事业评价等部分进行撰写,是继上冢司、鹤见佑辅、船津辰一郎等人所作调查报告后,又一部可以翔实、具体地反映张謇事业及南通本地情形的重要文书。更为重要的是,相较于前述诸人的调查报告,驹井凭借接触时间之长、考察之深入细致等主客观原因,认为张謇"头脑明晰、学识丰富、意志坚固、勇气十足、人格高洁、风度高雅"②,并指出他存在"坚持主见、以己律人"③等短处,建构起"有血有肉"的张謇形象,也是张謇在世期间较为丰满且成熟的形象之一。

　　在驹井之后,复有五六批日本军政人员前往南通或与张謇交谈,或对大生各厂考察。1922 年,张謇于 12 月 17 日,"与人见、安东、松浦三日人来,皆东拓职员也,宴之于俱乐部"④;19 日称"中日须公诚亲善"⑤;1923 年 2 月 3 日,"宴池田(海军对马舰长)于俱乐部"⑥。每次日方人员前来,张謇均予以热情接待,共同商洽借款事宜。

　　从张謇的立场出发,他的诉求与希冀很简单——"予年已七

---

① [日]驹井德三:《张謇关系事业调查报告书》,江苏省政协文史资料研究委员会编:《江苏文史资料选辑》第 10 辑,第 130—195 页。

② [日]驹井德三:《张謇关系事业调查报告书》,江苏省政协文史资料研究委员会编:《江苏文史资料选辑》第 10 辑,第 130—195 页。

③ [日]驹井德三:《张謇关系事业调查报告书》,江苏省政协文史资料研究委员会编:《江苏文史资料选辑》第 10 辑,第 130—195 页。

④ 李明勋、尤世玮主编:《张謇日记》,1922 年 12 月 17 日,第 929 页。

⑤ 李明勋、尤世玮主编:《张謇日记》,1922 年 12 月 19 日,第 929 页。

⑥ 李明勋、尤世玮主编:《张謇日记》,1923 年 2 月 3 日,第 931 页。

十,除望完成自己与地方所关事业外,一无他求"①。可惜事与愿违,张謇明显错估了日本方面的真实意图——商议为虚,考察为实,此借款带有浓厚的政治色彩,服务于日本已经萌芽的侵略计划。张謇作为民族实业家巨擘,无论是个人影响力或是话语权威,均在当时社会占有一席之地,张謇本人之于南通地方而言颇具威望,大生纱厂之于中国棉纺织行业及民族工业而言有着举足轻重的地位,以上都是张謇不得不慎重考虑的因素。换句话说,即使日方给予足够的重视,意欲借助张謇固有的社会身份,消解五四运动后高唱入云的排日、抵日运动声浪,但张謇亦不得不顾忌于此,舍小利而取大义,最终寻日借款以失败流产而告终。②

1923—1925 年间,张謇又与驹井见面数次,均无济于事。1925年 6 月,驹井前往南通看望病中的张謇,这是二人最后一次晤谈,张謇向驹井表示感谢,并说:"我原来就不是一个为自己利益而工作的人,这是为中日两国的共同事业而做的努力。"③借款虽然付之东流,张謇却在此过程中与日本结下深厚的历史渊源,构建起相对复杂的关系网络。日方从此奠定"尊崇张謇"(以下简称"尊张")的方针与基调,进而对张謇形象加以利用与改造,成为日军侵华尤其是占领南通的"自白书",于沦陷时期发挥了特殊作用,甚至在一定意义上决定了大生纱厂的生存走向,促成历史的巧合。

---

① 庄安正编著:《张謇年谱长编(民国篇)》,第 518 页。

② 有学者指出,张謇向日本借款的流产,根本原因在于作为排日运动的象征性人物,张謇对日借款交涉引起了各方普遍反对。面对舆论压力,张謇否认了借款交涉,最终宣告失败。参见[韩]金志焕:《一战后大生纱厂经营恶化及对日借款交涉》,《安徽师范大学学报》(人文社会科学版)2017 年第 4 期。

③ 庄安正编著:《张謇年谱长编(民国篇)》,第 657 页。

二、日方的考察与侵占计划

随着张謇与日本之间关系日渐紧密，大生纱厂遂与日本有所往来，受外部环境影响，双方的关系更加密切，却已不是平等地位。九一八事变后，日本入侵中国，抗战打响。经济发达、商贸繁荣的江浙一带，始终对日本极具吸引力。1935 年 5 月，日本满洲电气股份有限公司调查科对江苏、浙江两省及上海市的电气事业展开调查研究，其中包括了南通地区的大生一厂与三厂，详细记载其发电机、原动机等电力设备相关信息，涵盖具体千瓦数、设备品牌、种类、数量等。① 1937 年 2 月，满铁上海事务所对南通棉布业进行调查，分为土布、棉纱、棉花、同业公会四部分，细致透彻地洞察南通棉布业，翔实地描述南通棉纱布匹的品牌、种类、价格、长宽尺寸、材料及各商号、同业公会等内容②，充分勾勒出全面抗战爆发前南通本地棉纱及其市场行情。

1938 年 3 月 17 日，南通沦陷，当时一厂工人回忆："天还未亮，日军两架飞机不断在城闸港上空盘旋侦察、扫射，敌舰在任港、姚港江面向岸上扫机枪、掩护登陆。"③虽然日军进攻南通时火力甚猛，但沦陷时陈葆初从友人处得知："日本政府对于中国之曾文正（曾国藩）、

---

① 满洲電氣股份有限公司調查課編『調查資料第九輯中華民國電氣事業第一卷（江蘇省・浙江省）』、昭和十年五月、国立国会図書館藏、請求記号：14.5－415、永続的識別子：info：ndljp/pid/1148583。

② 満鉄・上海事務所調査室『南通ノ布庄沙莊花行調査』、昭和十二年二月、贵志俊彦、井村哲郎、加藤圣文、富泽芳亚、弁纳才一監修『戦前・戦中期アジア研究資料 7 中国占領地の社会調査 ii 華中の商工業慣行調査 2』、近现代资料刊行会、2013、151—394 頁。

③ 孟桂林：《日军军管下的大生一厂》，南通市政协文史资料研究委员会编：《南通文史资料选辑》第 5 辑《纪念抗日战争胜利四十周年》，第 135 页。

张文襄(张之洞)、张南通(张謇)均表敬仰,并命令前方将士对于此三公事业一律爱护,不准蹂躏。"①不难从中看出"尊张"是日方侵占南通时需要恪守与铭记的条律,也是日后笼络当地民众的重要手段。大生纱厂作为张謇事业根基与南通地方的支柱,在日军入南通城后,必然会受到足够的关注。为更好地服务于侵占计划,日军当局制定对大生纱厂的处置调查书与《关于经营江北之指导要领书》(以下简称《指导要领》),涵盖大生各厂的发展规模、资本关系、金融关系等内容,对徐静仁、李升伯等大生高层重要人物展开细致介绍,清晰地重现了双方在沦陷初期的"合作"谈判全过程。

　　日方认为,"大生纱厂为先贤张謇氏所苦心经营之遗业,成为江北各种社会事业母体之重要产业,距今约四十年前,在创办当时即有中日经济合作之意,但为各种关系未克实现"②。此语为日方"尊张"的侵略计划作铺垫,意在表明张謇与日方之间深厚的历史渊源,甚至将前述张謇于1903年赴日考察实业教育称"有中日经济合作之意",着实牵强附会。日方在调查书中,将大生纱厂衰败的原因归结于"国民党政府及同系银行团之支配垄断,徒成为私党之榨取机关",将国民政府与银团置于"与张謇创业精神完全反对"之对立面,宣称他们"对于地方文化开发毫无任何贡献"。③

　　由此看出,日方意图通过贬低政府及银团,无限拔高张謇的地位,赋予其"先贤"的身份象征与政治意涵,展演其形象,以昭彰日

---

① 《陈琛自述国难期中经过》(1945年),南通市档案馆、张謇研究中心编印:《大生集团档案资料选编·纺织编(Ⅴ)》,第262页。

② 『大生紡績公司ノ処置ニ関スル調査書』(昭和15年6月),南通市档案馆藏,B403/111/200。

③ 『大生紡績公司ノ処置ニ関スル調査書』(昭和15年6月),南通市档案馆藏,B403/111/200。

方对张謇的"崇敬"态度,迷惑大生纱厂各阶层人员与南通地方民众,不断冲击他们对国民政府的政治忠诚。究其实质,日方所谓的"尊张",旨在引发大生纱厂各阶层人员及南通地方民众对于往日辉煌的美好回忆,将"后张謇"时代大生纱厂陷入低谷的客观事实与银团接管之间的因果关系进行错位嫁接,引发他们对政府及银团的不满情绪,进而瓦解他们对国民政府的认同与支持,为侵占计划及建构殖民政权、奴化人民所服务。

10月1日,日军召开联络会议,通过《指导要领》等侵占计划,为建构殖民统治秩序、攫夺南通经济产业等提供建设意见与方针,是沦陷时期日军当局对南通实行经济统制的重要文件,辑录相关如下:

第一、方针①

为在扬子江下流北岸地域(含崇明岛)扶植巩固之日本势力,俾与以上海为中心之江南地方连〔联〕合控制扬子江河口地带,确立日本华中经济扩展之据点起见,拟先授权钟纺继承张謇先生之遗业,以纺织事业为中心,令其协力江北地方事业之开发,及宣抚工作之推行。但经过相当时期后,则另筹设立中日合办之江北实业公司(暂称)但〔担〕任此项事业。

第二、要领

一、纺织事业

所有江北地方(含崇明岛)之大生纱厂(南通、海门、启东工场)、富安及大通纱厂,拟先命钟纺与原主合作,经过相当时

---

① 本段及以下12段均出自《关于经营江北之指导要领书》(1938年10月1日),南通市档案馆、张謇研究中心编印:《大生集团档案资料选编·纺织编(Ⅴ)》,第232—234页。

期后,将此项纱厂并包括其副营事业统一改组,另设江北实业公司(暂称)。

二、纺织附带事业及其他产业

江北地方曾有之下列各事业亦归其兼营:

(甲)电气事业

天生港电厂(发电能力五十 KW)除照旧视为南通及唐家闸纺织工场之自备原动发电厂外,并应供给同地一般民需之用。

过相当时期后,该厂自应移归华中水电公司之统制经营,惟在实质上尽先供给纱厂用电,俾得保持纱厂自备电厂之原有利益。

……

三、棉花事业

暂时继承大生纱厂原有之棉花事业,同时协助华中地带之棉花改良增产事业。

从日军的侵占计划来看,张謇成为他们"统治"南通的"护身符"与"敲门砖"。日军当局委托日资纱厂钟渊纺织株式会社(又称公大纱厂,以下简称钟纺)"经营"大生纱厂,肩负"继承张謇先生之遗业""开发江北地方事业、推行宣抚工作"等"重任"。日方此举,一是对张謇形象进行全新建构,在"先贤"的基础上充分展演,自视为张謇遗业的继承者,为其侵略与占领行径"正言",获得合法性与正当性依据;二是利用新获得的继承者身份,彻底攫夺大生资本集团,不仅是大生纱厂,还包括资生铁厂、复新面粉厂、广生榨油厂等,对南通地方社会、文化、教育、医疗、交通等方面施行殖民统治。显而易见,日方的真实目的与意图已经彰明:通过接收大生系统所有企业以及社会事业,企图将触角伸向南通沦陷区各个角落,建构统治新秩序。

钟纺(鐘ヶ淵紡績株式会社),又名钟渊公大实业株式会社,创立于 1906 年 6 月 25 日。起初收购华资纱厂,日本绢丝纺织会社投入资本,为日华合并,后钟渊纺织株式会社收买日本绢丝纺织株式会社,改为钟渊公大实业株式会社,位于上海极司菲尔路 138 号,社长为津田信吾。[1] 钟纺在鼎盛时期拥有公大一厂至七厂,并在上海、青岛、天津、张家口设有营业所,其中主要由上海营业所负责与大生纱厂展开"合作"事务。

作为占领者,日方再次考察沦陷后的南通,勘察其社会与经济状况,以便更好地"施展"侵占计划,管理、控驭当地民众。1940 年,满铁上海事务所对南通农村实态展开调查,对南通县政概况、财政、行政、教育、宗教、卫生乃至产业等内容均有涉及,其中产业部分详细记述了大生各厂在沦陷前后的生存实态,涵盖设备运转、日均产量、工人人数等方面。[2] 另据参与农村调查的满铁上海事务所工作人员井田弘文撰文指出,"随着'支那事变'的推移,南通棉业为划时代的编成所代替。那就是在钟纺经营的江北兴业公司指导之下,确立起日华共存共荣的原则"[3]。不难看出,所谓调查,不过是为日方建构占领下的统治秩序所服务,"日华共荣"是这一秩序的指导法则,对南通实行经济与物资统制是核心要务。

---

①《钟渊公大实业株式会社资材总报告》(1945 年 11 月),上海市档案馆藏,中国纺织建设公司档案,Q192/1/1434。

② 满铁上海事务所调查室编:《江苏省南通县农村实态调查报告书》(1941 年 3 月),辽宁省档案馆编:《满铁调查报告》第 8 辑,桂林:广西师范大学出版社 2016 年版。

③［日］井田弘文著,程灼如译,杨桐校注:《参加满铁南通农村实况调查的报告——围绕棉作结构》,王倚海主编:《博物苑》2007 年第 1 期,扬州:广陵书社 2007 年版,第 94 页。

第二节 日方与大生高层的"合作"谈判

一、"合作"缘起

1938 年 4 月 17 日,钟纺上海营业所所长石村实偕随同技术人员"到厂访晤",并同驻厂德国人详细交谈,"目的不言可喻"。[①] 5 月初,钟纺向日本驻沪领事馆申请"获得南通(含海门)及崇明的中国纺织经营许可"[②],复于 6 月 17 日向日军华中联络会议递交《指导要领》,10 月 1 日决议通过。南通、海门、崇明,分别是大生一厂、副厂、电厂,三厂,二厂的所在地,虽然二厂已经破产且被拍卖,但依然被钟纺视为"囊中之物",大生纱厂之于日方"经营"江北的重要程度可见一斑。钟纺在其"合作"意向得到日军当局的允许后,借机入厂考察,与大生高层商洽"日华合办",向德国职员了解"抵押"真相。就此时而言,大生纱厂的"合作"对象是钟纺,日军驻南通特务机关并未过多插手其中。

7 月 5 日及 9 月 9 日,钟纺前后两次向大生纱厂董事会说明"合作"缘由,声称:"尊重先贤张謇创业之精神,谋真正增进江北地方之民生,而期完成实现东亚新秩序之理想境地;因而极力避免重蹈一般军管理工场之覆辙,尽可能尊重中国方面之希望,而期在和平的交涉之中实现其合办;因此钟纺方面虽在中国方面种种谋略企图迁延现实之下,仍不惜以诚心诚意守常道而对之,努力启导彼

① 《汉奸陈葆初信件》(录纯一兄十七日来信),南通市档案馆藏,南通县自治会(伪县政府)档案,A209/112/598。

② JACAR(アジア歴史資料センター)Ref. B05016160000、日高信六郎『江北経営ニ関スル指導要領送付ノ件』(昭和 13 年 10 月 5 日)(外務省外交史料館)。

等之迷朦,隐忍自重,待望其机之成熟耳。"①在钟纺的说辞中,具有"创业之精神"的张謇被赋予新的形象与想象空间,不仅是"增进江北地方之民生",更与"东亚新秩序"产生联系,甚至其打造的南通可以成为"理想境地"。这既是日商对于华商的一次诱惑,也是一次警告——大生高层如若不尊重钟纺的"诚心诚意守常道",阻碍日方在江北建构"东亚新秩序",那么其结局与沦陷区其他民族工业一样,"重蹈一般军管理工场之覆辙"。

　　面对日方咄咄逼人的嚣张气焰,大生高层显得有些不知所措,且矛盾重重:既不愿受日胁迫,丧失主动;亦不敢反抗日方,生存堪忧。"其时一、三纺织公司各监(事)、董(事)在此环境之下拒绝不敢,接受不甘"②,总管理处就此情境激烈讨论③,决定派"抱不屈之志"④的陈葆初全权代表董事会,负责与日交涉事务,随时与南通的大生驻厂专员成纯一密切联络,以作生存因应。陈葆初的出面,既与"大生董事会内无人愿蹚这趟浑水,均自保为上"⑤有关,也与他

---

① 『大生紡績公司ノ処置ニ関スル調査書』(昭和 15 年 6 月),南通市档案馆藏,大生纺织公司档案,B403/111/200。

② 《陈琛自述国难期中经过》(1945 年),南通市档案馆、张謇研究中心编印:《大生集团档案资料选编·纺织编(V)》,第 263 页。

③ 有论者指出,大生总管理处及董事会分成两派,一派以陈葆初、赵叔雍为代表,认为除了与日方进行合作外无路可走,战后被指为汉奸;一派以徐静仁为首,主张在保持产权自主的基础上做出让步,此举一是出自他们的民族意识,二是害怕抗战胜利后国民党政府把大生企业当作"逆产"处理。参见《大生系统企业史》编写组编:《大生系统企业史》,第 264 页;张季直先生事业史编纂处编,张謇研究中心等校注:《大生纺织公司年鉴(1895—1947)》,第 394—395 页。

④ 《陈琛自述国难期中经过》(1945 年),南通市档案馆、张謇研究中心编印:《大生集团档案资料选编·纺织编(V)》,第 263 页。

⑤ 张若愚访谈、整理:《姜平口述实录》(未刊稿),访谈时间:2019 年 11 月 12 日,访谈地点:南通纺织博物馆。

曾结识多位日本人士有关，尤其是他为儿子陈知深聘请日本特务人员吉村虎雄作为家庭教师的特殊经历①，更与他追随张謇多年，对其事业怀有深厚情愫不可分割。

陈葆初不忍张謇事业就此坠入日方占领的深渊，甚至走向毁灭，凭借自身对日方的了解，决定发挥长袖善舞、左右逢源的处事风格。陈葆初自言："余既是通人，又是素志，当然义无反顾。明知身蹈危险，亦惟有譬如已被炸弹毁灭矣。"②日方亦言："陈琛氏（陈葆初）素有老佥狡猾之评语。"③更加重要的是，"合作"谈判负责人的身份使得陈葆初跃居成为大生董事会的代言人，无比接近权力顶峰。

10 月 2 日，钟纺正式提出"合作"方案："一，大生资产投资，钟纺则现金投资；二，经营委由钟纺主管，但中日双方各尽优秀技术，共同担任经营；三，对第三者之债务由大生清理；四，利益照出资额分配之，但钟纺愿将利益金中一部拨充开发江北之用。"④从表面上看，虽然钟纺与大生纱厂处于"合作"的平等地位，但"经营委由钟纺主管"即暴露出日方攫夺大生纱厂经营权的野心与意图，一旦经营权落入钟纺手中，大生的命运将由日方决定。

陈葆初正是注意到这一点，决定采取"拖字决"为因应，回复钟纺："重庆势力（指国民政府，下同）尚及上海江北诸地，故须考虑较

① 朱江：《南通的"魏特琳"——麦文果》，第 101 页。

②《陈琛自述国难期中经过》（1945 年），南通市档案馆、张謇研究中心编印：《大生集团档案资料选编·纺织编（V）》，第 263 页。

③《关于大生纺织公司之中日合作交涉经过》（其一钟纺方面发表者），南通市档案馆、张謇研究中心编印：《大生集团档案资料选编·纺织编（V）》，第 238 页。

④『大生紡績公司ノ処置ニ関スル調査書』（昭和 15 年 6 月），南通市档案馆藏，大生纺织公司档案，B403/111/200。

合实际情形之办法,暂请从缓计议。"①陈葆初声称:"重庆政府禁止中日合作;董事中因生命之危险由赞否两派;倘中日实行合作将被地方游击队将用尽方法从事迫害妨害事业;在原料之获得及制品之贩卖上将遭遇多方面的困难。"②陈葆初之所以搬出国民政府作为护盾,一是考虑到"灰色地带"的政治忠诚,日方强势的"合作"要求使得他不得不面临两难的抉择处境,二是从内在稳固"拖字诀"的应对方式,增加说服力与可信度。以拖为上虽可暂保大生纱厂的生存,但也消磨了钟纺的耐心,更惹恼了日方。日军驻南通特务机关开始插手其中,原本中日两国企业间的商业"合作"谈判,转变为日军当局涉足的政治"合作"交涉,其过程波谲云诡。

二、谈判进程③

1938 年 10 月 20 日,日军驻南通特务机关长滨本宗三郎令大生高层速与钟纺开始"合作"谈判,"根据五月十七日之备忘录,在南通特务机关长监督之下,着令与日方钟渊纺织株式会社开始合作之交涉"④。23 日,滨本提出口头要求:"一,钟纺方面以江北办事处长植村氏(植村宇田)为代表,代表下设委员槌田氏、岩崎氏、

---

① 『大生紡績公司ノ処置ニ関スル調査書』(昭和 15 年 6 月),南通市档案馆藏,大生纺织公司档案,B403/111/200。

② 『大生紡績公司ノ処置ニ関スル調査書』(昭和 15 年 6 月),南通市档案馆藏,大生纺织公司档案,B403/111/200。

③ 在大生公司与日方的"合作"谈判过程中,伪自治会亦参与其中并扮演第三方的角色,但囿于资料限制,本书在此仅作简单论述,详细内容可参见周宗根:《地方主义与民族主义:南通绅商与战时政治(1937—1949)》,博士学位论文,南京大学,2006 年,第 74—79 页;《1938—1939 年大生纺织公司对日本"军管理"的应对》,《抗日战争研究》2018 年第 4 期。

④ 『大生紡績公司ノ処置ニ関スル調査書』(昭和 15 年 6 月),南通市档案馆藏,大生纺织公司档案,B403/111/200。

增田氏为委员;大纺(大生)方面系以和人为交涉代表,应于十一月五日以前报告特务机关长及植村氏(或槌田氏)。二,交涉之经过情形分十一月十日、十一月二十日、十一月三十日,三次由大纺、钟纺两方面报告特务机关。三,合办须于十一月三十日为期完成。"① 面对日方并不友好的"合作"要求,"然大生对此毫无诚意"②。董事会并未按照特务机关的要求履行规定的义务。

　　11月,日方施加的"合作"谈判压力进一步增强,大生纱厂的生存空间遭受挤压。7日,经"南通班"班长川又务介绍,钟纺及大生纱厂代表"在某寓内交换意见,此为奉令谈判之始"③。13日,南通特务机关发出警告书,"限贵公司(大生)于本月末日以前无论如何当办竣与钟渊纺织株式会社合办之交涉"④。日方指出:"交涉委员之名单尚未向本机关(特务机关)有所报告,且亦无见其交涉经过之报告书,情形如斯,对贵公司(大生)之真意实难以晓测。"⑤20日,钟纺要求大生高层对于"合作"予以准确答复,陈葆初欲再次拖延,称"允德旗将设法落除,在开始合作交涉"⑥。此时,徐静仁、陈葆初等大生高层做出部分退让,提出了聘请钟纺

---

① 《南通大生敌伪时期一、三、电厂档案》(1938年),南通市档案馆藏,南通县自治会(伪县政府)档案,A209/112/653。

② 『大生紡績公司ノ処置ニ関スル調査書』(昭和15年6月),大生纺织公司档案,南通市档案馆藏,B403/111/200。

③ 《关于大生纺织公司之中日合作交涉经过》(其二陈琛氏所发表),南通市档案馆、张謇研究中心编印:《大生集团档案资料选编·纺织编(V)》,第246页。

④ 《抗战期间日本特务机关长滨本宗三郎给大生纺织公司和大生总管理处的指令》(1938年11月13日),南通市档案馆藏,大生纺织公司档案,B403/111/199。

⑤ 《南通大生敌伪时期1、3电厂档案》(1938年),南通市档案馆藏,南通县自治会(伪县政府)档案,A209/112/653。

⑥ 『大生紡績公司ノ処置ニ関スル調査書』(昭和15年6月),南通市档案馆藏,大生纺织公司档案,B403/111/200。

事务员及技师担任顾问的折中"合作"办法,并明确"合作时期应定在中央政府成立明令公布合作之法律后方可进行"①。23 日,滨本以"大生方面对渠所发起之合作交涉促进方策往往敷衍拖延,毫不表示诚意,且时有回避谈话事情"②为由,明令陈葆初答复准确的"合作"日期。压力下,陈葆初代表大生纱厂与钟纺达成一定程度上的共识,"自十二月上旬起,钟纺派员至大生厂内,从事以合作为目标之种种调查工作及援助开车;大生应派学员前往钟纺总社学习纺织经营"③。24 日,大生高层及钟纺代表"作第二次交换意见……允诺钟纺之要求,现行酌派技术员到厂视察,定期下月(12 月)十日实行"④。然而,其后大生高层毫无行动,杳无音信,始终未通知钟纺确切的入厂时间,可见仍寄希望于拖延策略。

12 月 8 日,钟纺与特务机关历经漫长而无结果的等待后,耐性渐失,大生纱厂的命运步入自主生存或是被迫"合作"的局囿之中。当日,滨本召见成纯一,询问"大生之资本及债务等历史",成纯一以"到厂未久且未经手其事"为由"自难逐条答复"。⑤ 显然,如此态度激怒了日方,据钟纺方面记述,"成纯一氏缄口不吐一言,南通要人(指伪南通县公署徐宇春、薛郢生等)咸认为成纯一之态度失礼,

<hr>

① "中央政府"指"中华民国维新政府"。『大生紡績公司ノ処置ニ関スル調査書』(昭和 15 年 6 月),南通市档案馆藏,大生纺织公司档案,B403/111/200。

② 『大生紡績公司ノ処置ニ関スル調査書』(昭和 15 年 6 月),南通市档案馆藏,大生纺织公司档案,B403/111/200。

③ 『大生紡績公司ノ処置ニ関スル調査書』(昭和 15 年 6 月),南通市档案馆藏,大生纺织公司档案,B403/111/200。

④ 『大生紡績公司ノ処置ニ関スル調査書』(昭和 15 年 6 月),南通市档案馆藏,大生纺织公司档案,B403/111/200。

⑤ 《抗日战争期间成纯一所收信件及所发信件底稿》(1938 年 12 月 8 日),南通市档案馆藏,大生第一纺织公司档案,B402/111/204。

致提议机关长将成氏软禁于张謇先生之遗宅内,而一面去函上海董事会,不得不从中妨碍调查"①。成纯一的态度与"合作"谈判过程中大生高层闪烁含糊、拖延不决的应对如出一辙,点燃了日方怒气,成纯一遭受扣押。将成纯一扣押的主张系伪自治会向日方建议,身为同胞却出此下策,他们对待大生纱厂的态度一望而知:意图从"日华合办"之中分享利益。

翌日,大生纱厂总稽核吴冀阶赴南通交涉,几经周折,在特务机关长的亲自监督下见到了软禁之中的成纯一。吴冀阶如此描述:"纯兄(成纯一)今日寒热交作,一日未食,精神疲惫,未知今晚服药后如何。"②当日,成纯一嘱托吴冀阶三事,代向董事会汇报:"董会派代表到通接洽,能请蒋碫(堂)翁来最好;俟董会到通事毕后,即请接(徐)宇春先生与(成)纯一兄同至沪共商对方各事;闻钟渊有预备接收之势,万一突如其来,应如何准备,如何应付。"③待吴冀阶走后,特务机关展露真实面目,"连日逼迫(成纯一)填表"④,签订"合作"单。

12 月 11 日,在超出双方第二次交换意见时约定的钟纺入厂时间(12 月 10 日)一日后,陈葆初与钟纺会面,"商解决成(纯一)君被扣事,并作第三次交换意见,是日讨论分析技术、营业、资本三合作

①『大生紡績公司ノ処置ニ関スル調査書』(昭和 15 年 6 月),南通市档案馆藏,大生纺织公司档案,B403/111/200。

②《吴冀阶致陈葆初函件》(1938 年 12 月 9 日),南通市档案馆藏,大生一厂(副厂)档案,B404/111/175。

③《吴冀阶致陈葆初函件》(1938 年 12 月 9 日),南通市档案馆藏,大生一厂(副厂)档案,B404/111/175。

④《抗日战争期间成纯一所收信件及所发信件底稿》(1938 年 12 月 15 日),南通市档案馆藏,大生第一纺织公司档案,B402/111/204。

步骤,并双方同意先从技术、营业合作着手"①。翌日,陈葆初称日方扣押成纯一之举"卑劣太甚,举口痛骂"②。但钟纺急于撇清责任,辩解称"纯系特务机关之单独行动"③,两者之间的关系耐人寻味——特务机关的态度过于强硬,使得钟纺不得不从中调解。

　　12月15日,日方步步紧逼,"经代理人米(内山)君与诸君商以明日(即十六日)为限,如不填表,无法转旋"④。成纯一"坚执不可,相持至夜深,经诸君往返磋商,纯声明非待张君神州奉回命,不可乃议"⑤。僵持之下,陈葆初"寄发钟纺社长津田氏(津田信吾)信",钟纺"对大生之态度有所表示"。⑥ 经钟纺调停,"中日间之空气亦大见缓和"⑦,成纯一获释,双方最终"议定以廿一日为限,如届时钧会(大生董事会)尚未在沪解决,则联系各县旋办矣"⑧。21日、23日,特务机关长、钟纺、陈葆初等人会面,"继续举行和平的交涉问题",此时陈葆初告知"钟纺派员至大生援助经营一节,请暂待至一

---

① 『大生紡績公司ノ処置ニ関スル調査書』(昭和15年6月),南通市档案馆藏,大生纺织公司档案,B403/111/200。

② 『大生紡績公司ノ処置ニ関スル調査書』(昭和15年6月),南通市档案馆藏,大生纺织公司档案,B403/111/200。

③ 『大生紡績公司ノ処置ニ関スル調査書』(昭和15年6月),南通市档案馆藏,大生纺织公司档案,B403/111/200。

④ 《抗日战争期间成纯一所收信件及所发信件底稿》(1938年12月15日),南通市档案馆藏,大生第一纺织公司档案,B402/111/204。

⑤ 《抗日战争期间成纯一所收信件及所发信件底稿》(1938年12月15日),南通市档案馆藏,大生第一纺织公司档案,B402/111/204。

⑥ 『大生紡績公司ノ処置ニ関スル調査書』(昭和15年6月),南通市档案馆藏,大生纺织公司档案,B403/111/200。

⑦ 『大生紡績公司ノ処置ニ関スル調査書』(昭和15年6月),南通市档案馆藏,大生纺织公司档案,B403/111/200。

⑧ 《抗日战争期间成纯一所收信件及所发信件底稿》(1938年12月15日),南通市档案馆藏,大生第一纺织公司档案,B402/111/204。

月中旬"①。就此时而言,大生纱厂在陈葆初、成纯一等人的努力下取得了谈判过程的阶段性胜利——将截止时间从 11 月末历经 12月 10 日、16 日、21 日三个时间节点后,延宕至 1 月中旬,并重新获得日方的"花纱通行证",确保生存不辍,可谓暂时的成功。

1939 年 1 月上旬,日方要求大生高层再次给出确切的钟纺职员入厂时间,但其依然含糊其词,未作正面回应。15 日,滨本向陈葆初下最后通牒,要求其限期答复"德旗之撤去、解消德商之代理经理;德商债务如仍存在望即归偿、实行与钟纺合作事宜"②等问题。从表面理解,大生高层一而再、再而三的拖延导致滨本作此最后通牒,然而在此背后隐藏的是陈葆初等人的商人属性,依然在权衡利弊,对形势做出利于自我的判断。

1939 年后,考虑到日方与大生高层之间的"合作"谈判已经持续 3 个月,加上南通特务机关与大生高层存在着无法彻底消解的误会与隔阂,因此受日军当局扶植的南通地方伪政权——伪南通县公署决定作"第三方调停"。伪县知事(即伪县长,下同)薛郛生于 1 月 4 日前往上海,开始与陈葆初商谈。13 日,薛郛生"在陈氏寓次曾遇见江北游击队长彭龙骧之进出,彭氏系来向陈氏取款者也"③。彭龙骧系国民党江北游击队长,更是国民党方面的南通县长,两位分别由中日双方任命的县长,居于正与伪的对立面,却在陈葆初居所内不期而遇,这一巧合必然影响甚至打乱了原有的谈

---

①『大生紡績公司ノ処置ニ関スル調査書』(昭和 15 年 6 月),南通市档案馆藏,大生纺织公司档案,B403/111/200。

②『大生紡績公司ノ処置ニ関スル調査書』(昭和 15 年 6 月),南通市档案馆藏,大生纺织公司档案,B403/111/200。

③『大生紡績公司ノ処置ニ関スル調査書』(昭和 15 年 6 月),南通市档案馆藏,大生纺织公司档案,B403/111/200。

判进程与计划,并引发日方的猜疑,使本就曲折的谈判阻力顿增。日方认定:"观此大生方面对游击队援助经费,扰乱治安,而一方面则宣传日方与大生合作时将发生危险云云,此种隐谋至此偶然曝露矣。"①形势骤变,对尚在"合作"谈判中的陈葆初及大生纱厂极为不利。

　　大生纱厂与国民党地方游击队之间早就存在着若即若离的关系(第四章将专文论述),如今薛郏生亲眼所见,传言坐实,陈葆初及大生陷于完全被动的局面,"合作"谈判进程亦发生扭转。加上"合作"谈判开始时发生的大生三厂射击日军事件②,大生与日方的关系渐降至冰点。两桩事件先后发生,成为滨本作最后通牒的直接原因,"第三方调停"以薛郏生认为"大生方面对合作毫无诚意"③而宣告失败,双方的"合作"谈判即将土崩瓦解。

　　1月21日,大生高层与日方转移至其高层所在地上海,开始了持续一周的密集谈判交涉,但屡屡失败,大生高层将日方最后仅存的一丝耐性消磨殆尽。当日,"由钟纺方面邀请,双方在华懋饭店继续谈判技术营业合作问题,未有具体结果,即席定二十三日续议"④。23日,双方转移至惠中饭店继续商谈,基于此前薛郏生调

---

① 『大生紡績公司ノ処置ニ関スル調査書』(昭和15年6月),南通市档案馆藏,大生纺织公司档案,B403/111/200。

② 1938年10月间,大生三厂工场屋顶曾有人向在厂外日军开枪射击,怀疑系大生纱厂的私人武装所为,此亦成为大生纱厂遭遇"军管理"时日方列举的停工事由之一。参见《大生纺织公司军管理始末纪要》(1939年3月2日—1943年7月31日),南通市档案馆、张謇研究中心编印:《大生集团档案资料选编・纺织编(V)》,第174页。

③ 『大生紡績公司ノ処置ニ関スル調査書』(昭和15年6月),南通市档案馆藏,大生纺织公司档案,B403/111/200。

④ 『大生紡績公司ノ処置ニ関スル調査書』(昭和15年6月),南通市档案馆藏,大生纺织公司档案,B403/111/200。

停时与陈葆初议定之方案①,提出"钟纺与大生实施技术及营业合作;将利益中提出一部经中日双方协议后扩充江北基金;大生纱厂职员待遇应由大生所得利益中处理之"②。钟纺改变先前技术、营业、资本三层"合作"的意图,先行通过技术、营业"合作",打入大生厂内,再行资本"合作",攫夺经营权,并以"钟纺可能作种种物质的及精神的援助"③保证利益上的不受损。

　　25日,双方再转至沧州饭店会谈。继先前薛郢生"第三方调停"后,当日再次出现"第三方调停"——陈葆初的日籍友人马迪庵充当第三方的角色,提出新方案:"为改进大生之技术及营业为目的钟纺派员前往大生担任计划及指导事宜;因钟纺派员指导而生产能力提高一成时,大生对钟纺每单位棉纱一件付给利益及年底红利;大生应派职员前往钟纺学习纺织,及其他附属事业之一切技术,及营业上之方法。"④显而易见,这一方案依然停留于技术与营业上的"合作",钟纺无法通过这一方案获取大生纱厂的经营权,即实现资本"合作",日方自己亦认为该方案"既非钟纺提出,亦非大生提出,但确信事实上为近于大生方面希望之方案"⑤。因此,这一日的谈判同样宣告失败。

---

① 薛郢生调停时,陈葆初表示"大生可委托钟纺经营并将利益之半提充开发江北之用"。参见《关于大生纺织公司之中日合作交涉经过》(其一钟纺方面发表者),南通市档案馆、张謇研究中心编印:《大生集团档案资料选编·纺织编(Ⅴ)》,第243页。

② 『大生紡績公司ノ処置ニ関スル調査書』(昭和15年6月),南通市档案馆藏,大生纺织公司档案,B403/111/200。

③ 『大生紡績公司ノ処置ニ関スル調査書』(昭和15年6月),南通市档案馆藏,大生纺织公司档案,B403/111/200。

④ 『大生紡績公司ノ処置ニ関スル調査書』(昭和15年6月),南通市档案馆藏,大生纺织公司档案,B403/111/200。

⑤ 『大生紡績公司ノ処置ニ関スル調査書』(昭和15年6月),南通市档案馆藏,大生纺织公司档案,B403/111/200。

　　在谈判陷入僵局之后，钟纺及特务机关对大生高层的态度表示失望。26日，钟纺认为大生高层"可能提出之方案决不会超出上项第三者（马迪庵）提议方案之范围"①，特务机关则以"中国一等之手腕敷衍"②为由宣告"合作"谈判失败，"合作"问题"不付诸军部管理，决不能解决"③，对大生拟采取强制手段，施以"军管理"。特务机关表明态度后，意味着大生纱厂的命运将交由日军当局决定，钟纺退出"合作"谈判。27日，陈葆初向钟纺表示："对原拟契约书各件，内容有涉及专门问题或需咨询主管人员外，大体均可赞同，俟即提交董事会决定之。"④钟纺在30日通知陈葆初："原方案已由该社代表植村氏（植村宇田）携往日本请示，约下月（2月）七日回沪再行继续谈判。"⑤然而此后再无实质性进展可言，直至3月2日大生纱厂遭日方强制"军管理"。

　　从1938年10月2日钟纺正式向大生高层提出"合作"方案，谈判交涉开始，至1939年1月26日南通特务机关单方面宣布谈判失败，再至2月谈判正式结束，历时近4个月的"合作"谈判详程如表3-1所示。

---

① 『大生纺绩公司ノ処置ニ関スル調査書』（昭和15年6月），南通市档案馆藏，大生纺织公司档案，B403/111/200。

② 『大生纺绩公司ノ処置ニ関スル調査書』（昭和15年6月），南通市档案馆藏，大生纺织公司档案，B403/111/200。

③ 『大生纺绩公司ノ処置ニ関スル調査書』（昭和15年6月），南通市档案馆藏，大生纺织公司档案，B403/111/200。

④ 『大生纺绩公司ノ処置ニ関スル調査書』（昭和15年6月），南通市档案馆藏，大生纺织公司档案，B403/111/200。

⑤ 『大生纺绩公司ノ処置ニ関スル調査書』（昭和15年6月），南通市档案馆藏，大生纺织公司档案，B403/111/200。

表 3-1 日方与大生高层"合作"谈判进程详表

时 间	事 例
1938 年 4 月 17 日	钟纺上海营业所长石村实偕随同技术人员入大生厂考察
5 月初	钟纺向日本驻沪领事馆申请获得经营大生纱厂的许可
6 月 17 日	钟纺制定《指导要领》，并递交日军华中联络会议
7 月 5 日	钟纺第一次向大生高层说明"合作"缘由
9 月 9 日	钟纺第二次向大生高层说明"合作"缘由
10 月 1 日	日军华中联络会议决议通过《指导要领》，正式授权钟纺"经营"大生各厂
10 月 2 日	钟纺正式提出"合作"方案
10 月 20 日	日军驻南通特务机关介入"合作"谈判交涉，特务机关长滨本宗三郎令"在南通特务机关长监督之下，与大日本钟渊纺织株式会社开始经济合作之交涉"
11 月 7 日	双方代表经"南通班"班长川又务介绍，第一次交换意见
11 月 13 日	特务机关发出警告书
11 月 20 日	钟纺要求大生高层对于"合作"予以准确答复，陈葆初再次拖延，称"允德旗将设法落除，在开始合作交涉"
11 月 23 日	滨本以"大生方面对渠所发起之合作交涉促进方策往往敷衍拖延，毫不表示诚意，且时有回避谈话事情"为由，明令陈葆初答复准确的"合作"日期
11 月 24 日	双方代表作第二次交换意见，并将遵令办理情形，呈复特务机关长，大生高层允诺钟纺之要求，现行酌派技术员到厂视察，定期下月十日实行
12 月 8 日	滨本召见大生纱厂驻厂专员成纯一
12 月 8 日	成纯一被日方扣留
12 月 9 日	大生纱厂总稽核吴寰阶赴通交涉，见成纯一

续表

时　　间	事　例
12 月 11 日	双方代表商解决成纯一被扣事,并作第三次交换意见,是日讨论分析技术、营业、资本三"合作"步骤,并双方同意先从技术、营业"合作"着手
12 月 15 日	大生高层代表陈葆初寄发钟纺社长津田信吾信
12 月 15 日	经钟纺调解,大生高层与特务机关之间的矛盾有所缓和,成纯一获释
12 月 21、23 日	特务机关长、钟纺与陈葆初等人"继续举行和平的交涉问题",此时陈葆初告知"钟纺派员至大生援助经营一节请暂待至一月中旬"
1939 年 1 月上旬	日方要求大生高层再次给出确切的调查时间
1 月 4 日	伪南通县政府介入"合作"交涉,伪县长薛郢生赴沪作第三方调停
1 月 13 日	薛郢生在陈葆初寓所遇见国民党江北游击队长彭龙骧
1 月 15 日	日方要求陈葆初限期答复"德旗之撤去、解消德商之代理经理、德商债务如仍存在望即归偿、实行与钟纺合作事宜"
1 月 19 日	陈葆初接津田信吾复函
1 月 21 日	由钟纺邀请,双方在华懋饭店继续谈判技术、营业"合作"问题,未有具体结果,即席定二十三日续议
1 月 23 日	双方代表在惠中饭店续议,大生高层代表陈葆初因病,由其友人代表出席,钟纺提出技术、营业"合作"契约六条,由友人某带回磋商
1 月 25 日	自 23 日谈判后,钟纺方面经过两日之努力,重行拟就契约书一件(即关于技术"合作"问题)、觉书两件,是晚来约,即时就上项契约觉书再行商讨
同日	陈葆初仍在病中,托友人马迪庵前往参加,在沧州饭店逐项讨论,至彻夜始竣。马迪庵提出"第三者方案",但遭日方拒绝
1 月 26 日	特务机关以"中国一等之手腕敷衍"为由宣告"合作"交涉失败,拟采取强制手段

续表

时　间	事　例
1月27日	钟纺方面宇田氏亲至大生高层代表陈葆初寓所,就病榻中征询意见。陈葆初答复,对原拟契约书各件,内容有涉及专门问题或需咨询主管人员外,大体均可赞同,俟即提交董事会决定之,同时双方并商定第一号觉书,即现行交换
1月30日	接钟纺方面通知,谓原方案已由该社代表植村宇田携往日本请示,约下月七日回沪再行继续谈判
2月3日	陈葆初致钟纺社长津田信吾电
2月7日	得津田信吾复电
2月28日	植村宇田去东京请示后,直至本月底未得消息,照原约已逾三星期
3月4日	接海门三厂报告,于本月二日奉特务机关令,停止工作
3月6日	接南通一、副厂报告,事同前情

资料来源:『大生纺绩公司ノ处置ニ关スル调查书』(昭和15年6月),南通市档案馆藏,大生纺织公司档案,B403/111/200。

说明:根据档案内容归纳整理而得此表。

　　揆诸以上"合作"谈判的全过程,从 1938 年 10 月 2 日起至 1939 年 1 月 30 日讫,历时 4 个月,且主要牵涉四方势力——大生高层、钟纺、南通特务机关及南通地方伪政权。谈判之初,仅为大生纱厂与钟纺两家中日纺织企业之间的商业"合作",军政方面并未过多干涉。然而,这并不意味占领地的商业"合作"不会掺杂军政元素,毕竟占领者本身迫切需要重构涵盖政治、经济、文化等多方面的统治秩序,这也是每一家沦陷区华资企业及其高层必须面对的历史事实。对大生纱厂而言,"德产"身份或许给予其足够力度的保护而导致轻敌,钟纺单方面发起的"合作"谈判并未引起大生高层的充分重视。甚至在南通特务机关不断督促、发出警告并成为谈判主导者后,陈葆初所代表的大生高层的态度依然如故。

　　因而,呈现在历史进程之中的便是日方一味催促却屡遭大生高层"太极功夫"般的拖延,唯一取得的实质性进展即大生同意钟纺派员进厂作技术指导与考察,但亦未明确具体日期。一方面,日方不断升温的"合作"压力迫使大生高层做出适当让步,以有限的"合作"即技术"合作"与钟纺进行博弈,寻求生存空间,保证所有权与经营权不旁落他手;另一方面,获得日军当局力量支撑的钟纺以资本"合作"为最终目的,希望借助技术与营业"合作"之名行"完全合作"之实,究其本质是对大生纱厂所有权与经营权的觊觎,"合作"的面纱下隐藏了其对大生财产利益的攫取、掠夺,意图将大生所有权转移至日方手中。相较之下,二者的出发点都是"合作",但对"合作"的理解不同,对生存的需求不同。作为侵略、占领方,钟纺背后有着日军的支持,获取并占有中方工厂的资源与产权、投入生产经营不仅可以提高日方工厂的生存质量,更服务于侵华战争的政治与军事目的,也就不难理解拥有较为敦实根基的大生纱厂被日方视为在江北经营的首要目标。作为被侵略、被占领方,大生纱厂背后无论是早已西迁重庆的国民政府抑或是在撤往苏北的江苏省政府,均自顾不暇,部分董事、监事亦各奔东西,生死存疑,故面对日方的侵占,只能将希望寄托于"德产"外衣及蔼益吉公司身上,保障最基本、最低限度的生存,被迫与日方展开"合作"谈判。双方立足点不同,必然导致这样的谈判毫无意义可言,最终的结局终究是强势的日方占优并以其意志为转移。

　　并且,无论是南通地方伪政权或是"日方友人"的调停,尽管从本质上看无济于事,但结合陈葆初等人的拖延策略来看,可以为大生纱厂争取宝贵的时间差,尽可能地延续"生存奇迹",抓紧生产与经营。从这层意义而言,"合作"谈判并非没有结果,至少是大生纱厂寻求生存空间的最大努力。

从沦陷区的大环境来看,大生纱厂的生存结局虽与其他众多民族工业一致,均被迫接受日本"军管理",却又不尽相同——至少在谈判过程中,大生纱厂的生存并未受到较大程度的影响,生产经营得以持续,这是沦陷区多数华资企业尤其是华资纱厂所不具备的,既是大生的"德产"属性使然,更是陈葆初等人努力交涉、拖延以争取时间,并以消耗日方耐性为代价而换来的。[①] 同时,张謇时期与日方结下的历史渊源在不断发酵、催化,以及日方"尊张"的既定政策,迫使其一次又一次地宽限时间,合力促使阶段性成功的取得——尽管不能逃脱"军管理"的命运,但大生纱厂竭尽所能在一年内实现了护厂与获利的双丰收,生存空间一度扩大。

2月15日,在陈葆初迟迟未等到钟纺的回复后,徐静仁等预感与日方"合作"交涉谈判的失败终将到来,生存也未可知,便向银团发函:"敝公司尚在挣扎营业之时,亟需活款周转,所欠旧款如约清偿又非力所能及,只得仍恳贵团顾念多年交谊,继予济助,俾克渡过难关,勉副将来之希冀,一切详情由敝严董事惠宇奉达尚希。"[②]此时,徐静仁等希望借助银团势力以渡难关,然事与愿违,银团方

①学者周宗根认为,大生高层对"军管理"的应对,不仅使其逃脱了被日方劫夺产权之灾,也因此规避了抗战胜利后被当作"敌伪资产"而被国民政府接收的厄运。参见周宗根:《1938—1939年大生纺织公司对日本"军管理"的应对》,《抗日战争研究》2018年第4期。笔者对这一观点表示值得商榷,虽然大生纱厂的确凭借"德产"外衣及"合作"谈判坚持抵抗日方一年,但在"合作"谈判破裂后无法摆脱被"军管理"的生存归宿,产权落入日方手中。也就是说,沦陷初期的大生纱厂仅维持产权一年,并没有逃脱日方劫夺产权之灾。此外,大生纱厂在战后未被国民政府定为敌伪资产是一个相当复杂的历史问题,本书在第六章将专文论述,并不全是"合作"谈判与"德产"外衣的作用。仅靠大生纱厂在沦陷初期应对日本"军管理"的生存之策,不足以在战后躲避"敌伪资产"的定性,况且因应之策只维持了一年左右。

②《上海商业储蓄银行关于南通大生第一纺织公司一副厂向银团借款事项的专卷(第五本)》,上海市档案馆藏,上海商业储蓄银行档案,Q275/1/600。

面未能及时回复,愿望落空,日方的"军管理"接踵而至。

第三节　蔼益吉公司与日方的矛盾

一、南通沦陷后的德日纷争

如前所述,在大生纱厂被迫应对日方的"合作"要求时,作为名义上的所有者与管理者,蔼益吉公司与之同一战线,尽职尽责,在南通沦陷后发挥保护作用,尽力压实大生纱厂"德产"外衣的保护力度。驻大生各厂的德国经理、职员们与日军周旋,一定程度上阻挡日军士兵入侵各厂。

据日方文献记载,"(大生)各工厂悬挂德旗……标榜'德人所有财产'"①。1938 年 3 月 17 日后,南通已经沦为日本占领地,该区域内最为雄厚的社会经济根基命脉却飘扬着德国国旗,属于"德产",必然会招致日方的怀疑与不满情绪的激涨。一方面,日方此时暂未明了大生纱厂与蔼益吉公司之间的实际关系,仍然相信大生确因债务问题"抵押"给蔼益吉公司,需忌惮其系"德产"的现实状态,这为蔼益吉公司采取保护措施创造了条件;另一方面,日方为确保侵占计划的顺利施行,势必会对大生各厂采取行动,甚至不惜发生冲突,破坏其"德产"外衣。沦陷后日方针对大生各厂展开的一系列行动,亦可证明其站在矛盾的怪圈中,与蔼益吉公司之间摩擦不断。

4 月 11 日,蔼益吉公司驻厂职员成功阻止日军进入大生电厂

---

① 《南通特务机关(喜多)对于处置大生纺织公司的调查书》(原件为日文),南通市档案馆藏,大生纺织公司档案,B403/111/622。

降下德国国旗。然而,德方的保护令"日方大为不满,原欲攫取该厂营业权,而无从实现"①。另有报道称,日方煞费苦心,试图冲击破坏德商保护下的大生各厂,以逼退蔼益吉公司。日方"初借军事名义,派驻海军陆战队五百余人分驻在南区一厂海门三厂内……将厂内工作之女工任意调笑奸污,男工则被征役搬储弹药及掘挖防御工事等"②。这一时期,成纯一向陈葆初、李升伯感叹:"AEG德人在此自弟(成纯一)到后已渐守默,但有兵来仍自出面……弟亦佩服。"③此语一可证实大生纱厂的"抵押"真相,二可凸显德籍职员的认真与负责。

随着德日间的纷争与矛盾愈演愈烈,驻扎南通的日军官兵对大生厂内的德国职员态度不甚友好,大生各厂的保护人在日本军官嚣张气焰下不堪一击。5月3日上午,日本军官桥本及南木队长率两名士兵"至一厂钟楼顶上用望远镜向城闸路瞭望",被德籍会计师佛伦特发现,"见日人登钟楼,德人而跟行上前止阻,并说此乃德国人所有财产,在德国旗帜之下君等不能自由到此用望远镜瞭望"④。桥本恶言相向,大骂德国人,双方发生了争执,桥本甚至拔枪威胁称:"汝立即走出,否则我立刻将汝杀死!"⑤幸被众人劝止,后由经理李升伯、副厂代厂长王元章及德方经理纽满出面周旋调停,并决定将"吓得面如土色倒坐在沙发上"的佛伦特送回上海,桥

---

① 《南通大生纱厂被日方封闭后德领提抗议》,《导报》,1939年3月10日,第3版。

② 《南通大生纱厂被日方封闭后德领提抗议》,《导报》,1939年3月10日,第3版。

③ 《抗日战争期间成纯一所收信件及所发信件底稿》(1938年6月20日),南通市档案馆藏,大生第一纺织公司档案,B402/111/204。

④ 《大生副厂厂长王元章致陈葆初、成纯一函》(未标注时间),南通市档案馆藏,大生第一纺织公司档案,B402/111/175。

⑤ 《大生副厂厂长王元章致陈葆初、成纯一函》(未标注时间),南通市档案馆藏,大生第一纺织公司档案,B402/111/175。

本等方才作罢离去。①

南通已经沦陷,该地范围内的一切人或物都将从属于占领者日方,而大生纱厂的"德产"属性将其从沦陷地剥离出来,形成一层保护罩,抵抗日方的占领。尽管日方因条约体系及盟国关系的确忌惮"德产"的保护,但从前文论述来看这层保护薄如蝉翼,终非长久之计,经受不住日方的不断冲击,无法从根本上保证大生纱厂的生存空间与质量。尽管如此,蔼益吉公司依然在最大程度上帮助大生纱厂应对日方的"合作"要求。

1938 年 11 月后,日方不断催促大生纱厂与其"合作",就此进行谈判,同时,大生各厂的德国经理和职员也不断向蔼益吉公司上海总经理处汇报相关情况。15 日,驻大生三厂的德国职员甘蒂莫洛夫汇报称:"日本方面派人进入工厂,给职员带来了礼物,并准备了一份详细的机器与存货清单。"②对此,蔼益吉公司一方面指示甘蒂莫洛夫"作为一家德国公司的雇员,建议对来访者尽一切礼貌,只要他们不干扰工厂的运作"③,并且告诫一旦日方拍照或清点物品等调查存在不友好的举动,尽管无法阻止,但须告知如要调查工厂详细情况,应向工厂经理及蔼益吉公司提出申请④;另一方面,先后于 11 月 4 日、19 日、21 日连续发函大生纱厂,告知"请设法从南通各厂了解'来访者'的意图,以便我们可以

① 《大生副厂厂长王元章致陈葆初、成纯一函》(未标注时间),南通市档案馆藏,大生第一纺织公司档案,B402/111/175。

② 《交通银行关于大生纺织公司南通天生港电厂押款的函件之二》(原件为英文),上海市档案馆藏,交通银行上海分行档案,Q55/2/1302。

③ 《交通银行关于大生纺织公司南通天生港电厂押款的函件之二》(原件为英文),上海市档案馆藏,交通银行上海分行档案,Q55/2/1302。

④ 《交通银行关于大生纺织公司南通天生港电厂押款的函件之二》(原件为英文),上海市档案馆藏,交通银行上海分行档案,Q55/2/1302。

在遇到日本人的任何非法行动时采取必要措施。我们建议尽快处理此事，否则我们或德国领事馆的每一项行动都可能因事件过时而失效"①。

显然，德方对于日军当局进入工厂进行不友好的调查非常不满，甚至提及德国驻沪领事馆，拟寻求外交层面的帮助。同时，德方也十分清楚自己在大生纱厂的真实身份和地位，作为名义上的经营者，无法过多干预大生的内部事务，但日方的行为的确在很大程度上损害了德方的权益，使之处于进退两难的尴尬境地。即使在这样的情形下，蔼益吉公司仍然认真履行与大生纱厂的"抵押"合同，肩负起责任与义务，并告知大生高层，蔼益吉公司可以提供来自德国政府的帮助。

11 月 17 日，大生纱厂函复蔼益吉公司，蔼益吉将副本送往德国驻沪领事馆留存备案，以备不时之需。19 日，蔼益吉公司询问大生纱厂是否真正愿意与日方进行"合作"谈判，而不是受到日方胁迫的结果。② 同时，蔼益吉公司有意放低姿态，自谦为"工厂的管理者"和"债权人而不是所有者"，认为"当我们或贵方与日本代表谈判时，我们应该持什么态度？这个决定必须由贵方作出。我们将尽一切努力，以你们所希望的方式进行谈判。我们的立场是，我们不能容忍第三方的任何干涉，除非贵方不能履约偿还债务。我们再次指出，我们不认为不回答日本人的谈判要求是最好的策略，而应该马上回答。我们建议尽早开会，决定以何种方式作出

①《交通银行关于大生纺织公司南通天生港电厂押款的函件之二》（原件为英文），上海
　市档案馆藏，交通银行上海分行档案，Q55/2/1302。
②《交通银行关于大生纺织公司南通天生港电厂押款的函件之二》（原件为英文），上海
　市档案馆藏，交通银行上海分行档案，Q55/2/1302。

答复"①。可见，蔼益吉公司并不赞同大生纱厂做出的拖延为上的应对措施，认为大生应与其一条战线，共同商讨对策。

11月29日，蔼益吉公司再次函告大生纱厂："我们与纽满先生一致认为，必须采取强有力的保护措施，以防止任何可能扰乱贵公司和平营运的行为。因此，我们已致函德国总领事馆，请他们通知日本驻上海当局，我们将追究因日方逼迫贵公司而造成的直接或间接损失的责任……我们已经准备好并且能够阻止第三方违背贵方的意愿，强行或在压力下夺取工厂。"②12月9日，蔼益吉公司告知大生纱厂："已接到德国领事馆来函，称已将抗议书递交日本驻上海当局。"③不难发现，蔼益吉公司非常积极且愿意和大生纱厂一道与日方进行"合作"谈判，不惜以加剧其与日方的矛盾为代价，积极争取德国政府的外交帮助。

遗憾的是，大生纱厂对于蔼益吉公司主动提出的各项建议与帮助，并未给予应有的回应态度。从以上两公司之间的对话来看，大生纱厂仅在11月17日有所回复，并婉拒蔼益吉公司的好意，继续以拖延的策略来应对日方的"合作"要求。其实早在沦陷初期，蔼益吉公司即于3月18日与23日连续致函询问情形，但大生纱厂"均置不复，致敝厂（蔼益吉）未能在其时与银行协商救济汇兑损失"④。蔼益吉公司亦言："如有解决办法（指应对日方的"合作"谈

①《交通银行关于大生纺织公司南通天生港电厂押款的函件之二》（原件为英文），上海市档案馆藏，交通银行上海分行档案，Q55/2/1302。

②《交通银行关于大生纺织公司南通天生港电厂押款的函件之二》（原件为英文），上海市档案馆藏，交通银行上海分行档案，Q55/2/1302。

③《交通银行关于大生纺织公司南通天生港电厂押款的函件之二》（原件为英文），上海市档案馆藏，交通银行上海分行档案，Q55/2/1302。

④《译蔼益吉九月23日函》（1938年9月23日），南通市档案馆藏，大生纺织公司档案，B403/111/196。

判），敝公司极愿讨论。"①然而又是无下文可言。如此看来，大生高层似乎"不解风情"，认为其与日方的"合作"谈判系公司内务，蔼益吉公司不可过分僭越。因而，在看似共同应对日方的大生与蔼益吉两公司之间，也存在某些隔阂，导致除去日方的外力冲击，大生与蔼益吉的内部问题也是"德产"外衣仅维持一年的重要原因之一。

1938 年底，日本驻上海领事馆派员调查大生纱厂与蔼益吉公司的关系，最终认定大生"假借'德商远东机器公司经理大生纺织公司'名义，标榜'德人所有财产'"②，双方是"以权益之名伪装转籍"③。于是，日军当局将大生纱厂"借德御日"之举定性为"敌对"行为——"企图隐瞒，后经调查，结果此事毫无根据"④。

二、"军管理"前后的德日冲突

日方与大生纱厂的"合作"谈判失败后，1939 年 3 月 2 日，日军当局宣布对大生各厂施行"军管理"，直接威胁德方人员的生存，德日间的冲突与矛盾就此达到顶峰。当日，日方在"军管理"的同时，宣布驱逐驻大生各厂的德国经理、职员等人，"迫令大生经理纽满君等德国人三名限于五日离厂赴沪"⑤、"限令驻厂经理德人欧纳汉

---

① 《译蔼益吉函》（未标注时间），南通市档案馆藏，大生纺织公司档案，B403/111/196。

② 《南通特务机关（喜多）对于处置大生纺织公司的调查书》（原件为日文），南通市档案馆藏，大生纺织公司档案，B403/111/622。

③ JACAR（アジア歴史資料センター）Ref. B02030620900、『江蘇省南通所在大生紡績公司ノ権益関係』（昭和 14 年 3 月 15 日）（外務省外交史料館）。

④ 《南通特务机关（喜多）对于处置大生纺织公司的调查书》（原件为日文），南通市档案馆藏，大生纺织公司档案，B403/111/622。

⑤ 《大生纺织公司一副电厂被军管理后纪要》（1939 年 3 月 2 日—1943 年 7 月 4 日），南通市档案馆、张謇研究中心编印：《大生集团档案资料选编·纺织编（Ⅴ）》，第 217 页。

君于三日内离开海（海门，下同）境"①。纽满与欧纳汉分别为德商驻大生一公司、三公司经理，即"德产"外衣下的大生高层核心人物，二人均对日方此举表示强烈反对。同日，伪海门县"代理县知事"施仁心"以书面交于驻厂德经理欧纳汉，限于三日离开海境"②。欧纳汉随即"以书面投递日军部，抗议逼迫停工事件，于平松久敬转陈驻在地负责当局，未有下文"③。

3月3日，纽满在与当时唯一留通的大生高层、副厂厂长王元章会晤时表示："静待上海总公司之命，但非有军事式命令交□，则不离通。"④显然，话语间虽有强硬气势，却亦透露出纽满等对于自身及大生纱厂前途暗淡的看法，一旦日方以军事命令驱逐德国员工，其等只能奉令遵行。即便是战时盟国，德国人同样不可影响日本的侵占计划，更不能阻挠日本对其占领地实施既定政策，可见在对华事务上德日间并非平等地位。

3月4日，大生一厂留厂职员王海安等请求纽满帮助，将一厂大库文件等携带至沪总管理处，以防日方窃夺。纽满却表示："德人亦仅能供述意见而不能主持。"⑤此语一出，既表明了纽满等德国职员的尴尬处境——虽是名义上的经营者，更是大生各厂

---

① 《大生纺织公司军管理始末纪要》（1939 年 3 月 2 日—1943 年 7 月 31 日），南通市档案馆、张謇研究中心编印：《大生集团档案资料选编·纺织编（Ⅴ）》，第 174 页。

② 《大生三厂保管报告》（1939 年 3 月 2 日—1943 年 4 月 21 日），南通市档案馆、张謇研究中心编印：《大生集团档案资料选编·纺织编（Ⅴ）》，第 201 页。

③ 《大生三厂保管报告》（1939 年 3 月 2 日—1943 年 4 月 21 日），南通市档案馆、张謇研究中心编印：《大生集团档案资料选编·纺织编（Ⅴ）》，第 201 页。

④ 《大生副厂厂长王元章致陈葆初、成纯一函件》（停工期内接洽交涉日记），南通市档案馆藏，大生第一纺织公司档案，B402/111/175。

⑤ 《王海安致成纯一函》（1939 年 3 月 4 日），南通市档案馆、张謇研究中心编印：《大生集团档案资料选编·纺织编（Ⅴ）》，第 88 页。

的保护者,但在关键时刻无法僭越职权主持厂务,又昭示遗憾——即使是德国人亦势单力薄,不能凭借盟国关系与作为侵略者的日方相抗衡。甚至在日方当日搜查时,纽满等人更需要大生各厂职员的变相保护,其云"此事与德人毫无关连"[①],着实令人唏嘘。

6日,纽满、佛伦特等德方人员入厂与王元章会晤,称:"如日军无军事式命令驱逐,决不离通。"[②]王元章建议:"特务机关及宪兵部方面既均有抗议书寄去,但城内薛县长方面亦当去一诶。"[③]从王元章的立场出发,他对薛郢生等组建的伪县政府寄予希望,殊不知沦陷区大小事务均须日方点头,伪政权并无实权。而纽满等德国人可直接与日方交涉,向伪南通县政府抗议系多此一举。德方人员婉拒了王元章的提议。

当日,日方再次通知欧纳汉,必须于9日离开海门。8日,拒绝离厂的纽满在滨本派人前来催促之下,做出退让,声称:"如机关长签发出境之命令,可以离厂。"[④]下午,纽满等再来厂内,向王元章告辞,"谈及日军于今午后二时,将有令余等离通之命令,如有命令,明晨即赴港"[⑤]。至晚7时,日方派两名宪兵强行"护送"纽满离开,

①《王海安致成纯一函》(1939年3月4日),南通市档案馆、张謇研究中心编印:《大生集团档案资料选编·纺织编(V)》,第88—89页。

②《大生副厂厂长王元章致陈葆初、成纯一函件》(停工期内接洽交涉日记),南通市档案馆藏,大生第一纺织公司档案,B402/111/175。

③《大生副厂厂长王元章致陈葆初、成纯一函件》(停工期内接洽交涉日记),南通市档案馆藏,大生第一纺织公司档案,B402/111/175。

④《大生纺织公司一副电厂被军管理后纪要》(1939年3月2日—1943年7月4日),南通市档案馆、张謇研究中心编印:《大生集团档案资料选编·纺织编(V)》,第217页。

⑤《大生副厂厂长王元章致陈葆初、成纯一函件》(停工期内接洽交涉日记),南通市档案馆藏,大生第一纺织公司档案,B402/111/175。

而纽满直至离开也未得到军方的出境命令，而是"一劝告书也"①。

　　离开时，纽满指示王海安，声称："我等（德人）离厂后，日人为卸德旗，务望在厂同人全体签名三份，注明时刻。"②从德国人的立场出发，他们离开后德国国旗必然遭日方卸下，出于民族主义的自知自觉，并为与日方抗议保留证据，纽满等方委托大生职员。此外，纽满在临行前，"将黄包汽车寄存基督医院麦小姐（麦文果）处，如遭遇危急，我厂（大生纱厂）同人可凭厂徽随同（王）海安先生暂避基督医院，厂内重要物件亦可存寄彼处，麦小姐曾受钮君（纽满）面托已允保护云"③。纽满此举充分彰显德国严谨、认真、负责的国民性格，"在其位谋其政，任其职尽其责"，虽然已无法保证自身安危，但依然心系大生厂内人员的生存，将他们托付给沦陷后选择留在南通城救助当地民众的麦文果女士。④

　　同时，欧纳汉也在 8 日上午 11 时，"三厂方面由日宪兵监送，取道青龙港乘军用小汽船开往南通天生港"⑤。临走前，欧纳汉最后一次履行作为三厂经理的职责，"以书面开具厂有全部动产与全部

<hr>

① 《大生纺织公司一副电厂被军管理后纪要》（1939 年 3 月 2 日—1943 年 7 月 4 日），南通市档案馆、张謇研究中心编印：《大生集团档案资料选编·纺织编（Ⅴ）》，第 217 页。

② 《日寇劫管大生一厂后，留厂管理人员给大生总管理处的信》（1939 年 3 月 8 日），大生第一纺织公司档案，南通市档案馆藏，B402/111/191。

③ 《日寇劫管大生一厂后，留厂管理人员给大生总管理处的信》（1939 年 3 月 9 日），大生第一纺织公司档案，南通市档案馆藏，B402/111/191。

④ 纽满等德国人在南通沦陷前后，被告知美国人麦文果亦留在南通救助当地伤员民众，双方遂结下深厚友谊，甚至在闲暇时一起打网球。据麦文果信件显示，德国人给予麦文果尽可能多的帮助，他们每一日或每隔一日便来看望麦文果，殷切地关心她，同时也了解麦文果收治的那些病人的情况。参见朱江：《南通的"魏特琳"——麦文果》，第 201—203 页。

⑤ 《大生纺织公司军管理始末纪要》（1939 年 3 月 2 日—1943 年 7 月 31 日），南通市档案馆、张謇研究中心编印：《大生集团档案资料选编·纺织编（Ⅴ）》，第 176 页。

不动产,送交海门班长平松,请其承认保管签字"①。9 日晨,欧纳汉、纽满、佛伦特、康诺德等德国人搭乘南通号赴沪,意味着大生纱厂彻底失去"德产"外衣的庇护。德国人的民族性格在他们守护大生各厂期间得到了充分体现,即便在被驱逐之际,他们依然恪尽职守,或保护工厂物资,或保护工厂员工,随时牵挂着大生纱厂的生存问题,着实称赞。可惜德国人依然对日方抱有幻想,忘记了大生纱厂早已是入侵者日方的垂涎之物。对于欧纳汉离厂时的要求,"海门班"班长平松久敬"将原件退还未曾签字,嗣后亦未有片纸只字之答复"②。

　　毫无疑问,日方驱逐德国员工的行为招致蔼益吉公司的强烈反对,认为日方"非法封锁工厂,妨害营业……呈驻沪德领事提出严重抗议,俾早日开工,并要求赔偿损失"③。3 月 6 日,德国驻沪领事馆与日本驻沪领事馆交涉,"抗议日军在海门、南通逼停大生各厂与天生港电厂,并请立即恢复三月二日以前各厂之原状"④。德、日两国驻沪领事馆介入其中,意味着蔼益吉公司与日方之间的冲突正式上升为外交事件。3 月 15 日,德、日两国驻沪领事及蔼益吉公司上海总经理处海勒斯三方会晤,日领事称:"关于通海大生各厂发生之事故,当地军部直接接受执行南京高级当局(伪维新政

---

①《大生纺织公司军管始末纪要》(1939 年 3 月 2 日—1943 年 7 月 31 日),南通市档案馆、张謇研究中心编印:《大生集团档案资料选编·纺织编(Ⅴ)》,第 176 页。

②《大生纺织公司军管始末纪要》(1939 年 3 月 2 日—1943 年 7 月 31 日),南通市档案馆、张謇研究中心编印:《大生集团档案资料选编·纺织编(Ⅴ)》,第 176 页。

③《南通大生纱厂被某方封闭后德领提抗议》,《纺织染工程》1939 年第 1 卷合订本,第 116 页。

④ JACAR(アジア歴史資料センター)、Ref. B02030620900、『江蘇省南通所在大生紡績公司ノ権益関係』(昭和 14 年 3 月 15 日)(外務省外交史料館)。

府)之命令,驻沪日领馆无从详悉其底蕴。"①德国领事馆的抗议未得到日方尤其是其军部的正面回应,最终不了了之。

4月23日上午11时30分,大生一厂"钟楼上所悬之德旗……被日军卸下,改悬日旗"②。5月26日,"日人在(三厂)钟楼顶西南角加树旗杆悬挂日旗一面,中间原有德旗虽未卸除,但日久风雨侵蚀,几于不能辨别,亦复无法更换"③。10月2日,"(三厂)钟楼悬挂德旗日久剥蚀殆尽,由日人卸下"④。27日,大生高层与蔼益吉公司商洽,以"本年(1939)三月二日,敝公司(大生)各厂产业卒为日方武力占领,迭经德商据理严重交涉未得要领,逮欧战发生国际情形又变,若仍由德商经理已无任何实效可言"⑤为由,决定于11月1日起"解除经理及其他抵押一切契约"⑥,并由徐静仁通知银团。自此,大生纱厂再无"德产"之名。蔼益吉公司完成最终使命,成为构筑沦陷初期大生纱厂"生存奇迹"的基石,同时随着沦陷后德日间的冲突以日方获胜、德商退出而告终。

---

① 《大生三厂保管报告》(1939年3月2日—1943年4月21日),南通市档案馆、张謇研究中心编印:《大生集团档案资料选编·纺织编(V)》,第201页。

② 《日寇劫管大生一厂后,留厂管理人员给大生总管理处的信》(1939年4月23日),大生第一纺织公司档案,南通市档案馆藏,B402/111/191。

③ 《大生三厂保管报告》(1939年3月2日—1943年4月21日),南通市档案馆、张謇研究中心编印:《大生集团档案资料选编·纺织编(V)》,第204页。

④ 《大生三厂保管报告》(1939年3月2日—1943年4月21日),南通市档案馆、张謇研究中心编印:《大生集团档案资料选编·纺织编(V)》,第207页。

⑤ 《交通银行关于江苏银行转移大生第一纺织公司借款的来往文书之二》,交通银行上海分行档案,上海市档案馆藏,Q55/2/1299。

⑥ 《交通银行关于江苏银行转移大生第一纺织公司借款的来往文书之二》,交通银行上海分行档案,上海市档案馆藏,Q55/2/1299。

第四章 "军管理"时期的大生纱厂

1939 年 3 月 2 日,距离南通沦陷将满一年之时,大生纱厂被迫接受日本"军管理",这是日本对占领区内华资企业以"军管"的名义推行经济统制的普遍政策,包括直接盗拆盗运、利用、"合办""租赁""收买"等具体形式。[①] 大生各厂停工,原有的生产秩序完全中断,经营戛然而止。对于大生纱厂各阶层人员及银团而言,"军管理"无疑是噩耗一桩,企业及个人的生存将遭遇严峻考验。对日方来说,在占领南通一年后,历经调查"德产"真相与失败的"合作"谈判,当地最为庞大亦是最为"诱人"的社会经济根基——大生纱厂,终于成为"囊中之物",可以借"军管理"之名行使生产经营,甚至是破坏、攫夺的权力,以补充政治占领与经济统制所需。

此时,横亘在日方面前的是,如此"丰满"的大生纱厂,应当施以最好的利用方能凸显价值,并且利用方式与军事战场上的形势变化密切相关。同时,大生纱厂各阶层人员及银团方面亦需要费力寻求生存空间,失去"德产"外衣保护的大生各厂在"军管理"下

---

① 庄志龄:《"军管理"与日本战时对上海华资企业的攫夺》,《档案与史学》2001 年第 6 期。

如何维持运转,避免被日方拆毁导致灭亡亦是他们必须努力解决的难题。

故而,自 1939 年 3 月 2 日起,至 1943 年 7 月 28 日止,大生纱厂在沦陷时期的第二阶段——"军管理"时期,各方势力依旧碰撞不断。本章尝试厘清这一时期大生纱厂与日方之间的"经营"与生存、压迫与抗争这两条忽明忽暗的主线与副线,呈现出日本占领下的"灰色地带"中企业与民众的生存逻辑与复杂面相。

第一节　"军管理"前后的动荡

一、"军管理"的实施

1939 年 3 月 2 日上午 10 时,日军驻南通特务机关长滨本宗三郎向大生一厂、副厂、三厂、电厂同时发布布告,全文如下[①]:

> 日本军莅境以来,关于增进民众的幸福,特别用心工作。而对于大生纱厂的问题,拟采用日华合办的方法,以增进江北民众的幸福。然而大生纱厂的董事会,无视张謇先生的方针,而(只)谋董事会和上海银行家的利益,而不顾江北民众的福利。而且一方面又联络游击队,其实不过土匪而已的人们,而扰乱江北的治安。于是本官为维持江北治安的必要,暂时停止大生纱厂(三厂)的工作,以便叫大生纱厂的董事会的人们悔悟前非,促进日华合办,增进江北民众的幸福。对于停工中

---

① 因大生一厂、副厂、电厂位于南通县,三厂位于海门县,故布告形成两个版本,内容大致相同,略有差异。为便于阅读与论述,引文括号内为三厂布告中不同于一厂、副厂、电厂布告的内容。

的工人生活,县自治会(海门县政府)发给食粮维持。(开工时照常入用,大家不必忧虑。)最后希望诸位努力相帮除害,促进日华合办,增进江北民众的幸福。①

此布

(南通)特务机关长滨本宗三郎 印

(中华民国二十八年)三月二日

检视布告内容,失去耐心的滨本在行文措辞中将"合作"谈判失败的责任完全推向大生董事会与银团。日军当局又一次"请"出张謇,指责大生高层"无视张謇先生的方针",而只顾私利,并对其扣上"联络游击队"的"罪名"。张謇的方针即指日方在《指导要领》中所称"开发江北地方事业、推行宣抚工作"。在"军管理"布告中,滨本也有所明示——"采用日华合办的办法,以增进江北民众的幸福"。这一时期,张謇的形象在日方建构下生成为爱乡、爱民的地方先贤。事实上,张謇在世时的确如此,其形象本身并无问题,只是日方对此加以利用,使得"军管理""师出有名"。此外,日方对张謇形象也有所改造,更突出"日华合办"的重要程度,张謇与日本的历史渊源在此被有意渲染,成为日方实施"军管理"的"理论依据"。毫无疑问,"尊张"是日方在侵占南通过程中的惯用招数,改塑张謇形象所蕴含的象征意义,进而笼络民心,实现"宣抚"效果。这一份寥寥数百字的"军管理"布告,在日方的"有意为之"之下,张謇形象完全为日方所用,带有侵略性质的"军管理"成为"日华合办"与江北

---

① 本段及以下 3 段均出自《抗战期间日本特务机关长滨本宗三郎给大生纺织公司和大生总管理处的指令》(1939 年 3 月 2 日),南通市档案馆藏,大生纺织公司档案,B403/111/199。

民众幸福的基石,大生高层成为辜负张謇的罪人,日方的真实意图得以铺陈展现,侵略者的形象跃然于眼前。

另据大生三厂的报告,日方执行"军管理"的理由有四:"(一)二十七年(1938)十月间,三厂工场屋顶上曾有人向在厂外之日军开枪射击;(二)当地所谓游击队之首领时至大生总(管理)处与大生诸董事会晤;(三)大生以经济资助当地华人机关;(四)公大(即钟纺)与大生经济合作之命令延宕不理。"①从以上理由来看,以陈葆初为代表的大生高层以"拖字诀"应对"合作"谈判确实消耗了日方大量的耐性,以及前文所述的陈葆初资助国民党地方游击武装及大生私人武装袭击日军等事的发生,更加深了大生与日方之间的矛盾。当然,即使没有这些事例,日方依然会找其他理由对大生纱厂施加"军管理",因为一旦"德产"真相暴露,作为占领方的日本势必会寻找各种借口进行占领。从中也能看出,一方面,沦陷区的企业和民众几乎没有选择的权力,难以抗衡日方的暴力统治,这是战争年代的普遍情况;另一方面,大生高层应对日方所做的生存策略的确产生了一定效果,至少坚持自主生产与经营一年之久,这是其个案的独特性所在。

3月2日,南通特务机关"以该厂董事会违反中日经济提携之原则,妨碍东亚新秩序之进行"②为由,勒令大生各厂停工,接管一厂、副厂、三厂与电厂,实施"军管理"。当日,滨本"约谈话徐(宇春)、薛(郢生)、保(沄孙)在座谈,讫派员率领宪兵队、警备队及钟渊江北办事处人员,上午十一时一刻,分赴一厂、副厂勒令停工,张

---

① 《三厂事变后经过记略报告书》(1939 年),南通市档案馆藏,大生沪事务所档案,B401/111/665。

② 《大生厂与钟渊纺织公司合办》(1939 年 4 月),南通市档案馆藏,南通县自治会(伪县政府)档案,A209/113/171。

贴布告……检查办公室、寝室、仓库、工场,随时封锁,将钥匙收去"①。同时,滨本派员张贴布告于大生三厂,一面由驻海门县日军人员协同军警入厂,逼令立即停止工作,监事执行其指示。② 大生各厂职员请求延至下午 6 时放工时停工,以免紊乱,卒未允许。③"下午十二时三十分,全体工人完全离厂……日方检查后取去二十七年份(1938)账簿十册,又二十六年(1937)以前上海银行揩九个厂图一张,职员名单一件。"④

3 月 3 日,滨本函告大生总管理处:"贵公司之现状对于江北治安维持认为大有障碍,本职奉上级长官之命三月二日午前就贵公司工场召集当地干部,于当日午后一时下令各工场停止工作。"⑤4日中午,"一厂特务机关驻厂员勒令开启银库"⑥。6 日下午 3 时,"三厂驻厂特务人员接毕本电话,将厂库封锁"⑦。

"军管理"后,钟纺终于如愿以偿得以"经营"大生各厂,将其划入它在日军当局授意下于南通沦陷前建立的经济统制机构——江

---

① 《南通大生敌伪时期一、三、电厂档案》(1938 年),南通市档案馆藏,南通县自治会(伪县政府)档案,A209/112/653。

② 《大生纺织公司军管理始末纪要》(1939 年 3 月 2 日—1943 年 7 月 31 日),南通市档案馆、张謇研究中心编印:《大生集团档案资料选编·纺织编(Ⅴ)》,第 174 页。

③ 《大生纺织公司一副电厂被军管理后纪要》(1939 年 3 月 2 日—1943 年 7 月 4 日),南通市档案馆、张謇研究中心编印:《大生集团档案资料选编·纺织编(Ⅴ)》,第 216 页。

④ 《南通大生敌伪时期一、三、电厂档案》(1938 年),南通市档案馆藏,南通县自治会(伪县政府)档案,A209/112/653。

⑤ 《抗战期间日本特务机关长滨本宗三郎给大生纺织公司和大生总管理处的指令》(1939 年 3 月 3 日),南通市档案馆藏,大生纺织公司档案,B403/111/199。

⑥ 《南通大生敌伪时期一、三、电厂档案》(1938 年),南通市档案馆藏,南通县自治会(伪县政府)档案,A209/112/653。

⑦ 《南通大生敌伪时期一、三、电厂档案》(1938 年),南通市档案馆藏,南通县自治会(伪县政府)档案,A209/112/653。

北兴业公司（以下简称江北公司），一厂改为"江北公司钟渊纺织厂
江北第二厂"，副厂改为"江北公司钟渊纺织厂江北第一厂"，三厂
改为"江北公司钟渊纺织厂江北第三厂"，大生电厂改为"江北公司
钟渊纺织厂江北电厂"[1]，具体如表4-1所示。

表4-1　钟纺接管大生各厂详表

工厂名	更改名	所在地	经营者	经营许可日	运营开始日
大生一厂	江北第二厂	南通唐家闸	津田信吾	4月4日	5月26日
大生副厂	江北第一厂	南通江家桥	津田信吾	4月4日	4月4日
大生三厂	江北第三厂	海门三厂镇	津田信吾	4月4日	5月1日
天生港电厂	江北电厂	南通天生港	津田信吾	4月4日	4月7日

资料来源：『大生纺績公司ノ処置ニ関スル調査書』（昭和15年6月），南通市档案馆
藏，大生纺织公司档案，B403/111/200。

　　自此，大生各厂被迫置于日本"军管理"之下，并由钟纺代
为管理与经营，即"委任经营"[2]。与此同时，大生各厂内部人员
以及上海的总管理处、董事会及银团方面，均展开了一系列的
自救措施，与日伪方沟通交涉，力图挽回损失，甚至希望日方收
回"军管理"的命令，可惜均以失败而告终。大生纱厂各阶层人
员不得不接受这一惨痛现实，进而转入地下，继续守护厂产、维
系生存。

---

[1] JACAR（アジア歴史資料センター）Ref. B08061293800、『江北興業公司事業現況報
　　告関係』（昭和16年11月11日）（外務省外交史料館）。
[2] 此系日本对沦陷区民族工业的占领方式之一，即日军当局将占领地的工矿企业，无偿
　　让与日本国内各企业，由其负责管理、经营，服务于日军侵华战争。参见中国第二历
　　史档案馆、《中国抗日战争大辞典》编写组编：《中国抗日战争大辞典》，武汉：湖北教育
　　出版社1995年版，第448页。

二、高层的应对

早在 1939 年 1 月 26 日,南通特务机关单方面宣布"合作"谈判失败,称:"大生董事会方面以使其未到,一再企图迁延,毫无诚意之表示……与该厂方面会谈几达十余次,始终以极力圆满的态度推进中日合作交涉,但毫无结果。"①在此之后,陈葆初欲继续与钟纺完成"合作"谈判,绕开特务机关,避免事态恶化,甚至初步达成"二月□日一时停车、生活费照发、德旗不下、护送德人出境、职员一律不得离厂、财产绝对保全"②等共识。但随后钟纺的复电又将共识推翻,可能受到了日本军方的压力。钟纺方面称:"鉴于大生方面之无诚意,机关长下最后的判断。"③

陈葆初作为董事会对外负责人,面对大生纱厂在"合作"谈判无果后陷入被动的生存局面,自感难辞其咎。2 月 10 日,陈葆初以"精神颓散之躯,断不能处理倦大之任务,万一疏忽,个人受责尚小,有误全局实大"④为由,向董事长徐静仁及董事会提出辞职。陈葆初在辞呈的字里行间,通过"一年以来总算邀天之幸托……勉励维持至今,稍免谴责,险成幸矣,以今日之结果我公对

①『大生紡績公司ノ処置ニ関スル調査書』(昭和 15 年 6 月),南通市档案馆藏,大生纺织公司档案,B403/111/200。

②《汉奸陈葆初信件》(1939 年 2 月),南通市档案馆藏,南通县自治会(伪县政府)档案,A209/112/596。

③《关于大生纺织公司之中日合作交涉经过》(其一钟纺方面发表者),南通市档案馆、张謇研究中心编印:《大生集团档案资料选编·纺织编(V)》,第 237 页。

④《汉奸陈琛假意辞职及董事会挽留的函件》(1939 年 2 月),南通市档案馆藏,大生第一纺织公司档案,B402/111/186。

股东银团之厉〔利〕害得失,在责任上良心亦可告无咎矣"①等语,透出自己劳苦功高的弦外之音,并建构自己对大生纱厂的苦心经营是间接造成身体抱恙的"感觉",事实上亦可能如此。陈葆初明白,面对大生纱厂的生存困境,董事会中能主持大局者无出其右,故而借辞职以退为进,实则进一步接近大生高层的权力顶峰。

　　不出所料,董事会慰留陈葆初继续负责厂务,徐静仁等自然明了他的言下之意,15日代表董事会做出回应,肯定陈葆初对大生纱厂的贡献,望其"执事主持对外事务老成顾尽,倚畀良股,□□荆棘孔多,端赖尽筹……赓续勉任"②。这进一步巩固了陈葆初在大生高层中的地位与根基,奠定了他在沦陷时期作为大生当家人的身份象征,便于他与多方势力博弈折冲,不仅实现自身利益最大化,更直接影响大生纱厂的生存状况,个人主义色彩凸显。

　　3月2日,大生纱厂遭遇"军管理"等横祸,高层震惊,"借德御日"与拖延为上的生存因应接连失效。据副厂厂长王元章向总管理处报告,当天,大生纱厂代表与特务机关滨本、池田等人及南通地方伪政权要员薛郢生、徐宇春、保沄孙同在大生公寓商议与交涉。"特务机关长当即宣布使大生停工原由,随即由特务机关长及宪兵暨士兵并公大代表,共约四十人,一同到副厂,随即收查簿据、

①《汉奸陈琛假意辞职及董事会挽留的函件》(1939年2月),南通市档案馆藏,大生第一纺织公司档案,B402/111/186。

②《汉奸陈琛假意辞职及董事会挽留的函件》(1939年2月),南通市档案馆藏,大生第一纺织公司档案,B402/111/186。

书册、文件……下午一时，电厂停电。"①在滨本宣布命令之时，大生纱厂代表"婉言请俟报告总（管理）处候命"②。丧失耐性的特务机关显露出真实面目，"军管理"大生各厂势在必行，毫无商量余地，严词拒绝大生纱厂代表的请求。直至下午日军接收工厂时，厂方派职员张勇赴沪呈报，然为时已晚。总管理处无法争取时间应对突发此情，只能目视工厂被迫"军管理"。

此时，王元章作为大生高层中唯一在通人员，一面向徐静仁、陈葆初、沈燕谋、成纯一等请求"惟有上海方面赶速筹划解决"③，一面安抚各厂职员、工人，告诉他们"请各镇定，静待董事会之命"④，一面则与特务机关、地方伪政权之间展开了数日的接洽，试图自救，改善生存现状，甚至幻想日军当局放弃"军管理"。1939 年 3 月 2 日当天，在"军管理"现场，王元章与特务机关长滨本之间展开了一段对话，详细如下：

　　滨：请君少〔稍〕坐憩憩。⑤

　　王：我是南通本地人士，并是张四先生之学生，来此办事，亦本张四先生服务地方之精神，任何艰险在所不逊，今既停工，惟□静待，我大生董事会之命耳。惟大生、公大合作当本

---

① 《大生副厂厂长王元章致陈葆初、成纯一函件》（停工期内接洽交涉日记），南通市档案馆藏，大生第一纺织公司档案，B402/111/175。

② 《日寇劫管大生一厂后，留厂管理人员给大生总管理处的信》（1939 年 3 月 2 日），南通市档案馆藏，大生第一纺织公司档案，B402/111/191。

③ 《大生总管理处所存日寇劫管期间内部通信》（1939 年 3 月 2 日），南通市档案馆藏，大生沪事务所档案，B401/111/618。

④ 《副厂来函》（1939 年 3 月 2 日），南通市档案馆藏，大生第一纺织公司档案，B402/111/380。

⑤ 本段及以下 7 段均出自《大生副厂厂长王元章致陈葆初、成纯一函件》（停工期内接洽交涉日记），南通市档案馆藏，大生第一纺织公司档案，B402/111/175。

两方友好之精神，做法审慎周详，须于事实上有益耳，不必性急。

　　滨：奉命而已。

　　……（适逢午餐，对话中断）

　　王：我大生董事会与公大方面开诚布公之接洽与合作之办法，我大生董事会放缓进度，须顾及各方面环境，而求于事实有益，所谓慢慢点来以然。

　　滨：大生董事会有好人有坏人。

　　王：大生董事会与公大都是张四先生之信徒，不愿做官而办地方事业，此则我有多年之认识。机关长来南通未久，或未得其真相。我中日本是一家，此次之战争乃是敌对之战争，并非我等人民之战争。机关长在敝国多年，深悉敝国国情，我中国遗德以仁爱为光，现在我中国人民犹如无父无母之小孩子可怜，得艰请机关长多多加以爱护，此则我深为恳祷。

　　滨本不再说话，对话结束。

　　对话虽不长，但就内容而言王元章所说语句明显远多于滨本，这也是双方作为占领者与被占领者之间并不平等的地位所决定的，双方谈话的政治资本高下立判。在双方对话中，王元章两次请出张謇，意欲迎合日方在侵占南通过程中形塑的"尊张"这一象征符号——从日方的侵略策略来看，日方通过"尊张"，树立其亲日、爱乡的民族实业家形象，欲以"诱使"南通商民与其"合作"。①

　　王元章将大生纱厂与钟纺均定义为"张謇的信徒"，强调张謇"不愿做官而办地方事业"的身份形象，言下之意为"军管理"违背

---

① 周宗根：《1938—1939 年大生纺织公司对日本"军管理"的应对》，《抗日战争研究》2018 年第 4 期。

张謇初衷，日方才是张謇精神的背叛者，无益于"增进江北民众的幸福"。这是中方对日方所建构张謇形象的一次回应，也是一次冲击。可惜的是，欲加之罪，何患无辞？日本军部的命令已下，滨本也以"奉命而已"四个字回应王元章，更以"董事会有好人有坏人"对"军管理"前日方与大生高层开展的"合作"谈判作最终定性——由于高层中"坏人"的存在，"合作"谈判最终失败，进而导致大生纱厂遭受"军管理"。换言之，日方认为大生高层需要对"军管理"的结局负责，指责其愧对于先贤张謇，日方才是张謇事业的继承者与张謇精神的践行者。

见日方如此态度，王元章并未灰心，于3月3日下午及4日，拜访徐宇春、薛郢生等南通地方伪政权要员，意图借助他们与日方之间的特殊关系拖延"军管理"时间，争取生存空间。王元章向徐、薛等人表示："对于厂事请其帮忙，薛县长对大生总不能太次。"①此话既出，充分显示这时王元章已一筹莫展，几乎无计可施，只能将生存希望寄托于徐、薛等伪职人员身上，并打出"感情牌"，依托南通地方与大生纱厂的情感纽带解决问题。其后，大生纱厂高级职员成纯一、吴冀阶亦向薛郢生致函："谨以大生代表之地位，对于大生此次被迫停工事向县长有所陈忱以私言。"②二人恭维薛郢生为"地方前辈"，希望其可以本着"后学大生与地方之关系"，与特务机关长商洽。二人表示："机关长前日当时之谈话及其停工布告不等不开之门，但以停工促进合作，等于威胁，恐非大生董会所愿接收，势

---

① 《大生副厂厂长王元章致陈葆初、成纯一函件》（停工期内接洽交涉日记），南通市档案馆藏，大生第一纺织公司档案，B402/111/175。

② 《大生副厂厂长王元章致陈葆初、成纯一函件》（停工期内接洽交涉日记），南通市档案馆藏，大生第一纺织公司档案，B402/111/175。

必成为僵局。"①成、吴二人对薛郢生晓之以理、动之以情,通过南通地方"全恃大生"的特殊关系,"长此停工下去不堪设想",勾引起他对地方的真实情愫,更以民族主义渲染升华,"大生为我中国人之事业,县长为我中国人一县之主,当请据理力争……大生不保,南通地方亦等于零"。② 薛郢生回函:"大生决不能使停工一月之久,公大植村、槌田两君昨晚均到通,今夕约同叙餐。"薛郢生的回应态度让成、吴、王三人见到了"起死回生"的一线希望。然而,即便是薛郢生,亦须唯日方马首是瞻,在"军管理"问题上无法握有决定权,只能作为大生纱厂与日方之间的传话者,依然受日方掣肘。

4 日,王元章向成纯一汇报"今日下午拟去机关公署,将存栈纱布商议准予装沪",并请求"冀翁(吴冀阶)即行回通,早日解决,不使厂停工之时间太久"。③ 可见这时王元章依然心系大生各厂的生存问题,在无法拒绝"军管理"的局面下,请求日方允许存货运沪销售,并希望尽早解决问题,复工生产,以保生存的一线希望。

4 日晚,特务机关长滨本,钟纺方面的植村宇田、槌田与薛郢生、保沄孙(徐宇春称病缺席)共商对大生纱厂的意见,薛郢生将王元章等人的诉求向日方转述,表示:"(大生)若停工过久,工人生计固有关,即地方海安亦难保不受影响。"④当日方问及薛郢生对大生纱厂有何办法时,他却含糊与躲闪,称:"我等地方人士既不能阻止

---

① 《大生副厂厂长王元章致陈葆初、成纯一函件》(停工期内接洽交涉日记),南通市档案馆藏,大生第一纺织公司档案,B402/111/175。

② 《大生副厂厂长王元章致陈葆初、成纯一函件》(停工期内接洽交涉日记),南通市档案馆藏,大生第一纺织公司档案,B402/111/175。

③ 《副厂来函》(1939 年 3 月 4 日),南通市档案馆藏,大生第一纺织公司档案,B402/111/380。

④ 《大生副厂厂长王元章致陈葆初、成纯一函件》(停工期内接洽交涉日记),南通市档案馆藏,大生第一纺织公司档案,B402/111/175。

公大与大生不合作,亦不能代表大生与公大合作。"①在大生纱厂的生存问题上,薛郢生选择明哲保身,不予置评,十分清楚一旦卷入其中定难以脱身。随后日方又问大生董事会可否派员来通接洽,在得到保沄孙否定的回答后,日方决定由钟纺的植村宇田赴沪主动与大生高层交涉。滨本举荐王元章一同赴沪,因他既是副厂厂长,也是"军管理"时唯一留在南通的大生高层。

　　吊诡的是,日方的"主动"换来的依然是大生高层一贯的拖延回应。3 月 5 日,薛郢生询问王元章何日赴沪,得到他"目前大生无主要负责人在通,余当镇坐主持一切,静待董事会之来命,目前不拟离通"②的答复。薛郢生苦劝:"机关长及公大方面态度并无积极及恶意,应早日接洽解决。"③王元章不置可否,谈话告终。或许是性格使然,其时他仍旧无法理解日方"军管理"的真实意图,不能洞悉日方对大生纱厂经营权、所有权乃至统制江北经济的侵略目的,更无法理解南通地方伪政权匮缺足够分量的话语权威与决定权力。

　　同时,王元章的话语亦能彰显其认真、负责的优良品质——作为"军管理"时唯一在通的大生高层,在无法揣测日方邀请其一同赴沪的真实意图时,固然不能离开南通,"恐走后厂内人心不定"④,秩序更加混乱。在随后与徐宇春的对话中,王元章重申:"大生纱厂为我中国人之事业……中国人县长主持中国人之事,大生职工

---

① 《大生副厂厂长王元章致陈葆初、成纯一函件》(停工期内接洽交涉日记),南通市档案馆藏,大生第一纺织公司档案,B402/111/175。

② 《大生副厂厂长王元章致陈葆初、成纯一函件》(停工期内接洽交涉日记),南通市档案馆藏,大生第一纺织公司档案,B402/111/175。

③ 《大生副厂厂长王元章致陈葆初、成纯一函件》(停工期内接洽交涉日记),南通市档案馆藏,大生第一纺织公司档案,B402/111/175。

④ 《副厂来函》(1939 年 3 月 4 日),南通市档案馆藏,大生第一纺织公司档案,B402/111/380。

并无抵抗能力及行为,军部即有停工之命,特务机关当转知中国县长前去办理此事,何须如此? 日本军队等于威迫以办理此事乎。钟渊大生合作事乃处于平等地位,大生属于中国人方面,约谋合作当由中国官厅通知大生,县政府至今可有片纸只字来大生命诶合作之事乎?"①虽然无法获知徐宇春听完此话的心理活动,但字句中透露出的认真与执着恐怕会使他啼笑皆非,纵然有满腹的无奈,却也无法直说,只能转移话题,告诉王元章可通过德方经理出面责问日方。可惜的是,如前所述,大生纱厂的德方人员已是自身难保,在日方督促下即将离通,无力帮助大生高层与日接洽。如此事实,作为地方伪政权要员的徐宇春不可能不知情,可见其以上回答,更多的是敷衍与搪塞,不想引火上身。

　　王元章虽然拒绝了日方要求一同赴沪的"请求",亦于3月5日向徐静仁汇报"军管理"后这几日情形,并请示是否要求德方经理纽满出面交涉、职员工人生计问题、厂存棉纱数百箱如何处理与是否救济附近农民等问题。② 同时,大生各厂全体职员均向徐静仁、沈燕谋等要求总管理处做出指示。

　　3月6日,在王元章等人的不断汇报与请求下,大生总管理处注意到存货与工人生计问题,向各厂发函作指示:"所有被迫停工情形已转告债权人德商蔼益吉公司进行交涉……所存纱布久搁生霉,宜申请运沪或内销……职员薪金照发,停工期间工人生计维艰,所有存工应即照发,工房赤贫,工人至相当时间设法

---

① 《大生副厂厂长王元章致陈葆初、成纯一函件》(停工期内接洽交涉日记),南通市档案馆藏,大生第一纺织公司档案,B402/111/175。

② 《大生总管理处所存日寇劫管期间内部通信》(1939年3月5日),南通市档案馆藏,大生沪事务所档案,B401/111/618。

救济。"①

3月7日,大生高层回复王元章,"(董事会)于昨日暗中派一负责人员到通指定范围,即可商议先行复工……均在筹备之中"②,并告诉他"一切对外事,由纽满经理接洽"③。可见此时,总管理处依然没有放弃诉诸蔼益吉公司的力量。借助纽满等德国人的身份,要远比王元章等中国人直面日方更为有效。

3月8日,经大生高层内部讨论,形成了《要德商蔼益吉公司驻厂人员与日寇特务机关周旋建议书》,拟通过"照常留厂、流动资产运沪、取得保管证明文件并不得动用"④三步骤,有计划、有目的地对蔼益吉公司提出言辞建议,语气渐趋强硬,"即日电达驻厂人员,务勿离厂,令其……等待总公司之命令,一面根据第一步骤请领事馆从速交涉……如上述第一步不能为愿,再交涉第二步……至于第三步乃系不得已最后之办法也"⑤,希望借助"两国(德国与日本)邦交素睦"⑥能够扭转生存困局。

蔼益吉公司早于"合作"谈判时便提出可以帮助与日方交涉,并通过德国领事馆向日方施压,可惜当时疲于交涉的大生高层未

---

① 《大生总管理处所存日寇劫管期间内部通信》(1939年3月6日),南通市档案馆藏,大生沪事务所档案,B401/111/618。

② 《大生副厂厂长王元章致陈葆初、成纯一函件》(停工期内接洽交涉日记),南通市档案馆藏,大生第一纺织公司档案,B402/111/175。

③ 《副厂来函》(1939年3月8日),南通市档案馆藏,大生第一纺织公司档案,B402/111/380。

④ 《日寇劫管大生一厂后,留厂管理人员给大生总管理处的信》(1939年3月8日),南通市档案馆藏,大生第一纺织公司档案,B402/111/191。

⑤ 《日寇劫管大生一厂后,留厂管理人员给大生总管理处的信》(1939年3月8日),南通市档案馆藏,大生第一纺织公司档案,B402/111/191。

⑥ 《日寇劫管大生一厂后,留厂管理人员给大生总管理处的信》(1939年3月8日),南通市档案馆藏,大生第一纺织公司档案,B402/111/191。

能对蔼益吉公司的建议给予足够程度的重视，错估了"合作"谈判双方的资本与形势，如今遭受"军管理"，决定寻求德国方面的帮助为时已晚。总管理处恐怕始料未及，9日，纽满、欧纳汉等德国经理职员先后被迫遣送离通（海）赴沪，德方的保护伞彻底瓦解，一周后德国领事馆的抗议亦无济于事，即便召集蔼益吉公司、德日两国驻沪领事馆等三方会晤，终不了了之。

另一方面，留守南通的王元章接到大生总管理处函件后，一直等待被派前来主持厂务的负责人，然却杳无音讯。无奈之下，王元章于8日再向成纯一汇报："弟（指王元章）以为此事（'军管理'）总（管理）处想办法第一要紧，董（事）会须认识清楚速定方针……德人已被日宪兵下令离通……最好沪上先来一员负责人，以冀阶兄为最适……若迁延愈久，则将来困难愈多。"[1]可以看出，王元章的言辞中略带指责意味，总管理处与董事会迟迟不派负责人来主持各项事务，纽满等德国人亦遭日方驱逐，他一人独木难支，处境愈发艰困。与此同时，王元章再次求助薛郢生等人。薛郢生令伪南通县商会开会讨论大生纱厂的生存困境，同样毫无下文。至3月12日，王元章依然"未见有负责人员到通，又无信来"[2]。其心力交瘁可想而知。至此，王元章近一周与各方势力的接洽折冲正式结束，大生纱厂被日方"军管理"的厄运无法改变，其生存空间自南通沦陷以来被压缩至最小，进入最为艰困的时期。

3月28日，陈葆初致信钟纺社长津田信吾，询问对方："如谓在钟纺原未变计，事出军部指挥耶……特务机关究希冀双方谈判有

---

[1]《副厂来函》（1939年3月8日），南通市档案馆藏，大生第一纺织公司档案，B402/111/380。

[2]《副厂来函》（1939年3月12日），南通市档案馆藏，大生第一纺织公司档案，B402/111/380。

成耶?"①陈葆初将"合作"谈判失败及其结局——日本"军管理"大生纱厂,均归结于特务机关的过分干涉,语气严厉,甚至带有怀疑特务机关并不希望双方"合作"的意味,可见"军管理"对大生及南通商民影响之大。

然而,陈葆初的致信迟迟未等到钟纺的回应,至5月3日,陈葆初方才收到津田回复,其称:"自植村氏(植村宇田)回国请示后,即杳无音信,贵公司亦未有其他人员或只字通知。至本月(3月)初当地官宪忽有限令停工之命,并催促合作,前议突然中断,贵公司方面意见如何,迄未得悉,以致无从应付。"②从字句来看,津田的回信同样火药味十足,言下之意即大生纱厂如此状况系高层"以拖为上"的应对策略造成,他们屡不回应,自然会使得特务机关出此"下策"。双方就"军管理"的对话告一段落,陈葆初在语言上的不甘示弱并不能换来生存境遇的改变,"军管理"已板上钉钉,钟纺开始攫夺大生纱厂经营权与所有权。

直至10月18日,大生高层依然未放弃努力,试图改变"军管理"的被动处境,董事会向日方发函,重申立场:"本公司纯系商办性质,应请贵部撤销委任经营,并令知钟渊江北办事处派遣敝公司之各厂员工即行撤退,俾敝公司自行恢复经营。"③25日,大生董事会对钟纺接受日军当局的"委任经营",表示不予承认,"寄来之一、副、三厂财产目录更未便接受,业将钟纺前次寄来之原函及一、副、

---

① 『大生紡績公司ノ処置ニ関スル調査書』(昭和15年6月),南通市档案馆藏,大生纺织公司档案,B403/111/200。

② 『大生紡績公司ノ処置ニ関スル調査書』(昭和15年6月),南通市档案馆藏,大生纺织公司档案,B403/111/200。

③ 江苏大生集团有限公司编:《一百二十年大事记》,北京:中国文史出版社2015年版,第39页。

三厂财产目录三册璧还"①。同日，大生董事会"函请中支派遣山田部队本部收回委任钟纺经营大生纱厂之成命，一面函请兴亚院华中联络部转知中支派遣山田部队本部撤销委任经营，并令知钟纺江北办事处将派在大生各厂员工即日撤退，俾本公司自行恢复经营"②。如此看来，大生董事会在字词间语气强硬不少，与陈葆初对钟纺的指责如出一辙，更能凸显"军管理"影响之大。遗憾的是，仅仅语气强势，缺少有效资本，非但不能得到日方的正面答复，更反映了大生高层在"军管理"时采取的一系列应对策略均以无效收场。占领木已成舟，铸成如此局面不仅是陈葆初等大生高层的决策失误，也与沦陷区的大环境密不可分，他们只能默默接受"军管理"这一既定事实，苍白与无力感是沦陷区商民的真实写照。

三、银团被迫卷入

"军管理"不仅是大生纱厂的生存噩耗，还会影响银团的既得利益，威胁银团驻厂人员的生命安全。当时，大生纱厂虽依靠"借德御日"时期的产销两旺，在生产经营上实现自主与自由，但由于所欠银团的新旧债务尚未完全清偿，大生的生存困境将间接作用于银团。南通沦陷后，出于大生纱厂具有"德产"外衣的保护，银团并未撤去其在各厂的驻厂代表、稽核人员等，而如今遭遇"军管理"，他们的生存安危与自身利益成为银团密切关注的着眼点。现将银团驻大生一厂稽核胡维藩对"军管理"当日的见闻辑录如下：

---

① 《大生纺织公司军管理始末纪要》(1939 年 3 月 2 日—1943 年 7 月 31 日)，南通市档案馆、张謇研究中心编印：《大生集团档案资料选编·纺织编(Ⅴ)》，第 186 页。
② 《大生纺织公司军管理始末纪要》(1939 年 3 月 2 日—1943 年 7 月 31 日)，南通市档案馆、张謇研究中心编印：《大生集团档案资料选编·纺织编(Ⅴ)》，第 186 页。

本年(1939)三月二日上午十时,厂中突接城内日特务机关滨本电话,饬派负责人至该部有所接洽等语。此经厂方推定王兰生、王海安、李励修三人同往至,则有伪县长薛郢生先已在座。当由滨本宣布,略谓现奉南京军部令知该厂即日停车,另定合作办法等语。即由滨本派员督带宪兵队、警备队,并钟渊公司职员,连同伪警察局长及伪警等约四十余人,分乘汽车到厂。经德经理纽满君出而阻止,该日员等不由分说,即开始强制执行。先令停止引擎,既将各部工人尽数开放,然后挨处检查,所有工场、厂长室、营业所、会计所、出纳处、库房、庶务科、花行、货栈以及本银团稽核处、仓库并同人宿舍等无不一一检查殆遍。除同人宿舍外,每经过一处,即将该处封锁,其锁匙即由该日员收管于会计所内,并携去廿七年份(1938)之流水账及往来账十数本。又上海银行廿六年份(1937)之□往来□数个。一面张贴布告,召集全体职员演说,措词大致与布告相同。惟同人各有离厂他去,则须得县政府颁发许可证而始可云云。所有各门各处即由该日兵、伪警分配,会同布岗驻守,不准同人外出。而一厂产业遂完全入于日人占领状态中。此厂方当日被迫停车之实在情形。①

从记述内容来看,驻厂的银团人员在"军管理"过程中未能幸免,与大生各厂的职员、工人等一同落难。同时,大生各厂与银团的账簿、账册等文件亦被日方掳去。幸于 1938 年 12 月,当大生高层与日方的"合作"谈判陷入僵局时,"厂方形势一度紧张,(一厂各项账底、表报、往来书函及合同规则议案之副本)已由(胡)维

---

① 《大生一厂借款银团驻厂稽核胡维藩为呈报日方强令该厂停产事致金城银行上海分行函》(1939 年 3 月 13 日),上海市档案馆藏,金城银行档案,Q264/1/886/152。

藩悉数焚毁，故于此次检查尚无片言只字落于该日人之手堪慰"①。胡维藩以焚毁的方式保护厂方与银团的财务秘密，实属无奈之举，亦能看出银团职员在日本猖獗的侵略阵势下为保生存的良苦用心。

这一时期，经济上的损失已在所难免，确保银团职员的安全乃第一要务。因而，银团驻各厂职员纷纷选择离开避难。3月3日，即"军管理"第二天，银团驻厂诸员"清晨乘机只身逃去，厂外辗转流至天生港，出死入生困□不可名言，幸得遇一驳船攀登附搭，于四日平安抵沪"②。8日，银团代表李芸侯向上海银行报告："大生纱厂已被日人勒令停工……驻厂挂旗之德人已由日方勒令离厂，(驻厂代表)只身避入乡间，绕道启东乘轮平安到沪。"③13日，胡维藩亦撤出一厂，辗转到沪，向金城银行上海分行汇报："南通大生一厂在去岁地方沦陷时，等自炮火中运出厂外，及后屡受日方犯法之凌逼，其势几不能继续开车后，以厂方财产、银团资金关系，不能不勉维残局，以期资金逐渐收回，前曾与厂方磋商，将其主干账册、重要单据以及银钱进出迁移上海办理，而银团稽核逐有在沪之必要，故维藩即在上海之行职务。"④

银团一面抓紧撤出驻各厂人员，一面向大生高层施压，要求做出应对策略，将自身利益损失降至最低。3月7日下午3时，银团

① 《大生一厂借款银团驻厂稽核胡维藩为呈报日方强令该厂停产事致金城银行上海分行函》(1939年3月13日)，上海市档案馆藏，金城银行档案，Q264/1/886/152。

② 《大生一厂借款银团驻厂稽核胡维藩为呈报日方强令该厂停产事致金城银行上海分行函》(1939年3月13日)，上海市档案馆藏，金城银行档案，Q264/1/886/152。

③ 《上海商业储蓄银行关于南通大生副厂押款事项有关文件(第六本)》，上海市档案馆藏，上海商业储蓄银行档案，Q275/1/601。

④ 《大生一厂借款银团驻厂稽核胡维藩为呈报日方强令该厂停产事致金城银行上海分行函》(1939年3月13日)，上海市档案馆藏，金城银行档案，Q264/1/886/152。

针对突如其来的"军管理"一事,在金城银行上海分行召开会议,商议对策。大生纱厂常务董事严惠宇参加会议,并告知银团关于大生各厂最近情形。银团认为,"(大生)自上年(1938)九月以来迁沪熟货销售情形以观,亦未曾不可继续偿还全部或一部"①,加上严惠宇"意在维持双方多年关系于不坠,并谋预留将来继续合作之"②,故而银团初步决定对大生纱厂遭此横祸表示同情,但存沪熟货应尽快销售以弥补损失,继续偿还债务。8日,金城银行作为银团代表向大生发函,提出两项要求:"厂方存通存沪生熟各货为敝团实押两合同占有之物,所有由蔼益吉交涉所获者,以及贵厂沪账房所存者,此后应归双方会同保管;厂方通沪两方会计应实行公开此后一切收支款项与账目,以及货物进出均由双方会同办理。"③

简言之,该函浓缩了"军管理"以来银团方面的真正态度与因应。一方面,银团考虑大生各厂在"德产"时期丰盈的利润收入,且"军管理"前运沪熟货销售可观,认为其完全可以继续偿债;另一方面,银团提出的存货共管、账目公开、运输共理等要求,均服务于债务清偿,可见"军管理"后的大生纱厂如同"烫手山芋",在日军的占领下生存希望渺茫,银团出于自身利益的考量必然会尽可能要求对方尽快偿清债务,以便迅速脱手抽身。10日,金城银行复又要求大生高层"造送月报,自上年(1938)九月起,迄未送到"④。另据李

---

① 《交通银行关于江苏银行转移大生第一纺织公司借款的来往文书之二》,上海市档案馆藏,交通银行上海分行档案,Q55/2/1299。

② 《交通银行关于江苏银行转移大生第一纺织公司借款的来往文书之二》,上海市档案馆藏,交通银行上海分行档案,Q55/2/1299。

③ 《交通银行关于江苏银行转移大生第一纺织公司借款的来往文书之二》,上海市档案馆藏,交通银行上海分行档案,Q55/2/1299。

④ 《交通银行关于江苏银行转移大生第一纺织公司借款的来往文书之二》,上海市档案馆藏,交通银行上海分行档案,Q55/2/1299。

芸侯称,"一、副厂在通存货二百四十万,三厂八十万,但不易运出"①。如此看来,存货不仅是大生纱厂的"救命稻草",也是银团方面重点考虑的对象,如若不能尽快运沪销售,债务将继续存在,清偿的希望亦会渐趋渺茫。3 月 16 日,上海银行告知李芸侯:"如本年纱厂营业能不减色,则年内当可收回也。"②可见此时银团更加注重自身利益得失,尽力维护,避免夜长梦多。在日军当局强势的"军管理"面前,大生纱厂前景扑朔未知,无论其能否觅得生存空间,都不会是银团的关注重点。大生纱厂能否运出存货,实现债务清偿,在此时显得尤为重要——不仅可以使银团将自身损失降至最低,更能帮助其明哲保身,避免受到更大的影响。

作为大生纱厂的董事长,徐静仁等既要应付来自银团偿债的压力,亦要回复王元章等驻通人员的各项请求,还要持续与日方交涉沟通,可谓焦头烂额。压力之下,徐静仁于 3 月 13 日主持召开大生一公司与三公司董监事联席会议,讨论银团"会同管理账目货物应如何答复案"③,公决"在此停工期间,关于支付款项自应特加审慎,公推吴蕴斋、严惠宇二董事,会同稽核一切余款、另户存□,如有应行支出之款,亦由吴、严二董事签字支付"④。20日,大生高层回应银团:"(银团)要求二点,前经敝董事会提出讨论,金以开诚合作,迄属敝公司所拳拳服膺。当此巨变之际,各项

---

① 《上海商业储蓄银行李芸侯为日本人勒令南通大生一、三、副厂停工事致杨介眉函》,上海市档案馆藏,上海商业储蓄银行档案,Q275/1/601/8。

② 《上海商业储蓄银行关于南通大生副厂押款事项有关文件(第六本)》,上海市档案馆藏,上海商业储蓄银行档案,Q275/1/601。

③ 《上海商业储蓄银行关于南通大生第一纺织公司—副厂向银团借款事项的专卷(第五本)》,上海市档案馆藏,上海商业储蓄银行档案,Q275/1/600。

④ 《上海商业储蓄银行关于南通大生第一纺织公司—副厂向银团借款事项的专卷(第五本)》,上海市档案馆藏,上海商业储蓄银行档案,Q275/1/600。

收付款目自应特别审慎,当经特推吴蕴斋、严惠宇二董稽核签章,以昭慎重。"①

祸不单行,在大生纱厂遭遇"军管理"的同时,银团为其各厂资产、设备等投保的数家保险公司,纷纷依据合约选择终止保险合同。3月14日,太平、安平、中国、大华、太阳等保险公司函告银团:"于三月三日起,因环境同保全部日夜停工,按照保险规例,停工时期保费应有折扣……保险公司将承保之机器、房屋……所有保费项照停工规例计算。"②29日,大生副厂称:"太平、安平、太阳、实丰、中国诸公司投保(副厂)火险,兹敝副厂因环境关系于三月二日被迫停工,合自即日起退保,又存厂之货物流动保险亦自三月二日起停保,所有应行退出之保费请向该公司等收回。"③同日,三厂亦因"环境关系……自该日(3月2日)起,应即全部退保"④。

欣慰的是,大生各厂虽然失去了保险的保护,但各家保险公司在解约前依然履行义务,对既有损失进行赔偿,可以在一定程度上减少大生高层与银团的经济损失。但沦陷时期存在着诸多未知因素,不确定性骤增,各家保险公司必然会在赔偿问题上与银团及大生纱厂产生利益纠葛。譬如3月20日,实丰保险公司函告银团:

①《上海商业储蓄银行关于南通大生第一纺织公司—副厂向银团借款事项的专卷(第五本)》,上海市档案馆藏,上海商业储蓄银行档案,Q275/1/600。

②《金城银行关于合放户大生第一副厂借款事项—厂银团与同业及各有关方面来往函件》,上海市档案馆藏,金城银行档案,Q264/1/884。

③《金城银行关于合放户大生第一副厂借款事项—厂银团与同业及各有关方面来往函件》,上海市档案馆藏,金城银行档案,Q264/1/884。

④《为赔偿及退保事大生纺织公司与中国太阳等保险公司来往文件》,南通市档案馆藏,大生纺织公司档案,B403/111/193。

"被保险人务须依照保单全部条款办理赔偿请求。"①总而言之,赔偿之于"军管理"对大生纱厂造成的恶劣影响而言,无疑是杯水车薪,银团不可避免地被迫卷入这场风波之中。

5月10日与6月14日,银团内部就大生纱厂因"军管理"停工问题致函讨论,交通银行连续向金城银行询问:"敝行(交通银行)移转大生一厂借款一案,现因该厂被迫停工,嘱为注意事态演变,会同银团及该厂妥谋应付,并将该厂现存押品、机器、货物等各有若干堆置何址? 价值如何?"②然而石沉大海,未得到明确答复,可见内部亦枝节横生。5月29日,银团代表向上海银行汇报:"南通大生副厂账户结欠六十一万四千五百余元……按照营运合同规定,每年应将盈余除去折旧、奖金外所多之款拨还,此项厂基押款于上年(1938)曾照章拨到国币九万三千四百余元,暂存沪行……一俟双方会商即可收入押款账,如是净欠五十二万余元……自三月份起对方(日本)以要求合作未能如,业已正式派兵占领,厂存花纱布及物料价值六七十万元全沦陷,现闻已由对方复工,在时局未定之时,暂无收回希矣。"③

7月10日,大生高层函请银团拨发补助费,救助厂内职员与工人,解决其生计问题。大生称:"敝公司一、副各厂自被日方强迫停工,旋复自由工作,虽经迭与严重交涉,迄今尚无眉目。敝公司处此恶劣环境之下,一切日常开支不得不属行紧缩。自本月起,各厂

①《为赔偿及退保事大生纺织公司与中国太阳等保险公司来往文件》,南通市档案馆藏,大生纺织公司档案,B403/111/193。

②《交通银行关于江苏银行转移大生第一纺织公司借款的来往文书之二》,上海市档案馆藏,交通银行上海分行档案,Q55/2/1299。

③《上海商业储蓄银行关于南通大生副厂押款事项有关文件(第六本)》,上海市档案馆藏,上海商业储蓄银行档案,Q275/1/601。

除酌留一部分办事人员减成给薪外,其余职员慨行发给生活费以资节省所有。贵团稽核人员事务,较前清简,拟请从本月起,每月贴费暂照原额减半支给,是非得以。"①12 日,银团表示:"不能不予接受。"②由"军管理"造成的被动停工带来的连锁效应与恶性循环,使得大生纱厂能否偿清借款与债务一事变得扑朔迷离,存货被日方占据不能运沪销售,原本指日可待的清偿时间被迫延宕至遥遥无期,银团方面愈发感觉希望微茫,利益受损与日俱增,却也无可奈何。

值得一提的是,虽然在大生纱厂遭受日本"军管理"后,驻厂德国经理、职员陆续被日军当局驱逐返沪,蔼益吉公司向日方的抗议亦经德日两国驻沪领事馆交涉后不了了之,但是,大生高层按照抵押合同仍然需要向蔼益吉公司及德方人员支付不菲的管理费、薪金、差旅费及每月经理处的日常开销,这无疑对遭遇"军管理"的大生及银团而言雪上加霜,生存负担沉重。考虑到"军管理"已成事实,大生纱厂与蔼益吉公司多次的抗议及挽回均宣告失败,加上第二次世界大战的爆发、国际形势变化等原因,徐静仁遂于 10 月 27日,代表大生正式结束与蔼益吉公司的抵押合约,蔼益吉公司与大生纱厂之间再无关系,经理处亦解散。徐静仁先后于 10 月 30 日、11 月 16 日、11 月 20 日连续发函告知银团,称:"凡此前后订约废约,皆为因时制宜适不得已之举措。"③这意味着大生纱厂无需再向

① 《上海商业储蓄银行关于南通大生第一纺织公司一副厂向银团借款事项的专卷(第五本)》,上海市档案馆藏,上海商业储蓄银行档案,Q275/1/601。

② 《上海商业储蓄银行关于南通大生第一纺织公司一副厂向银团借款事项的专卷(第五本)》,上海市档案馆藏,上海商业储蓄银行档案,Q275/1/601。

③ 《交通银行关于江苏银行转移大生第一纺织公司借款的来往文书之二》,上海市档案馆藏,交通银行上海分行档案,Q55/2/1299。

银团举债、每月支付各类高昂的费用,经济压力稍作减轻。

　　"抵押"的结束,标志大生纱厂褪下已名存实亡的"德产"外衣,在"军管理"时期毫无保留地置于日方统治、控驭之下。对于银团而言,经济压力的缓解只能是隔靴搔痒,相反大生纱厂的生存问题才是关键所在,无法清偿的债务会在通货膨胀日益加剧的时代背景下如"滚雪球"般不断扩大,令银团担忧,却也无可奈何。即便银团于1939年12月8日下午3时在金城银行会商,共议大生纱厂的问题,厘清其债务、厂产与存货[①],但日本"军管理"大生各厂已板上钉钉,无法逆转,这是沧陷区外部环境作用下的必然结果。最终,银团商议无结果,与大生高层共同等待时机再行收复。

四、职员留厂守产

　　在大生纱厂各阶层的人员中,职员是一个较为特殊的群体。正如社会学家史国衡在《昆厂劳工》中所指出:"职员是所谓长衫阶级,代表劳心的一面,工人没受过教育,是靠体力谋生的粗人,代表劳力的一面。"[②]一方面,不同于总管理处与董事会中的各位要员,职员是高层意志与决策的执行者;另一方面,不同于各厂中人数与规模最为庞大的工人群体,他们还是工厂的中层管理者,处于承上启下的重要位置。

　　从广义上来看,职员可分为厂长、各科主任、工程师、技师、监工等,且厂长作为厂之魁首,与总管理处、董事会等来往甚密,某种程度上可以并入高层来理解。从狭义上看,职员又分为总管理处、

---

① 《交通银行关于江苏银行转移大生第一纺织公司借款的来往文书之二》,上海市档案馆藏,交通银行上海分行档案,Q55/2/1299。
② 史国衡:《昆厂劳工》,上海:商务印书馆1946年版,第112—116页。

董事会职员与各厂职员。相较于工作在上海租界、生存较为安靖的总管理处及董事会职员,各厂职员在"军管理"到来时面临着较为严峻的生存形势。职员的位置虽然关键,但他们行动相对自由,可以凭一技之长在各工厂间流动,其中大多数人既无需如高层要员一般,考虑企业与工厂的运转,应付日方的"合作"或占领等要求,也无需如普通工人一般受生计窘困之影响,不得不留厂继续做工以求生存。

由于沦陷初期大生纱厂曾短暂重返"辉煌",并给予职员不菲的薪金与红利,因而他们积蓄尚足,在生存问题上没有太大的经济困扰。并且,职员普遍受过相对良好的教育,几乎都有一技之长,在国难当头、城破厂陷时大可一走了之,逃离"魔窟",重寻工作,"军管理"时大批职员离厂另谋生路的事实可证明此点。王元章曾言:"电厂重要职工大都离厂。"①然而,仍有部分职员,出于与张謇、大生纱厂深厚的情愫,或受家庭羁绊等,在"军管理"时选择与厂同存,作最大程度的抗争,寻求生存空间。需要指出的是,在留厂守产的职员中,虽然不乏领会国家存亡与民族主义者,但更多的是基于感情、家庭等个人因素,需要辩证地看待与理解。至少说,部分职员能够留守护厂,直面态度蛮横的日方,本身就是勇气与义气的印证。

3月3日,大生一厂留厂职员共计81人召开会议,派代表赴沪向总管理处"呈报经过情形,要求指示同人安全、生活以及应付方针"②,并推选王海安、王兰生、李励修、苏麟书、姜耀堂、曹仲彝、朱

---

① 《副厂来函》(1939年3月4日),南通市档案馆藏,大生第一纺织公司档案,B402/111/380。
② 《日寇劫管大生一厂后,留厂管理人员给大生总管理处的信》(1939年3月3日),南通市档案馆藏,大生第一纺织公司档案,B402/111/191。

景彭、李坦夫、史美楠等 9 人为临时保管委员会干事,"一方为负责保管厂产,一方为应付外交事务"①。留厂职员亦于当日向总管理处致函,除表示"更当努力,维持残局,抱[与]厂共存亡之主旨"②外,要求高层"速派专责人员,即日到厂,主持一切"③。傍晚,"特务机关所派驻厂员强迫大生职员推举各部负责人,并召集谈话,所问多系难以答复之问题"④。所谓"各部负责人",即临时保管委员会干事,他们"实在日人威胁之下,为同人推派暂以应付,大局为本,日人得寸进尺,多方压迫"⑤。

　　日方持续施以压力,王海安等"以责任重大且关于厂之全局,未敢擅专"⑥,请求成纯一"速派全权代表落厂主持,既可以应付外交,更可以安定人心,总之在七日以前务请火速派人到厂"⑦。考虑到大生高层中仅有王元章一人在通,且迟迟未等来指示,难免使职员产生高层"放弃"各厂的误解,人心惶惶,流言可畏。王海安的请求也是众多留厂职员的心声,毕竟单靠王元章一人苦苦支撑,且他

①《日寇劫管大生一厂后,留厂管理人员给大生总管理处的信》(1939 年 3 月 3 日),南通市档案馆藏,大生第一纺织公司档案,B402/111/191。
②《日寇劫管大生一厂后,留厂管理人员给大生总管理处的信》(1939 年 3 月 3 日),南通市档案馆藏,大生第一纺织公司档案,B402/111/191。
③《日寇劫管大生一厂后,留厂管理人员给大生总管理处的信》(1939 年 3 月 3 日),南通市档案馆藏,大生第一纺织公司档案,B402/111/191。
④《大生纺织公司军管始末纪要》(1939 年 3 月 2 日—1943 年 7 月 31 日),南通市档案馆、张謇研究中心编印:《大生集团档案资料选编·纺织编(V)》,第 175 页。
⑤《日寇劫管大生一厂后,留厂管理人员给大生总管理处的信》(1939 年 3 月 4 日),南通市档案馆藏,大生第一纺织公司档案,B402/111/191。
⑥《日寇劫管大生一厂后,留厂管理人员给大生总管理处的信》(1939 年 3 月 4 日),南通市档案馆藏,大生第一纺织公司档案,B402/111/191。
⑦《日寇劫管大生一厂后,留厂管理人员给大生总管理处的信》(1939 年 3 月 4 日),南通市档案馆藏,大生第一纺织公司档案,B402/111/191。

此前并不了解双方"合作"谈判的深层次意涵,因而应付效果欠佳。日本"军管理"对大生纱厂及其职员而言已是横祸,若高层不派人前来主持,职员与工人离心渐增,对企业及各厂的生存极为不利。

3月4日,王海安再致函成纯一,除向其汇报厂内情况、工人回乡外,谈及他与史美楠赴尚未离厂的德国经理纽满处,与其攀谈良久。王海安称:"大库内尚藏有大宗数目未为搜查,亦未查寻大库地址……据纽表示,如能携出,伊(指纽满)可出收条携带赴申(上海),但沿途如不遇暴力,当可亲交总处。"①经历了两日前日方强制接收后,王元章与纽满均明晰其时处境的危险,纽满询问:"何人可担保路途及由厂携出不发生意外之责?"②纽满进而补充表示:"公事厅(大生一厂机密文件储存地)四周禁卫森严,向内提取向外携带出在在均有为限,谁能肩负重责?德人亦仅能供述意见而不能主持。"③从纽满的言辞来看,他可以将上述文件送往上海,前提是一路安全,然而现实情境下的大生一厂并不具备如此条件,甚至连他自己天然的德国人身份亦无法提供有效保护。商议无果,史美楠、王兰生、姜耀堂亦不能确定办法,只能放弃。

3月5日,王元章与王海安在大生公寓会面,王元章告知王海安:"对于一厂工人救济,一厂自己办理,不必取用机关长所筹之款,电厂所须柴油亦自己购买,大生尽量服务地方之事业,机关、电

---

① 《王海安致成纯一函》(1939年3月4日),南通市档案馆、张謇研究中心编印:《大生集团档案资料选编·纺织编(V)》,第88页。

② 《王海安致成纯一函》(1939年3月4日),南通市档案馆、张謇研究中心编印:《大生集团档案资料选编·纺织编(V)》,第88页。

③ 《王海安致成纯一函》(1939年3月4日),南通市档案馆、张謇研究中心编印:《大生集团档案资料选编·纺织编(V)》,第88页。

灯亦属地方公益……一、副、电厂应预先接洽取用。"①特务机关的笼络接济是重建殖民统治秩序中的重要一步,王元章此语一方面是为照拂工人情绪,缓解他们生存窘困之处境,另一方面则是保住工厂工人,防止其被日方诱惑,接受经济援助,误入歧途。

3月6日,大生总管理处做出回应,饬令其一、副、电厂"在此停工期间暂派苏麟书、王海安、姜耀堂、王兰生、李励修、曹仲彝、朱景彭、李坦夫、史美楠等九人,秉承纽满经理办理交际事务,其余各职员应秉承纽满经理照常供职"②。结合总管理处于7日回复王元章的函件来看,显然高层没有派出要员前来南通主持厂务,而是依据职员们的汇报,批准其推选的9名临时保管委员会干事作为实际上的厂务负责人,并要求他们受纽满指挥,应对日方。

9日,在纽满等德国经理、职员被日方强制送离南通后,主心骨缺失的职员们人心涣散,无法应付日方的各种要求,再次请求总管理处给予明示。其时,临时保管委员会干事作为职员代表,被推至风口浪尖,成为对外交涉的急先锋。在致总管理处的信件中,职员们一致表示:"负责者九人(指临时保管委员会干事)将何以处置,若更进一步,向威〔危〕及于九人又将如何自处,务乞明示方针事。"③可惜,大生高层内部已经焦头烂额,既要做出"军管理"的生存因应,又要请求蔼益吉公司向日方抗议,还要与银团共同商议解决办法,无暇顾及留厂职员所请。

---

① 《大生副厂厂长王元章致陈葆初、成纯一函件》(停工期内接洽交涉日记),南通市档案馆藏,大生第一纺织公司档案,B402/111/175。

② 《大生纺织公司致一副电厂函》(1939年3月6日),南通市档案馆、张謇研究中心编印:《大生集团档案资料选编·纺织编(V)》,第94页。

③ 《日寇劫管大生一厂后,留厂管理人员给大生总管理处的信》(1939年3月8日),南通市档案馆藏,大生第一纺织公司档案,B402/111/191。

　　工厂停工,工人的生计来源中断,为安抚他们的情绪,避免其被日方利用与煽惑,更保证厂内局势平稳,留厂职员代替工人向高层施压,保证他们在严峻、恶劣的环境中的生存空间。在"军管理"等特殊外因的作用下,职员与工人之间的矛盾暂时搁置,共同维持生存与工厂运转是当务之急。3月9日,留守一厂的"残员"39人与厂长室直辖职员68人致函总管理处骆仰止、成纯一、张神州等人,请求"先发工人津贴,所谓津贴彼(总管理处)申明为贯私资并不动用大生库银云"①。10日,职员们就保管员待遇等薪水问题询问总管理处:"按照上年五月保管之待遇(加半给薪)……是否照全月加半抑照? 应何以计给,处示祗遵。"②薪资的发放与否直接关系厂内人员的生存与生计,可以说是影响大生各厂内外形势的重要因素。正如工人们所言:"工厂停工以后,工人的生活又陷入了绝境,许多工人家庭只能以麸皮、豆饼来维持生命。"③至19日,留厂工人工资"全部发竣",工人心态暂稳。

　　由于一直未能等到大生高层派遣的负责人前来南通主持厂务,纽满等德方经理职员亦遭日军当局的强制驱逐,唯一在通的高层王元章分身乏术,不能完全顾及各厂情形,各厂职员便自发组织,默默护厂守产,记录每日发生之事,并与王元章保持联络,随时向总管理处、董事会甚至德方纽满等人报告。

---

①《日寇劫管大生一厂后,留厂管理人员给大生总管理处的信》(1939年3月9日),南通市档案馆藏,大生第一纺织公司档案,B402/111/191。

②《日寇劫管大生一厂后,留厂管理人员给大生总管理处的信》(1939年3月9日),南通市档案馆藏,大生第一纺织公司档案,B402/111/191。

③ 大生一厂厂史编辑室、中共南通市委革命史料编辑室、南通市文联厂史工作组编:《大生一厂工人斗争史》,第150页。

在大生总管理处于 3 月 6 日发往各厂的函件中,特别提及存放于志诚货栈的纱 84.5 件、布 183 件"宜早出售"①。原来,在"合作"谈判失败且尚未"军管理"的 2 月 26 日,驻南通日本宪兵队以该栈房毗邻交通银行,有"逆产"的嫌疑,准备封闭,经王元章多次出面交涉后,该批纱布处在进退两难的尴尬境地,日方要求等待调查后放行。② 4 月 5 日,却传来日方"拟将此项纱布变卖,并将价款救济职工等情"③。

为争夺职员支持,弥补受"军管理"影响而大打折扣的大生高层领导权威,成纯一致函日军驻南通宪兵队,请求道:"该项纱布可否仍由敝厂自行搬运销售……置〔至〕于救济职工办法,自当随时奉商贵部(日军宪兵队)办理也。"④成纯一态度看似低微,实则坚定,认为本厂纱布应自行销售,本厂职工更应自行救济,日方不应插手其中,更不可与其争夺职员群体的认同与理解。同日,成纯一接到职员汇报,称 4 日宪兵队突然来厂召集保管委员谈话,并至库房查验熟货,因发现异常,遂将各保管委员"押至宪兵队本部,当时气氛紧张……再派人进城刺探消息……各委中除王海安与史美楠二君在该队部未出外,余均于昨夜出来"⑤。

------

① 《大生总管理处所存日寇劫管期间内部通信》(1939 年 3 月 6 日),南通市档案馆藏,大生沪事务所档案,B401/111/618。

② 《大生总管理处所存日寇劫管期间内部通信》(1939 年 4 月 4 日),南通市档案馆藏,大生沪事务所档案,B401/111/618。

③ 《成纯一致日军驻通宪兵队函》(1939 年 4 月),南通市档案馆、张謇研究中心编印:《大生集团档案资料选编·纺织编(Ⅴ)》,第 95 页。

④ 《成纯一致日军驻通宪兵队函》(1939 年 4 月),南通市档案馆、张謇研究中心编印:《大生集团档案资料选编·纺织编(Ⅴ)》,第 95 页。

⑤ 《抗日战争期间成纯一所收信件及所发信件底稿》(1939 年 4 月 5 日),南通市档案馆藏,大生第一纺织公司档案,B402/111/204。

因志诚货栈所存纱布是否运出一事而引发职员被扣案,受到了成纯一的重视。为表大生高层心系职员安危的姿态,成纯一于2日后(4月7日),就日方扣押职员代表王海安、史美楠二人与宪兵队交涉,致函队长原田殿,称:"敝厂尊重贵队长官之至意,旋因贵队离厂回队,敝厂职员遂至疏忽,殊为抱歉,应请贵队长谅解,准予王海安、史美楠回厂。"[1]4月7日,王、史二位职员终于获释归来。王、史二人回厂后表示:"不论在任何困难环境下,非奉到总(管理)处命令,决不轻言离厂,以表示同人等忠实爱厂决心。"[2]成纯一代表大生高层向日方要求释放王、史二位职员,替他们主持正义,一定程度上挽回了此前高层"忽视"职员生存而失信扫地的颜面,重塑了"军管理"后高层的威严与威信,换取了职员的好感。

经此风波后,虽然最终这批棉纱未能运出,而是被日方于6月销售,但职员团结护厂守产的决心更加坚定了。大生各厂留守职员均签署"生死状",誓与厂同存亡,并时刻记录日方行径,向总管理处与董事会报告。

第二节 日方的"宣抚"、攫夺与压迫

一、"宣抚"与"招安"

大生纱厂遭受"军管理"后,南通特务机关告知伪自治会:"如

---

[1]《成纯一致日军驻通宪兵队函》(1939年4月),南通市档案馆、张謇研究中心编印:《大生集团档案资料选编·纺织编(V)》,第95页。

[2]《大生总管理处所存日寇劫管期间内部通信》(1939年4月13日),南通市档案馆藏,大生沪事务所档案,B401/111/618。

果该厂董事会于此短期内翻〔幡〕然觉悟,诚意合办,终可据理交涉;如果该厂股东出而请求合办,则不必问董事会意向若何,亦可据理交涉。"①历经前述折冲,特务机关对大生高层已无信任可言。归根结底,所谓信任,只是迎合日方侵略计划的一种体现。无论是董事会或是股东,都只是特务机关利用的对象而已,服务于其建构的殖民统治秩序。日方甚至通过舆论造势,营造出其对大生各厂的接管是缔造江北民众幸福的"美好"假象,贬斥"合作"谈判方大生董事会,冠之以"专想饱其私囊者"②的负面形象,奠定"日本人之举动实有帮助于吾中国人,更直接为大生旧股东维持利益,增吾人之幸福者也"③的话语基调。

"宣抚"④是日方入侵沦陷地后的惯用招数,其对象以底层民众为主,因文化程度较低,思想、观念较为守旧,更容易受日方的煽惑所影响。故此,在大生各厂因"军管理"被迫停工后,日方屡屡在厂召集工人演说,其谓:"大生停工是为了中日合办的关系,不久将要开车,你们(工人)不要着急,现在先将工资发给你们,望你们不要离开,将来开车一定能增加你们工资的。"⑤日方或言:"本厂正在交涉开车,恐你们停工久了需钱用,所以先将存工发给你们,望你们

---

① 《抗战期间日本特务机关长滨本宗三郎给大生纺织公司和大生总管理处的指令》(1939 年 3 月),南通市档案馆藏,大生纺织公司档案,B403/111/199。

② 《大生改组实有益于中国人》,〔日〕《海洋时报》社说(额外版),南通市档案馆藏,大生纺织公司档案,B403/111/199。

③ 《大生改组实有益于中国人》,〔日〕《海洋时报》社说(额外版),南通市档案馆藏,大生纺织公司档案,B403/111/199。

④ 此即日本对占领地民众实行的一种奴化政策,利用各类"恩惠"手段诱使该地民众"臣服"于占领者,便于建立统治秩序。

⑤ 《日寇劫管大生一厂后,留厂管理人员给大生总管理处的信》(1939 年 3 月 21 日),南通市档案馆藏,大生第一纺织公司档案,B402/111/191。

不要离开唐闸,等厂里有了办法开车,再通知你们。"①

　　值得一提的是,日方入侵及占领南通时的"尊张"政策,也在"宣抚"过程中发挥作用。1939 年 4 月 8 日,江北公司负责人大江广召集大生纱厂留守职员、工人,发表即将复工的讲话,大江广强调:"张謇先生抱负甚大,欲使江北民众安居乐业,而创厂大生纺织公司,现恢复工作,须实现张先生之理想,所谓理想者,乃江北地带中日经济之合理化。"②对比一年前川又务的复工演说,张謇的形象又有了新的塑造策略,即重点强调"实现张先生之理想"——"江北地带中日经济之合理化"。从 1938 年日军刚刚占领南通,至一年后对大生纱厂实施"军管理",其用意不再遮掩,"日华合办""中日经济提携"等词语多次出现,并且嫁接成张謇的理想,可谓是对张謇形象的一次彻底改塑。通过布告文字与口头演说,滨本宗三郎、大江广等日方人士,将张謇视为一种政治符号,服务于其在南通施行经济统制与政治占领。此番复工演说,真实用意为日方抬出张謇,唤醒留守职员、工人对先贤的追思,将张謇的救国理想服务于"日中亲善",使得"宣抚"的效果最大化。

　　除通过言语、宣传等手段及借助张謇形象"安抚"工人情绪外,日方亦授权南通地方伪政权向大生各厂工人施以粮食、金钱等接济,意欲获取工人的信任,为钟纺完成接收并顺利复工作准备。4 月 5 日,特务机关指令伪南通县公署于"大生厂停工期内维持工人米费……以每人每日二角计算",并强调"救济工人生活至为重要,

---

① 《日寇劫管大生一厂后,留厂管理人员给大生总管理处的信》(1939 年 3 月 21 日),南通市档案馆藏,大生第一纺织公司档案,B402/111/191。

② 《三厂事变后经过记略报告书》(1939 年),南通市档案馆藏,大生沪事务所档案,B401/111/665。

切勿延误"。① 但前有王元章告诫勿受日方接济,后有工人自觉,
"工人们宁愿挨饿,谁也没有去向伪县供述要过一粒米"②,加上"职
员星散而工人众多,又散居乡村各地"③的客观情形,日方的施米
"宣抚"的效果不佳。

　　施米受挫,日方便改用直接拨发救济费的方式,再行"宣抚"。4
月23日,伪南通县公署对大生工人"发给一个月救济费,每名计六
元"④。在金钱的直接刺激与诱惑下,工人为求生存,保证生计来源,
接受了这笔来自日方的"宣抚"之金,具体领取情况如表4-2所示。

表4-2　伪南通县公署拨发大生各厂失业工人救济费一览表

单位:元

工厂名	工人数	接济费总额
一厂	5 226	31 356
副厂	1 583	9 498
三厂	1 351	8 106
电厂	70	420
总计	8 160	49 380

　　资料来源:《大生厂与钟渊纺织公司合办》(1939年4月),南通市档案馆藏,南通县
自治会(伪县政府)档案,A209/113/171。

　　从表格中不难发现,与施米"宣抚"相比,此次采用直接拨发救

---

① 《大生厂与钟渊纺织公司合办》(1939年4月),南通市档案馆藏,南通县自治会(伪县
　　政府)档案,A209/113/171。
② 大生一厂厂史编辑室、中共南通市委革命史料编辑室、南通市文联厂史工作组编:《大
　　生一厂工人斗争史》,第150页。
③ 《大生厂与钟渊纺织公司合办》(1939年4月),南通市档案馆藏,南通县自治会(伪县
　　政府)档案,A209/113/171。
④ 《大生厂与钟渊纺织公司合办》(1939年4月),南通市档案馆藏,南通县自治会(伪县
　　政府)档案,A209/113/171。

济费来"宣抚"效果显著,伪南通县公署共计拨发救济费近 50 000 元,是一笔不小的开支。地处偏远,位于海门及天生港码头的大生三厂与电厂均有反映:"工人等自领得救济金后,每天在天生港静候,此就厂内工作随唤随到,绝无逃走及作越轨之事。"①

工人作为救济对象,虽散落于乡间,但消息不胫而走,且具有时效性与传递性的显著特征。在利益的驱使下,工人们纷纷返回厂内领取救济费。拨发救济费"业经旬日,惟人数众多,秩序紊乱,经督同(南通县公署)各职员、唐闸警察分驻,所员警竭力镇压,秩序尚称安定"②。

受制于自身文化、思想的局囿,工人是一个极易受外界影响与变动的动态人群(dynamic population),在民族国家视域下虽然受沦陷时期外部环境与内部感染的双重影响,逐步建构起一定程度的民族主义思想,但由于缺乏政治引导,民族国家意识终究无法与生存问题相提并论,可谓"先生存后抗日"。在大生高层统治力量式微,不能顾及南通各厂众多工人的生存时,日方便很好地利用其生活拮据、困苦的致命弱点,施以救济费以达"宣抚"笼络人心之效用,为钟纺经营与复工作铺垫。

在行之有效的"宣抚"之后,日方决定"招安",筹备复工事项。但是,复工与救济,是两种截然不同的生存逻辑。工人们可以接受日方的救济,缓解经济压力,暂时确保生存。若让工人回厂复工,并且是置于日方占领下、以日资纱厂名义投入生产的大生各厂,难免会被刻上"投敌"或者"降日"的烙印,存在着道德尺度的评判问题。

---

① 《大生厂与钟渊纺织公司合办》(1939 年 4 月),南通市档案馆藏,南通县自治会(伪县政府)档案,A209/113/171。

② 《大生厂与钟渊纺织公司合办》(1939 年 4 月),南通市档案馆藏,南通县自治会(伪县政府)档案,A209/113/171。

　　虽然不同工人的文化与思想差异显著,对民族国家及抗日御侮等政治性概念的理解因人而异,加上日方蛮横的侵略行为在南通沦陷后与大生各厂遭受"军管理"时均有目共睹,因而大多数工人无法做到继续留厂。救济费可以在一定程度上提高生存质量,扩大生存空间,而复工与生产则意味着需要时刻置于日方的监视与管控之下,其真实面目大多数工人均能略窥一斑。大生一厂工人程俊贤回忆:"许多工人职员为不替日本人做工而各奔前程,寻找生路。"①

　　所以在四五月间,由钟纺经营的大生各厂陆续复工,工人却大多离散,回厂复工者不足原数的十分之一。可见大多数工厂的生存逻辑服膺于政治忠诚,若非十足困难,基本不会返厂复工,重回日方的统治梦魇。钟纺不得不张贴发布招工公告,然而效果欠佳。多数工人毅然离开了工厂,回到乡下去种田;也有些工人到上海租界的中国工厂里去做工,或者跑单帮、做小贩糊口;更有不少工人参加了抗日游击队,走上了武装斗争的道路;只有少数连盘缠都没有的人,为生活所逼,不得已重新进厂。②

二、攫夺与破坏

　　1939 年 4 月 4 日,日本"中支那派遣军"山田部队本部、兴亚院华中联络部、南通特务机关联合发给钟纺经营许可证,"委任经营大生纺织工厂,经营开始于当日"③,并将大生一厂、副厂、三厂的财

---

① 程俊贤:《我的革命经历》,程晓明、程鸽、程晓春编:《永远跟党走——程俊贤苏洁南通文存》,2021 年编印,第 154 页。

② 大生一厂厂史编辑室、中共南通市委革命史料编辑室、南通市文联厂史工作组编:《大生一厂工人斗争史》,第 150 页。

③ 『江北南發第十六號　大生紡績工場財產目錄提出ノ件』(1939 年 9 月 25 日),南通市档案馆藏,大生纺织公司档案,B403/111/199。

产目录编就报告转送钟纺。

置于钟纺的"经营"之下,大生各厂的产销实在有限,更多的是日方的攫夺与破坏。自大生纱厂于3月2日遭受日方"军管理"始,其生存的梦魇随即展开,日方强取豪夺,掳掠大生各厂财产、设施、棉纱存货、熟货,其暴行甚至威胁职员尤其是女工安危,令人发指。各厂零件损失占机件总数70%以上,全部财产损失达法币4 327 656.695元。①"军管理"时期,大生各厂留厂职员秘密记载日方对工厂所施的暴行,具体整理如表4-3所示。

表4-3 "军管理"时期大生各厂损失详表

	日期	日方掠夺经过
大生一厂	1939年3月2日	取去1938年账簿10册、1937年以前上海银行旧折9个、厂图1张、职员名单1张
	3月24日	前宪兵队取去之簿册文件,经一再交涉,始终允发还,惟交还时又被"南通班"取去
	5月31日	钟纺开始出售并起运棉纱
	6月19日	钟纺迫收袋栈全部袋皮绳索
	6月23日	钟纺开始动用仓库棉花
	6月26日	存花由钟纺运出450包
	8月12日	钟纺在沪标售纱头13担50斤,各种脚花1 157担25斤
	8月12日	钟纺续将仓库存花运出420包
	8月15日	钟纺续将仓库存花运出200包,按每次运存花虽经驻厂保管员一再交涉,钟纺当局置若罔闻
	8月18日	钟纺将仓库各种布发出518包运申谋售
	8月23日	钟纺将下脚仓库花运出1 518包,纱头57包,交涉制止无效

①《大生系统企业史》编写组编:《大生系统企业史》,第104页。

日期	日方掠夺经过
1940 年 2 月 23 日	唐闸驻兵拟将河东花园房屋拆作燃料,驻厂保管员闻讯前往交涉,屋幸无恙
4 月	钟纺将各处房屋改造颇多,如消防室拆除,重建花行、子皮花庄,左右厢屋均被改作工人寝室,并于放工桥旁新筑垒一座
10 月 1 日	清花车机件及粗细车皮棍拆卸涂油装箱,另栈存储
1941 年 8 月 26 日	一厂旧存钢精,近被翻成钢精棍计 16 根运沪
9 月 10 日	装出旧铜铁 402 吨,此为军部取用
1942 年 5 月	多收买之陈旧被絮及腐烂麻包用机打成纤维,纺成纱线,织成粗厚匹头,类似绒毡,其中破布麻茎夹杂,经过长车不能打开,及至钢丝车多有将钢丝布轧坏之发现,厂中亦不加以修理,而拆卸老厂钢丝布易装新厂工作,日积月累,损坏之数已达 60 余部
6 月 23 日	模范工房内朝东屋 3 间由驻闸 35 师军队拆用
1943 年 3 月 27 日	运出 7 匹半马达 1 只
3 月 29 日	装出紫铜 1 箱约重 70 斤
4 月 4 日	日本员工右平偷出凤钢 8 只三号锭子计重 2 石余,并有线刀、车刀不知其数
4 月 4 日	日本员工长峨运出柴油 15 桶,紫铜丝 2 石余,放于唐闸农民仓库
4 月 8 日	日本员工松井运出紫铜板 4 箱,1 英寸口径钢珠轴领 2 只,1.5 英寸口径钢珠轴领 2 只
4 月 8 日	新厂马达间搁铁 2 根,装往天生港,头号锭壳少去 7 部、二号锭壳少 5 部、三号锭壳少 11 部

续表

	日期	日方掠夺经过
	4月8日	运出头号锭子150余只,重2石余,又原动部钢珠2箱,紫铜丝2箱,有装出之准备,又粗细摇纱、钢丝、美机各部,大小皮带完全装箱,惟尚未运出
	5月25日	江北总公司通知一厂,嘱将车油、锭油全数运城,木料、铁件则运上海公大二厂
	6月	初被接收之时,日人将优等家具陆续装出,次等木器以嫌其陈旧,堆积于栈中,统计三四百件,自6月12日起将此堆积栈内之木器充作燃料
	6月25日	荣部队1627部队率领上海兵器厂华工50名、日人40余名拆卸老厂马达195只,修机间车床、钻床、刨床等机件24部,以及日用零件、老虎钳、皮带等,由江北公司之江北丸直运上海汇山码头交卸
	6月27日	废铁自6月25日拆车起至30日,3次装出204吨,内有地轴31根,及修机间洋元、地轴、水管,南栈内之旧机器、大小绳子盘等,连同面厂车床及铁厂废铁,共装42船
	6月29日	日军驻南通部队来拆卸木作间物件,计木车床1部、火石与架子3块、老虎钳4只
	7月3日	以军纳品运送军部计炉子间及电气间各种用具(装箱)、弹子盘24只、铣铁全部(存账21 121磅)、马达1只
	7月4日	将物料科所存牛皮纸、包纱纸、蓝纸、盐化亚铅等运城标卖,原存油池之柴油装桶运城,两次共运84桶,每桶重400余磅
大生副厂	1939年3月2日	日方取去账簿及信件1束
	4月16日	将所有存库现钞19 868.9元扫数收去,并将库门钥匙及现金日记账册取去
	4月21日	钟纺人员开始办公,将原有办公室任意改建

	日期	日方掠夺经过
	6月3日	钟纺开始出售并起运仓库棉纱
	1940年4月	钟纺改造房屋甚多,如扩充成包间,职院宿舍改建东式卧室,并于北侧新建浴室1间、平房1间
	8月19日	出售厂存废铁415担,烟囱铁皮90担
	11月5—6日	两次出售旧铁260担
	1941年9月10日	装出旧铁件9吨
	1942年5月	以旧麻包、麻丝、破布、旧絮用长车打成纤维,纺织军用布匹、毡子等物,此类物品最易损伤机器,钢丝布损坏亦有4部之多
	1943年4月6日	运出物件计7卡车,至所装何物,因系日本员工亲自包装搬运,故难探析
	4月6日	南工房被拆去10余间,全部砖瓦卖出,所有木料收入木作间应用
	4月6日	钢丝车小滚筒、钢丝布被拆去4部,又原存白铁2 000张除钟纺自用外,各机关取用者甚多,现所剩已无多
	6月17日	运出元铁、平铁、铁板等计重4 500余磅,又地轴37根,计重9 225磅,又缝衣机2部
	6月27日	有日、华工数十名(由一厂来),拆卸马达30只,修机间车床等机件5部,老虎钳8只
	7月3日	将物料科所存包纱纸、牛皮纸、锭子油、火油、扎绞线、铁皮等装运江北公司商务部
大生电厂	1939年4月21日	保险箱、物料科及其他各处钥匙均被强迫索去
	6月14日	所存建筑材料广木由钟渊做主运交野战仓库192根
	8月20日	钟纺运出块煤50吨

续表

	日期	日方掠夺经过
	9 月 27 日	钟纺将大中采矿公司寄存电厂之机件栈房门撬开,取用三角铁及铁条
	1940 年 3 月 30 日	钟纺取用开展式小铁柱 5 根
	1941 年 8 月	江北公司将天生港老电厂水泥厂基雇工拆毁,图取钢条,水泥烟囱亦被拆倒
	8 月 18 日	江北公司农务部将化验室一切仪器用具全部搬去应用
	8 月 26 日	电厂在事变之时曾将方洋松 12 根(每根 360 方尺)埋于地下,近被不肖之徒报告,由钟纺人员掘出使用
	1942 年 10 月	蒸汽室打桩木,于 10 月间包工拔取桩木,每根工资 300 元,自开工 3 日拔断两根后,虽种种设法,皆告失败,工作因此停顿
	1943 年 5 月	公大一厂索取铜铁、洋元、铅皮等
大生三厂	1939 年 5 月 26 日	钟纺派人接收零售处售余各种布匹,一律经过检点手续但未允在簿籍上签字
	5 月下旬	钟纺转运出厂值货物计有纱头 39 公担 19 公斤、零布 23 包、双龙布 69 件计 1 725 匹、团龙布 19 件计 475 匹、青龙布 64 件计 1 664 匹
	6 月 1 日— 23 日	钟纺用去栈存原料计子花 800 包、黄花及美种花(每包约 300 磅)115 包,又装出脚花计 1 080 包,装出纱布共 846 件
	6 月	钟纺需要砖瓦木料时,辄将厂中房屋拆卸,用充别种建筑材料,并将一时不甚需要之机件生财器具等任意抛掷毁业,不加爱惜
	7 月 19 日	钟纺在上海市场开出厂存各种布匹,共 541 件
	8 月 20 日	厂四周以及厂内厂外人行道、沿铁路、沿公路所植树木不下数万株,大者合抱,小者亦皆成荫。近以妨碍日人视线,分别斫伐,三厂十数年经营尽付斧薪,亦一浩劫也

日期	日方掠夺经过
11 月 16 日	装出轧花机 4 部,柴油 10 桶,闻系由港运通,为农场轧种之用
1940 年 1 月 30 日	江北公司新年后献猷,首将所有厂内方桌截去桌脚,适合日人席地之用,又擅自取去盛置历年账册皮箱 11 只
2 月	花行第一埭东端房屋四间墙壁拆去,改为汽车间
4 月 5 日	清明节下午,江北公司职员樱木趁本厂驻厂办事处无人之际,破门而入,将所有收音机、打字机、时钟及各种文具、字画、桌椅等悉数搬去,及告知该公司负责人大江广,答称彼此一家,不分尔我,谁需要者,不妨随时取用,厂外市房二间改为军人会馆
8 月	本厂花行房屋据报前进 9 间已为当地拆去,以拆卸材料充建防务之用
8 月	大储栈自驻军离去后,损失物件无从计数,兹又有军警等人前去拆水托窗格铁栅以及地板龙骨等等,当经报告海门警察所从严制止并加保护
1941 年 2 月 23 日	外传江北公司有拆卸本厂机器运沪之说,兹据查在阴历正月初八日有粗纱锭壳 11 箱运港,19 日有烘棉检验器 1 具运港,又去年 11 月间有回声汽笛一只运出,闻系南通一厂借用
2—3 月	2 月 23 日装港机件 12 箱,3 月 7 日又装出 20 箱
3 月 7 日	海门发行所焚余之屋,除栈房及朝东朝西落屋 6 间留作贫民工厂之用,其余表门及围墙全部拆除,厂西工房前之竖千弓河,由江北公司雇工浚深
8 月	有粗细纱锭 11 箱装运出港,另有旧火车头 1 部一并运出
8 月 26 日	江北公司又装出旧锭子 10 箱
1942 年 1 月	江北公司因需用砖瓦木料无从购办,将翻砂间、打铁间平屋 5 间拆卸,继又将东工房之围墙拆去备用
2 月	江北公司农林部将厂河西部原植场树斫伐充作燃料

续表

	日期	日方掠夺经过
	5 月	四扬坝花行房除已经被拆去朝南栈房 9 间外,兹又被纵火烧去东西厢屋 5 间,继又由该区区长会同驻军拆去朝西厢屋 5 间,现在仅存门面 7 间及朝东厢屋 2 间,迭经保管员交涉无效
	6 月 16 日	运出钢丝布 3 箱,据称系上海公大纱厂借用,又去年运沪修理之锭子 53 箱,本日运回 47 箱
	7 月	将清棉部西边堆存原料之披屋 10 间拆去
	12 月	江北公司从厂起运废铜旧铁出港,先后计达 490 吨之多,是否杂有成用机件在内,不得而知,当即据情呈报现在存厂之机件物料数量,仅能将工厂各部机件物件之变动状况及损坏程度略约估计,亦经呈报在前,此次起运大批铜铁,自属使人动目,而平时江北公司对机件不肯尽责保全,各项物料只知搜索取用,不谋补充,使我厂所受重大损失隐晦不显
	12 月	江北公司擅自拆去摇车 74 部

　　资料来源:《大生三厂保管报告》(1939 年 3 月 2 日—1943 年 4 月 21 日),《大生纺织公司一副电厂被军管理后纪要》(1939 年 3 月 2 日—1943 年 7 月 4 日),南通市档案馆、张謇研究中心编印:《大生集团档案资料选编·纺织编(V)》,第 200—225 页。

　　检视以上表格,可以看出钟纺对大生纱厂的经营是建立在供应军需及其他日资企业所用的基础之上,先攫夺后"经营"。"军管理"时期大生账略显示,"就一厂账目所载,在未被占以前存花一万八千五百余担,各支纱三百四十五件七十四小包又一千零三十九磅,各牌布五千九百五十二匹,又零布二万一千二百余码,接收时上项存货已无余存"[1]。

　　根据表 4-3 中日方掠夺大生各厂的时间点与线分布,以及各

---

[1]《南通大生第一纺织公司民国二十八年至三十二年账略》,南通市档案馆、张謇研究中心编:《大生集团档案资料选编·纺织编(II)》,第 233 页。

条时间点线上的掠夺事件数量,加以考虑"军管理"时期所处的国内与国际形势变化,做出柱形图进行量化分析,如图 4 - 1 所示。

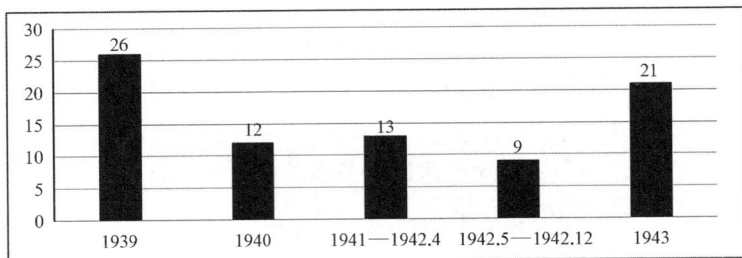

图 4 - 1　日方掠夺大生各厂时间节点分布柱状图

从图 4 - 1 不难发现,日方掠夺大生各厂的时间节点分布在"军管理"时期的一头一尾,即日方在"军管理"初期和末期攫夺、破坏大生各厂设施、机件、存货较为频繁,分别合计为 1939 年的 26 次与 1943 年的 21 次。究其原因,经历了沦陷初期短暂"繁荣"的大生纱厂,存货数量多,各厂机件设备完好,日方"垂涎已久",因此大生尚未来得及运出的棉纱布匹等存货、各种硬件设施,甚至是厂房与周围土地、植被等,均遭到日方不同程度的破坏,以服务于日方包含经济统制在内的全方位侵略行为。这些物件或被运出销售,或被填补军需,或被日方他厂征用,或被钟纺改造。

在"军管理"中期阶段,即 1940 年至 1942 年 4 月期间,日方掠夺、破坏大生各厂 25 次,与 1939 年"军管理"初期的 10 个月期间相比,甚至还要少一次。随着太平洋战争的爆发,美国对日本宣战,1942 年 5 月开始,日军在太平洋战场上作战接连失败,巨大的军事物资需求使得日方加重了对中国占领地的经济与物资统制,进而影响到大生各厂。在 1942 年 5 月至 1943 年 7 月 28 日"军管理"解除期间,日方掠夺多达 30 次,其中 1942 年 5—12 月共有 9 次,1943 年共有 21 次。

当然,不仅是外部环境的恶化,1943 年后随着汪伪政府政治地位的"提升",由其主导的华中沦陷区①"军管理"工厂"发还"进程加速,1943 年 3 月后,大生各厂也出现"发还"的种种迹象(具体内容将于第五章论述)。加上大生各厂在"军管理"时期至少获得了一定数量的产出,故而尽快将存货及所产运出销售,并附带着再一次的破坏高潮,是日方在"军管理"结束之际对大生各厂做出的又一次致命打击。大生各厂在 1943 年遭遇的日方掠夺浪潮均发生在 3 月至 7 月间,更加可以证明汪伪政府的"发还"在即与日军的军事需求,共同促成了大生各厂在"军管理"末期再次遭遇日方的疯狂攫夺与破坏。

经历了"军管理"时期日方不间断的掠夺,大生各厂满目疮痍,生存"奄奄一息"。据不完全统计,工厂中所有原料、成品等全部流动资产均被劫夺,值当时法币 300 余万元,折合棉纱 5 000 余箱。②此外,作为战争时期的重要战略物资,钢铁也是日方攫夺的重中之重。日方组织了"铁类搜集班",从事钢铁材料的收集,有据可查的计大生一厂旧钢铁 402 吨,副厂元铁、扁铁、铁板、地轴计 13 700 多磅,三厂钢铁 419 吨,火车头 1 部,钢丝车 40 多部,马达 18 只,电厂生、熟铁 50 吨,铁轨 2 节。③ 日方拆取厂房、机件乃至熟货、制成品以作他用系沦陷时期的一贯做法,即便驻厂保管员甚至是大生高层反复抗议,其依然置若罔闻。

1943 年 5 月,大生纱厂职员袁仲齐对三厂进行视察并形成报

---

① 此系日本对中国占领地的划分地之一,具体指以上海、南京、杭州、武汉等城市为中心的苏浙皖鄂赣等省沦陷区。

② 张廷栖:《论日军对大生企业的掠夺与破坏》,中国新四军与华中抗日根据地研究会编:《新四军与抗日战争》,第 447—452 页。

③《大生系统企业史》编写组编:《大生系统企业史》,第 266 页。

告,其中亦能有效反映日方于"军管理"期间对大生各厂的攫夺、破坏情形,节录相关内容如下:

> 午膳后引至休息室休息(原公司厅旧址,现则内部装潢完全日本色彩,台桌系普通方桌锯改,高仅一半)。经过原经理室及原总务部(现改为大规模之愉乐室,容积虽大,陈设甚少,原有之桌椅陈设均不可见)。[1]

> 先至清棉部……松花机及除尘格子各种,和花帘子均经拆除,头道与二道联为一部;未开机上之皮带亦经卸去,不知储藏何处;西边堆花披屋十一间拆去。继至钢丝部。开机约三分之一,速度甚慢,随处可见发见钢丝布上缺齾部分;未开机上情形未得寓目,因导观者仅循运转机前行,意揣其损坏程度自必较甚。条子机全部改为竖列式,开机数与头、二、三道粗纺机大约均在三分之一左右,未开机上之皮辊、扎钩均卸去。各粗纺机上有只见锭子,不见锭壳,有锭子、锭壳均不见者,更无论叫子等零物矣。最堪注意者,除未开机大小皮带不经见者,所有棉条机上之纸柏筒及粗纱筒管均无敷余,仅供开机之用(如果未曾另行储藏,则损失当在三分之二,为数实属可观)。成包部拆去小包机三台,前次报告谓成包部未有移动,大约系最近拆除……

> 转至布厂途中,北望脚花栈一带,平屋已荡焉无存。入内,织布部为其用布幕划为二部,幕内有机百余台,现在运转中者仅存七十余台……纬纱机美式被拆去五节,计五十锭;圆筒式拆去五台,堆存处所不知……翻砂打铁间改建水塔,另置

---

[1] 本段及以下 4 段均出自《大生三厂视察报告》(1943 年 5 月 12 日),南通市档案馆、张謇研究中心编印:《大生集团档案资料选编·纺织编(V)》,第 254—256 页。

打水帮浦一具;煤气引擎间封锁未入,老引擎亦如旧,仅清洁
光亮不及昔时;炉子间原装省煤机被拆去,炉子用一具水汀,
仅须一百二十磅,闻有时搭用二煤。最后至轧花间,轧花机无
一存留,惟见若干女工埋头于油花、废花中,从事拣棉工作耳,
工场全部之参观告一结束。

　　……

　　出厂赴茅镇,沿途前栽杨树绝不复见,而市房、工房倒败
不堪,据闻江北公司不收房租,亦不加修理,租居者多半工人,
更无力修葺,遂至如此。九日由茅镇径赴青龙港……道经港
账房门前,见遗有大皮带盘四只,询系前江北公司装运废铁四
百余吨时所遗弃云云。

　　仔细阅读报告内容,日方对大生三厂的改造、拆卸与破坏令人
瞠目结舌。不仅是原先厂方办公的公司厅(即公事厅)、经理室等
多处被日方改造,透露出浓郁的"东洋"风格,更加重要的是,无论
是纺纱工场或织布工场,各类机件损失惨重,残缺不全,开机者仅
占三成左右。甚至是厂外的植树与房屋亦未能幸免,袁仲齐当时
的心境可想而知。并且从日方的掠夺方式来看,大多带有"釜底抽
薪""杀鸡取卵"的特点。

　　自 1939 年 3 月 2 日"军管理"开始,至四五月间各厂方才陆
续复工生产,复又夹杂着日方的频繁掠夺与抗日组织的暗中反
抗,"工作亦常停顿,且工人减少,工作效力不及往日之优,纱锭亦
未能全开,故生产数量不若昔日之巨"[1]。直至 1940 年后,"城区
棉花受其(日方)统制,有较廉之原料可收,而纱价步涨,获利自属

――――――――――

[1]《二十八年南通地方概况报告》,上海市档案馆藏,中国银行上海分行档案,
　Q54/3/62。

丰厚,近来纱价下落,利益亦已减低"①。时断时续的生产与经营,以及一直存在的攫夺与破坏,使得"军管理"中后期大生各厂虽有一定产出与获利,但亦在 1942 年 5 月后的第二次掠夺高峰中,被日方悉数带走。如是说,"军管理"时期大生纱厂的生存状况着实惨淡,一直伴随着日方的破坏、攫夺等行径。日方所谓"委任经营",其实质无外乎以适应战争需要为目的,加上"发还"的大势所趋,日方意图留给大生纱厂各阶层人员一副空壳,这也是日本"军管理"对大生各厂的生存轨迹产生影响的最为直接的结果。

三、压迫工人

"军管理"时期,日方不但攫夺、破坏大生各厂,使其"遍体鳞伤",更压迫厂内工人,一改"军管理"初期的"宣抚""招安"之姿态,与其在"军管理"布告中所写的"增进江北民众的幸福"背道而驰。这些迫于生计无奈入厂做工的工人们,其生存实态苦不堪言。

大生一厂工人孟桂林回忆:"1939 年 5 月,钟纺经营下的大生各厂刚刚复工时,日军派警备队三十余人驻厂,立即在厂内东、南、西、北、钟楼等处建造了五座碉堡,在碉堡四周都有对外射击的大小枪洞,工厂门口站着持枪的日军士兵,整个工厂像集中营那样警戒森严。"②厂内各工场、车间,均配有日本监工,并佩戴短枪,与工头、宪兵队、便衣侦缉队,在厂内来回巡查,监视工人行动。工人每天进出厂门时,不仅需要向站岗的日军士兵行礼鞠躬,还要接受检

---

① 《二十九年上期南通概况报告》,上海市档案馆藏,中国银行上海分行档案,Q54/3/68。

② 孟桂林:《日军军管下的大生一厂》,南通市政协文史资料研究委员会编:《南通文史资料选辑》第 5 辑《纪念抗日战争胜利四十周年》,第 137 页。

查,对日方发放的工作证上的姓名、照片进行仔细核对,下班离厂时出工场门要搜一次身,放工桥上还要再搜一次身,风雨无阻,从未中断。①

在大生留厂职员暗中的记录里,留下了日方欺压各厂工人的相关文字,整理如表4-4所示。

表4-4 "军管理"时期日方压迫各厂工人事例表

时间	厂名	具体行为
1939年3月10日	大生一厂	晚一厂特务机关驻厂员属大生备酒菜三席宴警备队,士兵值岗因醉失踪,乃大事搜查大生职员及夫役各寝室,惊扰达旦,至翌晨8时始发现该士兵醉卧煤堆上仍未醒也
12月8日	大生三厂	本厂保管员林子欣住北工房,晚间10时许有盗匪多人搞门入内,手持盒子枪威吓拷打,结果被劫财物近百元
1940年3月	大生三厂	工人以工资不敷生活,平时又常遭日籍殴打,不愿前往工作,近日到工人少,江北公司派日籍职员带同翻译挨户劝说上工
1942年5月	大生三厂	江北公司日籍门警玩枪误毙茶役一名

资料来源:《大生三厂保管报告》(1939年3月2日—1943年4月21日),《大生纺织公司一副电厂被军管理后纪要》(1939年3月2日—1943年7月4日),南通市档案馆、张謇研究中心编印:《大生集团档案资料选编·纺织编(V)》,第200—225页。

从表格中不难看出,工人几乎没有地位与权利可言,甚至有性命之忧,日方则可以任意袭扰、打骂、威胁甚至枪杀。学界前辈穆煊及国营南通第一棉纺织厂(公私合营后的大生一厂)许永和、何连清等诸位先生对大生纱厂老工人展开的口述调查,其中有大量内容反映日本"军管理"时期的工人生存实态,整理如表4-5

---

① 孟桂林:《日军军管下的大生一厂》,南通市政协文史资料研究委员会编:《南通文史资料选辑》第5辑《纪念抗日战争胜利四十周年》,第137页。

所示。

表 4-5 "军管理"时期日方暴行一览表①

工人姓名	口述内容
赵桂姑	日本人到了厂里以后,打人骂人实在可怕……亲眼见到几个鬼子在一条船上强奸妇女,有个姓胡的女工被日本鬼子强奸了好几次
许如珍	亲眼看到住在我家门口的一个女工被日本人拖进屋里去强奸
施领珍	我们上工、下工走路上,经常被日本鬼子追,有一次我回到家里时,鬼子刚走,我的床上被翻得一塌糊涂,被子也刺坏了,床头上好不容易聚起来的 30 个双角子、30 个单角子,也被这些强盗抢走了,到了年底,鬼子还到我们家里来抢馒头、糕……亲眼看到不少女人被鬼子拖到田里强奸,还有的被拉到人家家里去强奸
邵浦海	进厂时未向鬼子鞠躬,就挨巴掌
余广泉	有一次我走路太靠边,在北哨就被日本人打
张乔姑娘	儿子云清在厂做工,被日本人打了几个嘴巴子,打翻在地,又踢了几脚,吐了血
林寿	亲眼看到日本人把 18 个人绑在工厂老人事科门口的树上,男人被灌肥皂水,女人只穿一条短裤,还用竹棒、刺刀把她们的裤子挑下来,再打;我也被鬼子当班甩了三个筋斗,打过一顿
楚寿	日本人打人很厉害
施连珍	日本人打起人来实在可怕,夜里又到处不准人通过,我不敢再做工
姚秀珍	见到日本人把几个人(因偷纱)剥光衣服打,浇冷水
马桂英	男工小海侯不知拿了厂里什么东西,被打了还不算,(日本人)叫他嘴张开,把香烟头放到他嘴里烫,然后还用水冲
胡超云	一次下班后我偷着到澡堂洗澡,被鬼子发现,一顿毒打

① 以下内容为工人口述,为保证其原始性,口述内容作完整保留。

工人姓名	口述内容
张学文	钱被抢走后站岗的日本兵用枪托打我,头上打起了瘤,今天身上还有伤疤
何三	走到大洋桥没有向鬼子鞠躬,被打了两个耳刮子
缪红英	我偷了一点纱,正往身上藏,被鬼子看见,打了两嘴巴,赵琴珍偷纱被查到,剥光衣服在人事科门口示众,放工后让她回家,下次放工再示众
陈连珍	女工褚秦珍被剥光衣服游厂
杨友珍	日本领班山本发现接头不合要求,拿木棍就打
保文英	有一次进厂门时未向鬼子鞠躬,挨了一个耳光,还有一次在大洋桥走过,吐了一口痰,被鬼子抓住,命我用围裙揩掉,站起来还鞠了一躬
陈凤英	亲见鬼子用三号粗纱脚子打人,野蛮极了,从此不敢再到工厂做工
张兰英	进厂见鬼子要鞠躬,哪怕下大雨,也得把伞落下来,单每天上工,就要鞠10多次躬,不管在哪里,见鬼子要鞠躬……经常有人因拿了厂里的东西,在放工桥遭毒打,血肉模糊
俞巧英	听说有一个女工拿了一点纱,连裤子都剥光了打
陈会珍	被日本人摔了几个东洋筋斗,满嘴鲜血,不久牙齿脱落得只剩下三四颗,后又被打、用皮鞋踢,腿上鲜血直流
姚连英	亲眼看到张謇铜像旁边的几棵树上,绑着几个女工,赤身露体,不仅打,还用冷水冲,这是在冬天
张连珍	日本人在的时候,记不清为了什么,被日本人打了两个耳光
夏友珍	一男工从我棉条筒里偷纱,被发现,被毒打,用水浇
周文英	男工胡四,一天晚上放工回来,他的老婆去接他,在路上两个都被日本人用枪打死了
陈炳	我哥哥在电厂看门,有一次日本人的汽车来,开门慢了,便用枪托打哥哥胸部,肋骨被打断,胸门凹了下去,无钱治疗,不日即死

工人姓名	口述内容
朱兰英	女工矮子领侯偷了纱,剥光衣服被毒打,用皮靴子踢,用冷水浇,还关了一夜,放出后不久就死了
张齐姑娘	儿子云清当童工,某日另一童工偷纱,被日领班山本发现,刚巧云清弄翻了筒管,山本认为他偷纱,被狠打后开除
黄红英	鬼子见了下班女工就追,有一次见鬼子追姑娘,我就躲到疏航桥那里的河里头个把钟头
瞿章连	日本人在的时候,不知被打了多少次
高坤	日本鬼子来了以后……出厂门还要排队,不能动,假如你的头伸出来向前看一看,他(指日本人)马上把你拉了出来
朱连珍	又一次没有鞠躬,鬼子拾了砖头就打我
陈红英	日本人来了以后,把在厂里走路的工人当贼,走到外面又经常碰到戒严。有一天说是抓新四军,全唐闸都不准通行,我们就站在大洋桥东,整整一夜没有合眼
陈连珍 (同姓名者)	日本人来了以后,到处杀人打人,非常可怕。我走北哨经过,看见鬼子我就发抖,不知怎样跑才好。有一次,我不知是鞠躬慢了呢还是怎么的,他(指鬼子)跑上来就是一枪拐子
张文英	日本鬼子来了以后,你从他们身边走过,不仅要鞠躬,还不能吐痰。一次我亲眼看见一个女工吐了一口痰,一个鬼子抓住她,一直等她把这口痰用舌头舔了才算的
沈连珍	日本人来了以后,有一次我从大洋桥上经过,忘记向鬼子鞠躬,他罚我跪在桥上一个多小时……还有一次,一个鬼子兵无缘无故把我的饭篮子抢去了,这一天我就熬了一天饿
王兰英	日本侯是没有人性的,高兴打人就打人,要骂就骂。走他面前你不鞠躬,他也要打。有一次,我在弄子里正接头,有个日本先生跑过来,就用拐杖在我的头上打了几下,我也不知怎么回事
周小妹	每逢做夜班,当要天亮之前,我就困得厉害,眼睛一眯一眯的。有一次被日本当班的看见了,就是一个耳光

资料来源:穆烜、严学熙编著:《大生纱厂工人生活的调查(1899—1949)》。

说明:根据整本书的口述内容归纳整理成此表。

从工人们的口述来看,他们在日方压迫下几乎无法喘息,其生命受到严重威胁,尤其是女工的个人安危问题显得尤为突出。大多数工人或多或少都有被日方人员责罚、殴打甚至凌辱的悲惨经历,更有员工被迫害致死,命丧他手。工人们为求生存,不得不采取各种措施确保生命安全,或离厂,或躲藏,迫于生计不得不屈辱地在日方"军管理"下的大生各厂做工,获取微薄的薪水,艰难度日。更有甚者,工人尤其是女工在结束一天劳作后返回家里,亦无法逃离日方的魔爪。正如严学熙先生指出,为免遭日人施暴,许多工人家里都挖了地洞,日人来了就躲进去,上面盖缸、板等物;或者做"夹帐"(通海地区农村住房以芦苇扎成的芦笆帐为墙,故"夹帐"即"夹墙"),一有风声便躲进去;有些女工下班时遇到日人下乡找"花姑娘",有时只好躲在河里,仅把头露出水面。①

除工人口述外,民国时期流传于大生各厂的歌谣同样可以有效反映"军管理"时期工人受到的压迫与折磨。因南通、海门、启东紧相毗连,位于东滨黄海、南临长江的一片平原,这里除了盛产棉花外,还形成了一种独特的吴歌文化。② 位于这一带的大生各厂吸引了周边农村大量农民进厂务工,久而久之,他们将吴歌文化与工厂实际结合起来,编织了上百首歌谣,在大生厂内传唱开来。

这些歌谣,切实反映了大生工人们的生存实态与生活状况,抒发其内心情感,是一笔不可多得的宝贵财富,著录相关如下:

打杀东洋赤佬

我俚是中国人,

---

① 严学熙:《近代中国工人生活的一个缩影》,穆烜、严学熙编著:《大生纱厂工人生活的调查(1899—1949)》,第 233 页。

② 南通市文联编:《南通纺织工人歌谣选》,南京:江苏人民出版社 1982 年版,第 90 页。

为啥朝东洋乌龟磕头，

拨东洋乌龟欺！

勿服气，

伙计朋友兄弟齐心好，

打杀东洋赤佬！①

东洋大班

四万万同胞自家人，

东洋乌龟吭得根。

敲牙盘，腌锭胆，

金票蚀脱交交关。

五十部车变念部，

东洋大班搔头摸耳朵。②

弄伊纱厂开勿成

三厂花衣哪里来？

南面江里抢得来。

"一纤子纱，一拨子太麦"，

打杀我俚中国人。

我俚要有爱国心，

---

① 南通市文联编：《南通纺织工人歌谣选》，第 78 页。白话释义：我们本是中国人，为什么要朝日本人鞠躬，被日本人欺负！我们不服气，伙计、朋友、兄弟，大家齐心打杀日本人！

② 南通市文联编：《南通纺织工人歌谣选》，第 79 页。白话释义：我们四亿同胞都是一家人，日本人在这儿成不了气候，他们敲坏纱厂牙盘，给纱锭胆抹盐水，使之生锈损坏，厂里的钞票都被日本人抢去，五十台纺纱车变成了二十台，日本人真可恨。

团结起来一条心；

捣粗纱，扯细纱，

弄伊纱厂开勿成。①

这些歌谣的字里行间，透露出日方压迫下工人们的呻吟与苦楚，并与他们的口述互相印证——为求生计，工人们来到日本"军管理"下的大生纱厂务工，但这样的生存毫无保障可言，工人们需要完成进出厂时向日方人员鞠躬行礼等要求，被迫遭受日方人员的无理大骂与欺辱。歌谣字词间所强调的破坏、捣毁纺纱设备与制成品等物，既显示工人对日方残暴压迫的控诉与愤懑，也暗含对大生高层及厂方不与日方抵抗到底、在上海租界躲避不出的嘲讽意味，可见"军管理"时期大生各厂设备与存货上的损失，生存上的江河日下，反衬沦陷中期的劳资关系依旧紧张。

此外，从歌谣之中，亦传唱出工人们的反抗之心，"打杀东洋赤佬""齐心好""爱国心"等词语表现出他们的决心与斗志。同时，日方对大生工人的压榨与欺凌正在反向渐变为工人潜意识中民族意识与反抗精神觉醒的催化剂与助推器，加上潜伏在大生厂内的中共地下党组织与地下党员，共同发挥有效领导作用，将零散的工人凝聚起来，组建有目的、有战力的抗争团体，聚沙成塔、集腋成裘，最大程度上展开反抗活动，使得日方在压迫的过程中亦感受到阻力的存在与持续，共同构成压迫与抗争这一条"军管理"时期的生存副线。

---

① 南通市文联编：《南通纺织工人歌谣选》，第 80 页。白话释义：三厂的花衣从哪里来？是日本人从长江南面抢来的。他们出一纤子纱，可以赚一发子弹，用来打杀我们中国人。我们要有爱国心，团结起来一条心，捣烂粗纱，扯坏细纱，让他们的纱厂开不成。

第三节　"军管理"时期的生产与经营

一、生产

"军管理"时期,从 1939 年 5 月各厂正式复工至 1943 年 7 月 28 日"发还",大生纱厂在 4 年有余的时间里生存实态每况愈下,只能用惨淡二字来形容。从"军管理"初期的五六月开始,大生各厂存于南通与厂中的熟货,大多被钟纺或江北公司运出售卖,具体情况可参见表 4-3。

就生产状况具体来说,大生一厂自 1939 年 5 月至 1940 年 1 月,购进皮棉(即经加工后,脱离了棉籽的棉纤维,也是一般意义上的棉花,下同)444 441 包,籽棉 140 包;纺纱 7 281 件,织布 1 769 件;副厂无记录可考;三厂初开纱锭约 1 万枚,1939 年 5—12 月,共出纱 5 446 件,每月平均产纱 681 件,每日平均产纱 24 件,至"军管理"后期,1943 年 1—5 月,三厂只开 5 000 锭左右,年产量在 1 772 件上下。[①]

此外,据留厂职员的暗中记载,大生一厂、副厂于 1940 年、1941 年的棉纱销售情况如表 4-6、4-7 所示,可参考展示其生产情况。

表 4-6　大生一厂、副厂 1940 年棉纱销售简表

单位:件

种类	数量	种类	数量	种类	数量	种类	数量
12S 红魁	1 296	20S 红魁	3 268	20S 金魁	—	16S 三星	1 976
15S 红魁	576	12S 金魁	3 610	12S 三星	1 436	20S 人桃	199

[①]《大生系统企业史》编写组编:《大生系统企业史》,第 265—266 页。

续表

种类	数量	种类	数量	种类	数量	种类	数量
16S 红魁	1940	16S 金魁	1 543	15S 三星	331		
合计					16 175		

资料来源:《大生总管理处所存日寇劫管期间内部通信》(1940 年),南通市档案馆藏,大生沪事务所档案,B401/111/618。

表 4 - 7 大生一厂、副厂 1941 年棉纱销售简表

单位:件

种类	数量	种类	数量	种类	数量	种类	数量
12S 红魁	3 667	20S 红魁	2 973	20S 金魁	—	16S 三星	1 622
15S 红魁	—	12S 金魁	—	12S 三星	1 016	20S 人桃	—
16S 红魁	2 546	16S 金魁	—	15S 三星	808		
合计					12 632		

资料来源:《大生总管理处所存日寇劫管期间内部通信》(1941 年),南通市档案馆藏,大生沪事务所档案,B401/111/618。

检视表 4 - 6、4 - 7,可以发现 1940 年、1941 年两年内大生一厂、副厂共售出棉纱 28 807 件,平均每月售纱 1 200 件。当然,销售情况不完全等同于生产情况,也有存货销售的可能。与"军管理"初期一厂平均每月生产 605 件棉纱的数量相比,水平大致相当。并且 1941 年销售棉纱的种类要少于 1940 年,这与大生的生产状况密不可分,可以推断生产处于下滑阶段。再综合考量前述三厂的生产情况,显而易见,大生各厂在"军管理"时期的总体生产情形呈现逐渐下降趋势,无论是产量或是销量,均与"德产"时期存在较大的差距。

"军管理"时期大生各厂的生产状况,完全由日方掌控,虽交由钟纺"委任经营",但日军当局依然对其握有定夺生存之权,这从前述的数十次破坏与攫夺中可以看出。上至钟纺社长津田信吾、江

北公司总经理植村修三及继任者福长永太郎、北野荣政,下至负责各厂具体事务的大江广、西川、槌田等人均不能做过多干涉,在地日商需要服从于驻地日军,二者之间存在的微妙关系亦影响了大生各厂本就"虚弱"的生产与生存。

要而论之,"军管理"时期大生各厂的生产,是置于日方掠夺、破坏的前提下进行的,并受各厂机件设备损失逐年上涨、工人流失惨重及反抗行为、抗日武装的暗中破坏等因素影响,生产一年不如一年,至"军管理"末期几乎完全停滞。

二、经营

为更加科学、合理地分析"军管理"时期大生各厂的经营状况,可以从其账略报告入手分析。1946年2月5日,受大生高层委托,上海正信会计师事务所对沦陷时期各厂账目进行查核,分别作《南通大生第一纺织公司民国二十五年至三十二年账略》与《海门大生第三纺织公司民国二十五年一月至三十二年九月账略》,其中一公司账略说明:"唐家闸自民国二十七年(1938)三月十七日沦陷至翌年三月二日即为日寇占据,原有二十七年以前账册,当时留存厂内未及去除,故二十五年(1936)至二十七年三年账册无从交出。今只由二十八年(1939)一月起至三十二年九月三十日止期内之账逐年查核。"①三公司账略载明:"由二十八年(1939)一月起至三十二年(1943)九月卅日止,期内之账逐年查核。"②因账略的时间跨度基

---

①《南通大生第一纺织公司民国二十五年至三十二年账略》(1936—1943年),南通市档案馆、张謇研究中心编:《大生集团档案资料选编·纺织编(II)》,第233页。

②《海门大生第三纺织公司账略》(1939—1943年),江苏省档案馆藏,江苏省财政厅档案,1003/2/1540/48。

本与"军管理"时期吻合,故整理如表 4 - 8、4 - 9 所示。①

表 4 - 8 "军管理"时期大生纱厂资产负债表

单位:元(中储券)

	负债类	金额	资产类	金额
一厂	公积金	205 664.73	房产机器	286 698.16
	电厂基金	89 739.9	机件物料	178 339.01
	战区货物损失准备金	165 072.2	棉花纱布等 5 项	2 270 726.44
	行庄透支等 12 项	15 889 337.06	行庄往来等 8 项	13 494 058.28
			损益金(本期)	119 992
	合计	16 349 813.89	合计	16 349 813.89
副厂	江苏银行押款	19 162.14	房产机器	180 857.48
	暂收款项等 7 项	2 545 552.88	布厂成本	230 988.78
	战区货物损失准备金	88 877.32	添锭成本	56 043.3
	添置厂产准备金	75 164.02	机件物料	42 851.83
	公积金	77 668.77	新添机械	88 340.64
			电厂基金	22 434.97
			棉花、纱、布等 4 项	202 278.43
			旧公司暂欠等 6 项	1 673 355.18
			亏损	309 274.52
	合计	2 806 425.13	合计	2 806 425.13

---

① 据查原始档案资料,一公司账略与三公司账略均含"依法币改正原账简明表"及伪币
详表,综合考虑行文及阅读方便,本书采用伪币简明表形式,特此说明。

续表

	负债类	金额	资产类	金额
三厂	股本	1 596 541.94	厂屋地基	683 280.7
	公积金	105 401.43	机器生财	1 381 213.16
	折旧准备	712 697.2	水闸铁道	94 268.93
	未付股息	178 085.4	存栈花纱布等12项	3 205 547.13
	上海银行往来等7项	3 877 257.26	前期纯损（1942年止）、本期纯损	1 105 673.31
	合计	6 469 983.23	合计	6 469 983.23

资料来源:《南通大生第一纺织公司民国二十五年至三十二年账略》,南通市档案馆、张謇研究中心编:《大生集团档案资料选编·纺织编(II)》,第235—246页;《海门大生第三纺织公司账略》(1939—1943年),江苏省档案馆藏,江苏省财政厅档案,1003/2/1540/48。

表 4‐9　"军管理"时期大生纱厂损益对照表

单位:元(中储券)

	利益类	金额	损失类	金额
一厂	纱损益	803 776.18	布损益	3 068
	本期结亏	119 992	营运息	149 359.06
			运送费等20项	771 341.12
	合计	923 768.18	合计	923 768.18
三厂	租息水脚等2项	12 592.48	利息	12 379.73
	本届纯损	897 248.29	修理费等4项	897 461.04
	合计	909 840.77	合计	909 840.77

资料来源:《南通大生第一纺织公司民国二十五年至三十二年账略》,南通市档案馆、张謇研究中心编:《大生集团档案资料选编·纺织编(II)》,第235—246页;《海门大生第三纺织公司账略》(1939—1943年),江苏省档案馆藏,江苏省财政厅档案,1003/2/1540/48。

说明:副厂缺损益对照表。

根据上述诸表中的各类财务数据,引入财务比率分析法,经计算得出数值,如表 4 - 10 所示。

表 4 - 10 "军管理"时期大生各厂财务比率数值表

工厂	偿债能力			营运能力	盈利能力
	资产负债率	产权比率	权益乘数	存货占资产比重	净利润 (元,中储券)
一厂	97.18%	3 450.63%	35.506 3	13.89%	-119 992
副厂	91.39%	1 061.07%	11.610 7	7.21%	-309 274.52
三厂	59.93%	149.55%	2.495 5	52.77%	-897 248.29

说明:此处仅对大生一厂、副厂、三厂进行计算与分析,考虑到大生电厂在"军管理"时期不仅供应大生纺织系统企业用电,并且供应南通城其他企业及公共用电,加上电厂并无棉纺织业的生产与经营,因而不在本章节的财务比率分析之中。

从上表可以看出,在偿债能力方面,大生一厂与副厂的资产负债率均超过 90%,甚至一厂高达 97.18%,三厂亦高于 50%,意味着大生各厂在"军管理"时期均出现不同程度的严重亏损,偿债能力堪忧,特别是一厂、副厂负债累累且极不安全。并且,各厂如此之高的资产负债率,大为影响其举债能力,呈现高财务风险、低举债偿债的生存实态。三个厂的产权比率均超过 100%,一厂的负债已是所有者权益的 34 倍之多,副厂的负债亦是所有者权益的 10 倍之多,财务杠杆之高实令人震撼,几乎无偿债能力可言。三个厂的权益乘数更令人瞠目结舌,尤其一厂超出 35,意味着每 1 元股东权益对应资产 35 元,即每消耗 35 元的资产,方可收回权益 1 元,"军管理"时期大生纱厂的生存状况可想而知。

在营运能力方面,三厂的存货占比较高,但也只是刚刚过半,其余各厂占比甚低,副厂不足 10%,可见"军管理"时期的钟纺"经营"下的大生纱厂资产管理效率之差,只能勉强维系生存。在盈利能力方面,各厂的净利润均为负数,即出现不同程度的亏损。三厂最高,达近 90 万元,一厂与副厂亦各有 10 余万与 30 余万元的亏损,与"德产"时期比较可谓相去甚远。综上而言,在日方以破坏、攫夺为主的"军管理"时期,大生各厂的生产与经营虽未停滞,但实为有限,亏损甚巨,各项指标数值均出现不同程度的下滑,甚至是骤降。大生纱厂于这一阶段的生存,恐怕用"苟延残喘"形容亦不为过。

需要注意的是,账略明示:"一、副、电厂自被敌侵占以来,所有房屋、机器、生财非变动及遭损失,机件、物料、花纱布、煤斤等亦均为地方收用或搬运他处。至三十二年(1943)七月二十八日地方交还时,已与后列资产负债表内所表示之各项存货、存料数字迥不相同,财产之实际状况大为悬殊。"[①]可见实际数字要比以上计算的数值还要"恐怖","军管理"阶段确实为沦陷时期乃至大生纱厂发展史上最为黑暗的一页。

在艰难求存的同时,大生纱厂于"军管理"时期并非完全一蹶不振,其利用"德产"阶段所获的丰厚利润,加上存沪货栈的各类存货在"军管理"后迅速销售,将所欠银团的债务在"军管理"末期实现清偿。"军管理"前,大生纱厂借助"德产"外衣产销两旺,由此向银团偿还了大部分新旧债务共计 468.4 万余元。然而,日本强加施行的"军管理"中断了大生纱厂蒸蒸日上的生产经营,生存被迫进入黑暗时期。至于剩余的小部分债务,虽经银团督促大生高层与日方力争交涉,仍未能将存通棉纱等运出销售,只能将在沪的各类存货进行销售,不可避免地影响了偿还进度。终于,大生纱厂依靠存沪的棉纱布匹获取利润,"其间纱价逐渐上升,银行债务亦逐

---

①《南通大生第一纺织公司民国二十五年至三十二年账略》(1936—1943 年),南通市档案馆、张謇研究中心编:《大生集团档案资料选编·纺织编(II)》,第 233 页。

渐至三十二年(1943)七月而全数理清"①。

1943 年 5 月 14 日,金城银行向中国银行发函:"江苏银行与敝行及中国银行三行合放大生一厂质押借款旧法币贰百伍拾万元,又营运借款旧法币肆百万元……截至卅二年(1943)二月廿八日止,计欠中储券 705 280.08 元。"②因金城、江苏、中国三行各占三分之一,具体是"江苏(银行)为 235 097.45 元,中国(银行)为 235 094.62 元,金城(银行)为 235 087.9 元"③。

此时,租界已经沦陷,银团自身生存受到影响,日本横滨正金银行准备对江苏银行展开清算,发现其与大生纱厂之间存在着债务关系,并握有大生的股票。故而,横滨正金银行欲奉日本驻华大使馆命令,在清算接收江苏银行的同时准备将大生纱厂股票据为己有。然而,江苏银行方面坚持:"查敝行前交押品项下之大生第一纺织公司,原非敝行所有,乃系公家寄存之物……察酌办理,惟念敝行交存。"④从某种意义上而言,银团与大生高层秉持了"灰色地带"的政治忠诚,拒绝将公股过户日方,一方面是出于民族主义的考量,更为重要的另一方面则是保护自身利益并且避免战争结束后国民政府的政治清算。

6 月 19 日,银团中的中国、交通、金城三家银行联合向大生总管理处发函,催促偿还剩余债务。24 日,徐静仁代表大生高层回

---

① 《五月六日大生一厂股东会议事录》(1946 年 5 月 6 日),张季直先生事业史编纂处编,张謇研究中心等校注:《大生纺织公司年鉴(1895—1947)》,第 383 页。

② 《交通银行关于江苏银行转移大生第一纺织公司借款的来往文书之二》,上海市档案馆藏,交通银行上海分行档案,Q55/2/1299。

③ 《交通银行关于江苏银行转移大生第一纺织公司借款的来往文书之二》,上海市档案馆藏,交通银行上海分行档案,Q55/2/1299。

④ 《交通银行关于江苏银行转移大生第一纺织公司借款的来往文书之二》,上海市档案馆藏,交通银行上海分行档案,Q55/2/1299。

复:"敝厂因厂工久停,经济困难,对于贵行等借款延期日久……兹特勉力筹措,准备清偿。"①终至 7 月 15 日,大生高层将此笔债务清偿,包括"营运户计中储券 243 746.61 元,厂押款户存中储券 298 101.05 元,备还老债户计欠中储券 272 925.65 元,公积金户欠中储券 35 116.44 元。"②至此,大生纱厂自 1925 年银团接管以来终于实现债务的清偿,是这段黑暗岁月中仅有的一丝光亮。

第四节　大生纱厂各阶层的抗争

一、高层授意下的大生"实警"

作为南通地方支柱,大生纱厂自有一套完整的私人武装组织,名为"实业大队","以佐地方警政之不足,以保护实业盘诘奸究为宗旨……常年经费概归设立地方工场公司(大生纱厂)担任,遇地方事□得辅佐军警以保治安"③。大规模的养兵是大生系统的一个特点,它从最初组织不脱产的"工团",发展到拥有 4 个大队兵力的建制武装"实业警察总队",这在民族工业中是绝无仅有的。④

1928 年后,大生武装归附于国民政府,历经多次改编,至 1929 年改为"江苏省通泰海启实业特务警察队"(以下简称"实警"),直

①《交通银行关于江苏银行转移大生第一纺织公司借款的来往文书之二》,上海市档案馆藏,交通银行上海分行档案,Q55/2/1299。
②《交通银行关于江苏银行转移大生第一纺织公司借款的来往文书之二》,上海市档案馆藏,交通银行上海分行档案,Q55/2/1299。
③《江苏省泰和盐垦公司组织实业保卫团及南通县实业警卫团改组的文书》(1919 年 9 月),中国第二历史档案馆藏,北洋政府内务部档案,一〇〇一(2)/723。
④《大生系统企业史》编写组编:《大生系统企业史》,第 104 页。

属于江苏省政府民政厅,并受驻地县政府监督。"实警"的费用,从一开始便是由大生集团各企业供给的。① 全面抗战爆发后的 1937 年 10 月 26 日,紧邻上海的启东县政府即以"时局严重,日趋紧急,所有公私枪弹无多,不敷分配"②为由,向产权已经归属扬子纺织公司的大生二厂借枪取弹,称"实业警队中尚有剩余枪弹,昨经派员前来商借,当承面允拨借步枪二十枝,子弹一千二百发"③。后经协商,又陆续借走"套筒、毛瑟八枝,子弹三百发……七九步枪十支"④。

与此同时,"实警"大队长董伯祥(字瑞符,又称董瑞符)亦向大生二厂拍卖后的母公司扬子纺织公司索取经费,以支援抗日。9 月 13 日,董伯祥称:"本队所属每队官兵……分别无长物取暖,兹未雨绸缪起见,拟恳……筹备为驻在各官兵每人赶制灰布夹制服一套、棉大套一□,以御寒而暖士心。"⑤经启东县政府向大生二厂及扬子纺织公司多次索要,至 1938 年 2 月 4 日,"实警队记有步枪一百零九支(连废坏十七支在内),盒枪二十支,手枪三支。一分队现用枪械四十四支(连盒枪在内)已向专署备案,其余枪支仍由该队保管

---

① 《大生资本集团史》编写组编:《大生资本集团的武装——通海实业警工团》,张謇研究中心编:《张謇研究年刊(1926—2001 年 1 月)》,2017 年编印,第 235 页。

② 《江苏省启东县政府向大生纱厂借枪、征税、推销等债事的来文》,上海市档案馆藏,诚孚企业股份有限公司档案,Q198/1/678。

③ 《江苏省启东县政府向大生纱厂借枪、征税、推销等债事的来文》,上海市档案馆藏,诚孚企业股份有限公司档案,Q198/1/678。

④ 《江苏省启东县政府向大生纱厂借枪、征税、推销等债事的来文》,上海市档案馆藏,诚孚企业股份有限公司档案,Q198/1/678。

⑤ 《启东县政府向大生纱厂勒索军用棉衣及强借枪弹的通知》,上海市档案馆藏,诚孚企业股份有限公司档案,Q198/1/1349。

妥藏"①。25 日,董伯祥继称:"本队部按月经常费,共计法币四百零九元整……贵公司(扬子纺织公司)应摊法币二十三元八角九分一厘五。"②

　　1938 年 3 月 17 日南通沦陷后,大生"实警"撤往苏北,被江苏省主席韩德勤整编为"苏北沿海实业保安警察第一、二、三、四总队",节制于苏鲁皖游击总指挥部,并受所在地国民党行政督察区的保安司令部调遣。③ 虽编入国民党部队,转变为地方游击队,但"实警"的防区基本上以大生系统企业所在地为主,尤其是大生各厂及棉区、垦区。因"实警"的地方属性,大生纱厂依然是其经济后盾,提供经费支撑,并由高层授意其继续进行反抗日本侵略的斗争。

　　4 月初,南通余西地区召开国民党通(通州)崇(崇明)海(海门)启(启东)县长联席会议,成立通崇海启抗敌指挥部(简称为"通挥"),推南通县县长彭龙骧为指挥官。④ 由"通挥"统领包括"实警"在内的各支国民党游击部队协同作战,趁日军防务空虚,从东、南、西三门攻入南通城。可惜南通城易攻难守,国民党部队未坚持多久便被增援日军击退。28 日,南通行署专员兼保安司令葛覃挥师围城,指挥部进驻南通城东门外兴仁镇的通裕典当内,部署战斗计划,其中"实警"被安排在十里坊、三里岸桥一带,阻击唐闸增援之敌。⑤ 经过鏖战,左翼"实警"董伯祥部,由陆洪闸向西挺进,在大生

①《诚孚企业股份有限公司关于启动县政府向大生纱二厂收捐借枪的来往文书》,上海市档案馆藏,诚孚企业股份有限公司档案,Q198/1/677。

②《江苏省启东县政府向大生纱厂借枪、征税、推销等债事的来文》,上海市档案馆藏,诚孚企业股份有限公司档案,Q198/1/678。

③《大生系统企业史》编写组编:《大生系统企业史》,第 107 页。

④ 朱江:《南通的"魏特琳"——麦文果》,第 158 页。

⑤ 蔡麟卿、单伟光:《围攻通城的战斗》,南通市政协文史资料研究委员会编:《南通文史资料选辑》第 5 辑《纪念抗日战争胜利四十周年》,第 33 页。

副厂附近受阻,正在激战,又遭事先埋伏在麦田之敌,从侧面夹击,伤亡惨重。该部中队长赵仲康,原先分兵向文峰塔东的八窑口,企图偷渡袭击三元桥敌据点未成,见董部被困,立即回军迂回敌后,给埋伏麦田之敌以反包围,迫使敌寇分头应战,"实警"董部才得撤出重围。①

围城之战结束后,游击部队共毙伤敌人不足 30 人,自身伤亡惨烈。日军随即展开了疯狂报复行为,掀起继南通沦陷当日后的第二轮暴行高潮,其规模、影响均远超前次。据大生工人姚扣姑娘、蔡川、姚秀珍、任三、钱桂珍、何三、张连姑娘、任兰英、严红英、刘生、陈桂英、王领珍、王小妹等回忆,1938 年 5 月 4 日是黑暗的一天,唐闸南面的十里坊到城南码头鱼池港一带民居房屋均被日军烧光,这里是大生工人集中的地区,伴之而来的是屠杀——5 月 2 日,十里坊一处便有 21 人遇害。②

此外,日军多次进入当时还是"德产"的大生各厂,搜查是否窝藏地方游击队及"实警"队员,清点厂内职工人数,明示人数不得随意增减,职工变动须经日方同意并备案。4 月 28 日,就在围通之战激战正酣时,"午餐时副厂电话谓,日军二人进厂搜游击队,并申明驻兵云:'旋见厂内平靖退去。'"③。29 日,驻厂职员成州章等人向李升伯汇报:"连日游击队逐渐逼近,闻副厂数里外即为据点,大队在东南方及东北人数甚多,盖因烧房子及无家可归,壮者遂投入

---

① 蔡麟卿、单伟光:《围攻通城的战斗》,南通市政协文史资料研究委员会编:《南通文史资料选辑》第 5 辑《纪念抗日战争胜利四十周年》,第 33 页。

② 穆烜、严学熙编著:《大生纱厂工人生活的调查(1899—1949)》,第 72、233 页。

③ 《南通沦陷初期成州章等人致李升伯的有关游击队活动的情报》(1938 年),南通市档案馆藏,大生一厂(副厂)档案,B404/111/138。

矣。"①这也从侧面印证了围城战役后日方火烧房屋的暴行,反向刺激受害者加入游击部队,壮大抗日力量。

即便是在大生纱厂疲于应付日方咄咄逼人的"合作"谈判时,其高层亦给予"实警"等国民党游击部队经济支援。诚然,"实警"等代表的不仅是大生纱厂,更是国民党抗日武装,具备特殊的政治意涵。大生给予"实警"等经费支撑,一方面是高层延续"传统",同时授意其从事抗日活动,另一方面则是高层与江苏省政府之间达成的利益交换——大生亟需在售纱通行上获取便利,降低成本,保证棉纱可以销往后方,不致利益受损。

1938 年 10 月 13 日、11 月 2 日、11 月 7 日,彭龙骧数次致函徐静仁,称奉省政府令,"贵厂热心输将,自堪嘉许,着将款按月如数解省"②。1939 年 3 月 4 日,驻南通的江苏省第四区行政督察专员公署专员吴春科向沈燕谋致函,称:"通海一带自去岁遭日军侵扰以来,所有地方抗战部队军需给养极感困难,贵厂同意按月津贴海门协饷一万元……抗战最力之张能忍部军器配备最感缺乏,经派该部第二营营长沈元阁前来情商予以资助,蒙贵总经理(沈燕谋)允许,于安岳津贴各部队一万元外,一次资助该部二万元购备枪械弹药。"③5 日,吴春科再致函沈燕谋,催促其解决经费问题。江苏省第四区常备团张能忍部之第五旅旅长孙信符致函沈燕谋,就其许诺的经费 3 万元请求拨发。

---

①《南通沦陷初期成州章等人致李升伯的有关游击队活动的情报》(1938 年),南通市档案馆藏,大生一厂(副厂)档案,B404/111/138。

②《在抗战初期为应变与国民党政府经济部及各级地方政权来往文件》(1938 年 11 月 2 日),南通市档案馆藏,大生第一纺织公司档案,B402/111/185。

③《在抗战初期为应变与国民党政府经济部及各级地方政权来往文件》(1939 年 3 月 4 日),南通市档案馆藏,大生第一纺织公司档案,B402/111/185。

更为重要的是,不仅是两者之间的信件往来可证实大生高层的确存在支援等行为,或许是冥冥之中的缘分使然,1月13日,陈葆初在其寓所会见薛郢生时,"忽有南通游击队司令彭龙骧进入该室,而有停止谈话之事实"①。日方所谓的"南通游击队"即为受国民党调遣的"实警"。日方随后调查发现,"曾任大生纺织公司实业大队长之董瑞符现任游击队长,在海门东方某地受大生之经济援助,其他江北各地之游击队长中受大生之经济援助者,当不在少数"②。这不仅坐实了大生高层与"实警"之间的暗度陈仓,更反映了大生高层的左支右绌——一面须应付日方咄咄逼人的"合作"谈判,一面则暗中支持"实警"等抗日武装。后在大生各厂遭遇"军管理"时,日方在停工理由中将此项列入其中:"当地所谓游击队之首领,时至大生总管理处与诸董事会晤。"③

大生纱厂被迫"军管理"后,"实警"战力式微,屡尝败绩。适逢新四军东进建立抗日根据地,遂由秘密加入共产党的国民党将领季方提议,包括"实警"部分武装在内的国民党游击部队与新四军共同抗日。季方回忆:"1940年10月中旬,我以国民党中央战地党政委员会少将指导员的身份,在苏中第四区专署所在地如皋县掘港镇,召开国民党系统的党政军联席会议,提出与新四军民主合作、团结抗战的主张,得到与会人员的一致

① 『大生紡績公司ノ処置ニ関スル調査書』(昭和15年6月),南通市档案馆藏,大生纺织公司档案,B403/111/200。

② 『大生紡績公司ノ処置ニ関スル調査書』(昭和15年6月),南通市档案馆藏,大生纺织公司档案,B403/111/200。

③ 《大生纺织公司军管理始末纪要》(1939年3月2日—1943年7月31日),南通市档案馆、张謇研究中心编印:《大生集团档案资料选编·纺织编(V)》,第174页。

赞同。"①此时，"实警"董伯祥部表示接受统一指挥。但由于部队中"反共"力量的存在，"实警"等国民党游击部队与新四军摩擦不断，董伯祥亦因此被解除兵权。

　　受国共第二次合作渐趋破裂的影响，加上董伯祥不甘失去兵权，急欲重整、凝聚已经涣散的"实警"武装，1941年后董伯祥率战力孱弱的"实警"残部与新四军彻底决裂。国民党各支游击部队在苏北接连失利，致使董伯祥等"实警"领导人失去抗日信心，前往上海、重庆等地闲居，由原第三总队长谷振之（又名谷金声）率领"实警"继续作战。

　　1941年7月前后，"实警"第四总队被日军击败，第一、二、三总队投降日伪，先后被编为"苏皖区绥靖军独立第一旅"（旅长谷振之）、"驻苏北绥靖主任公署直辖实业保安总队"（总队长谷振之）。这一时期，经济上一直受大生高层援助的"实警"，即便在其投靠日伪后，经费来源亦未中断。陈葆初代表大生纱厂和以大丰公司、裕华公司为主体的各垦团，支持谷振之在垦区构筑防御工事、建造营房以及供给这支部队的经常、临时两箱费用，共达伪币 1.02 亿元。② 谷振之与陈葆初、蒋毂堂等大生高层之间存在着较为频繁的信件往来，时常以"避免公司蒙受无穷损失"为由索要经费，承诺率部保护棉田垦区。③

---

① 季方：《掘港保卫战前后》，海门县政协文史资料委员会编：《海门县文史资料》第9辑《季方同志在苏中》，北京：中国文史出版社1991年版，第21页；江苏省政协文史资料委员会编：《江苏文史资料》第99辑《肝胆照人显英才》，南京：《江苏文史资料》编辑部1997年版，第148页。

②《大生系统企业史》编写组编：《大生系统企业史》，第107页。

③《苏皖边区绥靖军独立第一旅谷振之与大生集团关于建筑碉堡、收租、运输及"集体垦荒增产建设新村试行农计划"等往来信件》（1944年9月1日），南通市档案馆藏，大生纺织公司档案，B403/111/104。

当然,"实业保安总队"已属日伪武装,在保护大生私利的同时,必然会与同在该地开展敌后游击的新四军发生摩擦与冲突,并对根据地实施"扫荡"。显而易见,在沦陷时期,陈葆初等大生高层存在向以董瑞符、谷振之等为首的"实警"予以经济援助的事实行为,而不论其系国民党抗日武装或日伪力量。这显示出"实警"始终带有大生纱厂私人武装的性质与色彩。陈葆初的目的即借助"实警"的力量确保自身及大生纱厂的生存与利益,在日本占领下依然可以控驭有限的"势力范围",充分表现出战争年代商人的身份属性——在商言商、占有利益,同时"灰色地带"中的政治忠诚将大打折扣。

值得一提的是,由于"实警"远走苏北跟随国民党及新四军抗日,后又被日伪击败并收编,大生各厂在明面上出现武装力量空虚,因而由江北公司出面,总经理植村修三于1939年9月21日向"南通县知事公署"(即伪南通县政府)提出申请:"因警戒及运输物品等事有警备之必要,请推贵属下巡警十五名,为常时或临时请愿警。"①经双方商议好月饷及人员分配后,10月"请愿警"到位,开始维护大生各厂治安与生产经营秩序,成为"军管理"时期至抗战胜利为止的武装力量。

二、工人的反抗与斗争

如果说大生"实警"是戍卫大生各厂的武装力量,代表着高层对日抗争,保障其与企业的利益,那么还有更为广大的、处于水深

---

① "请愿警"指旧时有钱者向政府雇佣的警察,即大生纱厂向伪南通县政府雇佣警察维护工厂安全与生产秩序,取代原有的"实警"武装。参见『請願巡警派遣申請ノ件』(昭和14年9月21日),南通市档案馆藏,南通县自治会(伪县政府)档案,A209/111/372。

火热中的工人,他们或自发组建抗日队伍,或在中共领导下走上抗日道路,既象征深受压迫的普通人民同样不屈服、不低头的果敢与勇气,也是以抗争的形式寻求生存空间。需要注意的是,在大生各厂的工人中,亦分化成两个阶层,一派聚拢于国民党及大生高层周围,是其拥趸,多以有一定经济基础的技术工人为主,另一派是最底层的手力劳动工人,多以周边地区农民出身的普通男工、女工为主,接受中共的领导与改塑。

(一)工人大队

在大生"实警"战力式微后,大生纱厂的抗日武装并未受到较大影响与冲击,以留厂工人中的技术工人为主,自发组建工人大队,成为"军管理"时期代表大生反抗日方的有效组织。

1925 年银团接管大生各厂后,李升伯等主要负责人实行厂务革新,裁汰冗员,改变了大生工人群体的常态分布(normal distribution)——不再以单一的周边或通海农民为主,而是引入新鲜血液,有一批来自上海、宁波等地的男性工人,辅助职员处理技术问题,成为介于职员与工人之间的新角色,名曰"技术工人"。技术工人入厂后,他们自成体系,与职员来往紧密,更受大生高层重视,潜移默化中与从事手力劳动的普通工人形成隔阂与间隙,致使工人内部生成矛盾与张力。

技术工人的核心人物是陈长庚,"就业唐闸大生纺织厂,日役役……自少有大志,在厂念〔廿〕年……身率工运,尤为时重"①。据陈长庚战友倪不畏回忆,陈长庚早年加入国民党,并在大生纱厂做工时参加了官方组织的工会,深受厂中来自通海地区的工友信赖,

① 杨同苏:《陈长庚先生传》,南通市档案馆藏,南通县自治会(伪县政府)档案,A209/112/731。

常常被推举出来调解工人纠纷、劳资冲突等,更于1931年5月5—17日作为工会代表在南京参加了国民会议。① 这段不同寻常的人生经历,使得陈长庚在大生工人群体尤其是技术工人中表现较为突出,不断收获威望,增添政治资本,更获得高层支持与默许。

抗战军兴,山河沦陷,多年阅历形成的政治敏锐性与自觉性开始发酵,加上逐步积淀的影响力与号召力,陈长庚自然而然地将工运与抗日相结合,走上组建工人大队(后扩编,改称江苏省第四区通海工人总队,简称"工总")的革命征程。"民国二十七年(1938)春,寇陷通城,进据唐闸,先生恐群工失业或为敌用,乃慨然以报国卫民为己任,集有志工人,组地方自卫队,筹经费,厘计划,购械弹,施训练,殚精竭虑。"②考虑到大多数大生工人不谙军事,陈长庚特前往上海邀请早年毕业于中央陆军军官学校南昌分校的倪不畏,出任工人大队的军事指挥官,训练缺少军事技能的工人。

在陈长庚的有力领导下,工人大队顽强地与日方战斗。陈长庚领导能力出色,能够统率住整支部队,纪律严明,不绑票,不敲诈老百姓,在掘港、石港、唐闸这一带深受群众拥护。③ 此外,陈长庚对驻守南通地区的其他部队比较尊重,相互支持,与国民党苏北第四区游击总指挥季方关系甚密,常听从调遣或配合作

① 陈康衡:《祖父陈长庚的抗战岁月》,老鬼等:《家族往事》,北京:生活书店出版有限公司2017年版,第112—114页。
② 杨同苏:《陈长庚先生传》,南通市档案馆藏,南通县自治会(伪县政府)档案,A209/112/731。
③ 倪不畏:《回忆陈长庚先生》,大丰县政协文史资料研究委员会编:《大丰县文史资料》第8辑,1988年编印,第88页。

战。[1] 可以见得,陈长庚在工人大队中的威望与统治力非同小可,能够较好地凝聚战斗力,使工人大队发挥自身优势,坚持不懈与日斗争,直至 1940 年 6 月 12 日陈长庚因病逝世。

工人大队另有副大队长王询,副官、秘书、书记官、各中队等,大队驻下家桥、陆艺堂。工人大队组织系统如图 4-2 所示。

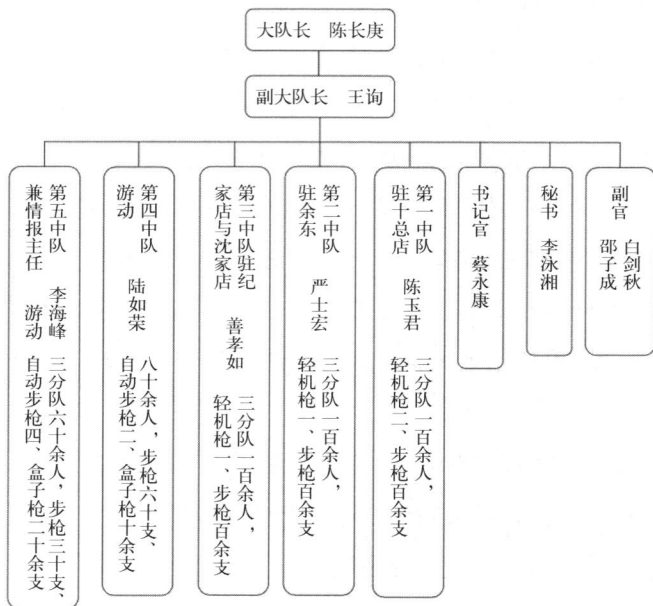

图 4-2　大生纱厂工人大队组织系统图

资料来源:『大生紡績公司ノ処置ニ関スル調査書』(昭和 15 年 6 月),南通市档案馆藏,大生纺织公司档案,B403/111/200。

说明:日文记载有误,经与工人大队多名成员后代确认,副大队长应为王勤,秘书应为李詠湘,第三中队长应为姜孝如。"游动"为游击的意思。

从图 4-2 看出,作为自发组建的抗日武装,工人大队组织严

---

[1] 倪不畏:《回忆陈长庚先生》,大丰县政协文史资料研究委员会编:《大丰县文史资料》第 8 辑,第 88 页。

密,武器装备良好。工人大队"在创立之初,仅备自己短枪一支,旋经以战养战,逐渐扩展,义帜甫举,群工争相投效。因兹由分队扩编中队、大队、总队,两年未竟,实力配备达五营以上"①。这与图中所示相一致,5个中队等同于5个营级编制,武器也涵盖步枪、轻机枪、盒子枪等。对此,日方亦有调查:"大生纺织公司原有实业大队,事变(指'军管理')后改为工人大队,当初兵力约二百人,后增至五百余人,从事妨害江北兴业公司之营业及棉花之收买事宜。"②

结合陈长庚在大生工人尤其是技术工人中的特殊地位,以及他与大生高层、职员间保持的良好关系,参照日方的调查,可以预见工人大队的经费、武器等部分承接大生"实警",得到资方默许,并在"实警"被国民党整编为地方抗日游击武装后接替保护大生纱厂的使命,"军管理"后更是取而代之,成为该阶段代表大生反抗日方的有力组织。

工人大队每周一召开干部会议一次,队长陈长庚部署任务,"每周必须实施特别工作一次:1. 妨害大生纱厂之营业;2. 从事割断电线;3. 暗杀"③。毫无疑问,游击作战是工人大队的主要抗日方式,有"夜袭日营(当于雪夜偷袭驻大生厂敌军,是役卤〔虏〕获枪械数达百余支),生俘敌酋等惊人战果"④。

"军管理"后,工人大队不仅破坏日方"委任经营"下的大生各厂,更将目标瞄准日军当局在南通扶持的经济统制机构——江北

---

① 《南通工运史略》,南通市档案馆藏,南通县政府档案,A208/117/177。

② 『大生紡績公司ノ処置ニ関スル調査書』(昭和 15 年 6 月),南通市档案馆藏,大生纺织公司档案,B403/111/200。

③ 《南通特务机关(喜多)对于处置大生纺织公司的调查书》(原件为日文),南通市档案馆藏,大生纺织公司档案,B403－111－622。

④ 《南通工运史略》,南通市档案馆藏,南通县政府档案,A208/117/177。

公司,干扰其生产经营秩序,以达抗日守厂之目的。依照日方统计,工人大队的破坏行为如表4-11所示。

表 4 - 11　工人大队破坏事例表①

时间	事例
1939 年 8 月 9 日	午后 7 时在十里坊割断电柱 2 根
8 月 19 日	丁堰镇达记布厂遭工人大队百余人袭击
10 月 1 日	五节桥附近铁柱被割 8 根
10 月 14 日	唐家闸东方入口铁柱 1 根被割
10 月 21 日	同上地点铁柱又被割断 1 根
10 月 30 日	伏于大生三厂内射击附近日方驻军,同时日方警备队遭遇工人大队 2000 余人袭击
12 月 9 日	天生港平潮镇间电柱 30 根被割
12 月 12 日	唐家闸下十哨被袭,死巡长 1 名,6 名被绑架去
1940 年 1 月 17 日	在大石桥东方,江北兴业公司从事运输所收买棉花中途受工人大队约百人袭击,后被警备兵击退
1 月 19 日	江北兴业公司第二厂(即大生一厂)里部铁柱 1 根被割,4 根受损
1 月 20 日	在十里坊附近铁柱 5 根被割,内 3 根搬去
1 月 23 日	在十里坊附近女工 10 余人之乘车派司(英文"pass"音译,即进出工厂的通行证,下同)被强夺去
1 月 31 日	唐闸某棉店来工人大队二十四五人,店主被绑而去
2 月 26 日	午后 5 时 25 分,唐闸北部分哨被击,其中 1 名当场死亡
3 月 1 日	午后 2 时 35 分,唐闸附近送电电线 1 处被割断

---

① 此系日方文献记载,为客观公正起见,故在引用时将其中日本天皇年号纪年法改为公元纪年法,"敌匪"等日方对抗日武装的蔑称改为第三方描述词汇。

续表

时间	事例
3 月 1 日	午后 1 时 20 分,身着便衣伪装工人之工人大队数名冲入江北兴业公司大门卫兵所,射杀警备队员绌田胜人 1 名,其他 1 人受伤,抢去步枪 16 支,手枪 2 支及子弹多数
4 月 7 日	从业员 20 余人在进餐时遭受袭击,其中 1 人绑去
5 月 2 日	唐家闸西南部电线被割断
5 月 16 日	同上

资料来源:『大生紡績公司ノ処置ニ関スル調査書』(昭和 15 年 6 月),南通市档案馆藏,大生纺织公司档案,B403/111/200。

检视表格不难看出,在不足一年的时间内,工人大队破坏频率高、效果好,不仅严重扰乱既有秩序,更引发员工生命安全问题,致使人心惶惶。据《南通工运史略》统计,工人大队"总计大小战役二百余次"[1]。其中,1939 年 10 月与 1940 年 1 月,是工人大队袭击、破坏江北公司及大生纱厂最为频繁的两段时间,成为日军当局不可忽视的心头隐患,本就惨淡的生产经营每况愈下。为打压来自技术工人的斗争行为,日方投入较多兵力,在南通及周边乡村展开"扫荡",意图摧毁工人大队这支不可忽视的武装力量。1940 年 4 月 14 日下午,伪南通县警察所侦缉队及日军获悉情报,于 16 日上午包围观音山东南包家圩张海山家,并与工人大队发生枪战,"死亡一名,重伤二名,当场捕获三名"[2]。

如是说,工人大队是以陈长庚为核心组建而成的抗日武装,其领导力不容小觑——"他过去领导工人运动的时候,通海启三县的

---

[1]《南通工运史略》,南通市档案馆藏,南通县政府档案,A208/117/177。

[2]《奖励有功人员名单及各地呈报盗匪抢劫案件与搜集共方之情报》,南通市档案馆藏,南通县自治会(伪县政府)档案,A209/111/368。

二万八千工人,凡所举措,可因他的一言而决"①。此语虽有夸张的成分,却也可窥探陈长庚的领导才能。并且工人大队组建后,"始终都由他亲自主持其事,不辞劳瘁"②。不难发现,陈长庚对工人大队倾注毕生心血,有效聚拢起工人,促使队伍迸发出巨大的抗日势能,效果骤增。然而,也是由于陈长庚的事无巨细、事必躬亲,"所有筹款、办械、编组、训练、抗战、卫民,以及统理内外一切事件,可说完全集于他的一身"③,领导权过于集中,"日处万机,他仍旧不辞辛劳"④。尽管"益爱于民,信于官,声名江北"⑤,却也留下弊端——其他成员过于依赖陈长庚所树立的威权与统治力,不能有效下探至普通队员之中,更未能持久生效,一旦领导力不存,队伍必将失控。

据倪不畏回忆,"这支部队的成员……当然也有不纯分子,但他(陈长庚)有领导能力,能统率得住"⑥。随着陈长庚病逝,工人大队主心骨缺失,对倪文中的"不纯分子"不再具有震慑作用,无法扼制住队伍内部腐化势力的萌芽与发展,工人大队的凝聚力与向心力迅速下跌,渐趋薄弱,很大程度上影响了工人大队的抗日效果。

---

① 芳草:《陈长庚先生之死》,南通市档案馆藏,南通县自治会(伪县政府)档案,A209/112/731。

② 芳草:《陈长庚先生之死》,南通市档案馆藏,南通县自治会(伪县政府)档案,A209/112/731。

③ 芳草:《陈长庚先生之死》,南通市档案馆藏,南通县自治会(伪县政府)档案,A209/112/731。

④ 芳草:《陈长庚先生之死》,南通市档案馆藏,南通县自治会(伪县政府)档案,A209/112/731。

⑤ 杨同苏:《陈长庚先生传》,南通市档案馆藏,南通县自治会(伪县政府)档案,A209/112/731。

⑥ 倪不畏:《回忆陈长庚先生》,大丰县政协文史资料研究委员会编:《大丰县文史资料》第8辑,第88页。

其后,工人大队历经倪不畏、李詠湘、褚菘宝(褚坚、褚松葆)等人领导,然而战斗力早已大不如前,加上沦陷环境的不断恶化,日伪的频繁"扫荡",工人大队的意志力锐减,与新四军冲突频发,甚至造成不必要的流血牺牲。

1941年4月,工人大队与新四军南通县警卫团二营分别驻于陆家庄、沈家店,双方步哨南北相望,仅一桥之隔。^① 时任刘桥区工委书记兼区长的宋祖望、二营营长陈文炳(陈彦明)等前往工人大队开展思想工作,进行和谈,争取一致抗日,结果遭到扣押,后被杀害,同时工人大队突袭二营驻地,副营长徐永恒中弹牺牲。^② 大浪淘沙,泥沙俱下,不少成员借机退出工人大队,剩余成员选择投靠日伪,队伍分化变质,抗日不复存在。

至此,前有大生"实警"后有工人大队,均在一段时间内坚持抗日,尤其是工人大队抗日效果显著,借助大生高层与厂方,工人大队"发行《苏民日报》随军工作,维系人心,振奋士气,厥功甚伟"^③,甚至一度成为日方心头之患。遗憾的是,二者的结局均是向日方屈服,令人唏嘘,充分体现其抗日斗争的有限性(limited)问题。这不仅是武装组织成员的意志不坚定与生存压力的迫切反映,更能凸显这两支在某种意义上受国民党控驭的武装力量在特殊时期所体现的思想局限性问题,即使陈长庚的领导力毋庸赘言,但随着他的去世,工人大队承受不住日方的利益诱惑及军事打击。

(二)普通工人的自发性抗争

普通工人是构成工厂的基础元素,也是推动工厂发展的手工

---

① 张慎思:《突围纪实——追忆宋祖望、陈文炳、徐永恒同志》,南通新四军研究会后代分会编:《父辈足迹——南通新四军老战士纪念文集》,2018年编印,第193页。

② 戴致君:《悲歌一曲慰忠魂——读祭四烈士文》,《博物苑》2017年第1期。

③《南通工运史略》,南通市档案馆藏,南通县政府档案,A208/117/177。

劳动者。包括大生纱厂在内的民族工业中,由于普通工人本身不占有生产资料,只能通过出卖自己的劳动力,受雇于资本家,获得工资、薪水等收入。同时,因为生产资料属于资本家,普通工人无法与生产资料实现真正意义上的结合,所以生产力必然会受到各方面的影响,进而影响工厂的生存。

大生纱厂开车以来,各厂工人出于保护自身利益的目的与经济诉求,书写了艰苦卓绝的奋斗抗争史,也是苦难求存史。办厂初期,张謇即制定《大生纱厂厂约》,其中规定:"考机器之坚瓠滑涩,纠人工之情惰精粗……厂工执事之功过,皆其功过。"①可以看出,张謇受西方工业技术影响,在大生纱厂内部执行较为严格的用工制度,等级森严。例如每天放工时,工人须经放工桥出厂,接受厂方的人身搜查,如若发现偷窃花纱,则要游厂及罚站示众,并永久开除;工人在厂内发生口角与打架,立即送官府惩办。② 诚然,以张謇为代表的资方具有绅商的天然身份属性,保持获益与维系生产是他们的重要考量,却也在无形中对农民出身的普通工人形成约束与压迫,为工运的产生埋下革命火种。

自张謇时期开始,大生各厂采取"六进六出"制度,即日班为早6点至晚6点,夜班为晚6点至早6点,普通工人的工作时长普遍在12小时以上。③ 由于休息时机器不停,工人必须时刻紧盯机器防止纱线断头,免受工头责罚,因而他们休息甚至吃饭时间被进一步压榨。此外,大生纱厂一方面与国内其他棉纺织厂相同,车间中

---

① 《大生纱厂厂约》(1899年),李明勋、尤世玮主编:《张謇全集》第5卷《章程·规约·告启·说略·帐略》,上海:上海辞书出版社2012年版,第8页。

② 《大生系统企业史》编写组:《大生系统企业史》,第34页。

③ 吴昊翔:《近代南通大生企业工人状况研究(1895—1949)》,硕士学位论文,山东大学,2009年,第29页。

布满了纺纱、织布产生的飞花,或落在工人身上,或被工人吸入体内,引发各种疾病;另一方面工伤事故频发,机器故障致使工人受伤,并且得不到及时、有效的救治。大生三厂工人自编自创的歌谣《做工真苦恼》有云:"腌□冷饭汤淘淘,三扒两咽肚里倒,看见车上象〔像〕火着,搁仔饭碗车上跑,想想做工真苦恼,拼死做煞吃勿饱。"①

底层工人作为大生各厂规模最为庞大、人数最为众多的阶层与群体,虽然无论其文化水平、思想开化程度,抑或是整体战斗力与凝聚力,均低于技术工人,不可忽视的是,普通工人以其紧密的联系度可以迅速熔铸影响力与凝聚力,在大生纱厂这样的场域与空间内发挥出最大的效用。唯此,工人们渐成团体,通过罢工、怠工甚至离厂等形式向日方做抗争。

其一,罢工。罢工是普通工人反抗压迫最为常见也是效果最为显著的斗争方式,这也是一种政治活动。有着"优良"罢工传统的大生纱厂工人们,在"军管理"时期多次掀起罢工浪潮,控诉日方的罪行,整理如表4-12所示。

表4-12 "军管理"时期大生各厂工人罢工一览表

时间	罢工经过
1939 年 11月 12 日	江北公司不明内地工作情形,待遇工人亦欠公允,体罚任便,怨声沸腾,工人曾集合多人向地方当局请愿,并谣传有罢工之说,江北公司以机工傅保有鼓动嫌疑,送交警备部侦查,嗣经傅保设法说项,得仍送厂发落,江北公司日籍职员多人乃群起攒殴,驱逐出厂,以泄宿怨,缘在八月间该工因细故被日员捆殴,一时气愤,曾加还击,事为该公司人事股得知,以双方互殴,未予深究了事。说者谓此次该机工被捕遭辱,或出于报复所致云

————————————

① 《三厂传统歌谣》,南通市档案馆藏,大生第三纺织公司档案,B406/111/227。

时间	罢工经过
1940 年 2 月 3 日	一厂织布工场工人罢工后由警备队长调停,每人发给存工二元,乃于五日恢复工作
1940 年 9 月	工人以所得工资不能糊口,自动停工者甚多
1941 年 9 月 9 日	一厂全体工人因一、副厂工资不平衡,曾一度罢工要求增加工资
1941 年 11 月	工人因生活日高,工资不能生活,相率停工,江北公司通告增加工资,工人百分之二十,职员百分之十六
1941 年 11 月 7 日	副厂、三厂工人要求增加工资,曾停工数日,后经允许复工

　　资料来源:《日寇占领大生对工厂破坏情况及大生厂工人零星罢工事件》,南通市档案馆藏,大生一厂(副厂)档案,B404/111/169。

　　从所载记录来看,"军管理"时期工人罢工的主要原因是工资问题,即生计与生存上的问题。不同于 20 世纪二三十年代的罢工,彼时的直接原因是劳资关系上的对立与冲突,工人与资本家之间就利益问题有着不可调和的不平衡性,如今的根本原因则是生存,工人不再寻求利益上的分享甚至占有,而是在沦陷区内、在日本统治与控驭下糊口度日。尽管工人们基于有限的知识与思想,对民族国家意识、民族主义这类政治概念不甚理解,但战争激发的民族情感,可以使工人们暂时放下劳资冲突,仅出于生存压力向日方罢工抗议。故而,即使两个时期的罢工均有着相同的表现形式——寻求工资上的突破,其背后暗含的原因却有着本质性差异,前者是有尊严的生存,后者是最低限度的生存。

　　其二,怠工。受制于日方统治,罢工往往会招致其血腥的镇压与毒打,从而进一步加深压迫。因此,消极怠工成为更多工人反抗的有效途径与手段。最为典型的怠工方式即为"东洋曲"与"跑上海"。

"东洋曲"即"做曲",就是磨洋工的意思,是反抗斗争的一种重要形式,工人们便称之为"东洋曲"。[1] 每天,工人们一上班,先把机器呼噜噜地开上一阵,装作一本正经投入生产的样子,可是等不到一小时的工夫,除了排放在边上的机器以外,其余的都三三两两地关掉了。[2] 开着的机器也大都是在空转着,出现断头、空管等现象也没人去管。工人们在机器之间的过道里聊聊天、打瞌睡,或者到厕所去坐一会儿,使他们疲惫的身子得到放松和休息。[3] 有些女工还把从家里带来的针线活拿出来做做。一旦把风的工人看见监工、领班来到车间,便预先发出警报,于是先前在休息的工人又迅速回到自己的机器前,装作工作的样子。等他一走,工人们又重新做起"东洋曲"来,任由机器空转。这样一来,生产效率只有正常生产的四分之一左右了。[4] 歌谣有云:

三来三样

夜壶来了,车弄堂里跑跑装装样;

白鼻头来,眼乌珠朝伊张张;

摇车头来,跟跟大帮跑跑白相相。[5]

---

[1] 吴昊翔:《近代南通大生企业工人状况研究(1895—1949)》,硕士学位论文,山东大学,2009年,第44页。

[2] 曹婷婷:《南通纺织女工研究(1895—1949)》,博士后出站报告,北京大学,2010年,第45页。

[3] 曹婷婷:《南通纺织女工研究(1895—1949)》,博士后出站报告,北京大学,2010年,第45页。

[4] 大生一厂厂史编辑室、中共南通市委革命史料编辑室、南通市文联厂史工作组编:《大生一厂工人斗争史》,第179页。

[5] 南通市文联编:《南通纺织工人歌谣选》,第52页。白话释义:领班来了,就在工场车间里做工装装样子;工头来了,眼睛注意着他往哪里走;指导工来了,跟着大家伙儿做做玩玩。

在开展"东洋曲"的斗争中,有些工人暗中在机器的传动装置上做手脚,使机器运转失灵,工人们便借口"机器不灵光,做死也不出活儿",为怠工寻找借口,大大降低了生产效率。[1]

"跑上海"即偷纱。当时南通城有很多人往来于通、沪之间贩运货物,称为"跑上海"。如果说"东洋曲"使机器设备在作用上大打折扣的话,那么"跑上海"就是让原料和产品从工厂转移到工人家庭中。[2] 工人利用放工的机会,将厂里的棉花、纱和布夹带出来,或带回家做衣服用,或兑换成生活必需品,弥补工资的不足。[3] 歌谣有云:

横竖勿出头

做厂横竖勿出头,
大生厂,老娘舅,
问我为啥要偷?
工钿少,负担重,
月底呒米,冷天呒被;
为了活下去,至少动脑筋,
偷,碰碰额角头![4]

---

① 吴昊翔:《近代南通大生企业工人状况研究(1895—1949)》,硕士学位论文,山东大学,2009 年,第 45 页。

② 吴昊翔:《近代南通大生企业工人状况研究(1895—1949)》,硕士学位论文,山东大学,2009 年,第 45 页。

③ 曹婷婷:《南通纺织女工研究(1895—1949)》,博士后出站报告,北京大学,2010 年,第 46 页。

④ 南通市文联编:《南通纺织工人歌谣选》,第 80—81 页。白话释义:在厂里横竖不要出头,大生纱厂,工头威严,问我为什么要偷纱,工钱少,负担重,月末没有粮食吃,冬天没有被子盖,为了活下去,只能想办法,碰碰运气去偷纱。

由于工人们出厂时必须经过搜身检查,搜身俗称抄腰包,女工须经搜检妇(即工人口中的"抄腰妇")检查,男工须经守门的巡丁(即工人口中的"门兵"或"门丁")检查,加之"军管理"时期日方对工厂严格管控,搜检妇及巡丁收入大减,因此工人们为顺利将棉纱布匹运出厂外,往往对搜检妇及巡丁施以好处,以求放行。这从张连珍、陆小妹、王兰英、顾小妹、缪红英、朱兰英等工人的口述实录中均能体现。

张连珍:自从日本人来了以后,我们的日子越过越难过。当时我这样想:他日本侯赤手空拳来吃我们的血,我们还要受他们管,太不合理了。我不服气,加上日资也过不下去,就和大家一起偷纱,和抄腰妇联络好的。[①]

陆小妹:没有办法(指生计问题),只好一起偷纱,我被打过不知多少次,派司就被收过四五次。

王兰英:日本鬼子在厂时,日子实在不好过了,我就和大家一起偷纱。我们逢礼拜天就用大鱼大肉、酒等等,给抄腰妇吃。

顾小妹:日本人来了以后,我们不得不组织起来偷纱。我们和抄腰妇联络。例如我找了外号"大奶子"的抄腰妇,对她说:"我们大家过过生把!我们饿死了你也就没有这个抄腰妇做了。"后来,我们一个星期给她两块钱,每逢礼拜天交钱。从此我们身上一绑就是十几团纱,裤管特别大。我们走车间后面的小门,那种门上是有电的,我们又和管电的联络好,电一关我们就走。管电的也分钱给她。有一次,我翻墙,从墙上头

---

① 本段及以下 6 段均出自穆烜、严学熙编著:《大生纱厂工人生活的调查(1899—1949)》,第 45、79、95、97—98、99、150 页。

跌下来，却一点也不疼，因为我身上绑了五包团纱，是最多的一次，跌到地上，软绵绵的。

1941年有一天，我和沈素英等四个人给了布厂的小工两块钱，就拿了十车洋布。正要走，眼看前面日本当班先生（外号叫硬脚子）来了，我们立即把布拖到钢丝车底下，用脚花盖了起来。等他走过了，我们四个人分了拿，从清花间的一条地洞跑出去。

缪红英：日本人开厂时，大家就是要偷的。拿两个钱也买不到东西，不偷的人就不得过日子。我当然也常偷。和搜腰包的要通相，走到门口，她查到，你点点头，就放你过去了。要塞钱给她，根据多少来给，实际上她是坐地分赃。

朱兰英：抄腰的大部分是上海人，我们和他们联络好，给钱。如果日本人抄得不紧，我们跑一趟就给一块钱他；假如日本人抄得紧，我们跑一趟就要给两元钱。好些警察专门在门外转，给他碰上了也得给他块把钱。我的身上最多绑了十二团纱，我们做了一夜的纱，自己要偷，还要卖。细纱间、织布厂的来买，一角一团。做小工的卖得最多，一卖就是整袋整袋的向外拖。

工人们的偷纱行为连上海的大生总管理处也略知一二。据总管理处所藏的各厂来函显示，1941年1月3日，一厂职员向总管理处汇报，称"门丁陈根生串通偷纱之事……此股风波亦不幸之大幸也"[1]。职员认为工人偷纱是"大幸"，带有暗中支持、抵抗日本占领的态度，总管理处无论态度如何却也鞭长莫及。受偷纱影响最大

---

[1]《日寇占领大生对工厂破坏情况及大生厂工人零星罢工事件》，南通市档案馆藏，大生一厂（副厂）档案，B404/111/169。

的是日方"经营"者，自己的破坏与攫夺，加之屡禁不止的工人罢工与怠工，"军管理"时期大生各厂的生存摇摇欲坠，生产几乎呈直线下滑。因此，日方对工人的偷纱行为深恶痛绝，一经发现后果会非常严重。从表4-5中亦能看出，一旦被日方查获偷纱，轻则对工人施以打骂、收去"派司"开除出厂，重则施加剥光衣服示众、摔东洋筋斗、灌肥皂水等肉体与精神上的双重折磨，工人非死即伤，生命安全大受威胁。

缪红英说："我们摇纱间的赵琴珍偷了纱，被日本人捉住，把衣服剥光了，绑在人事科门口示众，等放工过了才让她走，下次放工的时候再示众。"①王兰英说："有个工人叫金二，因偷了纱被反绑在大礼堂门口，用水龙头冲他的脸，不准动，一动就用枪拐子打。水冲了，再放下来摔筋斗，几个鬼子在他的身上踏。被打伤了，到家就吐血，以后就一直不能做了。"②顾小妹说："有一次，身上绑好了纱，碰上那个硬脚子（日本当班先生），他立刻用竹子打我，还从我身上把'派司'抢了去。我一点也不敢做声，怕他剥了我的衣裳、灌我肥皂水。就这样，丢了这个饭碗。"③张连珍说："就在日本人来的第二年，那时是个夏天，我拿了八团纱，从放工桥经过，已跑过了门。那个日本人见抄腰妇不抄，就把我喊住了，一发现，狠狠打了我几下，就要拿我的派司。我死死抓住派司不放，他拼命地抢，又要打我，我只好放手了。"④夏友珍说："男工偏偏从我的棉条筒里拿（纱），一次给工头银凤看见了，她报告了日本人，我被打了个要死。用鞭子打，用水浇。我脚都跪青了，动也不让我动一动。还叫我们

① 穆烜、严学熙编著：《大生纱厂工人生活的调查（1899—1949）》，第99页。
② 穆烜、严学熙编著：《大生纱厂工人生活的调查（1899—1949）》，第95页。
③ 穆烜、严学熙编著：《大生纱厂工人生活的调查（1899—1949）》，第98页。
④ 穆烜、严学熙编著：《大生纱厂工人生活的调查（1899—1949）》，第45页。

四个人站在棉条筒儿上示众,又把我的派司收了去。"①

　　"东洋曲"与偷纱这两种怠工行为,既可以理解成这是受民族主义影响的抗争方式,又可以理解成这是"弱者的武器"。与基于生存底线与原则的罢工相比,这两种怠工行为的出发点是反抗日方的压迫与剥削,境界与意义要高于前者,更是特殊形式的生存方式。虽然来自周边农村的普通工人并没有形成较成体系的国家观念与民族意识,但这并不代表他们不会采取以御侮、救亡为目标的"保家卫国"。② 当然,工人们采取的反抗行为,达不到"共纾国难"的层次,更多是反抗日方的暴力"经营",即反暴力,却在不经意间体现了沦陷时期每一位国人应有的政治觉悟。无论是"东洋曲"或是偷纱,都是普通工人仅有的"武器",这在分层严重的社会中显得尤为辛酸。长期生活在底层的普通工人,出于生计的压力不得不进入日本"军管理"下的大生各厂做工,受日方的压迫与剥削,不得不运用"弱者的武器"进行隐秘性的反抗,也是顽固、持久和难以削弱的反抗形式,以低姿态的反抗技术进行自卫性的消耗战,用坚定强韧的努力对抗无法抗拒的不平等。③

　　在这两种怠工行为内部,偷纱与"东洋曲"有着本质区别。显而易见,偷纱付出的代价远高于"东洋曲",不仅是殴打、凌辱等肉体与身体的双重折磨,更有可能带来失去工作甚至丢失性命的生存威胁。所以,虽然偷纱对工人们而言,其机会成本甚高,但依然屡禁不止,且其规模与影响是"东洋曲"无法比拟的。这是生存压力所导致,亦可以理解为工人对日方高压政策的有

---

① 穆烜、严学熙编著:《大生纱厂工人生活的调查(1899—1949)》,第 172 页。

② 张福运:《"孤岛"时期上海劳资关系中的民族主义》,《近代史研究》2016 年第 2 期。

③ [美]詹姆斯·C. 斯科特著,郑广怀、张敏、何江穗译:《弱者的武器》,南京:译林出版社 2011 年版,第 367 页。

限抗争,即先生存后抗争。并且,偷纱行为本身具有合理与不合理的双重属性,合理在于能够一定程度上缓解工人的生存困境,不合理在于无形中加剧了大生纱厂的经济损失,成为其寻求生存空间的内部阻力。要而论之,无论是合理或是不合理,均是"军管理"这段黑暗岁月中特殊环境下的特殊产物。

三、中共领导的工人抗日武装

在 20 世纪中国的政治变革中,工人运动(labor movement)起了重要作用。[1] 中国的工人运动与中国共产党之间存在着重要的联系,尤其是在中共活动较为频繁的农村地区。尽管南通城在张謇的规划与领导下进行着近代化的"产业革命",农村农民出身的工人却依然在大生各厂占有较大比重。

1926 年 4 月,南通地区最早的中共党组织——中共南通独立支部在大生纱厂内成立,正式建立起中共与大生之间的联系。1929 年 2 月 17 日,中共南通县委撰写《南通工运报告》,其中指出:"南通为江北工业区,有大小工厂数十所,新旧式工人十万,工人所受的压迫极大……如能指挥得法,南通工人运动,定能发展……先要从最要紧的工厂入手,南通最好的工厂对象,便是唐家闸的大生第一厂(分新旧两厂)……"[2]由此可知,中共的正确领导与指挥,是大生工运强有力的助推器与催化剂。

1930 年 11 月 28 日,在大生三厂所在地海门,中共海门县委指出:"现在对三厂工作的策略:继续组织政治罢工,准备政治示威,

---

[1] [美]裴宜理著,刘平译:《上海罢工:中国工人政治研究》,北京:商务印书馆 2018 年版,第 3 页。

[2] 《南通工运报告》(1929 年 2 月 17 日),南通市档案馆藏,中共南通县委员会档案,C110/111/2。

捣毁县党部。"①可以看出,罢工是中共领导、组织工运的主要方式,可以直接影响厂方的生产与经营,从而达到斗争目的。从这层意义而言,全国各地的罢工运动,也是这一阶段最为常见的工运。1925—1933 年间,大生纱厂先后爆发"大洋改小洋""三月大罢工"和反裁员罢工等数次规模较大的罢工运动,其中尤以 1933 年影响甚巨,甚至爆发流血冲突,史称"五月的怒潮"。遗憾的是,南通地区的中共党组织,不幸在此次罢工中暴露,遭到国民党的血腥镇压,地下党组织亦受毁灭性打击。

全面抗战爆发后,由于抗日救亡的迫切需要与民族矛盾的迅速升温,大生纱厂内涌现出一批进步青年,以表现积极、活跃的职员宋祖望为核心,决意走上争取民族解放的战场。1937 年冬天,宋祖望带领职员张慎修、工人孟桂林等开展读书、歌咏和抗战形势研究等抗日救亡活动。② 以宋祖望为中心,张慎修、孟桂林、王治平、邵野、陆斌(陆志英)、陈瑛等职员、工人积极寻求共产党的领导。③张慎修弟弟张慎思回忆:"大哥(张慎修)与同厂职员宋祖望同志朝夕相处,感情很深,宋思想进步,渴望真理,大哥深受影响……以宋祖望同志为首的秘密抗日活动组织已在工厂展开活动,大哥是其中主要骨干。"④

南通沦陷后,日方在不断冲击"德产"外衣下的大生纱厂的同

①《海门县委报告——关于工人斗争的形势及工厂工作的策略》(1930 年 11 月 28 日),南通市档案馆藏,中共海门县委员会档案,C111/111/8。
② 江苏大生集团有限公司编:《一百二十年大事记》,第 36 页。
③ 孟桂林:《建国前的大生一厂党组织》,南通市政协文史编辑部编:《南通文史资料选辑》第 14 辑,1995 年编印,第 80 页。
④ 张慎思:《永远怀念大哥张慎修同志》,南通新四军研究会后代分会编:《父辈足迹——南通新四军老战士纪念文集》,第 189 页。

时,暴力对待工人。工人回忆:"(日方)用麻绳或纱绳乱打我们工人,把我们工人打得浑身满脸血淋淋。"①鉴于空前激化的民族矛盾,工人遂采取行动,"在鬼子登陆的第三天,大批工人和近郊的农民在一起,对敌人据点进行游击活动,破坏公路、电线、缴枪,活捉鬼子等,我们厂里的工人朱炳生、施□九、任海清等同志,缴获住在纺校日本警备队的四十九支枪"②。

女工陈瑛回忆:"1938年6月,宋祖望同志在大生一厂内发起建立了秘密抗日组织,共有进步职员和工人十多人,由宋祖望教我们唱革命歌曲,还拿来许多进步书刊给我们看,并定期集会讨论。"③正如《昆厂劳工》所述,职员和工人在经济基础、知识文化方面存在相当差异,陈瑛妹妹苏洁亦说:"职员和工人之间差别是很大的,职员收入要比工人高得多……职员和工人之间并不平等,工人称呼职员为先生,等级观念很深。"④由此可见,身为职员的宋祖望、张慎修,能与孟桂林等工人保持良好的关系,既是近代工厂里相当罕见的个案,更能反映出抗日思想与民族主义经历积淀与发酵,可以产生较大的凝聚作用。同为进步青年的职员与工人,纷纷浸润于其中,逐渐消除固有的隔阂与界限,共同踏上革命征途,推动工运向抗日斗争转变。

在宋祖望的动员、领导下,大生纱厂工人反抗日本侵占、重建党组织的愿望与呼声水涨船高。1938年8月,中共江北特委(以下简称特委)在上海成立,唐守愚任书记,并与陈伟达、吴佐成(原名吴子良)

---

① 《解放前大生一厂工人运动》,南通市档案馆藏,大生一厂(副厂)档案,B404/111/291。
② 《解放前大生一厂工人运动》,南通市档案馆藏,大生一厂(副厂)档案,B404/111/291。
③ 彭京生、吴先斌、边红月访谈、整理:《新四军老战士陈瑛口述实录》(未刊稿),访谈时间:2012年10月23日,访谈地点:南京市廖家巷。
④ 张若愚、徐静玉、黄铖、郭宇菁访谈、整理:《新四军老战士苏洁口述实录》(未刊稿),访谈时间:2021年3月2日,访谈地点:南通市文峰社区。

两位同志来南通地区开辟革命工作。① 9月，中共中央召开六届六中全会，确定了大力发展华中的战略方针。这一阶段，在苏南敌后游击抗日的新四军第一、二支队也准备响应号召，"向北发展，向东作战，向南巩固"，东进北上，开辟苏北抗日根据地。经宋祖望与特委取得联系，9月，特委委员陈伟达在如皋马塘约见了大生纱厂另外两位进步青年工人孟桂林、王治平，了解厂内工人及生产状况。② 10月，孟桂林经陈伟达介绍加入中国共产党，受组织安排继续潜伏于大生纱厂，准备重建党组织。该年冬天，大生纱厂内部建立起由孟桂林、邵野、俞清三人组成的党小组，俞清任组长，不仅标志着中共党组织重建迈出关键一步，更意味着工人抗日武装诞生在即。

　　1938年冬，大生纱厂地下党支部复建完毕，特委派来的女党员孟一如任支部书记，俞清任副书记。③ 11月，"抗战支队南通独立分队"④（以下简称"独立分队"）成立，王治平任队长，"这是抗战初期我党在南通控制、培养的第一支以产业工人为主体的抗日武装，队伍中还有唐闸附近的一些农民"⑤。"独立分队"由宋祖望指挥，

---

① 孟桂林：《建国前的大生一厂党组织》，南通市政协文史编辑部编：《南通文史资料选辑》第14辑，第80页。

② 孟桂林：《忆南通工人抗日武装斗争》，天津人民出版社编：《陈伟达纪念文集》，天津：天津人民出版社1996年版，第73页。

③ 大生一厂厂史编辑室、中共南通市委革命史料编辑室、南通市文联厂史工作组编：《大生一厂工人斗争史》，第162页。

④ 抗战支队系国民党地方游击部队，于1938年6月组建，全称是江苏省民众抗日自卫队独立第一支队，下设两个大队，支队长吴卫久，中共外围人士梁灵光任政治处主任，实际负责部队日常工作。在梁灵光的动员、组织下，抗战支队不断吸收进步青年，秘密发展党组织，逐渐形成一支拥有国民党番号的中共抗日武装。参见中共南通市委党史工作办公室编：《转战江海平原》，1997年编印，第6—13页。

⑤ 程俊贤：《抗日战争中的我的一家》，程晓明、程鸽、程晓春编：《永远跟党走——程俊贤苏洁南通文存》，第195页。

在大生纱厂周边游击作战。"他(宋祖望)带了很多工人下乡去抗日,成立武装部队,番号是'抗战支队',他们的武装经常在刘桥、唐闸之间作战,纪律很好,作战很勇敢。"①12 月初,特委与大生纱厂地下党支部里应外合,陈伟达深入厂内,邀请部分工人召开抗日形势座谈会,对工人的思想认识与抗争准备作充分推动。② 该月,陈瑛、陆斌在宋祖望的介绍下加入中国共产党。自此,一支具有坚定信仰的工人抗日武装正式组建,他们借助民族主义所蕴含的巨大效能,将身处大生纱厂这一共同场域之中的底层工人凝聚起来,担当起抗日主心骨的角色。

在中共的思想引导下,借助日方"军管理"大生纱厂之机,陈伟达、宋祖望等先后动员 300 多名工人参加"独立分队",其中有 30 多名女工,另建妇女分队,陈瑛、陆斌为班长。③ 陈瑛回忆:"1939 年 2月,组织决定我离开工厂,我就住在唐闸陆斌的家中,和她每天分头到工房里对工人进行抗日宣传活动。4月,组织决定我和陆志英带领女工近 30 人到如皋县马塘镇参加抗战支队新成立的'独立妇女分队'……当时,独立妇女分队驻在马塘镇的一个尼姑庵里,共分 3个班。"④

1939 年四五月间,"独立分队"扩编为"独立中队",江庆曾任中队长,王治平任副中队长,宋祖望任指导员。夏天,特委将"独立中

---

① 《解放前大生一厂工人运动》,南通市档案馆藏,大生一厂(副厂)档案,B404/111/291。
② 大生一厂厂史编辑室、中共南通市委革命史料编辑室、南通市文联厂史工作组编:《大生一厂工人斗争史》,第 164—165 页。
③ 孟桂林:《忆南通工人抗日武装斗争》,天津人民出版社编:《陈伟达纪念文集》,第 75 页。
④ 陈瑛:《关于独立妇女分队的回忆》,南通市妇女联合会、中共南通市委党史工作委员会编:《巾帼壮歌——南通新民主主义革命时期妇女运动史料选辑》,北京:中国妇女出版社 1993 年版,第 84 页。

队"调往马塘,编入由陈伟达担任大队长的抗战支队第二大队,成为第二大队的骨干力量。[1] 在此基础上,"独立中队"留下了李海珊(大生一厂修机间工人)、程俊贤(大生一厂原动部工人)等一部分工人,以抗战支队第二独立分队的名义,留在唐闸附近农村中,继续发展武装,坚持抗日活动,同大生工人保持密切联系。[2] 该分队队长由李海珊担任,特委派遣孙燮文担任指导员,俞清任班长。程俊贤回忆:"'独立分队'有党领导的政治工作,地下党派来了政治指导员经常进行思想政治教育,'独立分队'的人员都要按'三大纪律八项注意'的要求去做。"[3]显而易见,这支中共领导的大生工人抗日武装,已经建立起较为完善的地下党组织架构,确保抗日武装斗争的持续性与统一性。

并入第二大队的"独立中队",开创了城市党的秘密工作与城郊工人游击队相配合的新局面:李海珊分队在唐闸西洋桥打死伪警哨兵 1 名,缴获派出所 10 余支枪;在北川桥伏击打死日本兵;又在唐闸冲进日本丰福洋行,缴获大量钞票;还在城闸公路活捉日本人等。[4] 或许其中难免有夸大的成分,但通过其相关成员的口述内容,亦可得到基本佐证。据李海珊部武装成员王质夫口述:"(我们)获悉情报后,决定在北川桥伏击送午饭的日军。经过周密计划,由管文林和陈文炳两个分队去执行任务。管文林一队……埋

---

① 大生一厂厂史编辑室、中共南通市委革命史料编辑室、南通市文联厂史工作组编:《大生一厂工人斗争史》,第 167 页。

② 大生一厂厂史编辑室、中共南通市委革命史料编辑室、南通市文联厂史工作组编:《大生一厂工人斗争史》,第 167 页。

③ 程俊贤:《抗日战争中的我的一家》,程晓明、程鸽、程晓春编:《永远跟党走——程俊贤苏洁南通文存》,第 195 页。

④ 孟桂林:《忆南通工人抗日武装斗争》,天津人民出版社编:《陈伟达纪念文集》,第 76 页。

伏在北川桥理发店里,陈文炳一队……在大洋桥北边跟踪日军,用扣捉狗子的办法,从后面用绳扣儿向坐车的鬼子颈项扣去,把他勒死。"①

"独立分队"与"独立中队"奉党的游击部队生存方针"面向敌人据点,自力更生"为圭臬。当时,部队从抗战支队既领不到多少粮饷,在地方上又坚持不收捐税,因此给养相当困难,不仅不发薪饷津贴,有时一天两顿也不周全。② 程俊贤回忆:"独立分队虽有番号,但上级不给钱,不给枪支弹药,不发被服,一切自筹。"③因此,部队需要解决队员的生计与抗日的经济需求,生存压力颇为沉重,前文所述的冲入日本丰福洋行,便是既抗击日本经济统制又抢夺钱财作经费支撑。1939 年秋,"独立中队"伪装成棉花商贩,进入丰福洋行,利用其内部日本员工防备不足一面剪断电话线,一面持枪控制他们,获取了多达 5 000 元左右的钱财,迅速离去。④

对比工人大队与"独立分队"的抗日轨迹,同为大生工人的抗日武装,由于领导力的不同,呈现两个模式,两种面相,两条路径。追本溯源,一方面,工人大队多由技术工人组成,大部分来自"十里洋场"的上海、宁波等城市,日常接受先进、进步思想意识的熏陶浸濡,且自"一·二八"事件以来,积蓄起较为强烈的抗日斗志,更易受民族主义影响与鼓动;"独立分队"成员普遍是从事手力劳动的

① 王质夫:《唐闸北川桥袭杀日军一名》,南通市政协委文史资料研究委员会编:《南通文史资料选辑》第 5 辑《纪念抗日战争胜利四十周年》,第 95 页。
② 大生一厂厂史编辑室、中共南通市委革命史料编辑室、南通市文联厂史工作组编:《大生一厂工人斗争史》,第 168 页。
③ 程俊贤:《我的革命经历》,程晓明、程鸽、程晓春编:《永远跟党走——程俊贤苏洁南通文存》,第 155 页。
④ 大生一厂厂史编辑室、中共南通市委革命史料编辑室、南通市文联厂史工作组编:《大生一厂工人斗争史》,第 169 页。

普通工人,多来自周边农村,文化程度低甚至普遍文盲,思想上较为落后,初心与动力即是生存,同时也具有较强的可塑性,易于受中共领导与动员。另一方面,工人大队因大多从事技术工种,在经济上可以积累一定财富,复又继承大生私人武装的枪支弹药,故在经费问题上相对宽裕,加上队长陈长庚多年树立的政治威望与领导才能,使其战斗力空前凝聚,斗争效果显著;"独立分队"由于缺乏经济基础,加上中共的游击战政策,经费上捉襟见肘,需要在寻求生存与坚持斗争之间勉力维持平衡,压力颇为沉重。

史国衡在《昆厂劳工》中指出,不仅工厂中存在工人与职员的分野,工人内部也会划分层级,技工在任何方面都要表现得高出别的工人一等,技工之歧视帮工、小工正与职员之歧视工人同。① 这不是某个工厂的特殊现象,而是民国时期劳资冲突背景下的普遍反映。因而,工人大队与"独立分队"之间存在的经济、思想、动力等多方差异,与大生纱厂内部等级森严、环环相扣的"食物链"密切相关,最终影响了二者的抗日路径与模式,造成矛盾重重,张力平衡趋于破裂。

陈长庚曾在官方组织的工会中任职,调解劳资纠纷过程中不可避免地带有政治色彩,一定程度上损害了工人既得利益,阻碍了他们的生存诉求。"独立分队"队员们称:"工贼陈长庚、李海峰、王勤等人,纠集了一批溃散的实警,窃取了厂方用来遣散工人的两个月工资的解散费,联合了唐闸附近的某些大地主,组织了这支武装,这是一支国民党复兴社控制的反动武装,并不抗日。"② 作为回

① 史国衡:《昆厂劳工》,第112—116页。
② 大生一厂厂史编辑室、中共南通市委革命史料编辑室、南通市文联厂史工作组编:《大生一厂工人斗争史》,第171页。

应,工人大队对"独立分队",或冠以"共产党"之谓,或以待遇、薪酬拉拢成员,称"同为大生厂的人",或向抗战支队诬告称"独立分队"行为不轨,意图将其解除武装或调离防区。1939年四五月间,工人大队联合国民党地方游击队张能忍部,突然将"独立分队"包围缴械并绑走宋祖望,后经第三方调停交涉才发还枪支,释放宋祖望。[①]经过此番摩擦,双方之间的误会愈难调和,更为之后宋祖望牺牲、工人大队投日埋下伏笔。

随着国共两党在抗战相持阶段关系持续恶化,1940年后苏北、苏南新四军活动愈发艰难,韩德勤不断指使各部队压榨其生存空间。抗战支队及"独立中队"依然是表面上归附于国民党战斗序列的游击部队,受此大环境的影响,亦接到命令进攻新四军。仓促之下,尚未来得及通知新四军,"独立中队"便北上"围剿"。在此过程中,"独立中队"被拆散分入两个大队,其中一大队由地下党领导起义,归入新四军,另一大队第五中队中地下党员身份暴露,大生一厂成包间工人王野侯、余祖有等13名战士遇害,另有17名负伤。宋祖望严正申辩,高唱抗日无罪,怒斥对方,在其争取下第五中队解散,宋祖望等带领部分战士加入新四军继续抗日。至此,由中共领导的大生工人抗日武装结束使命,工人们继续在新四军中发挥力量,反抗日本侵略,实现较高价值与意义层面上的生存。

相较于工人大队只有单一的领导人物,且无法恒定,亟需思想与精神层面的领导力,方能充分积蓄、形成战力,中共可以将民族主义、共产主义等思想意涵嬗递为不竭精神动力,领导大生工人较为彻底地走上革命道路,选择加入新四军这一归宿,投身于抗日洪涛之中,

---

① 大生一厂厂史编辑室、中共南通市委革命史料编辑室、南通市文联厂史工作组编:《大生一厂工人斗争史》,第171页。

实现超越基本生存需求的斗争意义,价值甚高。

　　除武装抗日外,仍有一定数量的工人因生计等问题被迫留守大生纱厂做工,中共对他们采取相类似的动员与领导,通过自发的工运斗争,寻求生存空间,其中偷纱便是最为突出的斗争方式。沦陷时期,中共提出"物资回老家,中国人生产中国人拿"的宣传口号,由厂内的地下党员通过工人组织的商号、货栈等进行储存和中转,然后秘密依托各种渠道运送至苏北抗日根据地。① 毫无疑问,作为南通乃至江北经济支柱的大生纱厂,必然会成为新四军的物资供应站。② 据不完全统计,大生工人在日本"军管理"期间,至少 4 次用船将大生纱厂仓库中的纱、布等物资装运出去,其中规模最大的一次是将整船的工厂棉花运送到根据地。③ 同时,在中共的组织与统筹下,大生工人的斗争行动更为有效,厂内投靠日方的抄腰妇、巡丁等受到来自中共的武装震慑。"独立分队"在除去工头吴金后,秘密传讯厂里的抄腰妇、门警和翻译,对他们加以训诫,警告他们:今后如果再跟工人为难作对,就要受到应得的惩处。④ 此举一方面保护工人,提高偷纱等行动的安全系数,另一方面,经过中共的领导与组织,迫于生计留在厂内的大生工人得以高度凝聚,聚沙成塔,使原本有限的工运斗争具有科学的导向,更大程度上扩散效果与势能,形成有力的"弱者的武器"。

---

① 吴昊翔:《近代南通大生企业工人状况研究(1895—1949)》,硕士学位论文,山东大学,2009 年。

② 大生一厂厂史编辑室、中共南通市委革命史料编辑室、南通市文联厂史工作组编:《大生一厂工人斗争史》,第 180 页。

③ 吴昊翔:《近代南通大生企业工人状况研究(1895—1949)》,硕士学位论文,山东大学,2009 年。

④ 大生一厂厂史编辑室、中共南通市委革命史料编辑室、南通市文联厂史工作组编:《大生一厂工人斗争史》,第 182 页。

第五章　大生纱厂与日汪"合作"交换代纺

1939 年 5 月后，考虑到"上海以及苏浙皖各埠为日军占领之各种工厂共达 130 余所之多，十之八、九均为民有"①，此时正在与日方谈判、积极筹备成立"新政府"的汪精卫等人遂对"军管理"工厂问题投射关注。出于重建秩序、安定社会、获取政治资本与稳固统治根基等迫切需要，汪精卫等人向日方提出"发还""军管理"工厂的请求。历经日方公告、国民政府阻挠、汪伪督促等曲折后，1943 年 7 月 28 日，大生各厂正式解除"军管理"，亦是华中沦陷区最后一批"发还"的"军管理"工厂。至此，该沦陷区内 140 家华资工厂全部解除"军管理"。从 1940 年 5 月"发还"申请开始，至 1943 年 7 月底正式"发还"，大生纱厂历经 3 年的漫长等待，在这背后，暗含着鲜为人知的复杂面相。

"发还"之后，千疮百孔、遍体鳞伤的大生纱厂并未"重获新生"，而是在日汪经济统制与物资统制的双重枷锁下，不得不与之"合作"，以收花代纺的形式开展生产与经营，"卑微"地寻求生存空间，并且不断受到日汪的压榨与欺凌。更为吊诡的是，已是大生纱

---

① 南京市档案馆编：《审讯汪伪汉奸笔录》上册，南京：凤凰出版社 2004 年版，第 405 页。

厂常务董事的陈葆初,充分利用其人脉与手段,于这段时期迅速上升至权力顶峰,成为决定自己与企业生存命运的重要人物。本章以沦陷时期的第三阶段——交换代纺为经,展现大生纱厂与日汪之间的互动与关系,建构以陈葆初为代表的沦陷区商民求存求利、无奈"合作"的具体形象。

第一节　大生纱厂的"发还"经过

一、日汪的"发还"准备

曾任汪伪工商部部长的梅思平在战后自白书中记述:"自二十八年(1939)冬汪先生(汪精卫)即命余与日本交涉,将日军占据之中国公私有一切工厂尽行收回。"①经日汪双方一系列的交涉与沟通后,在1939年12月31日签署的《关于日华新关系调整的协议书类》中,《秘密谅解事项(第七)》约定:"关于军管理工厂、矿山和商店……除了有敌对行为的和军事上必需而不得已的特殊情况外,对于作为保护财产而管理的,须迅速根据日华新关系调整原则,通过合理方法,移交华方管理。"②这意味着沦陷区"军管理"工厂的"发还"提上议程。

1940年1月10日,日方对沦陷区"军管理"工厂提出"发还"的构想:"按照中央批准的次第顺序,各集团军先后解除军管理……联合维新、临时两政府同时布告,布告内容提交总司令官审阅……

---

① 南京市档案馆编:《审讯汪伪汉奸笔录》上册,第405页。

② 《关于日华新关系调整的协议书类》(1939年12月31日),黄美真、张云编:《汪伪政权资料选编:汪精卫国民政府成立》,上海:上海人民出版社1984年版,第571页。

依据处理纲领日华双方协同办理。"①3 月 7 日,日本"华北方面军"率先出台《军管理工厂处理纲要》,对华北沦陷区的"军管理"工厂"发还"做准备,明确规定方式、方针、政策、"利益金"计算及分配、"发还"后的"合办"形式等内容②,为华中沦陷区即将开始的"发还"提供借鉴与参照。随后,为表"日中亲善"以达笼络民心的效用,"中国派遣军"总司令西尾寿造于 18 日发表声明,揭开华中沦陷区"军管理"工厂"发还"的序幕。声明内容如下:

> 帝国自事变以来,谋抗日政权之彻底的溃灭,而一本道义,向建设东亚新秩序迈进之。我在华派遣军,亦秉承此意,行使军力,以覆灭抗日政权,及消灭其战斗意志。同时力谋缩小战区于最小之范围,以防止无辜人民经济生活之破坏中绝。忍其所不能忍,牺牲军事运动之一部,努力于达到此目的。事变以来,在占领地域中之矿山工厂等华方财产,置于军管理之下,继续其经营。其故尽在于此,实尽为代言新政权或逃难之所有者,暂时由军加以管理保护而已。今兹日本军占领地域之治安,逐渐恢复,临时、维新两政府之业续,已具有坚强之实力,且新中央政府,成立在即。故我军拟以从来代管之华方财产,尽速移交与中国政府,由中国政府交还于合法之所有者。其属敌产或业主不在者,则移归中国政府管理,以图发展。而举中日提携之实意,合法之矿山工厂所有主,或其财产所有主,应谅解我军之旨趣,依据政府之指导,而承领之,以作为中

---

① JACAR(アジア歴史資料センター)Ref. C04121773800、『軍管理工場解除に関する件』(昭和 15 年 1 月 10 日)(防衛省防衛研究所)。

② JACAR(アジア歴史資料センター)Ref. C04121926900、『軍管理工場処理に関する件』(昭和 15 年 3 月 11 日)(防衛省防衛研究所)。

日提携，实现共荣之基础。而协力于建设东亚新秩序之进展，
有厚望焉。①

　　声明如上。

　　　昭和十五年三月十八日（中华民国二十九年三月十八日）

　　　　　　支那派遣军总司令　西尾寿造

　　检视声明内容，日方极尽言辞，在语言上诱惑人心，通过给予
"新中央政府"之"合法""正统"地位，促使"军管理"工厂"移归中国
政府管理"，形塑各"军管理"工厂所有者对本国"新政府"的认同感
与归属感，消弭西迁重庆的国民政府对华中沦陷区有限的控驭能
力及影响力。"发还"声明一出，对华中沦陷区内饱受"军管理"之
苦的华商群体及各工厂职员、工人而言，无疑是"振奋人心"的"利
好"消息。大生各厂职员亦向大生总管理处报告："政府出具发还
声明……据理交涉尚可得合理结果。"②同时，"发还"对于汪伪政府
而言，亦是难得良机——若能成功使日方让步，将获得沦陷区民族
资本家的拥护与支持，稳固肇建未久的新政权，这是汪伪政府"取
信于民"的重要途径。③ 因此，"发还"虽然遭到"军管理"既得利益
者——在华日商及驻地日军的反对，但经排除阻力，日方最终决定
将"发还"事项交由汪伪工商部负责。

　　4 月 30 日，汪伪行政院召开第五次会议，梅思平提出"拟具
接收日军管理工厂组织规程草案暨该会临时经费概算书公决

---

① 本段及以下 3 段均出自 JACAR（アジア歴史資料センター）Ref.C04121927000、『軍
　 管理工場解除に関する布告の件』（昭和 15 年 3 月 18 日）（防衛省防衛研究所）。

②《大生总管理处所存日寇劫管期间内部通信》（1940 年 4 月 30 日），南通市档案馆藏，
　 大生沪事务所档案，B401/111/618。

③ 周宗根：《地方主义与民族主义：南通绅商与战时政治（1937—1949）》，博士学位论文，
　 南京大学，2006 年，第 104 页。

案"①,并获决议通过。5 月 11 日,接收日军管理工厂委员会(以下简称接收委员会)正式成立,梅思平任委员长,伪财政次长蔡培任副委员长,赵叔雍、袁愈佺等任委员。16 日,汪伪工商部正式对外发布《发还日军管理工厂申请规则》,大生纱厂等华中沦陷区各"军管理"工厂可以向其提交"发还"申请,符合规程者予以"发还"。

　　依据申请规则,"军管理"工厂置于较为被动的处境中,看似"民主""和善"的汪伪政府则占据着较为有利的位置,可以核准工厂的申请、订立契约合同甚至是权益。并且,"发还"规则制定较为严苛,对各工厂的复业及其计划、各类证明文书、时间节点等提出较高要求,无法符合则不能顺利"发还"。② 要而言之,工厂能否"发还",汪伪政府握有决定权。当然,这仅仅是字面上的理解,在实际执行层面,汪伪政府握有多少实权仍不得而知。为配合汪伪方面的"发还"政策,日方亦成立"陆海军管理工厂整理委员会"(以下简称整理委员会),由陆军中将樱井省三担任委员长。③ 至此,日汪双方相互配合,准备共同完成"发还",使华中沦陷区"军管理"工厂更好地服务于日方经济统制与物资统制,服务于日本侵华。

二、国民政府的舆论反对战

　　全面抗战爆发后,西迁重庆、坚持抗日的国民政府是代表中国的官方政权。为维护自身的统治权威,巩固执政根基,国民政府必然对日方在其占领地扶植的伪政权采取反对、打压等手段。然而,

① 中国第二历史档案馆编:《汪伪政府行政院会议录》第 2 册,北京:档案出版社 1992 年版,第 159 页。
② 实业部接收日军工厂委员会编印:《实业部接收日军管理工厂委员会办理经过总报告》,国家图书馆藏,缩微号 MGTS/040831,第 25—26 页。
③ 1941 年 1 月 24 日后更换为陆军少将、登部队参谋长前田正实。

囿于对日作战消耗大量人力、物力、财力,国民政府本就薄弱的控驭能力使其无法从根本上影响伪政权的存续。

这一时期,为严密防范来自沦陷区的"敌货"进入国统区,避免紊乱本就脆弱的社会与经济,国民政府制定了严苛的"敌货"标准。处于沦陷区的华资工厂一旦被日方占领,所生产之物即系"敌货",流入国统区便会被扣押。就大生纱厂而言,在其以"德产"身份于沦陷区生存时,销往沿海各埠及大后方的各种纱布便"因被视为日货嫌疑而遭查禁,故各代销商来函要求证明非日货"①,大生高层亦多次与经济部交涉,几经周折确保售纱无阻。但在大生纱厂被迫"军管理"7个月后,即1939年10月28日,经济部宣布查禁其所生产棉纱布匹。

1940年后,在日汪合作对华中沦陷区"军管理"工厂着手准备"发还"工作的同时,国民政府的反对之声传来。日汪以"发还军管理"工厂获取民心,从而影响沦陷区商民对于国民政府的政治忠诚,如此势必会引发其表达强烈不满与抗议,华中沦陷区民族工业的命运如草芥般在南京与重庆之间飘忽不定。此时,已经升任大生纱厂常务董事,并成为实际掌权人的陈葆初,亦受到一定影响,虽然迫于寻求生存空间的压力,却仍在犹豫之中,迟迟未做决定。

置于沦陷区的华资工厂,出于种种原因不能内迁而遭受日本"军管理",它们对国民政府的政治忠诚度是否会随着形势的变化而削减,这是国民政府必须正视的棘手问题。因而,国民政府需要采取行动,无论出于宣化权威或者阐释真相等各种意图,阻挠日汪

---

① 《南通沦陷后大生纱布被视为日货嫌疑而遭查禁及大生公司向有关单位要求证明其为纯粹国货事》(1938年6月),南通市档案馆藏,大生纺织公司档案,B403/111/189。

"发还军管理"工厂。但受制于距离遥远且控制能力有限,国民政府只能通过舆论传播与震慑,警醒沦陷区商民的民族国家意识,激发其忠于国家、政府、人民的正统思想。就华中沦陷区"军管理"工厂"发还"一事,国民政府开展舆论攻坚战,试图争夺沦陷区商民的理解与认同,熔铸执政拥趸与根基命脉。

1940 年 7 月,国民政府发出布告,明令"军管理"各厂不得向汪伪政府申请"发还",全文如下:

> 为布告事,查汪政府为促进经济之建设起见,假借保管产业发展之名义,借以怂恿国民之合作。不幸中其计者,国家之资源,既受其危害,而个人之权益,亦必随之丧失,职是之故,于抗战前途影响甚大。是以凡拥有矿、渔、林、工各业以及其特种事业之管理权者,今后如有将其权利,让渡登记,或担任合作等事,须经经济部之批准,方为有效。倘有藐视此项法令,故意作奸犯科者,将来一律以汉奸或以资敌之罪论,必严予处罪,特此布告商民一体周知,切切此布。①

揆诸以上内容,可以看出国民政府以其正朔地位严令禁止沦陷区商民与日汪"合作",晓之以情,动之以理,以"国家之资源""个人之利益"从宏观与微观两个方面向商民释放国家与政府并未放弃沦陷区民族工业的信号,并强调"将来以汉奸或以资敌之罪论",言下之意伪政权气数不长,日本侵略者必然失败,给予沦陷区人民胜利终将到来的希望。短时间内,消息持续催化与发酵,使得布告产生威慑作用。据接收委员会向整理委员会汇报,"以重庆方面之恐吓关系,或因事实困难之故",多数企业"未敢出

---

① 《日军管理工厂业务文书》(1940 年),中国第二历史档案馆藏,汪伪实业部档案,二〇一二/6882。

面申请发还工厂"。①

　　国民政府发起舆论反对战后,汪伪政府不甘示弱,予以还击,双方利用舆论效应隔空打擂。汪伪政府称:"重庆政府以前常宣传日本声明军管理工场之发还,乃系欺骗民心之空头支票,英美各国政府对其实现亦有疑心,但今日果如何乎? 日本正义的真意,为中日共存共荣而不辞任何牺牲……殊以中日有识人士间,可博得非常好评也。"②对于国民政府出台的布告,汪伪政府亦加以驳斥:"国府还都和平实现,日本当局表示真诚亲善,曾经发表交还军管理工厂之重要声明。工商部成立以来,即积极进行接收事宜,除于部内设置接收日军管理工厂委员会专司其事外,并于上海筹设办事处,以期便利沪地商民就近申请,适来各地厂商向该会具领申请书请求发还复业者,日见增多,渝方对此人为震怒,竟发出荒谬布告,威吓厂商,希图阻扰。"③

　　从汪伪政府的驳斥与反击来看,日本是其坚实"靠山",其意欲借助日本压制站在对立面的国民政府并安定沦陷区商民人心。诚然,日本是沦陷区的占领者,亦是汪伪政府的扶植者,更是"军管理"工厂"发还"的决策者。如是说,日方握有沦陷区民族工业的"生杀大权"。因而,汪伪政府以日方意志的继承者与执行者自居,抨击国民政府所谓的政治权威其实不堪一击,沦陷区民族工业只能"各为其主"。

---

①《日军管理工厂业务文书》(1940 年),中国第二历史档案馆藏,汪伪实业部档案,二〇一二/6882。

②《日军管理工厂业务文书》(1940 年),中国第二历史档案馆藏,汪伪实业部档案,二〇一二/6882。

③《日军管理工厂业务文书》(1940 年),中国第二历史档案馆藏,汪伪实业部档案,二〇一二/6882。

为强化舆论攻势，国民政府决定利用报纸这一媒介扩大影响力与影响范围，利用直属于国民党中宣部、上海租界"洋旗报"①阵营重要报刊——《中美日报》作为平台，直插汪伪政府与华中沦陷区的经济动脉，同时也是"军管理"工厂聚集地——上海，最大程度制造舆论风潮。

7月29日、30日两日，《中美日报》"每周经济时评"板块刊登《发还沦陷区工厂问题》一文，指出："一般无知之徒，以为此一事实，足以证明伪府确有相当魄力，自日军手中收回所失；同时亦以为日阀业已转心回意，尊重华人产业所有权，放弃其强掠霸占政策矣。"②该文通过分析日方"发还"政策，揭露其真实目的与意图——"所谓发还，仅属一种名义，实际上却利用'发还'之命，追令未与日商合作之一切工厂所有者，与之合作，使日商之霸占行为成为法理化，使日商之掠夺所得之利益，获得法律上的保障"③。行文言辞激烈，"傻子""无知之徒"等词透露出重庆方面对"军管理"工厂及沦陷区商民的警告，意欲彻底阻止"发还"。在文末，作者还对梅思平回答记者所提出的"成立已达二月，尚有若干厂主未来申请登记，请问其原因何在"④等问题进行抨击与驳斥，将民族资本家抬高至"宁愿饿死，不愿为获得眼前小利，向强人叩头求惠"⑤的崇高境

---

① 指全面抗战时期，上海租界内以外商名义出版的中文报纸，可以不接受日伪军的新闻检查，称为"洋旗报"。

② 乐嘉康：《发还沦陷区工厂问题》，《中美日报》，1940年7月29日，第6版。

③ 乐嘉康：《发还沦陷区工厂问题（续昨每周经济时评）》，《中美日报》，1940年7月30日，第7版。

④ 乐嘉康：《发还沦陷区工厂问题（续昨每周经济时评）》，《中美日报》，1940年7月30日，第7版。

⑤ 乐嘉康：《发还沦陷区工厂问题（续昨每周经济时评）》，《中美日报》，1940年7月30日，第7版。

界,激发沦陷区商民的民族情怀与国家意识。

在国民政府愈演愈烈的舆论攻势下,汪伪政府于 7 月 31 日再次还击,梅思平约记者以谈话的形式登报予以说明。梅思平表示:"渝方近竟抹煞事实,对一般商民,发出威胁厂商之布告,意欲混淆视听,竟谓国家资源受其危害,个人权益随之丧失等语,不知商人固有权益理当收回,非任何人所能阻止,政府只有予以援助,决无反事摧残之理……从国府还都,法律上已不生效力,即就其布告内容而论,亦无非欲陷栽商民与万劫不复而已,渝方早已自弃其民,商民权益,自更非所顾惜,今政府当局,殚心竭虑,欲为我商民收回既失之权益,而渝方犹不惜作极端之破坏,商民权益之损失,不独痛痒漠不相关,凡与收回权益者为诚不明其居心何在? 而期抗战目标又何在?"①从梅思平言语中不难发现,他转移话题,不去回应国民政府指责的日方"发还"实质,反而强调国民政府对沦陷区人民及工厂的抛弃,突出商民的利益受损,意图在情感上撕裂沦陷区与国民政府的联系,塑造汪伪维护人民尤其是商人权益的"亲善"政府形象,争夺民众的认同与支持。

这一场因沦陷区"军管理"工厂"发还"引发的舆论战,由国民政府主动进攻、汪伪政府予以还击,双方各执一词,互不示弱,其背后隐含的是不同政权对商民的争夺战,对统治权威与根基的政治、经济需求。如此一场没有硝烟的战役,可谓"雷声大雨点小",双方的互相指责均未切入要害。并且在商言商,民族资本家对民族主义与个人利益之间有着自我的取舍标准与价值判断,生存议题下无论国家或是政府均需做出让步,这是当时环境与背景造成的复

---

① 《日军管理工厂业务文书》(1940 年),中国第二历史档案馆藏,汪伪实业部档案,二〇一二/6882。

杂面相。因此,华中沦陷区内大多数"军管理"工厂更会出于自身
利益的考量,国民政府的威胁恫吓只能在一定程度上影响"发还"
进程,无法达到阻止的设想效果。同时,在双方的主战场上海,"日
方举行军管各业厂商恳谈会,并向厂商说明政府维护民族工业之
本意"①,以安抚民心,稳定局势。

不可否认,国民政府的舆论攻势与冲击并非一无所获,不是汪
伪所言的"渝方之荒谬布告,不攻自破,而观望不前之一小部份
〔分〕商民,其疑虑自亦必风消云散,而踊跃参加,各地工厂复业顺
利,生产力量增强"②。此战虽未完全动摇沦陷区华商向汪伪政府
申请"发还"的想法,但一定程度上紊乱了原有的"发还"秩序,迫使
日汪调整"发还"政策。舆论战后,接收委员会向汪伪政府请求延
展时日,将原先既定的申请时限由 8 月 15 日结束延续到 10 月结
束,其坦言道:"申请之障碍:工厂申请代表之难得其人,复业期限
似过短促,工厂军管期中所支各费难以估计;发还后之困难:原料
采办深觉不易,制品贩运恐难通畅。"③经汪伪行政院决议,"本部为
股权厂商固有权益起见,量予通融,展期两月,自八月十六日其至
十月十五日为止"④。

可以说,国民政府发起的舆论反对战,不仅向沦陷区商民宣示
权威、展演正统,更使得日汪欲笼络民心、彰显"日中亲善"的行动

---

① 《日军管理工厂业务文书》(1940 年),中国第二历史档案馆藏,汪伪实业部档案,二〇
　　一二/6882。
② 《日军管理工厂业务文书》(1940 年),中国第二历史档案馆藏,汪伪实业部档案,二〇
　　一二/6882。
③ 《日军管理工厂业务文书》(1940 年),中国第二历史档案馆藏,汪伪实业部档案,二〇
　　一二/6882。
④ 《汪伪工商部接收日军管理工厂委员会组织规程经费等事项案》,中国第二历史档案
　　馆藏,汪伪行政院档案,二〇〇三/4649。

有所折损。梅思平在 1940 年 11 月东渡日本参与座谈会时表示：
"今年三月,'贵国派遣军总司令部'也有从早归还所管理工厂矿山
的声明⋯⋯可是当时就有人竭力宣传说'贵国'的声明是假的,是
欺骗中国人的手段,日本决不会真正实行的⋯⋯所以中国产业界
人们对此很失望,因此'反宣传',更加活跃。"并且,接收委员会承
认:"因重庆反宣传及恐怖压迫初多观望,继续本部接收日军管理
工厂委员会再三派员解释,并由日方两次召集恳谈后,最近业已纷
纷前来申请。"①

　　从"发还"之初这一段插曲来看,可以证明退居重庆的国民政
府并未放弃沦陷区夹缝中艰难求存的民族工业。但在日方建构的
占领秩序与殖民统治面前,国民政府的舆论战显得苍白无力。囿
于国民政府统治根基不稳、控驭能力有限,且汪伪背后有着日方的
支持,这一场"谁为正朔"与争夺商民之战没有达到预期效果。而
自太平洋战争爆发后,日本持续向国民政府施压,且强度骤增,与
军事打击相配合,意图迫使其投降。1941 年 12 月 24 日,日本军方
发布《促使重庆屈服的工作方案》,时任日本首相东条英机亦于翌
年 1 月 21 日召开的日本"帝国议会"上发表演说:"现在,重庆政权
还正在继续作无意义的抗战,实为遗憾。帝国(日本)将彻底加以
击溃。"②

---

① 《汪伪工商部接收日军管理工厂委员会组织规程经费等事项案》,中国第二历史档案
　　馆藏,汪伪行政院档案,二〇〇三/4649。
② 《大东亚建设的构想——东条首相在第七十九次帝国议会上的演说》(1942 年 1 月 21
　　日),复旦大学历史系日本史组编译:《日本帝国主义对外侵略史料选编》,上海:上海
　　人民出版社 1975 年版,第 389 页。

三、大生纱厂申请"发还"

在"发还"的大环境下，宁渝间的舆论战烽火渐息，但各地日军、日商的反对声音再起。"至二十九年（1940）秋冬间，申请者方逐渐踊跃，但日军则多方失信，枝节横生：有要求原业主与日商合办者，有要求由日商售卖者，亦有要求修理费、估价甚至不合理者，与原来约定皆不符。"①梅思平感慨："每收回一厂，工商部职员往往舌敝唇焦，交涉数月之久，犹不得解决。日军又往往利用翻译、密探等对业主加以恐吓，或制造谣言，使其不信任政府而任彼宰割，或引诱业主径向日军请求种种违背约定之手续，时常发生其强迫业主签订契约、后为政府查悉、经交涉撤消〔销〕者为数不少。"②因而，"军管理"工厂的"发还"并非商民所幻想的那般"美好"，日方表里不一的言行使得"发还"难上加难，大生纱厂即是如此。

为消弭国民政府舆论反对战的"不利"影响，改变沦陷区商民的踌躇与观望态度，"积极促进返还工厂事宜早日完成，整理委员会爰决定召集中日双方产业者举行恳谈，说明返还工厂意旨"③。1940年7月23日、24日两日下午，日汪借日本俱乐部及礼查饭店，召集大生等华资纺织公司正当权利人或代表人举行恳谈会，表示其"诚意"。

临近8月，大生纱厂前董事、接收委员会委员赵叔雍致信陈葆初，其称："出于友邦亲善，政府为谋厂商原有利益起见，积极进行，规定申请期限为三个月，转瞬届满……接收时以平等互惠为原则，

---

① 南京市档案馆编：《审讯汪伪汉奸笔录》上册，第405页。
② 南京市档案馆编：《审讯汪伪汉奸笔录》上册，第405页。
③《大生纺织公司向侵华日军当局和汪伪政府申请发还要厂所属一厂、副厂、电厂、三厂的有关材料》，南通市档案馆藏，大生纺织公司档案，B403/111/212。

复业后原料之供给、出品之运销以及利息之保障等等，订有妥善办法。"①信件中，赵叔雍借"亲善""平等""互惠"等辞藻粉饰日汪，通过建构发还后有助于改善工厂生存的"美好"图景，意欲说服陈葆初，使其代表大生纱厂做出"发还"申请。

在各方势力的劝说与环境变化下，并且"军管理"造成的破坏甚巨，大生纱厂生存的压力与日俱增，8月初，大生一公司经理成纯一、三公司经理沈燕谋正式向接收委员会申请"发还"大生一厂、三厂、副厂与电厂，其称："公司各厂前奉日军管理以来损失巨大。兹奉悉钧会通告以前暂行管理之各工厂，业已准许由合法权利人收回复业……呈请钧部鉴核附赐准予发还，以维民业。"②17日，梅思平批复意见，要求"补具证据书类参考文件及复业计划书"③，再做重新审批。接收委员会驻沪办亦致函大生高层："据日本军管理工厂整理委员会负责人面称，以公务上之需要……应请该公司将民国二十六年七月（1937年7月）或民国二十九年九月（1940年9月）之一万元以上股东户名、股银籍贯、现任职业、通讯地址等，依股银之多寡顺序开列……"④显而易见，日方用心"良苦"，意图掌握大生纱厂等"军管理"工厂的股东结构及详情，便于其开展公私两方面的利用与"合办"经营。随后，由于大生高层的不配合，接收委员会以其不符合申请规则为由，驳回"发还"申请。

---

① 《日军管理工厂业务文书》（1940年），中国第二历史档案馆藏，汪伪实业部档案，二〇一二/6882。

② 《大生纺织公司向侵华日军当局和汪伪政府申请发还要厂所属一厂、副厂、电厂、三厂的有关材料》，南通市档案馆藏，大生纺织公司档案，B403/111/212。

③ 《大生纺织公司向侵华日军当局和汪伪政府申请发还要厂所属一厂、副厂、电厂、三厂的有关材料》，南通市档案馆藏，大生纺织公司档案，B403/111/212。

④ 《大生纺织公司向侵华日军当局和汪伪政府申请发还要厂所属一厂、副厂、电厂、三厂的有关材料》，南通市档案馆藏，大生纺织公司档案，B403/111/212。

此后,大生纱厂的"发还"申请便陷入一拖再拖的无限展期之中。不仅是大生纱厂,众多华中沦陷区"军管理"工厂提交"发还"申请后,亦遭到日方以各种理由的驳斥与反对,夹在二者中间的汪伪政府则处境尴尬,只得奉日方令将申请"发还"的截止日期一再延后。接收委员会坦言:"惟因种种关系,办理完竣,尚需时日。本部以接收事宜,仍属繁重,该会实有延长时期之必要。"①1940 年 12 月,接收委员会驻沪办事处主任金祖惠致信梅思平,抱怨"对日方发还工厂交涉每日仍在努力进行之中,惟以日方意存拖延,迄今不能顺利解决"②。

在拖宕中,接收委员会发生机构变动。1941 年 7 月 1 日起,"本部(工商部)所属接收日军管理工厂整理委员会业已结束所有未了工作……归并本部工业司办理"③。8 月 18 日,汪伪中央政治委员会第 58 次会议决议:"工商、农矿两部合并为实业部,特任梅思平为实业部部长。"④25 日,汪伪实业部正式成立,隶属于行政院,负责农林、工况、工商等事务。9 月 19 日,原接收委员会移交汪伪实业部,"当以接收事件,尚须对外折冲,自应仍暂用该会名义,以利进行。"⑤1942 年 4 月 29 日,接收委员会人员及组织规程调整,袁愈佺、王家俊兼任副委员长,对外称"实业部接收日军管理工厂委员会"(以下继续简称接收委员会)。至此,大生纱厂争取"发还"

---

① 《汪伪实业部接收日军管理工厂委员会撤销案》(1943 年 9 月),中国第二历史档案馆藏,汪伪实业部档案,二〇一二/169。

② 任荣:《日军管理工厂发还始末》,《江苏历史档案》1994 年第 3 期。

③ 中国第二历史档案馆编:《汪伪中央政治委员会暨最高国防会议会议录》第 7 册,桂林:广西师范大学出版社 2002 年版,第 291 页。

④ 中国第二历史档案馆编:《汪伪政府行政院会议录》第 8 册,第 494 页。

⑤ 《汪伪工商部接收日军管理工厂委员会组织规程经费等事项案》,中国第二历史档案馆藏,汪伪行政院档案,二〇〇三/4649。

的申请部门亦由汪伪工商部改为汪伪实业部。

几乎在同一时期,1942 年 5 月后,日军在珊瑚海战役、中途岛战役、瓜岛战役接连失败,使其彻底丧失对美军作战的主动权,内部厌战情绪激增,更使日方转变对华政策,欲与汪伪政府"今后当同心协力,将中日两民族打成一片,努力促进总力战体制"①。此时,华中沦陷区仍有超过 3/4 的"军管理"工厂尚未"发还",汪伪政府的自主权获得提升,意味它在"发还"问题上将握有较大的话语权威,这对包括大生纱厂在内的"军管理"工厂而言无疑是"利好"讯息。随着汪伪政府与日方上层达成一致,大生纱厂申请"发还"出现新契机与新希望。

吸取上次申请"发还"失利的经验与教训,陈葆初再次发挥自己的人脉优势,不断与汪伪政府各级官员保持良好关系。汪伪政府成立后,陈葆初每年均向汪精卫、李士群赠送桃子,而且南京方面还派人去取,可见双方关系匪浅。② 陈葆初凭借自己与汪伪政府之间看似不错的关系,遂于 1943 年初,亲自向接收委员会再做"发还"的申请,填具相关信息与表格。

3 月初,大生纱厂驻通办事处向一厂厂长吾葆真、吴冀阶致函:"一厂修机间主任日人小坂根据警备队所得之消息,与杨信之君谈称,关于大生与江北之合作问题已经在沪协商接近,外界尚未发表……后小坂又称该公司初受军部委托时原抱有伟大计划,后军部种种限制,致计划不能全部实现,此实为公司无以经营之一因……按以上所谈推测之,可知该公司并无坚持合作之意,又按一

---

① 《协助国府扩充实力,日对华意见已一致》,《中华日报》,1941 年 11 月 21 日,第 1 版。
② 周宗根:《地方主义与民族主义:南通绅商与战时政治(1937—1949)》,博士学位论文,南京大学,2006 年,第 107 页。

厂内部情形引证该日员所谈似多吻合之处。"①根据函件所述,可知此时大生各厂内部已经开始流传"发还"的传闻,并与日方在厂行为相互印证——"各部建筑修理之停顿,各部账目之清算,栈内布匹零码全部出栈准备标卖,存纱则招〔召〕集织工赶紧织布。至各工场除布厂、修机两间照常工作外,余均停工已久"②。

此外,从这段时期开始,大生各厂的日方职员陆续离厂甚至回国,"江北公司各部均在积极筹备结束,对于厂务管理近来颇呈松弛"③,更加能够证明大生各厂的确"发还"在即。自1942年5月后日方对大生各厂掀起的第二轮掠夺高潮,在这一阶段变得更加密集,三四月开始日方即加紧拆取、运出甚至盗窃大生各厂硬件、设备、厂产等物,至六七月间达到顶峰,"管理亦复松弛,而偷窃又起,闻日员亦常窃取机件之便于携带者出厂"④,大生各厂损失甚重。

4月18日,一厂职员王兰生致函吾葆真、吴冀阶:"正副两厂因交还风炽,日方华工护〔互〕相偷窃,层出不穷……谣传日方论调,四月底原主如不接收各厂,是自甘暴弃,彼方又要重整旗鼓,将来之交收无期。"⑤5月28日,王兰生再向吾、吴二人致函:"兹缘一厂近数日来搬运偷窃各种机件物料之风又复甚炽,并闻不日有大部

① 《大生驻通办事处致吾葆真、吴冀阶函》(1943年3月21日),南通市档案馆、张謇研究中心编印:《大生集团档案资料选编·纺织编(Ⅴ)》,第98页。
② 《大生驻通办事处致吾葆真、吴冀阶函》(1943年3月21日),南通市档案馆、张謇研究中心编印:《大生集团档案资料选编·纺织编(Ⅴ)》,第98页。
③ 《大生总管理处所存日寇劫管期间内部通信》(1943年4月23日),南通市档案馆藏,大生沪事务所档案,B401/111/618。
④ 《大生驻通办事处致吾葆真、吴冀阶函》(1943年3月21日),南通市档案馆、张謇研究中心编印:《大生集团档案资料选编·纺织编(Ⅴ)》,第98页。
⑤ 《王兰生致吾葆真、吴冀阶函》(1943年4月18日),南通市档案馆、张謇研究中心编印:《大生集团档案资料选编·纺织编(Ⅴ)》,第108页。

主要机件搬走之说。"①6 月 28 日,吾、吴二人及袁仲齐分别将"四月二十五日至六月二十六日(一厂)机件移动情形列表"②、"六月二日至六月二十七日(三厂)机件移动情形列表"③呈报大生纱厂董事长徐静仁,控诉日方行径。显而易见,这一时期,"发还"的呼声高起,但困难与阻力亦有增无减。

　　同时,南通的日本驻军亦趁大生各厂"发还"在即,进厂劫货。6 月 23—27 日,日军"荣"1627 部队"主动来厂接洽,拆机者为该部队秋元君、曹亚闻,该队为上海兵器制造厂之保护部队"④,其率领上海兵器厂华工 50 名、日人 40 余名拆卸老厂马达 195 只,修机间车床、钻床、刨床等机件 24 部,以及日用零件、老虎钳、皮带等,由江北公司之江北丸直运上海汇山码头交卸。⑤

　　以上种种行径,均能显示出日方内部对"发还""军管理"工厂的意见不一致。日方上层的政府机关主张从调整日汪关系、强化"国民政府"的立场出发,从政略层面考量,尽早归还处于"军管理"的大生各厂。⑥ 但是,具体到驻通的日军与日商,却与其高层"背道而驰",试图在大生纱厂"发还"之际"负隅顽抗"。一方面,作为大生

①《王兰生致吾葆真、吴冀阶函》(1943 年 5 月 28 日),南通市档案馆、张謇研究中心编印:《大生集团档案资料选编·纺织编(Ⅴ)》,第 109 页。

②《大生纺织公司向侵华日军当局和汪伪政府申请发还要厂所属一厂、副厂、电厂、三厂的有关材料》,南通市档案馆藏,大生纺织公司档案,B403/111/212。

③《大生纺织公司向侵华日军当局和汪伪政府申请发还要厂所属一厂、副厂、电厂、三厂的有关材料》,南通市档案馆藏,大生纺织公司档案,B403/111/212。

④《大生纺织公司向侵华日军当局和汪伪政府申请发还要厂所属一厂、副厂、电厂、三厂的有关材料》,南通市档案馆藏,大生纺织公司档案,B403/111/212。

⑤《大生纺织公司军管理始末纪要》(1939 年 3 月 2 日—1943 年 7 月 31 日),南通市档案馆、张謇研究中心编印:《大生集团档案资料选编·纺织编(Ⅴ)》,第 197 页。

⑥ 周宗根:《地方主义与民族主义:南通绅商与战时政治(1937—1949)》,博士学位论文,南京大学,2006 年,第 108 页。

各厂"军管理"后的经营者,日商钟纺及江北公司并不赞成日方上层
与汪伪政府所达成的"发还"政策,并施加阻力将大生纱厂拖延至最
后一批"发还";另一方面,尽管驻通日军不断制造事端,却无法从根
本上影响日方的"发还"政策,更不能改变大生纱厂解除"军管理"的
命运。加上陈葆初等大生高层频频打点,与日汪疏通关系,故而在执
行层面,钟纺与江北公司采取多种手段,再一次对大生各厂强取豪
夺,在最大程度上榨取利益。受驻通日军与日商掣肘的影响,以至于
大生纱厂的"发还"日期一再改变,7 月 8 日、23 日、月底……其高层
惴惴不安地与当地日方军政机关及钟纺交涉。①

四、最终"发还"

1943 年 7 月 12 日,日本驻华大使馆制定《江北地区军管理工
厂处理方针》,并于 14 日函告梅思平:"尚未处理的军管理工厂中,
有 24 厂发还在即,现江北地区仍有厂静候发还……依照'江北地
区军管理工厂处理方针'所载,大生纺织第一厂等应从速返还……
由正当权利人向受托经营者支付委托经营以来的利益金、管理费、
医院、学校等慈善文化设施建设费、农事试验所等附属事业的经营
费等。"②日方明确对大生一厂、副厂、三厂、电厂及同为大生系统的
达记布厂、中国制腿厂、复新面粉厂、广生榨油厂,与崇明岛的富安
纺织厂、大通纺织厂等 10 厂做出"发还"的处理方针。③　值得一提

---

① 周宗根:《地方主义与民族主义:南通绅商与战时政治(1937—1949)》,博士学位论文,
南京大学,2006 年,第 109 页。

② 《江北各厂发还问题》(原件为日文),中国第二历史档案馆藏,汪伪实业部档案,二〇
一二/6867。

③ 《江北地区军管理工厂处理方针》(原件为日文),中国第二历史档案馆藏,汪伪实业部
档案,二〇一二/6867。

的是,并非所有的大生系统工厂企业得以解除"军管理",资生铁厂便无此幸运。1943 年 1 月 8 日,尽管资生铁厂已向汪伪实业部发函,呈请交涉保护①,依然未能阻挡江北公司与驻通日军,"敌人公然来厂,强行拆除,将所有机件肆意损毁,除精致者被其掳去外,仅有一二残留,效用全失"②,意味着该厂尚未等到"发还"便遭遇横祸,彻底关停。日方的蛮横与沦陷区民族工业的卑微一览无余,也从侧面反映汪伪政府的尴尬地位和日方内部的矛盾,可以视为"军管理"工厂"发还"的一个缩影。

经日汪督促、陈葆初等人积极运作,7 月 28 日大生纱厂等江北 10 家民族工业终于搭上"发还"的"末班车",系最后一批(第 13 批)"发还",解除"军管理",迎来了新的生存希望。当日下午 3 时,中日双方在上海东和洋行举行"发还"仪式。接收委员会副委员长袁愈佺,汪伪实业部陈中骏、范光武、唐茂熙等,日方福山中佐出席"发还"仪式,陈葆初代表大生纱厂参加。"首由福山中佐及袁次长相继致词,旋由日方受托经营者代表报告管理工厂经过情形,末由大生纺织公司常务董事陈葆初致谢词,继即双方交互调印,至六时许散会。"③福山致辞:"在事变后,工厂受重大之破坏,而今能修理完成旧观,此乃管理工厂者经年之辛苦,实所庆幸此次全部交还之后,希望各工厂主持者努力活用能力,增强生产,复兴中国产业经济。"④

---

① 《江苏省南通县资生铁厂呈请交涉保护的文书》(1943 年 1 月),中国第二历史档案馆藏,汪伪实业部档案,二〇一二/6949。

② 《资生实业公司铁厂、土地、资生铁厂始末概况》,南通市档案馆藏,资生铁厂档案,B408/111/10。

③ 《大生纺织股份有限公司广生榨油厂中国制腿两合公司等接触军管并移交工厂终结证书案》(1943 年 9 月),中国第二历史档案馆藏,汪伪行政院档案,二〇〇三/4654。

④ 《最后一批军管理工厂　昨举行发还典礼》,《中华日报》,1943 年 7 月 29 日,第 1 版。

可以窥见,日方自己也不得不承认各工厂受到破坏,却避而不提破坏的始作俑者,而突出日方在"军管理"时期的修理功劳。其后的希望,言下之意即劝诫解除"军管理"的商民,与日方展开"合办""合作"是其此后"复兴"的出路。

与先前日军驻南通特务机关长滨本宗三郎、"南通班"班长川又务等人一致,福山亦在致辞中抬出张謇,强调"务须效习清末实业家张謇先生之数十年来经营工厂业之精神,实施完成中日经济提携之真义,共同完遂大东亚战争,击灭英美侵略经济政策"①。福山通过形塑张謇的实业精神,建构自己作为"中日经济大使"的身份象征,激发陈葆初等大生高层以"张謇门徒"继承其遗产的虔诚之心,以服务于日华"合办"的真实目的,并呼应"总力战体制"。

随后袁愈佺的讲话反映了汪伪政府的尴尬处境:"对于友邦(日本)方面的友好精神和诚意,也是十二分的感谢……要是没有友邦方面陆海军当局的爱护,恐怕这个工业中心(南通),一定要摧毁无疑,但是现在依旧好好的发还给正当权利者,这应当怎样感谢友邦海陆军当局的善意,为中国实业前途造福。"②袁愈佺是汪伪政府代表,然而从他的讲话中看不出政府应有的权威地位,反而是一味感激日方,发言词中溢满阿谀奉承。"军管理"工厂的"发还"在表面上看是日汪共同促成,然而袁愈佺所言只能体现出日方的"劳苦功高","发还"实质一览无余。

同时,袁愈佺也突出张謇的影响力,"希望江北实业界领袖,一本以往张季直先生之精神,对于大东亚战争有所贡献"③。相比于

---

①《最后一批军管理工厂　昨举行发还典礼》,《中华日报》,1943 年 7 月 29 日,第 1 版。

②《最后一批军管理工厂　昨举行发还典礼》,《中华日报》,1943 年 7 月 29 日,第 1 版。

③《最后一批军管理工厂　昨举行发还典礼》,《中华日报》,1943 年 7 月 29 日,第 1 版。

福山的婉转,袁愈佺则更为直接,毫不隐晦地将张謇与大东亚战争这看似毫无关联的两者相结合,营造张謇"亲日"的政治意向,欲打动大生等各厂经营者。

最后,陈葆初代表大生等各"发还"工厂致感谢词。陈葆初道:"本厂等各同人感激之余,莫名与奋,同时鉴于方来责任之重大,尤不胜惊惧……借此复兴苏北,但念纺织业之增加生产,不仅在厂内工作之奋勉,而在厂外原棉之取得……原棉之增加生产,不外广辟棉田,增加种植之量,改善技术,增加收获之量,而此两者,又以完成整个苏北之水利为前提。"①在致谢词中,陈葆初提出复业计划,将目光投射于南通水利事业建设,意在告诉日汪,请求予以方便。

此外,陈葆初亦引出"张謇门徒"的思考,提出:"南通先生张啬公,竭三十年之心力,研求苏北水利……凡读张先生之言论者,皆可了然……惟有仰望军当局暨两国有关各官宪赞同其事,赐予主持,对于地方人士之工作,充分谅解,充分协助,在可能范围,一切予以便利……纺织厂为张先生首创事业,尽以苏北产棉,因地之利,事半功倍,当借纺织为推进凡百事业之基础,造成苏北全面之繁荣。"②字里行间,透露出陈葆初预料日汪会昭彰"尊张"的假面,他在致谢中暗讽双方均未了解张謇,仅是浅显的表面文章,未能充分"读张先生之言论"。陈葆初更将兴修水利、繁荣苏北的重责推向日汪。"充分谅解,充分协助",即指日汪或予以便利,或不做过多干涉,否则苏北不仅不得繁荣,并且考虑到中共在此地频繁的抗日活动,甚至可能影响日汪建构的统治秩序。

---

① 《大生纺织公司向侵华日军当局和汪伪政府申请发还要厂所属一厂、副厂、电厂、三厂的有关材料》,南通市档案馆藏,大生纺织公司档案,B403/111/212。

② 《大生纺织公司向侵华日军当局和汪伪政府申请发还要厂所属一厂、副厂、电厂、三厂的有关材料》,南通市档案馆藏,大生纺织公司档案,B403/111/212。

随着大生各厂的"发还",华中沦陷区 140 家"军管理"工厂悉数"回归"。从华中沦陷区"军管理"工厂的"发还"顺序与规模来看,呈"前少后多""前疏后密"之势:1940 年"发还"2 批,共 8 厂;1941 年"发还"4 批,共 18 厂;1942 年"发还"4 批,共 34 厂;1943 年"发还"3 批,共 42 厂,呈现一条由缓至陡的上升曲线。1942 年以后,"发还"工厂占比达到 3/4,这与太平洋战场形势变化、日本"对华新政策"的实施与汪伪政府威权的提升密不可分——日方允许汪伪政权对长江中下游的经济拥有更大的控制权,"归还"工厂既能提高这个政权在中国商业阶层中的声望,亦能促成沦陷区资本家向日汪靠拢。[1] 正如袁愈佺回忆:"这桩汪日双方极感头痛的悬案,到了 1942 年秋汪精卫第二次正式访日才得到解决……由石渡和重光葵会同池田、藤山向东条进言后,东条内阁才决定将日军强占加以'军管理'的中国工厂全部发还中国业主。"[2]

值得一提的是,依据日方统计,在"发还"的 140 家"军管理"工厂中,棉纺织工厂达到 67 家,占比接近一半[3],其中包括大生、申新、大成、永安、民丰等著名纱厂,既印证全面抗战初期棉纺织华资企业的确大多未能内迁,先后遭受日本"军管理",也反映棉纱行业之于战争的重要程度。因此,无论是日方、汪伪政府或者华商,均明了战时棉纱业的特殊意义及其巨大的经济利益,各家纱厂亦成为"发还"过程中较为显眼的争夺对象。

---

① [美]王克文著,徐有威、浦建兴译:《通敌者与资本家:战时上海"物资统制"的一个侧面》,《档案与史学》1996 年第 2 期。

② 袁愈佺:《日汪勾结掠夺中国资源概述》,黄美真编:《伪廷幽影录——对汪伪政权的回忆》,北京:东方出版社 2010 年版,第 142—143 页。

③ 金丸裕一監修『中國年鑑・大陸年鑑』第 11 巻　昭和 18 年(民國 32 年)版、ゆまに書房、2008 年、257 頁。

　　华中沦陷区"军管理"工厂"发还"后,它们的生存轨迹截然不同。有 51 家工厂归还华商,17 家工厂与日方"合办",18 家工厂被日方收购,24 家工厂被日方征借,30 家工厂被迫关闭或移交汪伪政府管理,意味着仍被日方变相占领的工厂达 59 家。① 更为重要的是,即便可以回到华商手中,亦需要其付出相当之大的经济代价,以"弥补"驻地日军及日商。7 月 28 日,中日双方达成的《"大生纺织股份有限公司关系军管理工场"解除军管理并移交工厂及清算终结证书》中规定了 3 项附带条件:

　　(一)为开发江北之基本调查研究起见,将来设立研究机关时,应遵守中日双方当局指示援助之;②

　　(二)为完遂大东亚战争目的,当与国民政府及日本军部协力,并应对江北开发积极的贡献;

　　(三)正当权利人开办工厂时,不许第三国权益参加。

此外,亦明确了 2 项清算条件:

　　(1)当处理本件时,根据利益金处分规定,应分配日本军及受托人,并正当权利人之在管理中营业利益金一千九十二万七千五百八圆,全部提供新设研究机关为基金;③

　　(2)受托人应付正当权利人之接收作贩卖产,合计金二百

---

① 上海市委党史研究室编,李忠杰主编:《上海市抗日战争时期人口伤亡和财产损失》,北京:中共党史出版社 2016 年版,第 62 页。

② 本段及以下 2 段均出自《大生纺织股份有限公司广生榨油厂中国制腿两合公司等接触军管并移交工厂终结证书案》(1943 年 9 月),中国第二历史档案馆藏,汪伪行政院档案,二〇〇三/4654。

③ 本段及以下 1 段均出自《大生纺织股份有限公司广生榨油厂中国制腿两合公司等接触军管并移交工厂终结证书案》(1943 年 9 月),中国第二历史档案馆藏,汪伪行政院档案,二〇〇三/4654。

十三万六千四百四十七圆,控除其投下固定资本额合计一百二十四万八千五百八十四圆,尚不足八十八万七千八百六十三圆,受托人应对正当权利人付清之。

从上项条件可以看出,日方在"军管理"大生各厂时,收获"营业利益金"10 927 508元(中储券),此笔收入充作"新设研究机关"的基金,大生纱厂无法从中分享,双方不平等的地位一览无余,日方对沦陷区民族工业的态度亦可见一斑。此外,依据清算条件,日方指示钟纺需向大生纱厂支付887 863元(中储券),这与巨额的"营业利益金"相比相去甚远,只能是象征性的补偿措施。另根据大生一公司与三公司账略显示,"发还"时大生各厂资产等情形如表5-1所示。

表5-1　"发还"时大生各厂资产一览表

厂名	资产作价		交还物料等作价	
	日元	中储券(元)	日元	中储券(元)
大生一厂		5 259 302.12		6 284 167.43
大生副厂	1 046 734.32	533 138.55	1 216 462.98	120 727.24
大生电厂		22 750		353 233
大生三厂	533 825.59	2 965 697.72	980 057.53	5 444 764.06
合计	1 580 559.91	8 780 888.39	2 196 520.51	12 202 891.73

资料来源:《南通大生第一纺织公司民国二十五年至三十二年账略》《海门大生第三纺织公司民国二十五年一月至三十二年九月账略》,南通市档案馆、张謇研究中心编:《大生集团档案资料选编·纺织编(II)》,第233—234、409页。

说明:据《南通大生第一纺织公司民国二十五年至三十二年账略》所载,大生一厂(含副厂、电厂)在"发还"时,日方交还厂方物料等共计价日元1 216 462.98元,合中储券67 630 330.94元。但按照账略中明示的中储券与日元兑换汇率100:18计算,实际应合中储券6 758 127.67元,存在出入,表格以实际计算为准。

依照表格,大生纱厂在"发还"时资产作价合计8 780 888.39元(中储券),日方交还物料等作价合计12 202 891.73元(中储券),二者相抵,大生还需向日方支付 3 422 003.14 元(中储券)。再与钟纺需向大生纱厂支付的 887 863 元(中储券)相抵,意味着大生还需要支出 2 534 140.14 元(中储券)方可"赎厂"。① 也就是说,日方在"发还"时可再获得 2 534 140.14 元(中储券)的收入,再加上前述 10 927 508 元(中储券)的"营业利益金",日方赚得盆丰钵满。相比之下,大生纱厂为求生存费尽力气争取"发还",却要付出相当的经济代价,不可谓不惨重,这也是沦陷区民族工业最真实的生存写照。陈葆初称:"彼时公司存款一无所有,乃七拼八凑,移挪足数,由琛(陈葆初)会同张董事敬礼、沈董事燕谋,代表董事会前往交付接收,而所接物资仅仅车面零数,真不值一盼。"②

虽然大生纱厂"幸运"地在"发还"后获得了一定程度的自由,但此种自由是建立在陈葆初等与日汪沟通争取的基础之上,生存状况看似好转,但沦陷区的恶劣环境决定大生并不能在真正意义上逃脱日方管控。如是说,所谓"发还",其本质是日方以另一种形式或姿态,对沦陷区华资各厂继续施以占领或统治,民族工业的生存状况依然堪忧。

---

① 有学者指出,大生纱厂"发还"时,钟纺声称在"代管时期"垫款 630 930 日元,折合中储券 459 万元,勒令大生董事会偿还赎厂。但依照大生账略中所载的中储券与日元兑换汇率 100∶18 计算,日方垫款应折合中储券 3 505 166.67 元,而非 459 万元。参见《大生系统企业史》编写组:《大生系统企业史》,第 266 页;周宗根:《地方主义与民族主义:南通绅商与战时政治(1937—1949)》,博士学位论文,南京大学,2006 年,第 110 页。此外,另有学者指出,日方江北公司开出垫款中储券 459 万元,钟纺也提出补贴费中储券 296 万元,二者相加 755 万元。参见张廷栖:《论日军对大生企业的掠夺与破坏》,中国新四军与华中抗日根据地研究会编:《新四军与抗日战争》,第 451 页。笔者对以上两种数字均持怀疑态度,本书以实际计算的数值展开论述。

② 《抗战时期南通大生纺织公司文献之一》(1945 年),南通市档案馆藏,大生纺织公司档案,B403/111/621。

第二节　收花与代纺

一、"华中棉统会"与"商统会"

早在大生纱厂尚未"发还"的 1940 年,日方便制定《处理中国事变纲要》,并在 11 月 13 日召开的御前会议上决议通过。在《处理中国事变纲要》中,日方指出:"在中国的经济建设的根本方针是,一面配合日满两国的情况,彻底开发并获取国防资源,一面借此安定占领地区的民心。"[①]可见,日方将通过经济统制与物资统制,将沦陷区的一切资源最大化地服务于军事与政治。12 月 31 日,汪伪行政院召开第 40 次会议,梅思平提议:"全国经济委员会即将成立,拟请将工商、农矿、铁道、交通四部联席会议取消,并将一切经办事务移交该会接管办理。"[②]会上通过决议,成立"全国经济委员会","直隶于行政院,管理全国经济建设之设计,指导及指定事业之经营事宜"[③]。翌年 1 月 8 日正式成立,汪精卫任委员长,周佛海任副委员长,梅思平等任委员,陈君慧任秘书长,标志着沦陷区物资统制与经济统制的全面展开。

但是,自 1941 年 7 月 25 日开始,美国宣布冻结日本及中国在美资产,英国、荷兰也紧随其后,对日实行资产冻结政策,进而又对日实施物资禁运。[④] 加上日本国内资源先天紧缺,且受战争影响过

[①]《处理中国事变纲要》(1940 年 11 月 13 日),复旦大学历史系日本史组编译:《日本帝国主义对外侵略史料选编》,第 312 页。

[②] 中国第二历史档案馆编:《汪伪政府行政院会议录》第 5 册,第 177—178 页。

[③] 中国第二历史档案馆编:《汪伪政府行政院会议录》第 5 册,第 185 页。

[④] 海韵:《抗战时期日伪对上海棉纱的掠夺与统制》,硕士学位论文,南京师范大学,2015年,第 29 页。

度消耗逐渐告罄,为消弭由此对其侵略战争产生的阻力作用,日方决定加大对华物资统制与经济统制的力度。棉纱对日本而言既是一种紧缺资源,又是一种重要的军需原料,表现在其市场的具体行为,则是日方强化军事封锁,利用军配组合棉业部和华中棉纱布贩卖协议会将棉纱流通环节控制于手,并将重点转移到"现地调配、现地自活、对日输出"上。[①] 并且,受1942年下半年日军在太平洋战场上节节败退、丧失作战主动权的影响,日方决定再次强化对华物资统制与经济统制,于该年9月15日,日本兴亚院华中联络部、汪伪政府共同在上海成立了"华中棉花统制会"(以下简称"华中棉统会"),对华中沦陷区的棉、纱、布制品实行强制收购。日方认为:"华中地区之棉花,愈增其为共荣圈内衣料资源之重要性……本会('华中棉统会')成立之基础,在于中日两国共存共荣之精神。"[②]该会成立后,"暂定为苏、浙、皖三省及上海、南京特别市棉花之搜买及其配给之统制"[③]。

　　为扩大煤炭、钢铁、棉花、粮食等战时物资统制,满足日方与日俱增的军事需求,确保日方在各沦陷区的控驭根基,并呼应"对华新政策",给予汪伪政府更大的自主权力,保持对重庆国民政府的

---

① 所谓"现地调配、现地现活、对日输出",即1941年7月后日本的"军配组合"("中支那军票交换用物资配给组合")发生变化,转变为从中国占领地尤其是华中沦陷区调集物资适应战争所需,以解燃眉之急,"军配组合"决定物资统制的根本方针之一便是筹集华中物资,以增加对日供应。参见陆伟:《"军配组合"与战时日本在华中的物资统制》,《党史研究与教学》1999年第4期;海韵:《抗战时期日伪对上海棉纱的掠夺与统制》,硕士学位论文,南京师范大学,2015年,第33页。

② 《华中棉花统制会设立案摘要》(1942年9月),上海市档案馆藏,棉纺织业同业公会档案,S30/1/121。

③ 《华中棉花统制会设立案摘要》(1942年9月),上海市档案馆藏,棉纺织业同业公会档案,S30/1/121。

"经济封锁",1943 年 3 月 15 日,"全国商业统制总会"(以下简称
"商统会")在上海成立。唐寿民任理事长,袁履登、林康侯、吴震
修、叶扶霄、江上达等 13 人为理事;闻兰亭为监事长,周作民、郭顺
等 5 人为监事。① "商统会"的成立,标示着汪伪政府治下最高商业
统制机构的出现。② 成立后,"商统会"全面负责物资移动管制与物
资登记,并接收主管统制物资的各同业公会列为下层统制机构,与
"华中棉统会"等组成严密的物资统制网络,将华中沦陷区内的苏、
浙、皖三省及南京、上海二市视为核心区域,置于其密布之下。

　　3 月 19 日,"决策机构物资统制审议委员会"(以下简称"物审
会")成立,周佛海任委员长,日本驻华公使堀内干城任副委员长。
"物审会"作为"商统会"的上层领导机构,受日方操持,强势干预并
向"商统会"发号施令,由其具体执行。③ 5 月 13 日,汪伪最高国防
会议第 14 次会议通过决议,成立"中日联合物资调查委员会",陈
公博任委员长,袁愈佺等任中方委员,田尻爱义等任日方委员,负
责"主要物资囤积之调查事项、防止囤积对策之建议事项"④,与"商
统会""物审会"共同组成华中沦陷区物资统制三大机构。

　　1943 年 7 月 28 日,大生纱厂"发还",解除"军管理"。此时,地
处华中沦陷区核心地带的大生各厂,需要与"华中棉统会""商统
会"展开一系列的沟通与折冲,在其压制之下卑微求存,进而促成

---

① 张根福:《汪伪全国商业统制总会述论》,《档案与史学》1997 年第 3 期。

② 王春英:《"统制"与"合作":中日战争时期的上海商人》,博士学位论文,复旦大学,
　2009 年,第 33 页。

③ 海韵:《抗战时期日伪对上海棉纱的掠夺与统制》,硕士学位论文,南京师范大学,2015
　年,第 44 页。

④ 中国第二历史档案馆编:《汪伪中央政治委员会暨最高国防会议会议录》第 21 册,第
　165 页。

了大生纱厂交换代纺生产经营的历史面相。

二、陈葆初的复业努力

　　大生各厂"发还"后，复业问题亟待解决。此时，陈葆初身为大生纱厂常务董事，代行董事长职权，需要他再次发挥长袖善舞的个人交际能力，打通关系，帮助企业寻求生存空间与提升生存质量。陈葆初坦言："各工场一切开支无从着手……留沪之纱……本是大生养命之源，又悉被商统会登记收买，不能派用。大生当斯环境之下，真是枯鱼涸鲋、一筹莫展，亦大生有史以来未有之情境。"①当时，大生高层中仅次于陈葆初的二号人物沈燕谋亦云："本公司自接收自发后，费用浩繁，又当纱布全面收买之际，银根益形拮据。"②

　　同时，副厂厂长王元章致函陈葆初："况今厂虽发还，但江北公司在通仍继续存在，是则卧榻之旁仍有虎视眈眈者在，能不惊心动魄耶！"③8 月 15 日，一厂厂长吾葆真等对大生各厂各机件设备实际情况展开调查："老厂就大体论，除马达、钢丝布、皮带三项外，其他机上配件就现有数量加以整理，即不添办亦有八成可用；新厂仅缺少数零件，稍加整理全部可用；布厂现在开二百台可无问题，其余稍加整理可开四百五十台；机械工场所有较好之车床、铣床、钻床、刨床等均被拆去，残存者多为旧式且不完整；原动部石板开关之电力表不全，一部柴油引擎稍整理即可用，另一部系拆开未装，

---

①《陈葆初致大生纺织公司临时管理处陆子冬先生交接报告书》(1945 年 9 月)，南通市档案馆藏，大生纺织公司档案，B403/111/228。

②《大生总管理处所存日寇发"还后"之内部通信》(1943 年 7 月 17 日)，南通市档案馆藏，大生沪事务所档案，B401/111/619。

③《王元章致陈葆初函》(1943 年 8 月 1 日)，南通市档案馆、张謇研究中心编印：《大生集团档案资料选编·纺织编(V)》，第 112 页。

加以修配亦可用。"①可见，大生纱厂在硬件方面具备复业的可能，如若不能获得日汪的软性许可，便会因缺少流动资金而与资生铁厂一样，面临被日军拆卸机件用于军事所需的厄运。陈葆初于战后接收时亦言："在大生发还时，曾有敌军派征用工兵二百人将大生一、三、副厂及资生铁厂机件拆毁一部分之举。"②如不能及时复业，大生各厂机件会被日方视为"不能生产之废铁，正好征用"③。

此时，由于"华中棉统会"在沦陷区实行严格的棉花统制业务，各华资纱厂苦不堪言，只得进行代纺。即便是代纺，大生也很难从中分得一杯羹。一方面，代纺工作大多经由华商纱厂联合会按各厂纱锭数量支配办理，上海各纱厂都被迫接收代纺，无从逃避，纱厂只保留生产车间的功能。④而大生纱厂自张謇逝世后便与华商纱厂联合会渐行渐远⑤，且"华中棉统会"统制棉花交由各纱厂代纺时大生仍处于"军管理"状态，尚未"发还"，因此陈葆初及其他高层需要重新寻找原棉。另一方面，"华中棉统会"在棉花收买上明确规定："采取以长江为界，北部（江北地区）归日方会员，南部（江南

---

① 《日记第一册》(1943 年 7 月 1 日至 1944 年 12 月 31 日)，南通市档案馆藏，大生一厂（副厂）档案，B404/111/183。

② 《陈葆初致大生纺织公司临时管理处陆子冬先生交接报告书》(1945 年 9 月)，南通市档案馆藏，大生纺织公司档案，B403/111/228。

③ 《陈葆初致大生纺织公司临时管理处陆子冬先生交接报告书》(1945 年 9 月)，南通市档案馆藏，大生纺织公司档案，B403/111/228。

④ 周宗根：《地方主义与民族主义：南通绅商与战时政治(1937—1949)》，博士学位论文，南京大学，2006 年，第 110—111 页。

⑤ 张謇生前曾任华商纱厂联合会会长，其逝世后由副会长聂云台继任会长。1928 年聂云台辞职，荣宗敬接任会长。之后大生纱厂囿于债台高筑、被动经营的生存困局，且全面抗战时期受环境影响，华商纱厂联合会服务范围有限，仅囿于上海本埠纱厂，大生与之关系逐渐疏离。

地区)归华方会员,使其各负其责之策,任其活动之结果。"①大生纱厂地处江北,依据规定,其位于苏北的原棉产地完全受日方掌控,由江北公司与苏北棉业公司共同负责棉花收买。故而,大生高层需要再度与日汪交涉,以争取棉花这一对于其复业不可或缺的原料,从而获得代纺权,方可维系生存,否则便与前述的59家华资工厂命运相同,"发还"后遭遇日方的变相占领或破坏。

为进一步确保大生各厂可顺利复业,陈葆初打出"感情牌",将江北民众与大生的复业紧密相连,试图将普通民众形塑成为自己及企业生存的社会资源,以此打动日汪。陈葆初称:"通海两县人民生计大都赖土布,生产收入为唯一养命之源。大生停纺,本厂无纱供给,他厂亦然,外纱亦当然无望。接济两县人民与各厂职工之生计……"②如此,工厂的生存、人民的生存遂成为陈葆初不得不与日汪沟通交涉的正当理由,代纺似为"发还"后大生纱厂唯一的生存路径。

陈葆初此举是否发自肺腑或是在商言商,需要慎重考量。作为地方绅商,陈葆初进入大生董事会较晚,虽然他早年追随张謇,且与张孝若关系不错,但在张家式微的大生高层中论资排辈相对靠后。全面抗战爆发乃至南通沦陷后,陈葆初凭借其出色的个人交际能力与人脉手段与日伪等多方势力交涉折冲,为大生纱厂寻求生存空间立下功劳,因而扶摇直上,跃居权力顶层,成为沦陷时期大生的实际当家人。

历经"军管理"那一段黑暗岁月的大生纱厂,在"发还"后其高层只剩寥寥数人,这从"发还"时的交换文书上亦能看出,只有陈葆

①《华中棉花统制会设立案摘要》,上海市档案馆藏,棉纺织业同业公会档案,S30/1/121。

②《陈葆初致大生纺织公司临时管理处陆子冬先生交接报告书》(1945年9月),南通市档案馆藏,大生纺织公司档案,B403/111/228。

初、沈燕谋、张敬礼三人，甚至身为董事长的徐静仁也未露面。故此，陈葆初不得不肩负起勉力维持生存与运转的重任，以"张謇门徒"自居的他必然也不会坐视不理，更不会直面张謇的毕生事业就此陨落。所以说，江北民众生计或许是他努力争取大生各厂复业的一种说辞，迎合日方在占领地重塑统治根基与社会秩序的需要。

更为重要的是，陈葆初对大生纱厂的情感深厚，如今危在旦夕，大生如果未能复业而遭日方拆毁机件致使灭亡，他将自觉无颜面对张氏父子。加上代纺并非无利可图，绅商的身份属性决定了利益获取是陈葆初为大生纱厂争取复业的另一动力来源。综合以上多种因素，迫使陈葆初做出与日汪"合作"的决定，而与以上三方面相比，政治忠诚需要让步于生存逻辑，这也是"灰色地带"的特殊性所致。在生存或毁灭这一问题面前，陈葆初等绅商只能放弃政治忠诚，从而成为"通敌者"（collaborator）或"易帜精英"（Yizhi Elite），与日汪"合作"交换代纺。

在江北民众生计、与大生的情感、利益获取这三个致使陈葆初决定与日汪"合作"的影响因素中，利益获取无疑是根本动力。陈葆初眼见"战事发生以来，棉花价值（其时每担只七百元左右）被敌商江北棉花收买组合，及江北兴业公司强压限制，甚至抢收，农民隐痛万状"[1]，不甘利益尽被日方攫夺，交换代纺虽意味着失去生产主动权，但仍然存在着花贱纱贵的巨大利润空间。陈葆初认为："事业在敌人掌握之内，自毁已不可能……只有利用当时公令，为实际之最有意义之救济措施。"[2]

---

[1]《陈葆初致大生纺织公司临时管理处陆子冬先生交接报告书》（1945 年 9 月），南通市档案馆藏，大生纺织公司档案，B403/111/228。

[2]《陈葆初致大生纺织公司临时管理处陆子冬先生交接报告书》（1945 年 9 月），南通市档案馆藏，大生纺织公司档案，B403/111/228。

　　适逢其时"商统会"理事长唐寿民向陈葆初抛来交换代纺的"橄榄枝",拉拢其与日汪"合作"。考察唐寿民等伪政权要员,其动机有三:一来此时战事焦灼,汪伪政府为缓解严重的通货膨胀,减少货币发行量,提倡物物交换;二来汪伪政府为配合实行的棉纱统制,然"强收有纱而不易强收得花,盖因纱花限价均低,纱在商场尚有黑市,花在农村散处,而无黑市之便利……农民苦藏其花不售,敌伪(汪伪)无术强制搜集"[1];三来日汪故意放低姿态,将 14∶1 的纱花兑换比率(皮棉 14 担可换棉纱 1 件)降低为 10∶1(皮棉 10 担换棉纱 1 件),由此创造利润空间,诱使陈葆初选择交换代纺,更可凭借其所有的地缘优势与人脉基础在苏北农村收花,实现全面物资统制。[2] 故此,双方一拍即合,大生纱厂复业在即。

　　1943 年 10 月 5 日,唐寿民函告陈葆初:"查南通大生纺织公司,自经军管理发还之后,关于苏北棉农经济负有调剂复兴之责,兹以上年苏北棉花未尽收购,散在民间者为数尚多,原有之收花机构既已停顿,新设之机构尚未成立,而农民所存之花又不能自纺成纱。南通素以土布著名,向恃手工机布为农者,均皆束手无策,兹由该厂商得友邦使馆及军部方面同意,向本会建议拟与本会订立

---

[1] 《大生纺织公司接收补报书》(1946 年 3 月 6 日),南通市档案馆藏,大生纺织公司档案,B403/111/638。

[2] 有论者指出,陈葆初与日伪方面达成的交换代纺,其实质是汉奸、商人勾结起来剥削农民,并从经济上支持日本侵略者。参见《大生系统企业史》编写组编:《大生系统企业史》,第 268 页。笔者认为,"剥削农民"的观点或可成立,但"经济上支持日本侵略"这一看法有失偏颇。生存与获利是陈葆初做出交换代纺这一决定的根本动力,大生纱厂如若不能复业,很可能遭遇灭顶之灾。因而,为求生存与占有利益,陈葆初不得不选择与日汪"合作"。至少在主观意愿上,陈葆初并没有"助纣为虐"的思想,只是一旦"合作",将不可避免地在经济上支持日本侵略,这也是沦陷区商民所面临的较为普遍而又无能为力改变的生存处境。

合同。所有南通海门东台各处上届未经收尽之残花,均由该厂以本会运交之纱直接向农民换取。每念〔廿〕支一包换取市秤棉花十担。收得之花半数缴解本会。半数由厂纺纱。其纱花出入均集中运用。由本会派员监视。"①陈葆初表示:"大生更得以代纺为开工原料之运用,以交换为代纺之前驱。"②至此,双方初步达成"合作"意向,大生纱厂即将以纱换花,交换代纺生产经营。

三、交换代纺概况

　　1943 年 10 月 1 日,陈葆初在上海成立"大生纱花交换处"(以下简称交换处),全面负责交换代纺事宜,他自任处长,沈燕谋任副处长。15 日,唐寿民致函汪伪行政院,称大生纱厂方面"以纱换花一案,呈请核示在案,滋因时期迫促,恳电令遵行"③,可见其对复业的急迫需求。25 日,唐寿民代表"商统会"、陈葆初代表大生纱厂,双方正式签订代纺合同(此时双方"合作"交换代纺已经展开)。"商统会"与大生纱厂约定以 20 支纱 1 万件换取棉花 10 万担,即 10 担棉花可换纱 1 件,在一个月内完成代纺。合同中,双方对代纺及利润的分配做明确约定,收花完成后,大生纱厂"所换棉花应先以五万担解交甲方('商统会')听候支配,其余五万担委托乙方(大生纱厂)代为纺纱,纺成之纱陆续解交甲方应用,所有一切制造费用及赢得利润,由乙方核实开

---

①《大生纱厂以运交纱代收残花订立合同及棉花转运交换工作案》(1943 年 10 月),中国第二历史档案馆藏,汪伪行政院档案,二○○三/4612。

②《陈葆初致大生纺织公司临时管理处陆子冬先生交接报告书》(1945 年 9 月),南通市档案馆藏,大生纺织公司档案,B403/111/228。

③《大生纱厂以运交纱代收残花订立合同及棉花转运交换工作案》(1943 年 10 月),中国第二历史档案馆藏,汪伪行政院档案,二○○三/4612。

单向甲方具领"①。陈葆初自称："其时纱价黑市每件三万元,换言
之即每担棉花价值三千元,即陡涨二千三百元(前述棉花每担只有
七百元)。"②棉花从每担700元涨至3 000元,涨幅高达328.57%,
"农商欢跃,可想而知"③。

　　由此可见,代纺存在着巨大的利润空间,陈葆初作为商人不可
能不心动。同时,陈葆初向唐寿民呈请："为执行纱花交换便利迅
捷起见,请求具呈行政院转咨军事委员会令知苏北各机关,并转悉
友邦(日本)军部大使馆通知苏北各机关,对于贵会('商统会')委
托敝公司(大生)交换纱花一事,予以便利及保护,而免延误。"④日
方提供便利,加之原先700元时花农不愿将棉花售出,如今3 000
元的价格使得花农尽情售卖,10月底"即超过定额,收到十三万九
千市石"⑤。11月14日第一阶段代纺结束时,大生纱厂共获得棉
花18.9万担。

　　18.9万担棉花,除依照合同约定分别向"商统会"与"棉统
会"⑥提供5万担外,溢收的3.9万担棉花可换回棉纱3 900

---

① 《大生纱厂以运交纱代收残花订立合同及棉花转运交换工作案》(1943年10月),中
　国第二历史档案馆藏,汪伪行政院档案,二〇〇三/4612。
② 《陈琛自述国难期中经过》(1945年),南通市档案馆、张謇研究中心编印:《大生集团
　档案资料选编·纺织编(V)》,第264页。
③ 《陈琛自述国难期中经过》(1945年),南通市档案馆、张謇研究中心编印:《大生集团
　档案资料选编·纺织编(V)》,第264页。
④ 《大生纱厂以运交纱代收残花订立合同及棉花转运交换工作案》(1943年10月),中
　国第二历史档案馆藏,汪伪行政院档案,二〇〇三/4612。
⑤ 《大生纺织公司接收补报书》(1946年3月6日),南通市档案馆藏,大生纺织公司档
　案,B403/111/638。
⑥ 此"棉统会"为1943年11月27日成立的"全国商业总会棉花统制委员会",隶属于
　"商统会",非前述的"华中棉统会"。为加以区分且方便阅读,该机构简称为"棉
　统会"。

件①,价值中储券 1.17 亿元。此时大生纱厂仍剩余棉花 5 万担,
"商统会""因无纱交出,嘱托交换处代纺"②,可再获利一笔。11 月
19 日,日本驻华大使馆告知唐寿民,"现以日本军之需要,拟将(大
生纱厂)交给贵会('商统会')之棉花五万担,充作为本年度军需棉
花之用。"③该 5 万担棉花在历经万难后最终流向日军(具体流转经
过下文将专作述论),成为大生纱厂变相支持日军侵华之铁证,亦
是战后陈葆初被定为汉奸的罪名之一。日方开口索要,"商统会"
进而施加压力于大生高层,其更无从拒绝。其实无论拒绝与否,大
生高层都无法阻止这 5 万担棉花用于日本军需,且一旦拒绝,不仅
代纺将不复存在,甚至工厂的生存将受重大影响。因此,在屈服与
负隅之间,大生高层及陈葆初不得不选择前者。

　　需要注意的是,交换处具有独立性,对大生纱厂的交换代纺行
为更应仔细考量。依据战后国民政府的调查报告,交换处"从组织
上查察,实系在公司组织外另设机关,另订章则,对外则擅用大生
名义加于交换处之上"④。交换处是否系陈葆初个人主张?似乎很
有可能。一是"纱花交换经费为陈氏自筹,事为陈氏自理,是以该
交换处账目不入公司会计"⑤;二是在 11 月 4 日,陈葆初自称受"商

---

① 纱花交换是以 1 件纱 10 担皮棉的比率向"商统会"换纱,再以 1 件纱 10 司马担皮棉
　 的比率向农民换花,每件纱可盈 2 市担皮棉。参见江苏大生集团有限公司编:《一百
　 二十年大事记》,第 41 页。
② 《大生纺织公司接收补报书》(1946 年 3 月 6 日),南通市档案馆藏,大生纺织公司档
　 案,B403/111/638。
③ 《大生纱厂以运交纱代收残花订立合同及棉花转运交换工作案》(1943 年 10 月),中
　 国第二历史档案馆藏,汪伪行政院档案,二○○三/4612。
④ 《大生纺织公司接收补报书》(1946 年 3 月 6 日),南通市档案馆藏,大生纺织公司档
　 案,B403/111/638。
⑤ 《大生纺织公司接收补报书》(1946 年 3 月 6 日),南通市档案馆藏,大生纺织公司档
　 案,B403/111/638。

统会"委托,将其组织交换处的经过呈报大生总管理处与董事会,并取得徐静仁等委任其负责办理纱花交换的书面文件,作为与日伪交涉的依据。① 从此刻开始,陈葆初便正式取代徐静仁,成为大生纱厂代董事长,位居权力巅峰,原有的"内核"——总管理处与董事会也被交换处取代。无论从经费上看,抑或从创设目的来看,交换处极具个人意志产物的特征。大生纱厂在交换代纺时期的生产经营活动,很明显地被刻上陈葆初个人色彩的烙印,"发还"后的大生,更像是陈葆初的个人事业,张謇及张氏家族的痕迹几乎无寻。

此外,交换代纺工作"集中营运于一厂,副厂不开工,三厂只代纺"②的特点,也能证明交换处带有较强的个人性质。这一点从战后国民政府在接收大生纱厂时急欲撇清关系之举亦可看出——在1946年5月6日召开的大生一厂股东会议上,大生高层对其沦陷时期之生存进行梳理,称"后一段(指'发还'后)至三十四年(1945)九月十九日办理接收为止,为董事陈葆初别组交换代纺处期间,此期营业与公司无涉"③。陈葆初在"军管理"解除后,便成为大生纱厂权力阶层的凝聚点,甚至以代董事长的身份行使职权,与外交涉。而具有"一人致是"特征的交换代纺,更成为这一时期陈葆初权力巅峰的侧面与缩影,亦为抗战结束后大生高层否认沦陷时期与日汪"合作"作铺垫。

---

① 《大生纺织公司董事长徐静仁致全国商业统制会唐寿民讯》(1943年10月2日),转引自《大生系统企业史》编写组编:《大生系统企业史》,第267—268页。

② 《接收大生纺织公司总报告书》(1945年11月),南通市档案馆藏,大生纺织公司档案,B403/111/567。

③ 《五月六日大生一厂股东会议事录》(1946年5月6日),张季直先生事业史编纂处编,张謇研究中心等校注:《大生纺织公司年鉴(1895—1947)》,第383页。

第三节　汪伪政府的角色与作用

一、汪伪政府的尴尬处境

大生纱厂是南通地方的民族工业,在沦陷区的夹缝中寻求生存空间,汪伪政府是傀儡伪政权,受日方扶植,两者从某种程度上而言具有一定的相同属性——均为被占领地中的被占领者。但是,汪伪政府毕竟是日方的"协力者"(collaborator),至少在表象上具有统治者的身份与地位,这不是大生纱厂可以相提并论的。因而,从大生纱厂申请"发还"开始,其与汪伪政府之间便形成了统治与从属的关系。加上大生纱厂作为南通乃至江北地区的经济命脉与社会支柱,不仅是日方,汪伪政府同样对其充满兴趣。在利益的驱使下,汪伪政府与大生纱厂于交换代纺时期,共同勾勒出沦陷地商民、企业及伪政权生存实态的万花筒。

1943 年后,汪伪政府在自主权与决定权方面较前大幅提升,日方为驱使其向英美宣战,并迎合"对华新政策",给予其在经济统制、物资统制上一定的话语权威,此亦为大生高层与汪伪政府展开"合作"、实行交换代纺提供契机与平台。所谓话语权威,其实颇为有限,汪伪政府依然处处受到日方掣肘,就其与大生纱厂"合作"完成的交换代纺便可看出。

自 1943 年 10 月,陈葆初与唐寿民签订交换代纺协议始,汪伪政府与大生纱厂的"合作"随即展开。第一期交换代纺结束后,大生纱厂共收花 18.9 万担,悉数交给"商统会""棉统会"等机构,再由其提供交己代纺。从收花到上交再至代纺,各项环节、过程之中存在着巨大的利润空间,从表面来看,汪伪政府与大生纱厂可以共同获利,事实却并非如此。在事关生存的经济诱使下,汪伪政府与大生纱厂之间的利益杠杆无法平衡,且占有绝对权威的日方必然会以各种理由或借口"横刀夺爱",这从前述的日方向汪伪政府索要第一期交换代纺中的棉花5万担以供军需这一事件即能体现,充分说明汪伪政府在收花后的支配方面并没有绝对的定夺之权,其尴尬处境初见端倪。

自11月日本驻华大使馆向"商统会"索要棉花5万担后,汪伪政府便夹于大生纱厂与日方之间,左支右绌,两头为难。12月16日,江苏省第一区"清乡"督察专员公署与伪南通县商会共称"棉纱棉布系本县主要商业,现以棉纱存底枯竭,不敷供应,影响经济民生及社会秩序者至深且巨"①,向"商统会"抗议日方索花。20日,唐寿民回函:"南通方面对于棉织原料,最近期间似可借以周转,不致深感匮乏。又查南通为棉花产地,手工纺纱颇为发展,不难互相挹注。农村几户赖此维系,亦不致陷于停顿。"②日方突然索要,汪伪不得违抗,政权的傀儡性质一览无余,唐寿民只好借南通产棉为由搪塞同为伪政权的下层机关。

由大生纱厂收得的18.9万担棉花,5万担交"商统会",5万担交"棉统会",5万担充日方军需,剩余溢收的3.9万担如何处理,成为悬于大生高层及汪伪政府心头的未落之石。大生高层为避嫌,主动将这3.9万担交由"商统会"处理,但并不宣示他们对利益的放弃。12月内,陈葆初向唐寿民建议:"此项溢收棉花均系依据合同所订办法,与棉农约定须以棉纱交付,拟请贵会按照原合同所定

---

① 《大生纱厂以运交纱代收残花订立合同及棉花转运交换工作案》(1943年10月),中国第二历史档案馆藏,汪伪行政院档案,二〇〇三/4612。

② 《大生纱厂以运交纱代收残花订立合同及棉花转运交换工作案》(1943年10月),中国第二历史档案馆藏,汪伪行政院档案,二〇〇三/4612。

交换比率配运棉纱,并指示解花办法。"①1944年1月18日,伪南通县商会亦向汪伪实业部部长陈君慧诉苦:"本县棉织原料亟感缺乏,以致工作无从进行,纱布商民农村织户嗷嗷待哺,敬恳统筹方策,俾资遵循筹备。"②大生纱厂、伪南通县商会等频频向汪伪政府施压,询问事关生存的棉纱去处,暗含着对汪伪的不满与失望之情,更带有不愿让大生压榨本地棉农的意味。就在唐寿民等疲于应付此棉纱问题时,供于日军的5万担棉纱又出意外。

当时,该5万担棉花暂存于大中集(今属江苏省盐城市大丰区)。在战争的特殊背景下,棉花的作用与价值凸显。在该地频繁开展抗日游击活动的新四军,决定抢夺这5万担棉花,避免用于日本军需,助长对方力量,以实现抗日与生存的双重意义。

据驻苏北绥靖主任公署直辖实业保安总队谷振之汇报,1月10日晚,新四军13团③兵分三路,"集结大股猛揍新丰集(今属江苏省盐城市大丰区)、大中集……幸驻军攻防得力,存放该处军需棉花未遭损失"④。19日,陈葆初致函唐寿民:"大中集邻近之新丰集地方军队发生冲突,死伤甚众,毁及房屋。大中集虽未波及,但亦地段毗邻,人心皇皇不可终日,未来之衍变如何尚不可知……商

---

① 《大生纱厂以运交纱代收残花订立合同及棉花转运交换工作案》(1943年10月),中国第二历史档案馆藏,汪伪行政院档案,二〇〇三/4612。

② 《大生纱厂以运交纱代收残花订立合同及棉花转运交换工作案》(1943年10月),中国第二历史档案馆藏,汪伪行政院档案,二〇〇三/4612。

③ 据查证,应是发生在1944年1月10日的新丰战斗。当晚,新四军苏中二分区特务团、东台县独立团、台北县独立团奔袭新丰镇,攻克西河口碉堡,烧毁谷振之苦心经营的振东油坊,然后佯攻新丰镇,以吸引驻于大中集的谷振之前来增援,在运动中歼灭之。该场围点打援战斗,毙伤伪军900余人,俘虏240余人。

④ 《大生纱厂以运交纱代收残花订立合同及棉花转运交换工作案》(1943年10月),中国第二历史档案馆藏,汪伪行政院档案,二〇〇三/4612。

请友军(日军)就近力予援助确保军需而靖地方……转陈商统会克日接收启运,以免风险。"[1]20 日,唐寿民向汪精卫汇报:"大中集方面因受军事影响情势严重,请求速转日本大使馆,将上项存放大中集之军需棉花五万担迅予接收起运,以免意外。"[2]"商统会"遂迅速与日方沟通,请求示下。

该事未平,大生纱厂又向"商统会"催促上交棉花如何处置。2月 7 日,大生高层致函"商统会":"溢收棉花三万九千市担悉照原约办理,业经函陈贵会呈奉行政院核准,正在由会配给棉纱,此项溢收棉花应否全数由厂代为纺纱,请核示后遵照办理。"[3]一面是大生纱厂及伪南通商会等地方机构之多次催促,另一面则是情势突变,棉纱存放险情不断,唐寿民此时可用焦头烂额来形容。无奈之下,经汪伪行政院讨论,大生高层复于 2 月 21 日、3 月 1 日两次敦促,终于 3 月 4 日即准提前核复,唐寿民决定用大生纱厂交"商统会"的 5 万担棉花,先解交其代纺。"所余五万市担拟再在大中集续交三万市担,海门三厂续交二万市担"[4],"棉统会"所收的 5 万担棉花"解济公需,自属正办,惟收齐后必须解交棉花统制委员会汇总支配"[5],"关于溢收棉花三万九千市担一案,曾呈奉钧院(汪伪行

①《大生纱厂以运交纱代收残花订立合同及棉花转运交换工作案》(1943 年 10 月),中国第二历史档案馆藏,汪伪行政院档案,二〇〇三/4612。

②《大生纱厂以运交纱代收残花订立合同及棉花转运交换工作案》(1943 年 10 月),中国第二历史档案馆藏,汪伪行政院档案,二〇〇三/4612。

③《大生纱厂以运交纱代收残花订立合同及棉花转运交换工作案》(1943 年 10 月),中国第二历史档案馆藏,汪伪行政院档案,二〇〇三/4612。

④《大生纱厂以运交纱代收残花订立合同及棉花转运交换工作案》(1943 年 10 月),中国第二历史档案馆藏,汪伪行政院档案,二〇〇三/4612。

⑤《大生纱厂以运交纱代收残花订立合同及棉花转运交换工作案》(1943 年 10 月),中国第二历史档案馆藏,汪伪行政院档案,二〇〇三/4612。

政院)核准,仍照原约配发棉纱,正在遵照办理间"①。至此,唐寿民暂时解决了大生纱厂的生存问题,共计8.9万担棉花交由其代纺,双方共同获利。此外,在3月2—10日,由汪伪军事委员会查核办理,存放于大中集的5万担棉花"运输出口已着手办理……拟与友军(日军)合并护航"②。

从以上两件事情不难看出,即便握有一定实权,汪伪政府在交换代纺过程中依然不具备足够的话语权威。仅大生纱厂与汪伪政府之间展开的第一期"合作"代纺,便从1943年11月拖宕至1944年3月终于尘埃落定——5万担棉花充日方军需,5万担棉花由"棉统会"处理,8.9万担棉花交大生纱厂代纺。在此过程中,"商统会"疲于应付大生、伪南通县商会、江苏省第一区"清乡"督察专员公署等企业及伪政权单位,复又经历新四军抗日活动,供日方军需的棉花险遭"不测"。"商统会"屡屡向汪伪行政院及日本驻华大使馆请求意见,并无定夺之权。见微知著,就第一期交换代纺阶段而言,汪伪政府的尴尬处境依然没有因"对华新政策"及太平洋战场形势的变化而有明显改善,其更多的是扮演"中介"角色,成为大生高层与日方展开生存博弈之间的沟通桥梁。当然,汪伪政权内部的权力纷争、大生纱厂与伪南通县商会的地缘政治,同样是影响交换代纺进程不可忽视的重要因素。

二、曲折"合作"

在大生纱厂与汪伪政府之间第一期交换代纺结束后,18.9万

---

① 《大生纱厂以运交纱代收残花订立合同及棉花转运交换工作案》(1943年10月),中国第二历史档案馆藏,汪伪行政院档案,二〇〇三/4612。
② 《大生纱厂以运交纱代收残花订立合同及棉花转运交换工作案》(1943年10月),中国第二历史档案馆藏,汪伪行政院档案,二〇〇三/4612。

担棉花所蕴藏的隐形利益使得双方继续"合作"成为可能。同时，双方均明晰，第一期交换代纺过程中出现的种种问题，如若不能很好地解决，必然会影响双方后续的代纺"合作"。然而，各种问题的根源在日方，即便双方就交换代纺的细节问题展开沟通，调整相应对策，也只是隔靴搔痒。并且，日方作为沧陷区的统治者，势必会向二者施压，意图分享甚至占有利益。故此，受日方不断挤压的生存空间愈发狭小的影响，大生纱厂与汪伪政府之间的"合作"裂隙渐趋扩大，严重影响交换代纺，最终至抗战胜利，第二期交换代纺始终未能开始。

1943 年 12 月 10 日，日方出具《棉花收买同业协会品质检查规程》，对包括南通在内的各地棉花及进口棉花之品质从严把关。1944年初，日方成立棉花收买同业协会，邀请沈燕谋担任理事，1 月 15 日订立《中日纱厂共同借款合同》。21 日，棉花收买同业协会函告大生纱厂："借款在政府补偿手续未完成以前，中日各纱厂应照章共同连带负责。"①其言下之意非常明确，大生纱厂借款以收花交换代纺程序日趋严格，其与汪伪政府之间的获利应分享与中日其他纱厂。从借款收花到质量把关，日方对于大生与汪伪间的"合作"设置了更多的门槛与界限，条件逐渐严苛，其利益获得困难显增。

"棉统会"对棉花收买有着严格的规定，由棉花收买同业协会负责，交其基层会员执行，并在上海、南京、海门、启东、东台、无锡、太仓、宁波、杭州等 11 处分别建立棉花公库，收买的棉花必须按棉统会制定的地点运交棉花公库验收，进行存储保管。② 大生纱厂系

---

① 《日寇掠夺我棉花的文件》(1944 年)，南通市档案馆藏，大生纺织公司档案，B403/111/277。

② 黄美真：《1937—1945：日伪对以上海为中心的华中沧陷区的物资统制》，《抗日战争研究》1999 年第 1 期。

该协会会员,且海门、启东、东台均设有棉花公库,1944 年 2 月正式
与该协会签订《棉花公库委托运营合同》,以配合日方在沦陷区推
行的棉花增产与棉花统制。

受日方以上政策的约束与管控,大生纱厂与汪伪政府之间的
"合作"亦遇影响,交换代纺的成本上涨,汪伪方面须重新审议。
1944 年 4 月 20 日,大生高层向汪伪行政院及实业部呈送成本计算
表,如表 5-2、5-3 所示。

表 5-2　委制棉纱工场及业务成本计算表

单位:元(中储券)

项目		售 10S	售 20S	原 10S	原 20S
人工成本		1 369.21	1 632.72	984.2	992.96
制造费用成本	职员费	297.16	619.97	389.75	510.81
	电力电灯	201.29	232.66	250.77	280.37
	蒸汽	606.15	1 273.59	787.17	1 035.09
	物料用品	363.22	726.44	508	635
	包染料	1 223.3	1 223.3	—	—
	修缮费	754.4	914.34	780.95	792.41
	折旧	241.36	507.49	369.57	486.18
	保险捐税	21.66	45.54	29	38.15
	杂费	26.85	35.2	26.23	30.05
	厂务费	852.2	1 688.06	1 305.75	1 688.06
业务成本		706.49	1 485.47	1 129.18	1 485.47
总计		6 663.29	10 434.78	6 560.57	7 974.5
财务费用		421.42	886.08	673.55	886.08
总计		7 084.71	11 320.86	7 234.12	8 860.63

资料来源:《汪伪实业部、行政院物资统制审议委员会同审议大生纺织公司代纺
棉纱成本计算表案》(1944 年),中国第二历史档案馆藏,汪伪实业部档案,二〇一
二/909。

表5-3 大生纱厂代纺棉纱工场业务成本计算表

单位:元(中储券)

项目	费用
运货	1 500
保卫费	1 050
地方电气损耗费	450
地方公益费	630
共计	3 630

资料来源:《汪伪实业部、行政院物资统制审议委员会会同审议大生纺织公司代纺棉纱成本计算表案》(1944年),中国第二历史档案馆藏,汪伪实业部档案,二〇一二/909。

说明:工场业务成本系根据纱厂同业公会代纺军需棉所制成之计算表计算;本公司地处江北,环境特殊,所需费用数额较大,其应须增加用费约计如上数。

从表5-2、5-3可以看出,虽然售卖10支纱的成本由原来的7 234.12元降至7 084.71元,但售卖20支纱的成本由原来的8 860.63元升至11 320.86元,涨幅达到27.77%,超过1/4。并且,从大生纱厂往年的销售情况来看,20支纱有着更加广阔的市场空间,也是大生重点生产的棉纱之一。由此可见,代纺成本增加,进而影响利润空间压缩,降低生存质量与收益。

1944年6月1日,大生高层向"商统会"致函:"委托代纺棉纱应有制造费用,亟宜预为商订,以便开工……虽原料之运输费用较省,而成纱之制造费用则不得不增大。"[1]24日,陈葆初代表大生高层复再向"商统会"唐寿民呈文,诉其困难。陈葆初坦白:"贵会委托办理纱花交换一案迄今九月矣,敝公司交换棉花早于上年(1943)十一月底办毕,函报请求验收在案。回溯办理以来备经困

---

[1]《汪伪实业部、行政院物资统制审议委员会会同审议大生纺织公司代纺棉纱成本计算表案》(1944年),中国第二历史档案馆藏,汪伪实业部档案,二〇一二/909。

难,为公家努力本不敢言劳,但迄今倘未全部结束,有关重要事项亦迟延不获解决,致敝公司于换棉困难之外,更增无数困难。"①

其后,陈葆初称去年收花时,"公司全部动员,不避艰险,分区派员深入农村奖诱劝导,惟力是视"②。进而继续催促汪伪政府,尽快发与棉纱,"迟发一日,即多负担一日之借款利息,耗损甚巨"③。复次,陈葆初又以"苏北棉产不丰,公家需用万急,当兹大东亚战争决胜之际,理应先公后私"④为由,以退为进,将大生纱厂的代纺与日方的号召紧密相连,意图促使汪伪尽快兑现承诺交换之棉纱。最后,陈葆初提及了最为关键的代纺成本上涨,指出"苏北情形特殊,运输物料以及保护安全,地方特捐负担较江南为巨,请参酌实际情形,准照纱联会计算表予以增加若干成,更以物价变动剧烈,请予一次性付足"⑤。

6月26日,唐寿民向汪伪行政院呈文,转陈大生纱厂代纺困难,成本上涨,"纺纱需用物料以及工具补充皆须自上海采运,甚至职工食米亦非就地可得,而须远求于外;厂方防卫及运输护送均须自设警备,此项费用为江南各厂所无,而地方公益向赖厂方维持者,尤须循旧维持;目前物资不充,物价有继涨增高之势,而无下落

①《大生纱厂以运交纱代收残花订立合同及棉花转运交换工作案》(1943年10月),中国第二历史档案馆藏,汪伪行政院档案,二〇〇三/4612。
②《关于花纱交换与全国商业统制总会的来往函电》(1944年),南通市档案馆藏,大生纺织公司档案,B403/111/215。
③《关于花纱交换与全国商业统制总会的来往函电》(1944年),南通市档案馆藏,大生纺织公司档案,B403/111/215。
④《关于花纱交换与全国商业统制总会的来往函电》(1944年),南通市档案馆藏,大生纺织公司档案,B403/111/215。
⑤《关于花纱交换与全国商业统制总会的来往函电》(1944年),南通市档案馆藏,大生纺织公司档案,B403/111/215。

之望,一切需用物料及食米等向市场搜购稍遇涨风,短时期间动以倍计影响,制造费用极巨"①。唐寿民建议:"拟请每制棉纱一件,照本会计算表增加三千六百三十元(即表5-3)。"②行政院院长汪精卫回复,需要向日本大使馆请示意见。此话可以解读为两种含义:一是汪伪政府确无权定夺,关于其与大生纱厂之间的"合作"代纺必须受到日方管控,"合作"过程中有任何变动均须日方同意;二是汪伪方面意欲敷衍大生纱厂,以日方为借口拖宕此案,从而避免激怒日方或被日方误会。但无论是哪一种含义,均能明显看出汪伪政府在与大生纱厂交换代纺"合作"过程中的实际作用——无法握有真正权力,只能成为大生与日方之间的"传话筒"。

　　6月27日,大生高层复致函汪伪实业部,请求答复。在其连续催促下,经日方同意后,汪伪政府正式做出回应。7月27日,经汪伪行政院、"物审会"和"商统会"等机构联合审议后,给予大生高层如下回复:"所拟二十支纱制造费用每件一万一千三百二十元零八角六分之数,似可照准,函大生纺织公司所请增加特殊费用每件三千六百三十元,既经苏浙皖纱厂同业公会审议,认为具有理由,似亦可予以照准。并函至上海日本大使馆转军部查照有案,似可准如所拟办法办理,以免更张。"③可以说,这是大生高层艰难取得的阶段性胜利,适当降低了代纺成本,逼迫汪伪政府做出退让,生存空间得以扩大。同时对于汪伪政府而言,需要尽可能地"安抚"位

<hr>

①《大生纱厂以运交纱代收残花订立合同及棉花转运交换工作案》(1943年10月),中国第二历史档案馆藏,汪伪行政院档案,二〇〇三/4612。

②《大生纱厂以运交纱代收残花订立合同及棉花转运交换工作案》(1943年10月),中国第二历史档案馆藏,汪伪行政院档案,二〇〇三/4612。

③《汪伪实业部、行政院物资统制审议委员会会同审议大生纺织公司代纺棉纱成本计算表案》(1944年),中国第二历史档案馆藏,汪伪实业部档案,二〇一二/909。

于自己"统治范围"内的民族工业,帮助其解决生存问题,但囿于自身有限的资本与权威,即便满足民族工业开出的条件,往往很难真正实现它们的生存诉求,进而影响自身的地位与处境。

　　正因如此,由于临近抗战末期,汪伪政府财政窘迫,虽同意给予大生纱厂相关补助,缓解其代纺的成本压力,然却无力支付。8月8日,遂经汪伪实业部部长陈君慧提议,汪伪行政院指令,"审议大生纺织公司代纺棉纱部份〔分〕之加工费用以军用棉花价款划拨抵充一案"[①]。9日,陈葆初向汪精卫呈文:"查该大生纺织公司交换棉花,指交该公司代纺部份〔分〕共计八万九千市担,应纺成棉纱二万余件,其中商统会欠拨该公司换花之棉纱四千件,及指充通海河工费之棉纱三千五百件,两共七千五百件,自应备先就该公司代纺部份〔分〕从速纺制拨抵……似可准如所拟办法办理,以免更张。"[②]16日,正式批准实行。陈葆初等即使颇为无奈,亦只能接受。汪伪政府屡弱的统治能力与拮据的经济状况,使得大生纱厂在与其"合作"的过程中饱尝辛酸,利益的获取亦是一波三折。

　　10月7日,由于代纺制造费受环境影响进一步上涨,陈葆初向"商统会""棉统会"呈文:"物价狂涨,前定各费均已相距太远不能适用,请廿支棉纱制造费另行按南通特别用费增加百分之三十……"[③]但被汪伪政府拒绝,"声明仍照原合同办理"[④]。3个月

---

①《汪伪实业部、行政院物资统制审议委员会会同审议大生纺织公司代纺棉纱成本计算表案》(1944年),中国第二历史档案馆藏,汪伪实业部档案,二○一二/909。

②《大生纱厂以运交纱代收残花订立合同及棉花转运交换工作案》(1943年10月),中国第二历史档案馆藏,汪伪行政院档案,二○○三/4612。

③《棉统会、棉协会大生公司关于棉花购销问题的来往文书》(1944年10月7日),南通市档案馆藏,大生纺织公司档案,B403/111/222。

④《棉统会、棉协会大生公司关于棉花购销问题的来往文书》(1944年10月),南通市档案馆藏,大生纺织公司档案,B403/111/222。

前,汪伪刚刚同意大生纱厂增加代纺制造费,但因资金支绌不得不用军棉代替。如今大生高层再次呈请,必然会遭拒绝。

进入 1945 年后,随着国际战争形势的扭转,国内沦陷区亦受影响。汪伪政府控驭能力式微,中储券贬值,物价高涨,经济形势一片黑暗。因此,大生纱厂的代纺成本持续增加,获利受损。4 月 28 日,陈葆初再致函"棉统会",呈请"另加配给相当数量之棉花,又南通电厂配给煤炭数量递减……须另加津贴或亦加配棉花以为抵补,各照此办法结束全部代纺工作"[①]。"不幸"的是,"棉统会"再次拒绝陈葆初的这一请求。直至日军投降、伪政权溃散之时,自 1944 年 8 月汪伪政府同意拨付增加制造费等后,大生高层在其后屡次的申请再增加均未能奏效,代纺成本不断上涨,影响其获利。而这一场自交换代纺伊始便步履维艰的曲折"合作",亦在大生纱厂与汪伪政府间此消彼长的拉锯战中随着抗战胜利而无疾而终。探本溯源,无论是大生纱厂或是汪伪政府,双方同样"寄人篱下",日方的占领与统治决定了二者之间的"合作"必然曲折且艰辛,尤其是大生纱厂,更要承受日方随时的索取需求,以及对利益的"共享"。

第四节　交换代纺的收获

一、"特约交换"与通海河水利工程

(一)"特约交换"

在唐寿民与陈葆初之间形成的"合作"中,除按照合同正常行

---

① 《棉统会、棉协会大生公司关于棉花购销问题的来往文书》(1945 年 4 月 28 日),南通市档案馆藏,大生纺织公司档案,B403/111/222。

使的交换代纺外,陈葆初极力促成一种特殊状态下的"特约交换"。所谓"特约交换",即指"陈氏要求代地方购花,交大生纺纱。以余利开浚通海运河经费,未得许可。于是又要求于全数代纺纱内补照开河经费二十支纱五千件。经核算结果,其余利只能拨充三千五百件,故为特约交换"[①]。另据唐寿民在战后汉奸审判中自述:"南通为棉产之区,张季直先生为增进棉产计,久有开辟通海河之议,因未有的款,迄未实行。商统会成立后,因大生纱厂办理纱花交换之事,令该厂将所得余额20支棉纱3 500件,捐与地方,作为开辟通海河之用。"[②]故而不难发现,唐、陈之间达成的"特约交换",即为利用交换代纺所得的3 500件棉纱,作为经费修建通海河水利工程,完成张謇遗愿,造福地方。

　　张謇在践行"父教育、母实业"的过程中,将目光投向于慈善公益事业,一生致力于导黄、导淮、治运等水利工程,以造福社会。他的一生,与水利结下不解之缘,更被民国著名水利学家宋希尚称赞为"近代水利导师"[③]。张謇曾于1917年倡议通海河水利工程,"便航运,利灌溉","为苏北联络南通、海门两县之干河,全长一百六十中里,起南通之陆洪闸,至启东之大生镇"。[④] 可惜遭地方士绅阻挠,事未竟成。现如今大生纱厂得以"发还",陈葆初作为实际当家人,若能完成先贤遗愿,更能昭彰其"张謇门徒"的身份象征,至少

①《大生纺织公司接收补报书》(1946年3月6日),南通市档案馆藏,大生纺织公司档案,B403/111/638。

② 石磊选编:《审判唐寿民档案》,《档案与史学》1997年第5期。

③ 宋希尚:《近代两位水利导师合传》,"自序",台北:台湾商务印书馆股份有限公司1977年版,第1页。

④《开浚通海河及河海工程专门学校的资料》(1943年8月),南通市档案馆藏,大生纺织公司档案,B403/111/240。

在南通本地,可以形塑用行政手段所无法完成的政治威权与社会影响。

更为关键的是,通海河水利工程隐藏的经济利益触发了陈葆初作为地方绅商的敏感神经。正如唐寿民所言:"明知工程浩大,在抗战期中,断难完成,不致增产资敌,但基金确定,准备工作,业已着手,一俟胜利来临,即可兴工。"①陈葆初决定借大生纱厂与日汪"合作"的契机,利用交换棉纱代纺经营所获的利润,解决经费问题,排除万难,重启通海河水利工程。不可忽视的是,日汪的态度差异成为横亘在陈葆初面前至关重要的影响因素。

起初,在交换代纺第一阶段,大生纱厂共收获棉花 18.9 万担,其中有 8.9 万担由其代纺。此时陈葆初与唐寿民商议,"再解缴三万九千担与商统会交换案内,其余之五万担拟代地方购交大生自纺,所得余利悉充开辟南通、海门两县之运河经费(名曰通海河)"②。不料此时日方以军事之需向"商统会"索要 5 万担棉花,且大生纱厂代纺获利"遭同业之炉,更使得大生负发国难财之名,莫如完全交与商统会"③。大生高层"不得收拾残余,勉强为部分之复工……就地收购棉饼以供燃煤"④。可以说,从某种意义上而言,陈葆初开浚通海河、造福苏北农民与农产的构想,一是完成张謇遗愿,以稳固自己作为张謇衣钵继承者的象征符号,二是有着利益考量。

---

① 石磊选编:《审判唐寿民档案》,《档案与史学》1997 年第 5 期。
② 《陈葆初致大生纺织公司临时管理处陆子冬先生交接报告书》(1945 年 9 月),南通市档案馆藏,大生纺织公司档案,B403/111/228。
③ 《陈葆初致大生纺织公司临时管理处陆子冬先生交接报告书》(1945 年 9 月),南通市档案馆藏,大生纺织公司档案,B403/111/228。
④ 《通海河水利工程有关文件》(1944 年),南通市档案馆藏,大生纺织公司档案,B403/111/239。

受日汪掣肘等因素影响,陈葆初无法通过交换代纺获取直接利益,扩大生存空间,唯此才有了"特约交换"的构思,通过建设地方社会福利事业间接获取利益,并可以在一定程度上缓解地方民众的生存压力。深思熟虑之下,陈葆初决定在"商统会"最后交给大生纱厂代纺纺成的棉纱中,抽取 5 000 件作为经费建设水利工程,他称"开浚通海河为地方谋增加农产之建议"①,"补助通海河经费……酬报大生交换之劳"②。经"商统会"内部讨论后,"计算本案交换余利,只能拨助三千五百件,就此定案"③。

（二）通海河水利工程

陈葆初早在大生纱厂"发还"仪式上,便提出了修建水利造福地方社会与乡野民众的构想,彼时交换代纺尚未开始,可见完成此项工程并非其一时心热。1943 年 8 月 21 日,陈葆初编制《开浚通海河说明书》,节录部分内容如下所示:

> ……若通海河开浚成功,则灌溉所及,可以棉稻各半,分年轮值。一地之内,一年植稻,一年植棉,地质上得调剂之宜,可以永久不变,虫害亦可减少。该河流域之棉产,立可恢复旧观,从而求改良进步。所谓灌溉之利,尤巨于交通者,意义尽如此,今日言增加生产,所不可不了解者也。④

---

① 《通海河水利工程有关文件》(1944 年),南通市档案馆藏,大生纺织公司档案,B403/111/239。

② 《陈葆初致大生纺织公司临时管理处陆子冬先生交接报告书》(1945 年 9 月),南通市档案馆藏,大生纺织公司档案,B403/111/228。

③ 《陈葆初致大生纺织公司临时管理处陆子冬先生交接报告书》(1945 年 9 月),南通市档案馆藏,大生纺织公司档案,B403/111/228。

④ 本段及以下 5 段均出自《开浚通海河及河海工程专门学校的资料》(1943 年 8 月),南通市档案馆藏,大生纺织公司档案,B403/111/240。

全河应施工程,拟分第一第二两期办理。

第一期,开浚陆洪闸之长乐镇一段。

第二期,改进长乐镇至大生镇一段。

……

河道完成之利益:通海河之开浚,所费固巨。然完成以后,就交通而论,向来货物运输,须由通境临运河而东,由余西二甲镇、四甲镇、八所镇、包场等处过坝,费时费事,耗损多多。且只能南向出江,不能东向贯通海境。通海河完成,则仅须在陆洪闸过闸,即畅行无阻,便益商民,已为大利。更就灌溉而论,则两岸收益田亩,约为一千七百中方里,合九十余万中亩(附表)。凡此收益田亩,此后稻棉各半分年轮植,加以技术之指导改进,预计三年以后,每亩之籽棉,平均可收获七五市斤,折合净棉二五市斤。每亩之稻,平均可收获二市石,常年可收获籽棉三十三万余市石,折合净棉十一万余市石,稻九十万市石(此所列棉稻收获数均为低量,实际籽棉每亩可一百市斤,稻每亩可三市石),以供社会需要。且棉稻以外,冬季尚可兼钟豆麦,以每亩一市石计之,亦得九十万市石,有裨民食不少。

期限:经费筹定,应速重新测勘估计,期赶今冬农隙施工,预计两年以内,通海河上游一段,及闸洞沟渠,一一完成。一面谋农业技术之指导改进,三年为期,成效必可大见。惟实行施工之时,地方治安须赖个当局作有力之协助,俾利进行耳。至第二期之施工,容后另再说明之,兹不赘。

依照说明书,通海河工程分为两期,一期为开浚,二期为改进,且以工程量而言一期远大于二期。在说明书中,陈葆初已充分说明通海河水利工程的潜在利益:可以较好地灌溉河道两边的棉田与稻田,使其产量丰盛,在供社会需要的同时实现高额利润的获得。但是,经费问题亟待陈葆初解决。在"发还"初期,大生纱厂已无多余经费支撑该工程,陈葆初只得求助于日汪方面。

9月24日,陈葆初呈梅思平:"拟请拨用本公司(大生纱厂)军管理期内余利开浚通海河。"①陈葆初称:"仰体中日各当局复兴苏北之盛,意志愿同为协力……苏北系农业区域,农业之命脉在乎水利……论苏北南部之水利,则开浚通海河实为首要之举……希望即将上述余利尽可能先行拨充。"②陈葆初在呈请报告中,依照"发还"时双方约定的"为开发江北之基本调查研究……应遵守中日双方当局指示援助之"③及"营业利益金……全部提供新设研究机关为基金"④条例,向汪伪实业部请求经费支撑。一方面,陈葆初树立起大生纱厂系苏北经济根基、在"日汪指导下"肩负复兴苏北农业使命的企业形象,另一方面则印证了"发还"时大生纱厂的确"身无分文","军管理"时所获之利仍被日方占有。然而,呈请并未通过。准确而言,大生纱厂在"军管理"时期之余利,汪伪政府并无实权处理,须由日方定夺。

向汪伪政府申请经费失败后,其应有的政治形象至少在陈葆初内心一落千丈,他只能退而求其次。适逢大生纱厂与"商统会"达成的交换代纺开始,陈葆初便将目光投射于代纺所得之上。至第一期交换代纺后,大生收获了"发还"后的"第一桶金",此时陈葆

---

① 《大生纺织公司拟请拨用该公司军管理期内余利开浚通海河的文书》,中国第二历史档案馆藏,汪伪实业部档案,二〇一二/5848。

② 《大生纺织公司拟请拨用该公司军管理期内余利开浚通海河的文书》,中国第二历史档案馆藏,汪伪实业部档案,二〇一二/5848。

③ 《大生纺织股份有限公司广生榨油厂中国制腿两合公司等接触军管并移交工厂终结证书案》(1943年9月),中国第二历史档案馆藏,汪伪行政院档案,二〇〇三/4654。

④ 《大生纺织股份有限公司广生榨油厂中国制腿两合公司等接触军管并移交工厂终结证书案》(1943年9月),中国第二历史档案馆藏,汪伪行政院档案,二〇〇三/4654。

初决定重启再次搁置的通海河水利工程,并以"特约交换"的形式
又一次向日汪争取经费。

　　1944 年 2 月 7 日,陈葆初代表大生高层向"商统会"呈文:"以
此次交换地区南通、海门一带而论,原为产棉旺盛区域,惟通海之
间虽坏地相连,苦无横贯直通河道,农田灌溉无资,交通尤感不
便……敝公司徒事地方实业,对于上项计划(指通海河工程)夙具
宏愿。此次承办交换,愿念民生经济之重,国家增产之要,益感有
促其实现之急需……因念嗣河目的为增益生产,而统制经济又以
增产为积极目标,实与贵会使命殊途同归,用拟恳请贵会对于开合
所需公费,赐予补助二十支棉纱三千五百包,以充工程需要。"①10
日,唐寿民致函汪精卫:"南通、海门两县为著名产棉地区,中乏贯
通河道,致灌溉运输两俱不便,先乡贤张季直先生计划开辟未成,
该公司欲竟前功,自属利国利民之举,请求补助棉纱不为无理,惟
事关建设本会极为赞同。"该文得到汪精卫的同意。23 日,汪伪行
政院发布院字第 4247 号训令,批复"大生纺织公司办理纱花交换
请求代纺,并拟定自置棉田产花交换办法,以及棉纱补助该公司开
辟通海产棉地区河道一案"②。直至这时,就汪伪统治层面而言,陈
葆初的通海河水利工程终于得以批准施行。

　　3 月 10 日,周佛海向汪精卫询问,通海河工程是否由大生纱厂
全权负责,并得到其肯定的答复。14 日,"物审会"发文:"通海河疏
导工程即由大生纺织公司负责办理,以专责成。"③陈葆初与唐寿

①《大生纱厂以运交纱代收残花订立合同及棉花转运交换工作案》(1943 年 10 月),中
　国第二历史档案馆藏,汪伪行政院档案,二〇〇三/4612。
②《大生纱厂以运交纱代收残花订立合同及棉花转运交换工作案》(1943 年 10 月),中
　国第二历史档案馆藏,汪伪行政院档案,二〇〇三/4612。
③《通海河水利工程的有关资料》,南通市档案馆藏,大生纺织公司档案,B403/111/241。

民、周佛海等商议,决定先行组建通海河工程筹备处,"聘请谙熟水利专家共同筹备商榷"①,并成立通海河水利工程委员会(以下简称水委会),人选"由大生公司董监中推定若干人充任外,另在社会及通海地方绅士中,推请通晓水利工程或熟心增加农产者若干人共同参加"②,各委员如表5-4所示。

表5-4　通海河水利工程委员会委员名单

姓名	职务	略历
陈葆初	主任委员	南通地方士绅、南通大生纺织公司常务董事
沈抱真	常务委员	海门地方士绅、水利专家、前运河工程局秘书长
沈燕谋	常务委员	海门地方士绅、大生纺织公司董事
张佩绅	委员	热心赞助者、前全国商业统制总会秘书长
施述之	委员	海门地方士绅、前南通海门县长
张敬礼	委员	南通地方士绅、大生纺织公司常务董事
薛郢生	委员	南通地方士绅、前南通县长
保沄孙	委员	南通地方士绅、前南通县商会会董
蒋碫堂	委员	大生纺织公司主任秘书

资料来源:《江苏省第二区行政督察专署:奉令大生纺织公司疏导通海河组织委员会办理案》(1945年4月),南通市档案馆藏,苏北地区"清乡"主任公署档案,A207/111/335。

至于经费问题,汪伪方面已允诺大生纱厂交换代纺的3 500件棉纱,考虑到"在未纺成之先,如何指抵筹措,借以应急需,将来纺成以后如何出售,或以交换应用物料皆须精心计划"③,大生纱厂遂又成立通海河工程经费管理委员会(以下简称经委会),各委员如

————————————
① 《通海河水利工程的有关资料》,南通市档案馆藏,大生纺织公司档案,B403/111/241。
② 《通海河水利工程的有关资料》,南通市档案馆藏,大生纺织公司档案,B403/111/241。
③ 《通海河水利工程的有关资料》,南通市档案馆藏,大生纺织公司档案,B403/111/241。

表 5 - 5 所示。

表 5 - 5　通海河工程经费管理委员会委员名单

姓名	职务	略历
唐寿民	主任委员	交通银行董事长
吴蕴斋	常务委员	金城银行上海行经理
沈燕谋	常务委员	大生纺织公司董事
叶扶霄	委员	大陆银行上海行经理
李耆卿	委员	大生纺织公司董事

资料来源:《通海河水利工程的有关资料》,南通市档案馆藏,大生纺织公司档案,B403/111/241。

从这两个委员会名单来看,主管经费的经委会委员多以银行金融界要员为主,且"商统会"负责人唐寿民任主任委员,主导经费,把控工程经济命脉,陈葆初并未出现在经委会之中,而是由沈燕谋与李耆卿二位董事代表大生纱厂,有避嫌之意。再看水委会委员,陈葆初为主任委员,全面负责通海河水利工程,当时大生高层的二号人物沈燕谋亦担任常务委员,可见设计与施工完全由大生纱厂掌控,主动肩负起"造福桑梓"的社会责任,形塑地方上的威望与资本。其他委员伪、商、工参半,多为地方士绅或耆老。其中除代表大生纱厂的张敬礼、蒋嘏堂外,既有技术背景的沈抱真,亦有南通地方伪政权要员薛郢生、保沄孙及"商统会"代表张佩绅,还有前同盟会会员施述之。就人员构成来看,水委会的"地方因素"更重,仅张佩绅可以勉强代表汪伪政府,显示出汪伪政权在地方权力下探上的明显缺陷。但在经费方面,仍受汪伪势力把控,在经济命脉方面握有较大的话语权威,这也是日方扶植与授意的结果。

5 月 1 日,筹备处正式成立。6 月 24 日、27 日,陈葆初连呈两函致"商统会",就经费问题请与速拨,称:"(大生纱厂)历经种种困难及目前急盼解决事件,请求迅予核复……敝公司日日在各方逼索之中,甚至诋为欺罔,口舌应付实已技穷,又充通海河工程经费之棉纱三千五百包,待支急迫……"①如今工程开工在即,经费问题刻不容缓,亟待解决。陈葆初在呈请报告中可谓"声泪俱下",姿态极低,恳求汪伪方面及时兑现棉纱。

7月25日,陈葆初呈江苏省第二区行政督察专员公署,汇报委员会工作进展及工程计划等项。11月12日,陈葆初再呈专署,称:"为通海河工程时机急迫,提前成立通海河水利工程委员会、通海河经费管理委员会,并各委员同日就职,报请备案。"②12月21日,汪伪建设部、"商统会"、伪江苏省政府与南通"清乡"公署联合审议后,认为"查通海河疏导工程关系南通、海门两县,水利建设极为重要……通海河疏导工程自建议筹备迄今已历相当时日,浚河计划亟宜实行,是以该通海河工程主办机构之组织实已不容再缓,兹为免误要工起见,即令该公司(大生纱厂)从速……开始审核次第实施"③,准予批复,准备开工。

为确保工程进程,地方民众的态度亦为关键。1945年1月24日,陈葆初发布《为开浚通海河告地方父老兄弟书》,节录相关如下:

> 通海两县父老兄弟,现在办理开浚通海河,是大生纱厂发动的。大生筹划经费,敦请两县地方人士组织一个委员会,办

---

① 《大生纱厂以运交纱代收残花订立合同及棉花转运交换工作案》(1943年10月),中国第二历史档案馆藏,汪伪行政院档案,二〇〇三/4612。
② 《江苏省第二区行政督察专署:奉令大生纺织公司疏导通海河组织委员会办理案》(1945年4月),南通市档案馆藏,苏北地区"清乡"主任公署档案,A207/111/335。
③ 《江苏省第二区行政督察专署:奉令大生纺织公司疏导通海河组织委员会办理案》(1945年4月),南通市档案馆藏,苏北地区"清乡"主任公署档案,A207/111/335。

理其事。我一方是大生所推的代表人，一方是委员会的主任，在这开始之际，想把这河于地方利益，及我们的大概计划及所抱宗旨，告诉地方父老兄弟，共同来协助我们，得到早日完成，教地方早受利益。①

通海河的计划，远在民国六年由张謇先生所发起的……将原有不连续的小河道开涸挖深贯通起来，使得灌溉、泻水、交通获到莫大的利益，来繁荣这三县的工商业和改进农民的生活。

　……

我们现在很侥幸有这样的机会来开浚通海河，一方面为地方人士谋福利，一方面也是完成本乡先贤的遗志，真是值得举办的一件事。

　……

我们在这一个非常时期中，居然能举办一件地方有利的事业，岂不是万分侥幸的吗？不过这不是一件容易完成的工程，必须地方人民一致协力，终有良好的结果。至于所需的经费，是由大生纱厂凭劳力交换得来，虽因物价飞涨、工费浩繁尚余不足，我们宁可另筹办法，决不愿向地方上劝募，希望父老兄弟们不要误会，并且一致起来协助我们！

从这一份主打"亲情牌"的文字来看，陈葆初一方面告诉民众，他以大生纱厂负责人的身份，与大生上下各员一同主持完成这一项水利工程；另一方面让民众知晓这既是完成张謇的遗志，也是造福桑梓。陈葆初之所以抬出张謇与大生纱厂，是明白地方民众对

① 本段及以下3段均出自《通海河水利工程的有关资料》，南通市档案馆藏，大生纺织公司档案，B403/111/241。

其的信任与情感寄托，只有建构秉承张謇遗志的象征与符号，才能充分发挥动员势能，进一步稳固大生纱厂的地方社会根基，为通海河工程扫清阻力。尤其是全文最后一段，陈葆初以非常时期的善举引发本地人民的共鸣，并许下经费"宁愿另筹办法"之承诺，不仅打消人民在经济上的顾虑，更彰显其个人魅力——修建通海河水利工程，可以无限拔高意义与价值，从寻求大生纱厂的生存空间嬗递为扩大江北民众的生存空间，进而获取本土化与在地化的政治根基，重塑因战争大受影响的企业形象与个人权威。

更为重要的是，虽然处于沦陷时空中的陈葆初与江北民众无法得知抗战能否胜利，但考虑到发布此份文书的时间背景，已是形势大为扭转的 1945 年初，也就意味着陈葆初有可能想到日本战败、沦陷结束会在不久的将来成为现实，作为绅商的他势必需要寻找退路。故对陈葆初而言，若能在沦陷结束前完成通海河水利工程这一造福地方的社会事业，将能成为战后自我辩护的有利证词与逃脱罪责的"跳板"，这也是他执意修建通海河水利工程的另一动机，甚至要比占有利益与熔铸"张謇门徒"身份象征这两条动机更加关键。遗憾的是，因日汪等多方势力互相推诿，直至抗战胜利经费亦未能落实，汪伪政府的孱弱能力可见一斑，此项工程遂搁置至 1947 年复又重启。

二、大生纱厂所得

据抗战胜利后国民政府对大生纱厂与汪伪政府交换代纺时期生产经营状况的调查，"陈氏（陈葆初）经营交换代纺案时，大生本身并非空无所有，不过非经陈氏伪案不能取得原料，且非经陈氏伪案有成品亦无法出售耳。但既有伪案营运，于厂中每次工作，皆须先行动用厂中自有之职工费、业务费、杂务费、财务费，以及机器折旧等项公司成本。此项成本,伪交换代纺处本应全数偿付厂中,但陈氏并无此明白规定及账目"①。由此可见,陈葆初对大生纱厂所得存在中饱私囊的行为,亦能侧面印证这一阶段大生纱厂获利可观,生存无虞。

首先,在战后国民政府对大生纱厂的清查清算过程中,陈葆初作为"发还"后的负责人,自述其在交换代纺期间大生之所得如下:

1. 争回敌伪所已统制之存纱一千一百五十二箱。②

2. 在解职时,移交车面暨仓储余存花纱布及脚花物料等,计合纱约四千箱。

3. 移交现金,伪中储券卅二余亿元,当时币值约合纱三百箱。

4. 胜利在望,故意延滞压留伪棉统会代纺花纱,约合纱六千箱。

5. 为农田水利计,拟完成啬公未竟之志,开浚通海河,筹得准备经费计合纱三千五百箱。

6. 纱花交换,情势特殊,具有另种营业性质,照公司法,纱厂不得兼营,况其时董事会亦并此而不敢负责,因另组商号经理,基于市价的上落,颇获盈余,所有利润,本属私人利得,与大生无涉,陈葆初不愿发国难财,领导同人以所利得归数购纱捐助,定为奖学基金等六项公益之用,计捐纱二千七百八十六箱半。

---

① 《接收大生纺织公司总报告书》(1945 年 11 月),南通市档案馆藏,大生纺织公司档案,B403/111/567。

② 本段及以下 5 段均出自《弁言(二)阅陈葆初致陆子冬交接报告书》,南通市档案馆藏,大生纺织公司档案,B403/111/621。

从陈葆初以上言语来看，他认为交换代纺时期的获利属他"私人利得，与大生无涉"，他自己亦承认"基于市价的上落，颇获盈余"，这些均带有为自己开脱与日汪"合作"行径的嫌疑。陈葆初还认为："除第 4 项外，经营所得共纱约近万二千箱……内 1、2、3 项所挣得的物资，即尔后迄今大生得以维持周转。"①当然，以上所得数据不能排除陈葆初为自己辩白而夸大其词的主观意图。因此大生纱厂代纺多得究竟如何，须再从国民政府的接收报告中一探究竟。

在接收报告中，大生各厂"所存敌伪性原料与成品：一、三两厂应归还伪棉统会之花，共存二万七千三百五十二司担七十五斤；三厂代伪棉统会纺成之纱，实存三千四百箱（即件，下同）；仓库纱单项下之原料与成品……其账上出仓单二千二百七十箱，出纱单二千零五十七箱，两共四千三百二十七箱。其实际纺成之纱仅三千二百五十九箱，尚缺一千零六十八箱。而有存棉九千零六十四司担五十三斤"②。

对比双方所述，用于公益事业的 2 786.5 箱棉纱在陈葆初手中，并储存于大生纱厂仓库。按陈葆初的说法，除去代棉统会所纺的 6 000 箱外，还有 3 500 箱投入通海河水利工程，交给大生纱厂 1 152 箱棉纱与存花纱布、脚花物料等共 4 000 箱。而战后接收报告中却称"纺成之纱仅 3 259 箱，另缺 1 068 箱"，与陈葆初所言的近 1.2 万箱相差过大。但接收报告亦指出："一曰厂存原有保留棉纱……共一千零二十箱……二曰第三厂代纺成本项下纱花共花十

---

① 《弁言（二）阅陈葆初致陆子冬交接报告书》，南通市档案馆藏，大生纺织公司档案，B403/111/621。

② 张季直先生事业史编纂处编，张謇研究中心等校注：《大生纺织公司年鉴（1895—1947）》，第 375 页。

八万三千一百九斤,纱三百二十件、一万二千八百磅。"①具体如表
5-6、5-7所示。

表 5-6　大生纱厂原有保留纱查存表

种类	件数
10S 嘉禾、得利、金虎、地球、童子军等牌	155
20S 特地球、地球、双马、天女、金城、飞虎、红魁等牌	830
32S 金城	2
40S 金城、飞虎、天女、五子、蓝凤等牌	33
合计	1 020

资料来源:南通市档案馆、张謇研究中心编印:《大生集团档案资料选编·纺织编
(V)》,第 305 页。

表 5-7　大生三厂代纺成本项下纱花存查表

品名	种别	单位	重量
皮花	白包甲洋	2 122 包	158 797 斤
	白包甲纱	122 包	15 309 斤
筛拣籽花	麻包	115 件	8 081.25 斤
地脚黄花	麻捆	12 件	739.75 斤
棉纱	20S 三星	220 件	88 000 磅
		100 件	4 000 磅
合计	花	—	183 109 斤
	纱	320 件	12 800 磅

资料来源:南通市档案馆、张謇研究中心等编印:《大生集团档案资料选编·纺织编
(V)》,第 306—307 页。

说明:棉纱已于三十三年(1944)五月售出 15 箱,而纱尚未提出,故表中尚列此数,
实存仅 305 件。

---

① 张季直先生事业史编纂处编,张謇研究中心等校注:《大生纺织公司年鉴(1895—
　1947)》,第 373 页。

　　依表 5 - 6、5 - 7 可得,大生纱厂存有保留纱 1 020 箱,因其系
"德产"时期所得,不能计入交换代纺所得,若算上一厂实际纺成之
纱 3 259 箱,则大生纱厂共代纺棉纱 3 564 箱。另加上三厂所存的
通海河水利工程经费棉纱 3 400 箱(提出 100 箱还此前所借一厂棉
纱),以及"商统会"以花换纱的 4 000 箱棉纱,再计入陈葆初用于慈
善事业的 2 786.5 箱棉纱,合计为 13 750.5 箱棉纱。① 此外经计
算,大生一厂存花 9 064 司担 53 斤,三厂存花 183 109 斤,另有应还
"棉统会"存花 27 352 司马担 75 斤,折合 1 641 157.5 公斤。②

　　由此可见,在日汪统治下的大生纱厂,其生产经营依然尚可,
与陈葆初所述的近 1.2 万箱略有出入,相差不大。需要注意的是,
交换代纺时期的收获,并未完全进入大生纱厂银库,生存上看似好
转,实际只是以陈葆初为主的既得利益者获益。否则接收负责人
陆子冬不会向江苏省政府呈文:"公司各厂在敌伪强迫为纱花交换
处之工作状况下,不但未曾接收任何之非法利益,且因花纱交换处
动用各厂物资而致损失约计法币二千万元之巨。"③其中原委,下一
章将展开论述。

---

① 此处棉纱数量的计算,以及下文对棉花数量的计算,均不含陈葆初所隐匿的棉纱棉花
　　数量,以大生纱厂接收报告中所载数字为准。
②《大生纺织公司接收补报书》(1946 年 3 月 6 日),南通市档案馆藏,大生纺织公司档
　　案,B403/111/638。
③《陆子冬为接收大生事宜致江苏省政府的信件》(1945 年 10 月 10 日),南通市档案馆
　　藏,大生纺织公司档案,B403/111/228。

第六章　大生纱厂的沦陷余波

　　1945年8月15日，日本裕仁天皇签发《终战诏书》，宣布无条件投降，抗战终获胜利。笼罩于南通城上空7年有余的迷雾与阴霾终于散去，沦陷时期正式结束。大生纱厂及其各阶层人员历经1年的"借德御日"、4年半的"军管理"与2年的交换代纺等3个阶段，与德商、银团、日汪、国民政府、中共等多股势力互动碰撞，至抗战胜利时已是满目疮痍、百废待兴。战争对大生纱厂造成了难以愈合的创伤，对其高层、职员、工人等均影响甚重。由于大生纱厂曾直接置于日汪统治下生存，并被迫与之"合作"，难逃国民政府的战后接收与追责。

　　作为全国统治者，国民政府在全面抗战时期西迁重庆，虽坚持抗日，但囿于对日军事作战、自身顽疾等因素牵绊，对沦陷区的管控能力十分有限，只能以震慑为主。对沦陷区企业与商民而言，"灰色地带"的生存具有诸多不确定性，往往身不由己。由于大生纱厂于交换代纺阶段存在与"日汪"合作的既定事实，势必会影响其对国民政府的政治忠诚。对国民政府而言，抗战胜利后接收沦陷区企业，追责相关商民，有助于重塑政治威权，巩固统治根基。本章即对这一带有浓郁政治色彩的、云谲波诡的战后接收与追责展开研究,揭开大生纱厂敌产是非定性的历史迷障,展现战后追责的复杂面相与国民党的统治顽疾,分析大生纱厂第二个"生存奇迹"背后的深层次原因。

第一节　胜利前后的内部紊乱

一、年关罢工

中共在南通肇建苏中四分区抗日民主根据地后,新四军的敌后游击战呈现如火如荼之势,军民同心合作,有效打击了南通及周边地区的日伪部队。刘少奇指出,大生纱厂是苏北工业之首,需要着重争取,以福国利民。[①] 因此,苏中第四地方委员会(以下简称四地委)依托已有的秘密工作基础开展工作,派遣马世和等在大生纱厂所属的唐闸女工支部、在校学生和进步青年中从事党的秘密工作,发展了数名党员。[②]

至1943年春,中共已在南通城建立起严密的组织,接受四地委秘工部部长谢克东的领导,地下工作者一面搜集日伪情报,一面积极动员群众与工人,在看不见的战线上英勇抗日。[③] 1945年1月,因斗争形势需要,四地委建立南通城市工作委员会(以下简称城工委),在行政上设具有民主政权性质的城闸区,并建立城闸

---

① 刘少奇:《抗战与新四军现状》(1941年7月),新四军战史编审委员会编辑室编印:《新四军抗日战争战史资料选编》第1册,1964年编印,第70页。

②《乙种组织组织序列》(1941年9月—1950年6月),中共南通市委党史工作办公室等编:《三一八斗争暨南通惨案资料》,2016年编印,第60页。

③《南通城的地下斗争》,中共南通市委党史工作办公室等编:《三一八斗争暨南通惨案资料》,第73页。

大队,实行公开的武装斗争,并与秘密工作配合。[①] 书记程俊贤、区长李海珊、组织科长邵野、特派员孟桂林等均系大生工人,大生纱厂亦位于城闸区内。其中,孟桂林在城工委成立前就长期隐蔽在唐闸近郊,做大生纱厂工人的工作,副书记胡林的爱人杜茵专做大生女工工作,李海珊兼城闸大队队长,程俊贤兼城闸大队政委。[②]

据程俊贤回忆,"我们利用自己曾为大生工人的特殊身份,深入动员大生工人,支持他们为生存而进行的斗争……(我们)宣传共产党和工人是一家人……争取职员同情,争取厂警中立、同情,争取社会同情"[③]。从中共在南通城闸区的人员构成与程俊贤的回忆来看,大生工人与中共已紧密相连,同心合作展开抗日斗争。

这段时期,大生纱厂正处于交换代纺阶段,尽管有一定获利,经日汪"分享"后,剩余收益大多被陈葆初等高层绅商占有,对于居于社会底层的普通工人而言,生存依然困苦,并未因工厂复业而有明显改善。一般工人的工资每月只有 5 斗米左右,且伪币不断贬值,物价不断上涨,工人连最低限度的生活也难以维持。[④]

在程俊贤、李海珊等人领导下,城闸区与大生纱厂及其地下党组织保持秘密联络。时任程俊贤警卫员陈桂文回忆:"当时唐闸的大生一厂,它是私人开的,也会定时给我们送来生活

---

① 《乙种组织组织序列》(1941 年 9 月—1950 年 6 月),中共南通市委党史工作办公室等编:《三一八斗争暨南通惨案资料》,第 60—61 页。

② 程俊贤:《日寇投降前后的中共南通城工委工作(节选)》,中共南通市委党史工作办公室等编:《三一八斗争暨南通惨案资料》,第 95 页。

③ 程俊贤:《日寇投降前后的中共南通城工委工作(节选)》,中共南通市委党史工作办公室等编:《三一八斗争暨南通惨案资料》,第 95 页。

④ 大生一厂厂史编辑室、中共南通市委革命史料编辑室、南通市文联厂史工作组编:《大生一厂工人斗争史》,第 186 页。

用品,一年送两季,有毛巾、肥皂、牙刷。此外,最重要的是弹药的回收,都是秘密运送的,部队的子弹打完有空壳子,都要送给我们做地下工作的,然后再送到大生一厂。过一段时间后,大生一厂也会派人将部分新的弹药秘密地送过来,我们再交给部队。"①同时,大生各厂工人"大批参加了新四军武工队领导的地下军,进行游击活动,散播传单,向沦陷区人民进行宣传教育"②。不难看出,从厂内到厂外,再从厂外到厂内,中共以大生纱厂为中心,在唐闸一带建立起一套较为完整、系统的地下组织。

　　1943 年 8 月至 1944 年间,大生各厂先后爆发多次罢工运动。在工人斗争的压力下,陈葆初等高层不得不做出让步,过去一年四次的"年节奖"(元旦、春节、端午、中秋各发一次)也恢复了,其中 1944 年端午与中秋节奖,都是经过工人的罢工斗争才获得。③

　　1945 年初,包括东方主战场中国在内的二战各战场形势逐步明朗,胜利的天平渐向中美英苏等同盟国倾斜。该年年初,天气较往年更为严寒。1 月 8 日,"大雪竟日,积雪达七八寸,为数年所未有"④;1 月 20 日,"积雪至今未消尽,天气仍寒"⑤;1 月 23

---

① 张连红、张若愚、来碧荣访谈,李锋、张若愚、王金鑫整理:《陈桂文:战时警卫员的工作危机重重》,张连红主编:《峥嵘岁月——新四军老战士口述史》,南京:江苏人民出版社 2021 年版,第 412 页。

② 《解放前大生一厂工人运动》,南通市档案馆藏,大生一厂(副厂)档案,B404/111/291。

③ 大生一厂厂史编辑室、中共南通市委革命史料编辑室、南通市文联厂史工作组编:《大生一厂工人斗争史》,第 187 页。

④ 《工作日记第二册》(1945 年 1 月 1 日至 1946 年 2 月 17 日),南通市档案馆藏,大生一厂(副厂)档案,B404/111/189。

⑤ 《工作日记第二册》(1945 年 1 月 1 日至 1946 年 2 月 17 日),南通市档案馆藏,大生一厂(副厂)档案,B404/111/189。

日,"又竟日大雪"①。大雪与寒潮,冻死了工人们过冬的粮食——田地里的青菜,更冻灭了他们的生存希望——工人们焦急地等待着年奖,买点粮食,度过年关,然而却没有一点消息。② 工人们感慨:"我们工人做的工钱,也不够自己吃饱肚子,再加上那阴险年奖,资方无理的就一点也不发给我们工人……工人们想:每年过年都是歇的时间很长,今年过年也不知要歇几个月,我们连粞子饭(即粞子粥,由元麦粉磨制而成,常见于南通、泰州等地)也没得吃,饿死还不如斗争。"③迫于生计压力,工人们揭竿而起,沦陷时期大生纱厂规模最大的一场罢工运动揭开帷幕。

中共地下党经细致研究,决定直接从厂内工人中挑选与党组织已有联系的积极分子,并通过外部领导展开斗争。程俊贤回忆:"孟桂林同志……把政治条件好和表现好的工人名单开给城工委和党员武工队长及支部书记,我们有计划地分批请到根据地来谈心。"④不日,中共南通地委城工部派来王敏之与王文俊二人,在唐闸一带隐蔽下来,并通过群众关系,找到大生一厂工人中的积极分子沈素英与朱红英,又通过她们联系了二三十位工人积极分子,秘密召开会议,了解厂内情况,研究斗争方法。⑤

1 月 16 日,大生一厂的工人们开始第一次索要红奖。"晨上日

---

① 《工作日记第二册》(1945 年 1 月 1 日至 1946 年 2 月 17 日),南通市档案馆藏,大生一厂(副厂)档案,B404/111/189。

② 大生一厂厂史编辑室、中共南通市委革命史料编辑室、南通市文联厂史工作组编:《大生一厂工人斗争史》,第 187 页。

③ 《解放前大生一厂工人运动》,大生一厂(副厂)档案,南通市档案馆藏,B404/111/291。

④ 程俊贤:《在谢克东同志领导下开展城市地下工作》,程晓明、程鸽、程晓春编:《永远跟党走——程俊贤苏洁南通文存》,第 106 页。

⑤ 大生一厂厂史编辑室、中共南通市委革命史料编辑室、南通市文联厂史工作组编:《大生一厂工人斗争史》,第 188 页。

班时,工人要求年关红奖"①,却未能引起高层的足够重视。31 日,"午夜三时,工人又开车要求红奖"②。2 月 1 日,"夜半一时后,工人又开车至工场吵闹,秩序甚坏"③。规模愈发壮大的工人索红行动,使高层不得不出面解决,2 月 1 日、2 日,大生一厂接连派员赴沪,与总管理处及董事会商议处置办法。新年将至,腊月二十三日(2 月 5 日),工人们的抗争仍未取得实质效果,其议论纷纷:"蜡烛不点不亮,只有罢工才行!"④

翌日,工人们如往常般入厂做工。纺纱工场一楼为粗纱间,二楼为细纱间与摇纱间,"楼上的人把地板弄一个洞,事前说好用小脚子管往下掉,作关车罢工的信号。掉一个脚子管就是不能开车,有人在注意;掉二个脚子管是注意的人已经跑去了,掉三个脚子管就立即关车进行罢工"⑤。该日上午 9 时许,罢工开始,各车间工人四五百名用停车向厂方抗议,并拥堵在公事厅门口,局势混乱之下,一厂人事科职员蔡厚安出面与工人谈判。

然而双方谈判无果,8 日,"工人要求年赏迫不及待,今夜又大吵闹"⑥。9 日,时任大生纱厂总稽核兼总务处处长的吴冀阶出面,与工人代表沈素英、张连珍、陈泉珍、陆桂芬等"再三谈话,发表暂

---

① 《工作日记第二册》(1945 年 1 月 1 日至 1946 年 2 月 17 日),南通市档案馆藏,大生一厂(副厂)档案,B404/111/189。

② 《工作日记第二册》(1945 年 1 月 1 日至 1946 年 2 月 17 日),南通市档案馆藏,大生一厂(副厂)档案,B404/111/189。

③ 《工作日记第二册》(1945 年 1 月 1 日至 1946 年 2 月 17 日),南通市档案馆藏,大生一厂(副厂)档案,B404/111/189。

④ 大生一厂厂史编辑室、中共南通市委革命史料编辑室、南通市文联厂史工作组编:《大生一厂工人斗争史》,第 191 页。

⑤ 《解放前大生一厂工人运动》,南通市档案馆藏,大生一厂(副厂)档案,B404/111/291。

⑥ 《工作日记第二册》(1945 年 1 月 1 日至 1946 年 2 月 17 日),南通市档案馆藏,大生一厂(副厂)档案,B404/111/189。

定解决办法"①。吴冀阶答应按工种分别发放年奖五、六、七工（即相当于 5 天、6 天、7 天的工资）。工人代表不能同意，要求发五十、六十、七十工。吴冀阶言："已经答应发放年奖，你们不能要求太高。要求太高，这个厂就开不成了……不会给你们亏吃，且回去吧，晚上来上工。"②当时，工人代表所不知的是，谈判的同时，派往上海的大生一厂职员返回，带来总管理处的指示："命本晚停车。"③厂方决定，该日日班提前至下午 4 点半放工，因夜班 6 点上工，工人 5 点半左右进厂，存在大约一个小时的时间差，足够厂方将所有工人清除出厂，封闭厂门，暂行停工。但出乎厂方意料，此举更加激怒了工人，罢工事件接连发酵、升温，工人们采取了更为极端的抗议方法——翻越钟楼进厂。

　　大生一厂钟楼高 22.95 米，翻越时稍有不慎摔下，轻则受伤重则丧命，工人宁可选此下策亦要与厂方斗争到底，可见他们的确没有退路可言。此时，劳资合作的前提已不复存在，维系劳资关系的民族情感，只能让位于现实的生存压力。④ 新厂甲班摇纱间工人陈泉珍率先翻进钟楼，"他们先是用一个人搭着一个人向上爬，后来是用梯子的，当陈泉珍用人搭着人向上爬的时候，钟楼上的伪警放过三枪，但陈泉珍等一点也不怕……陈泉珍爬了上去，窗子里面的插销是很紧的，陈泉珍丝毫没有想到个人利益，毫无顾虑的一拳头

---

① 《工作日记第二册》（1945 年 1 月 1 日至 1946 年 2 月 17 日），南通市档案馆藏，大生一厂（副厂）档案，B404/111/189。

② 大生一厂厂史编辑室、中共南通市委革命史料编辑室、南通市文联厂史工作组编：《大生一厂工人斗争史》，第 193 页。

③ 《工作日记第二册》（1945 年 1 月 1 日至 1946 年 2 月 17 日），南通市档案馆藏，大生一厂（副厂）档案，B404/111/189。

④ 张福运：《"孤岛"时期上海劳资关系中的民族主义》，《近代史研究》2016 年第 2 期。

就把玻璃打破了，把手割坏了，满手都是鲜血淋漓，她还是不顾一切疼痛扒开了插销，把窗门开了翻了进去，又拿了一根铁棒，把钟楼底下大门上的锁弄坏了，把门开了大家进了厂"①。

入厂后，工人们在地下共产党员王敏之、沈素英、杜茵等人的带领下，直奔公事厅、厨房等处，哄抢厂方准备过年除岁所用的猪头、鱼肉、咸鹅等，工人怒骂："他们（厂方）把我们关在厂门外吃西北风，自己倒在过肥年！"②在工人浪潮般的抗议之下，厂方无法应对，只得暂先安抚其情绪，准备饭菜提供伙食安排住宿，工人们"通宵在厂"③。随后，蔡厚安等发报至时在上海的一厂厂长吾葆真，请其速归处理罢工。

2月10日，吾葆真返回一厂后，与工人代表再作谈判，最终以厂方让步，发给每位工人年奖中储券1万元为结局，工人们陆续散去，年奖至除夕日（2月13日）正式发放。厂方感叹："此事纷扰数日，紊乱厂内秩序，殊堪遗憾。"④而在本次年关罢工中敢当人先的工人陈泉珍，不幸成为厂方的"眼中钉、肉中刺"，"她连厂门口上放工[桥]也不容易进出了……不久陈泉珍、沈素英等廿五个人一齐被开除了"⑤。

此次罢工，是沦陷时期大生各厂阵势最大、参与人数最多的一次工潮，发生在抗战行将胜利的1945年初。其时工人对生存的诉

---

① 《解放前大生一厂工人运动》，南通市档案馆藏，大生一厂（副厂）档案，B404/111/291。
② 大生一厂厂史编辑室、中共南通市委革命史料编辑室、南通市文联厂史工作组编：《大生一厂工人斗争史》，第193页。
③ 《工作日记第二册》(1945年1月1日至1946年2月17日），南通市档案馆藏，大生一厂（副厂）档案，B404/111/189。
④ 《工作日记第二册》(1945年1月1日至1946年2月17日），南通市档案馆藏，大生一厂（副厂）档案，B404/111/189。
⑤ 《解放前大生一厂工人运动》，南通市档案馆藏，大生一厂（副厂）档案，B404/111/291。

求,不再是沦陷初期的利益共享,或者是沦陷中期基于民族情感的抗日斗争,而是寻求最基本的生存底线。在中共的有效领导下,本次罢工取得了较大程度上的胜利,以工人的意志为转移,迫使厂方"服软"。可以说,中共较好地运用工人水涨船高的生存呼声,借助成熟的动员机制点燃劳资冲突的爆发点,领导工人反抗压迫,争取生存权益,工运斗争模式日渐成熟。

二、权势转移

1945 年 1 月 22 日,大生各厂接到总管理处来函:"徐董事长以多病体衰,处长一职委托陈常董(陈葆初)代行职权。"①这一重要信息的释放,意味着陈葆初权力完全达到顶峰,自"发还"时成为大生纱厂常务董事兼代董事长到如今取代徐静仁成为总管理处代处长,集"双核"于一身,在公司上下建立了较为强势的话语权威。同时,这一年是陈葆初正式进入大生高层的第 10 年,自 1935 年当选为三厂董事以来,陈葆初依靠其长袖善舞的个人交际能力,并借助战争的"有利"条件,不断聚拢力量,累积人脉,迅速爬升至权力中心。如是说,就沦陷时期的大生纱厂而言,其统治核心与高层领袖,实际应是陈葆初,而非名义上的徐静仁。

从沦陷时期大生纱厂与各方之间的往来中不难看出,沦陷前期徐静仁依然以董事长的身份与国民政府、蔼益吉公司、日方、银团等多股势力相互沟通,但自大生各厂"军管理"后,逐渐难以觅得徐静仁的身影——"发还"过程中,代表大生纱厂出面申请的是陈葆初、沈燕谋与张敬礼;其后的"发还"仪式上,亦是陈葆初作为大

---

① 《工作日记第二册》(1945 年 1 月 1 日至 1946 年 2 月 17 日),南通市档案馆藏,大生一厂(副厂)档案,B404/111/189。

生代表参加；在交换代纺阶段，陈、沈等人负责大生各项事务。以上种种迹象均能显示徐静仁在"军管理"后便逐渐隐退，"让权""让位"于陈葆初。另据上海高等法院检察处于 1946 年 9 月 23 日对徐静仁的调查笔录，节录相关如下：

> 问：你任中南银行董事长外还做别的什么事吗？[①]
>
> 答：我还办有纱厂一所——溥益纱厂，先交中南接办，改名新裕纱厂。
>
> 问：抗战期内你都留在上海吗？
>
> 答：前年（1944）十二月我去过屯溪，直到去年胜利才回上海。
>
> 问：到屯溪做什么事？
>
> 答：不做什么事，是住在那儿。
>
> 问：二十七年（1938）至三十三年（1944）之间你在上海做什么事？
>
> 答：不做事。

从问答中可以看出，徐静仁自 1944 年 12 月便离沪前往安徽屯溪，直至抗战胜利后方返回上海。并且，笔录中徐静仁不仅只承认有中南银行与新裕纱厂两项事业，未说明他曾担任大生纱厂董事长，更直言沦陷时期一直在沪家中避战"未做事"。当然，面对上海高等法院检查处的汉奸罪名指控，徐静仁在笔录中所答必然有为自己辩护而隐去相关信息的动机与理由，就其承认内容来看，沦陷时期尤其是"军管理"后，徐静仁已逐渐淡出大生高层，退居二线，尽管未辞去董事长职务，却将事务交由陈葆初等负责。

---

① 本段及以下 7 段均出自《上海高等法院检察处关于徐静仁、卢范孙汉奸案》（1946年），上海市档案馆藏，上海高等法院检查处档案，Q188/2/400。

究其原因,一方面,徐静仁虽为大生纱厂董事长兼总管理处处长,但他能出任该职一因追随张謇多年,深受张謇赏识,二因他系上海银行金融界、棉纺织界、盐垦界等多领域耆老,地位甚高,三因原董事长张孝若遇刺事发突然,时间仓促,大生高层无法充分应对。正如徐近楼在《徐静仁先生事略》中所云:"迨二十四年(1935)冬……适当业务大绌之际,芨芨〔岌岌〕危殆,故交旧游谋所以安定之者,咸恃公为长城。"①在徐静仁接任大生纱厂董事长后,"慨然任艰怨,十更暑蜡,辛夷险阻"②,因年事已高,力不从心,故在南通沦陷后多将厂务交陈葆初代理,职权过渡。至大生纱厂解除"军管理"时,陈葆初已然成为代董事长,建立起足够的话语权威与统治基础。

至此,大生纱厂内部张詧、张謇兄弟耗费数十载心血建立起的家族权威几乎损耗殆尽,高层中仅余张敬礼一人系张氏家族血脉。③ 并且张敬礼虽为董事,且在总管理处任产业组组长,但他在南通沦陷后便"邀约几位旧友,组织一个'兴通号'(又称兴通钱庄、兴通信托公司),在市场上做些临时投机小买卖,表明无大志"④。大生纱厂"发还"后,陈葆初对外与各方沟通争取复业、对内建立纱花交换处独揽大权,形塑统治威信,张敬礼似乎未有所

---

① 徐近楼:《徐静仁先生事略》,沈云龙主编,曹文麟编:《近代中国史料丛刊》第44辑《张啬庵(謇)实业文钞》,台北:文海出版社1969年版,第82页。

② 徐近楼:《徐静仁先生事略》,沈云龙主编,曹文麟编:《近代中国史料丛刊》第44辑《张啬庵(謇)实业文钞》,第82页。

③ 张敬礼系张詧之子,张謇之侄,与张孝若同辈,是其堂弟。在大生董事会占有一席之地,总管理处亦有任职。至于张孝若长子、张謇嫡长孙张融武,虽然此时也握有大生纱厂股份,但股权不高且羽翼未丰,无论是资历或是能力,均不能算入大生高层。

④ 王象五:《大生纱厂最后一届董事会争夺的一幕》(1964年11月),南通市档案馆藏,大生纺织公司档案,B403/111/541。

动,陈葆初没有相抗衡,并未维护张氏家族利益,仅仅是在"发还"时与日方的交换文书上盖上印戳,未能把握住这一机遇重塑张氏家族的统治根基。[①] 因而,沦陷时期后半段,尤其是交换代纺时期的大生高层,已难觅张氏家族的身影与威望,几乎成为陈葆初个人的权力舞台。

自陈葆初集大生高层统治权于一身后,其借交换代纺收货甚丰,名利与地位实现双收。然"好景不长",1945 年 8 月 15 日日本无条件投降后,"大生公司在渝董事集议公司收回办法,请示于经济部,旋由经济部指定洪兰友负责办理,推派(陆)子冬到沪接收,以期此项生产事业早日复员"[②]。9 月 15 日,陆子冬奉命到大生总管理处,"先以董事资格召集一、三两厂董监联席会议,并代表在渝董事洪兰友出席。到者王秉侯、李耆卿、严惠宇、沈燕谋、张敬礼、徐赓起、李芸侯、吴蕴斋共十一人,陈葆初未到,而函请辞职"[③]。陈葆初作为大生纱厂代董事长、总管理处代处长,却以一函辞呈缺席

[①] 有论者推测,张敬礼在"发还"时,并未趁机恢复、复兴张家在大生纱厂的势力,而使陈葆初得以全面接掌大生,一个可能是张敬礼在竞争中败北,也有一个可能是张敬礼在主观上并不愿意接受这个烫手山芋。参见周宗根:《地方主义与民族主义:南通绅商与战时政治(1937—1949)》,博士学位论文,南京大学,2006 年,第 108 页。同时,据张敬礼女儿张宁武回忆,其父于抗战时期"避沪不见(陈葆初及日伪方)",参见张宁武:《前言》,张季直先生事业史编纂处编,张謇研究中心等校注:《大生纺织公司年鉴(1895—1947)》,第 2 页。另有学者指出,张敬礼在全面抗战时期经营自己事业,对大生纱厂司的诸多事务,并未给予足够的关注与重视。参见张若愚访谈、整理:《姜平口述实录》(未刊稿),访谈时间:2019 年 11 月 12 日,访谈地点:南通纺织博物馆。综上,笔者赞同周宗根提出的第二种可能,即张敬礼在战时不愿意出面与陈葆初争夺权势,而在积蓄力量等待更好的时机复出。

[②]《陆子冬为接收大生事宜致江苏省政府的信件》(1945 年 10 月 10 日),南通市档案馆藏,大生纺织公司档案,B403/111/228。

[③]《接收大生纺织公司总报告书》(1945 年 11 月),南通市档案馆藏,大生纺织公司档案,B403/111/567。

董监联席会议,颇有深意。

　　大权在握的陈葆初,在董监联席会议召开同日,函告"请辞代理董事长及总管理处处长职务"①,并经陆子冬在会上公开宣读后,各董事均无异议,"公推陆董事子冬代理董事长并组织临时管理委员会(以下简称临委会),代理总管理处处长职务"②。这是陈葆初的第二次请辞,对比第一次请辞(1939 年 2 月 10 日),这时他的权势更重,却因所处环境的本质变化,抗战时期发挥关键作用的左右逢源失去展示的舞台。陈葆初自知其与日汪"合作"的行为,使其成为"灰色地带"中的"通敌者"或"易帜精英",不再对国民政府保持政治忠诚。陈葆初明白,如今国民政府接收在即,官股董事洪兰友、陆子冬系国民党 CC 系③,加上代纺获利的历史事实,势必会追究自己罪责,主动请辞,或许可能侥幸逃脱审查。故此,陈葆初的请辞并未如前一次般引发大生高层挽留,而是顺利通过,似乎无关各位痛痒,完全在意料之中。

---

① 《大生临时管理委员会致大生各厂关于陈葆初函辞代董事与总管理处长职务并公推陆子冬代理并组织临管会函》(1945 年 9 月 15 日),南通市档案馆藏,大生纺织公司档案,B403/111/429。

② 《大生临时管理委员会致大生各厂关于陈葆初函辞代董事与总管理处长职务并公推陆子冬代理并组织临管会函》(1945 年 9 月 15 日),南通市档案馆藏,大生纺织公司档案,B403/111/429。

③ 洪兰友从政多年,在国民党内担任要职,其 CC 系的政治身份毋庸赘言。陆子冬是否属于 CC 系存疑,陆子冬与陈果夫、陈立夫熟悉,并在陈果夫介绍下加入国民党。据陆子冬后人考证,陆本人消极应对国民党党务活动,拒绝担任一切党内职务,与 CC 系无关。参见陆承平:《从军从商不从政的陆子冬》,《世纪》2012 年第 4 期。但是,在陈果夫任江苏省政府主席时期(1933—1937),为扩充 CC 系在经济领域的实力与控制力,他从 CC 系中挑选人才涉足金融业,其中便包括 1935 年出任江苏银行总经理的陆子冬。由此,虽不能直接证明陆子冬确属 CC,却也可印证陆子冬与陈果夫私交甚密,即便陆不是 CC 系,也不可避免地会牵涉其中。故而,为便于行文论述与阅读,本书将陆子冬视为国民党 CC 系外围成员,其真实身份仍有待进一步考证,特此说明。

9月16日下午1时,陈葆初"召集(大生)同仁话别……葆公(陈葆初)两年来主持大生事宜,至此告一段落"①。陈葆初在辞职翌日与同僚告别,抒发自己对张謇事业的不舍之情,营造难舍难分的惜别情愫,尝试为自己辩白增添感情砝码,同僚记载的"两年来主持大生事宜"亦在无形中证实陈葆初曾经拥有的权力地位。陈葆初为求逃避追责辞去职务,退出大生纱厂实权阶层,权势发生转移,洪兰友与陆子冬跃居而上,成为大生纱厂的当家人。9月19日大生临委会成立后,"推张敬礼、沈燕谋、严惠宇、陆子冬为委员,并互推子冬为主席委员,进行接收及全部复员事宜。二十一日,派吴冀阶为一厂、副厂、电厂接收专员。二十五日,派袁仲齐为三厂接收专员"②。

三、"二十五路军"

1945年年关大罢工结束后,城工委建立城闸区武工队。"队长王文俊,支部书记姚干,副队长赵泉生等12人,都着便装配备短枪……他们在工人中访贫问苦,同时也教育了自己。对大生一厂工人群众积极分子,经过调查发展为党员。"③如是说,武工队与大生一厂中共地下党组织互相配合,武装抗日与工人运动紧密结合,双方相互影响,共同进步。同时,中共对大生厂内的积极分子进行经常性的培训工作,由城工委在城闸区根据地举办各类训练班,大生一厂的好多工人都参加过学习,提高了革命觉悟与思想意识,为

---

① 《工作日记第二册》(1945年1月1日至1946年2月17日),南通市档案馆藏,大生一厂(副厂)档案,B404/111/189。

② 张季直先生事业史编纂处编,张謇研究中心等校注:《大生纺织公司年鉴(1895—1947)》,第371页。

③ 程俊贤:《在谢克东同志领导下开展城市地下工作》程晓明、程鸽、程晓春编:《永远跟党走——程俊贤苏洁南通文存》,第106页。

又一次罢工的爆发埋下伏笔。①

　　日本无条件投降后,南通不再是沦陷之地,同时国共两党均摩拳擦掌、跃跃欲试,准备接收南通及大生各厂。大生纱厂内的工人,在中共领导下积极采取措施保护工厂,防止被破坏,并且秘密成立工会小组,调查清楚厂内碉堡工事、武器装备等各项情况。②然而,国民政府亦在行动,更先一步接收南通,于9月3—5日,奉国民政府令连续三日庆祝抗战胜利。"本厂职工……停工一天,上午九时举行升旗礼,鸣放汽笛三分钟,于公事厅开庆祝大会。"③4日,"除继续装置表门彩牌楼外,于各通行门口加悬红绿张灯以资点缀,并张挂最高领袖蒋(介石)主席画像于表门,至十一时正燃放鞭炮锣鼓齐鸣,倍形热闹"④。5日,"上午十时,全体同仁一律佩着厂服,并全体警务人员齐集表门外摄影以志纪念"⑤。15日,临委会成立,洪兰友、陆子冬对大生各厂展开清查清算等接收工作。

　　9月20日是该年中秋,"全体停工休息一日"⑥。对工人而言,作为抗战胜利后的第一个传统佳节,中秋节应是他们苦尽甘来的美好开始。但是,工人们依然受苦,生活没有丝毫改善,法币贬值,

---

① 大生一厂厂史编辑室、中共南通市委革命史料编辑室、南通市文联厂史工作组编:《大生一厂工人斗争史》,第199页。

② 大生一厂厂史编辑室、中共南通市委革命史料编辑室、南通市文联厂史工作组编:《大生一厂工人斗争史》,第200页。

③《人事科工作日记第二册》(1945年6—9月),南通市档案馆藏,大生一厂(副厂)档案,B404/111/190。

④《庶务科工作日记第二册》(1945年6月26日—9月25日),南通市档案馆藏,大生一厂(副厂)档案,B404/111/192。

⑤《庶务科工作日记第二册》(1945年6月26日—9月25日),南通市档案馆藏,大生一厂(副厂)档案,B404/111/192。

⑥《人事科工作日记第二册》(1945年6—9月),南通市档案馆藏,大生一厂(副厂)档案,B404/111/190。

物价飞涨,再加上国民党部分人员的搜刮,工人们感到胜利并没有带来好处。[1] 按照惯例,中秋与元旦、春节、端午一样,厂方应发放节赏,慰劳工人。可是这一次厂方却借大生新旧交替之际,借口推托,意图赖掉不发。[2]

21 日,临委会主席陆子冬到南通,"其时旧负责人已去,各厂工务仍要维护,遂组织临时管理委员会一面办理接收,一面管理公司事务,现正在分别清理中"[3]。陆子冬所指的"管理公司事务",即包含了处理劳资矛盾。工人的诉求屡被厂方拒绝,只得在中共的领导与组织下,采用极端罢工方法,向厂方抗议。与年关罢工相类似,工人们依然通过工场楼上楼下粗纱、细纱两车间之间地板上的洞传递信号。当日晚 12 点,工人王文英率先取下通过洞传递的筒管,举起并挥舞着,接连楼上楼下两车间全部停车罢工。[4] 翌日上午,日班同样关车罢工抗议,接连几日反复如此。

在罢工浪潮的冲击之下,厂方苦苦支撑,渐力不从心。27 日下午 3 时,吾葆真致函吴冀阶:"冀阶兄请转告总处(总管理处),工人上工关车,已连续五夜,要求红奖六个月。虽多方设法解说,无效。环境困难,情形复杂,关系重大,应如何应付,祈速电复。"[5]28 日,

---

[1] 大生一厂厂史编辑室、中共南通市委革命史料编辑室、南通市文联厂史工作组编:《大生一厂工人斗争史》,第 201 页。

[2] 大生一厂厂史编辑室、中共南通市委革命史料编辑室、南通市文联厂史工作组编:《大生一厂工人斗争史》,第 201 页。

[3]《陆子冬为接收大生事宜致江苏省政府的信件》(1945 年 10 月 10 日),南通市档案馆藏,大生一厂(副厂)档案,B403/111/228。

[4] 大生一厂厂史编辑室、中共南通市委革命史料编辑室、南通市文联厂史工作组编:《大生一厂工人斗争史》,第 202 页。

[5]《大生一厂工人罢工斗争及厂方的处置情况》(1945 年),南通市档案馆藏,大生一厂(副厂)档案,B404/111/250。

吴冀阶再向陆子冬请示,却得到其答复:"工人要求红奖,此等属于过去负责人范围,本会正在接收期间,碍难有所主张。接收事竣对于工人待遇当循常法办理。"①张敬礼、严惠宇、沈燕谋电复吾葆真:"吾君转致工人,安守本位,勿越轨扰乱法纪。"②临委会对于罢工此事既未充分重视,亦是推卸责任,陆子冬以自己于沦陷时期不在沪通不了解厂情为由,将责任转移给"过去负责人"——陈葆初,而此时他已辞职离开大生纱厂,罢工事件只得吾葆真等厂方人员自行消化与解决。

　　工人们如火如荼的罢工洪涛一浪高过一浪,吾葆真则焦头烂额,决定求助于工会与"请愿警",试图强制镇压。此时,工会理事长为王勤,"利用这个名义(指工会理事长身份)加重压迫剥削我们工人,如开除工人等"③。王勤与"请愿警"队长暨"警卫顾问"褚松葆在新厂楼下食堂召集工人开会,商议"节赏"之事。④ 名为开会,实为威逼利诱。谈判又一次失败后,王勤示意"请愿警",强制将工人们拖至车间,用刺刀逼迫他们开工。武力镇压更加点燃了工人的反抗与斗争情绪。工人们人多势众,利用"请愿警"力量分散的弱点,在工场车间前后上下分批开车复又关车,使得"请愿警"疲于应付,最终强制开工失败。如此罢工至 10 月上旬,一方面临委会要求厂方平息工潮,筹备复工,另一方面工人寻求生存空间不断施

---

① 《临时管理委员会务纪要驻会董事会务纪要(第一至第三册)》,南通市档案馆藏,大生纺织公司档案,B403/111/243。

② 《临时管理委员会务纪要驻会董事会务纪要(第一至第三册)》,南通市档案馆藏,大生纺织公司档案,B403/111/243。

③ 《解放前大生一厂工人运动》,南通市档案馆藏,大生一厂(副厂)档案,B404/111/291。

④ 大生一厂厂史编辑室、中共南通市委革命史料编辑室、南通市文联厂史工作组编:《大生一厂工人斗争史》,第 203 页。

压,厂方在前后两者的夹击中难以立足,不得不答应发给每人两个月的"奖励金"。①

本次罢工虽以工人取得胜利、厂方做出退让而结束,但与年关罢工相同,带头工人们无法逃脱被厂方"秋后算账"的命运。并且,从这一次罢工开始,劳资关系又恢复到全面抗战之前的模式之中,工人的诉求不仅是生存的保障,更是利益的分享。10月11日下午5时,吾葆真、吴冀阶向陆子冬汇报:"八日起工人复以调言,再发奖金,前昨两夜关车两次……已于十一日起暂行停工,并得地方长官之准许,重行登记,得甄别良莠。"②随着工人们要求"奖励金"的呼声日涨,且再次以停工向厂方抗议,吾葆真与吴冀阶的耐性被消磨殆尽,决定采取极端措施,意在对工人进行"甄别登记",将活跃分子开除出厂。29日,临委会召开复工会议,要求"尽可能办到的程度赶早复工,为经济部督促生产复员、及本公司需要工作复员、与安定职工生活,三大目标必须筹备赶早复工"③。其中在探讨工人问题时,对此次风潮做出定性——"系前负责人未了事项,工人虽已受两个月奖金而尤嫌不足"④。

12月21日,拖延两月有余的甄别登记工作终于提上议程,22日吾葆真函告陆子冬:"工人甄别登记事宜兹定于昨日(21日)起着手进行,所有不良分子廿三名决定不予登记,地方军政机关亦经接

---

① 大生一厂厂史编辑室、中共南通市委革命史料编辑室、南通市文联厂史工作组编:《大生一厂工人斗争史》,第204页。

② 《大生一厂工人罢工斗争及厂方的处置情况》(1945年),南通市档案馆藏,大生一厂(副厂)档案,B404/111/250。

③ 《大生临时管理委员会厂务会议纪要、摘要》,南通市档案馆藏,大生纺织公司档案,B403/111/429。

④ 《大生临时管理委员会厂务会议纪要、摘要》,南通市档案馆藏,大生纺织公司档案,B403/111/429。

洽,均盼本厂早日复工,预计四天可办理完竣……拟于廿七日开工。"①25 日,登记工作结束,每位工人必须填写志愿书与保证书,具备保证人。② 依据厂方规定,"准许登记者,以本年在厂工作者为限,所有不守秩序之顽劣分子,俱一概未许登记"③。26 日,吾葆真再次致函陆子冬:"工人甄别登记……日内即可办理完竣,其品行不良及屡次鼓动工潮者计廿五名,未予登记……定于廿九日起开车。"④29 日,大生一厂正式复工开车,地下党员王文英等 23 名工人,外加其他原因遭到开除的 2 名工人,共计 25 名工人被大生拒之门外。30 日,吾葆真向陆子冬汇报:"昨日(29 日)起即开二万锭……其未予登记之工人廿五名,尚在设法解决中。"⑤31 日,吴冀阶称:"开车三日来工作情形尚属良好……惟此次未许登记及往年之旧工人,日来纷纷来厂,要求工作,仍不免一番应付耳。"⑥

从以上吾葆真、吴冀阶的报告函件可以窥见,被大生一厂厂方开除的 25 名工人并不甘于自己作为"杀鸡儆猴"典型案例而被开除的错误命运,依然向厂方抗拒。然而工人的力量毕竟势单力薄,且大生纱厂作为南通地方经济支柱,在抗战胜利、百废待兴之时必

---

① 《大生一厂工人罢工斗争及厂方的处置情况》(1945 年),南通市档案馆藏,大生一厂(副厂)档案,B404/111/250。

② 大生一厂厂史编辑室、中共南通市委革命史料编辑室、南通市文联厂史工作组:《大生一厂工人斗争史》,第 204—205 页。

③ 《大生一厂工人罢工斗争及厂方的处置情况》(1945 年),南通市档案馆藏,大生一厂(副厂)档案,B404/111/250。

④ 《大生一厂工人罢工斗争及厂方的处置情况》(1945 年),南通市档案馆藏,大生一厂(副厂)档案,B404/111/250。

⑤ 《大生一厂工人罢工斗争及厂方的处置情况》(1945 年),南通市档案馆藏,大生一厂(副厂)档案,B404/111/250。

⑥ 《大生一厂工人罢工斗争及厂方的处置情况》(1945 年),南通市档案馆藏,大生一厂(副厂)档案,B404/111/250。

须尽早开工以满足各方势力的利益要求，"地方官厅以及其他各界，在本厂停工期间无日不望早日复工"①，因此，25 名被开除工人终将以卵击石、飞蛾扑火，无法扭转自身凄惨命运。他们为保证厂内工人阶层的生存需求，赢得与厂方斗争之胜利，却"牺牲"自我，被迫离厂另谋生路。大生工人为纪念他们，称之为"二十五路军"。

第二节　大生纱厂敌产是非定性

一、国民政府的战后接收

早在全面抗战后期，随着第二次世界大战形势逐渐明朗化，虽然中国战场依然相对焦灼，但同盟国的胜利已近在咫尺。1943 年，国民政府行政院"设敌产处理委员会专施其事"②。12 月至翌年 3 月，国民政府陆续颁布《敌产处理条例》《敌产处理条例细则》《沦陷区敌国资产处理办法》《沦陷区工矿事业接收整理办法》等，指出："凡与敌人合办之事业，不论公营或私营，一律由中国政府派员接收，分别性质，应归国营者移交国营事业机关，应归民营者移交正当民营事业组织接办。"③这是国民政府首次对接收沦陷区与日汪"合作"的工厂企业做出规定，提供合法性与正当性依据。这些工

---

① 《大生一厂工人罢工斗争及厂方的处置情况》(1945 年)，南通市档案馆藏，大生一厂（副厂）档案，B404/111/250。

② 《处理敌伪产业前的筹议》，秦孝仪主编：《中华民国重要史料初编·对日抗战时期》第 7 编《战后中国》(四)，台北：中国国民党"中央委员会"1981 年版，第 34 页。

③ 《沦陷区敌国资产处理办法》(1944 年 3 月 14 日)，秦孝仪主编：《中华民国重要史料初编·对日抗战时期》第 7 编《战后中国》(四)，第 41 页。

厂企业或收归国有,或交给"正当民营事业组织"。

　　1945 年 8 月 1 日,行政院颁行《收复区处理敌产应行注意事项》,强调"收复地区县、市政府应于开始执行职务时,即指派专人清查敌产,并依照敌产处理条例切实办理,电报敌产处理委员会"①。从表面来看,国民政府于抗战行将胜利之时,已经做好准备,即将着手接收沦陷区敌伪资产。

　　9 月 15 日,大生纱厂官股董事陆子冬抵达上海,召集大生在沪董监事召开董监联席会议,着手接收工作,首要的就是总管理处。陆子冬等"查悉公司全部事业,由沦陷至日敌投降"②,对沦陷时期大生各厂的生产与经营展开梳理,回溯其生存因应与策略,具体内容如表 6-1 所示。

表 6-1　沦陷时期大生纱厂生存概览表

序号	要点
1	沦陷后之大生经过三期:第一期为挂德商旗帜一年;第二期为敌军管理五年,第三期为敌"发还"后,陈葆初用伪大生交换代纺处名义管理两年
2	沦陷八年内未曾开股东会一次,敌人屡有合作要求,董事会屡予拒绝,致令敌人将各厂重要职员逐出,而加以军管,名曰"江北兴叶〔业〕公司钟渊纺厂",编副厂为"江北第一厂",一厂为"江北第二厂",三厂为"江北第三厂"
3	大生两董事会在陈葆初管理时,压于敌伪铁蹄之下,失去运用职权能力,陈葆初声称交换代纺事务由其个人负责
4	公司未曾在南京伪政府领照注册

---

① 张忠民、朱婷:《南京国民政府时期的国有企业:1927—1949》,上海:上海财经大学出版社 2007 年版,第 63 页。

② 《接收大生纺织公司总报告书》(1945 年 11 月),南通市档案馆藏,大生纺织公司档案,B403/111/567。

续表

序号	要点
5	公司股东〔票〕未曾加入伪交易所买卖
6	公司官股股票在敌军管理时,由敌正金银行经江苏银行保管库提去,屡次向公司要求过户,而公司概予拒绝,故此项股票不能流入市场
7	敌军管理时,各厂所损失者大(另有损失清册),而敌所改造与添置者甚微。卅二年(1943)"发还"时,大生付去高价贴补费达伪币二百九十六万余元之巨

资料来源:《接收大生纺织公司总报告书》(1945年11月),南通市档案馆藏,大生纺织公司档案,B403/111/567。

综合以上7点来看,大生纱厂在沦陷时期的生存情况可以用"如履薄冰"加以形容,除第一年"借德御日"曾短暂重返"辉煌"外,其余时间均受日汪制约与掣肘,生产经营实为有限。总体而言,沦陷时期大生纱厂基本保持应有的政治忠诚,未在伪政府注册,官股未流入市场,陈葆初亦揽下与日汪"合作"交换代纺的全部责任,这3点在随后展开的接收过程中发挥关键作用。此时,临委会拟定两项接收原则:"第一则,接收敌伪物资仅为交换代纺处营运所余存部分,其他皆为大生所固有;第二则,接收大生公司全部,便其在临时管理之下先行复工,并筹备股东会,使大生于敌伪蹂躏后复生。"①

完成总管理处的接收工作后,临委会准备接收南通大生各厂。9月19日,临委会成立并召开第一次会议,会上决定"指派要员分赴一、三厂,于该员到达之日宣告暂行停工,并分别查验厂存花纱,造册报会"②,并公布接收计划,摘录如下:

---

① 《接收大生纺织公司总报告书》(1945年11月),南通市档案馆藏,大生纺织公司档案,B403/111/567。

② 《临时管理委员会务纪要驻会董事会务纪要(第一至第三册)》,南通市档案馆藏,大生纺织公司档案,B403/111/243。

（1）通告各厂管理委员会之成立，并告职工各守本位工作。[①]

（2）通告股务处停止股票过户。

（3）选派分赴南通、海门各厂接收专员。

（4）自九月二十二日起成立公司新账，以法币为主。令将伪币旧账一概结束，（陆）子冬即以是日为实际负责之日期。

（5）旧账请会计师查核……

（6）十月六日聘定李文杰会计师，即请其照前条办法办理之。

（7）公司原来由总管理处对内对外一切事务统由临时管理委员会接续行之。

从以上各要点可以看出，临委会在此时成为大生纱厂的大脑与心脏，陆子冬正式取代陈葆初，成为洪兰友授意下的大生全新"掌门人"。接收工作开始时，大生纱厂内部秩序紊乱、工运迭起、财务股权不明，加上日本投降未久，中共等势力同在行动。"海门则险状尤甚，日兵曾于投降时一度撤退，三厂立即为共军所占，经三日而日兵回驻海门，共军乃退……是以三厂环境较一、副、电厂环境尤为岌岌可危。"[②]故此，临委会接收大生各厂迫在眉睫。

鉴于南通、海门形势不稳，10月16日，陆子冬"奉苏省党政接收委员会主席王（懋功）训令派委赴通接收，并派省府张顾问圣谟

---

① 本段及以下 6 段均出自《接收大生纺织公司总报告书》（1945 年 11 月），南通市档案馆藏，大生纺织公司档案，B403/111/567。

②《接收大生纺织公司总报告书》（1945 年 11 月），南通市档案馆藏，大生纺织公司档案，B403/111/567。

会同办理,十月十七日复奉经济部战时生产局苏浙皖区特派员吴(世)函派主持接收事宜,并加派窦凤楼、陈子英会同办理,同时部省主管均顾念海门秩序之不安,令将三厂存纱设法运沪保存听候处理"①。为尽快将存纱运往上海,临委会"函商战时运输管理局上海办事处,请于运输船只留沪期间之便,抽调经海门青龙港装纱来沪"②。

10月24日晚,临委会召开集议,讨论了大生各厂接收工作。"查陈葆初所营交换代纺原集中于一厂,其待清查者,应较其他各厂为繁,副厂发还后未曾开工,无敌伪性物资存在,电厂虽开工而燃料已将告绝,更无敌伪物资可言,故商定接收次序先副、电两厂,而后及一厂,预计副、电两厂各需一日,而一厂则或需五日以上。"③自10月25日开始,大生各厂接收情况如表6-2所示。

表6-2　大生各厂接收进程表

时间	接收工厂	接收进程
10月25日	副厂	查照其清册,先查纱机间,次布机间,次物料间,次各仓库而毕
10月26日	电厂	查照其清册,点验各电机间,物料部
同日	一厂	接收电厂事竣归途转道唐家闸一厂,先行巡察其各工场、各仓库之大概状况

---

① 《接收大生纺织公司总报告书》(1945年11月),南通市档案馆藏,大生纺织公司档案,B403/111/567。

② 《临时管理委员会务纪要驻会董事会务纪要(第一至第三册)》,南通市档案馆藏,大生纺织公司档案,B403/111/243。

③ 《接收大生纺织公司总报告书》(1945年11月),南通市档案馆藏,大生纺织公司档案,B403/111/567。

时间	接收工厂	接收进程
10 月 27 日	三厂	袁仲齐冒险雇小车赴海门,一则督促三厂清册,一则准备各委员赴海门办法,盖由陆路雇小车而行,断非异乡口音携带中央布告、封条等物之人所能办,由水路则船只不便,有船亦必须有物力护航,应预为准备
10 月 28 日	一厂	查照其清册,点验纱机、布机,及其附属各部完毕,厂本未停工,开一小部纱锭一万六千枚
10 月 29 日	一厂	点查一厂仓库,分别封存物资。物资一层在一厂最为复杂……决定两种封存物资办法
10 月 30 日	一厂	继续一厂仓库工作,照前所决定办法封存毕,又点查物料库、修理部等,一厂工作遂竣
同日	三厂	海门驻三厂日军有小汽艇赴南通购米,约武装兵三十名护航,三厂袁君(袁仲齐)派人随该艇来通接各委员前去
11 月 1 日	三厂	点查三厂纱机间、布机间,及其附属各部
11 月 2 日	三厂	点查三厂发电间、物料间,及各仓库,凡敌伪性物资,概行用经济部封条加封

　　资料来源:《接收大生纺织公司总报告书》(1945 年 11 月),南通市档案馆藏,大生纺织公司档案,B403/111/567。

　　从接收进程表中可以看出,副厂、电厂因没有敌伪资产,接收较为顺利,均一天完竣。一厂因敌伪资产混乱、三厂因形势复杂而接收不顺。究其原因,抗战胜利后,地方政府复员支费浩繁,但其一无专款,二无捐税,唯有就地取材方可解燃眉之急。[①] 尤其是地处海门县的大生三厂,由于距离南通城较远,相对独立于其他各

---

① 周宗根:《地方主义与民族主义:南通绅商与战时政治(1937—1949)》,博士学位论文,南京大学,2006 年。

厂,成为地方政府"重视"的对象。

海门县政府复员后,"县长潘焘尚率所部驻厂,其县政府即悬牌于厂内职员宿舍,县属党政各机关亦在焉,闲杂人等往来如织……三厂四周有深水九尺之河,河上有铁丝网,网内有棘墙,墙内有电网,网内有战壕,有堡垒,驻有日敌未缴械之兵及实业警队,彼等恃此为保卫界,且便其坐得厂中供应"①。陆子冬与临委会面对三厂如此情形,无奈感叹:"总以县署离厂使厂复工为妥,县政与厂务实互有相赖相需之处,地方官应首先使工厂生产繁荣,犇牛而蹊人之田,田荒而牛亦终不得食矣。"②

毫无疑问,接收三厂显得尤为困难,耗费时间最长,障碍重重。11 月 1 日,潘焘函告大生高层:"兹查敌伪物资寄存贵厂仓库为数甚多,现当部省委到厂接收之际,相应函请查照,迅将大生纺织生产事业之外,敌伪寄存一切物资开列清册送府。"③言下之意即临委会接收三厂物资,海门县政府亦需清楚,三厂如"囊中之物"被多方势力所"觊觎"。甚至在接收完成之日,"海门县长亦奉到省令令其办理接收,据该县长来文并无会同省部委员办理字样,但省部委员接收工作已毕,潘焘居然选择第五、第六两仓加上县政府封条……该县长对于所执行省令之意旨尚难明白"④,临委会与海门县政府之间争夺三厂的态势,已愈发明显,也加剧了政

---

① 《接收大生纺织公司总报告书》(1945 年 11 月),南通市档案馆藏,大生纺织公司档案,B403/111/567。

② 《接收大生纺织公司总报告书》(1945 年 11 月),南通市档案馆藏,大生纺织公司档案,B403/111/567。

③ 《海门县张潘焘为接收敌伪财产事致大生第三纺织公司函》(1945 年 11 月 1 日),南通市档案馆、张謇研究中心编印:《大生集团档案资料选编·纺织编(Ⅴ)》,第 117 页。

④ 《接收大生纺织公司总报告书》(1945 年 11 月),南通市档案馆藏,大生纺织公司档案,B403/111/567。

商关系的恶化。

　　至 11 月上旬,大生各厂接收工作完毕。29 日,接收委员陆子冬、张圣谟、窦凤楼、陈子英等编纂《接收大生纺织公司总报告书》,涵盖其接收经过、各厂沿革、现金状况、原料与制成品、纱锭与布机、各厂损失清册目录、各厂资产清册目录、股东名册、总结及附记。对于接收工作而言,核心是对大生纱厂的敌产是非定性问题。作为沦陷区民族工业,且有着与日汪"合作"的既定事实,大生纱厂是否系敌产,亟须以陆子冬为主导的临委会做出最终判定。在接收报告中,陆子冬以"大生董事会压于敌铁蹄之下,失去运用职权能力;公司未曾在南京伪政府领照注册;公司股票未曾加入伪交易所买卖;公司官股未流入市场"[1]为由,对大生纱厂做出不划归敌产的最终决定。1946 年 3 月 6 日,陆子冬作《大生纺织公司接收经过补报书》,对大生的敌产属性再作说明,总结如下:

　　　　(一)大生公司股东会、董事会均拒绝敌伪合作,始终不渝。[2]

　　　　(二)敌人占领各厂五年,并未新加设备。其交换时所遗留零件,公司已被迫付出相当代价,可谓敌人无丝毫存产在厂。

　　　　(三)交换后陈葆初个人负责之交换代纺组织,经过二年而至胜利时为止,公司未曾取得丝毫利润。

---

[1]《接收大生纺织公司总报告书》(1945 年 11 月),南通市档案馆藏,大生纺织公司档案,B403/111/567。

[2] 本段及以下 3 段均出自《大生纺织公司接收补报书》(1946 年 3 月 6 日),南通市档案馆藏,大生纺织公司档案,B403/111/638。

（四）大生产权问题只须由政府分别处理敌伪所遗存厂中各项物资。由大生董事会、股东会自行整理其残存财产，修补机器，尚足保全其历史根基逐渐发展。若再能设法使敌人赔偿其巨大损失，则大生问题可得合理解决。

从陆子冬所言来看，不存在大生纱厂与日汪"合作"的历史事实，即便是颇受争议的交换代纺，也是陈葆初个人行为，且大生未获丝毫利润。姑且不论大生纱厂是否真未获利，至少陈葆初揽下与日汪"合作"全部责任之举，充分印证交换代纺阶段的大生纱厂带有浓厚的"一人致是"色彩，这是国民政府做出不将大生纱厂划为敌产之最终定论的重要原因。加上处于沦陷区的大生高层坚守政治忠诚，无论是南通沦陷前后以"抵押"给德国公司的方式防范被日本占领，或是置于日本"军管理"阶段，均没有直接证据证明大生纱厂存在背叛国民政府的行为。随后，陆子冬在补报书中按"敌军管理始末经过详情及有关证件""陈葆初经营时代暨交换代纺处经过详情""大生第一、三公司官股情形及官股董、监名单"的顺序逐一说明。至此，国民政府对大生纱厂的接收工作暂告段落。经过统计，临委会接收大生各厂的主要敌伪资产（现金、棉纱、棉花）如表6－3所示。

表6－3　临委会接收大生各厂敌伪资产简表

工厂	现金（元，法币）	棉纱（件）	棉花（包）	棉花（斤）
总管理处	9 080 000	1 020（保留纱）	—	—
一厂	398 419.3	3 259	18 443（"棉统会"）	906 453
三厂	409 031.7	3 705	3 480（"棉统会"）	183 109
副厂	63 332.28	—	—	—
电厂	807 507.55	—	—	—

续表

工厂	现金(元,法币)	棉纱(件)	棉花(包)	棉花(斤)
合计	2 586 290.83	7 984	21 923	1 089 562

资料来源:《接收大生纺织公司总报告书》(1945年11月),南通市档案馆藏,大生纺织公司档案,B403/111/567。

说明:一厂纺成之纱欠1 068件,可用存棉相抵。三厂有其他敌伪机关寄存的原料,与大生纱厂无关,分别是"伪纱联会"白包棉花1 300包,"敌蒐买会"木架棉花465件。

　　检视表6-3,大生纱厂敌伪资产数量不少,可以侧面反映其留守沦陷区与日汪"合作"程度之深,接收时也是苏北最大的民族工业,具有典型性与标杆性。对照国民政府在上海、南京、苏州等相邻地区进行的战后接收,既有共性又有异性。共性在于,秩序混乱、各方势力的竞相争夺以及钱权交易与贪污腐败等问题凸显。异性在于,主持接收事宜的陆子冬与洪兰友,不仅代表国民政府,亦是企业官股董事,具有双重身份,需要在"国"与"私"之间做出艰难抉择。

　　与大生纱厂相类似,上海的申新纱厂是由荣尔仁(荣德生次子)、李国伟负责接收,同样是"自家人接收自家人"的典型案例,但荣尔仁等毕竟从属于商界,政界地位不高,影响力甚微,而陆、洪二人不仅是国民党CC系,洪兰友更熟稔国民党党务工作,是典型的政界要员。因而,接收同为纱厂的申新与大生,呈现出相异的历史面相——接收申新,其家族内部矛盾是主要决定因素,加之申新地处经济中心上海,深受中央政府重视;接收大生,不仅牵涉陆、洪二人复杂的立场问题,更引发多股势力对大生及其资产的争夺,央地矛盾凸显,对战后接收产生负面效应,甚至促成政商之间的对立局面,迫使绅商采取因应之策,确保自身利益与事业损失最小化,政商关系变得敏感且脆弱。

　　除表6-3所载的敌伪资产外,接收报告对大生各厂机件损失情况亦有记载："战前、战后机器总数量只损失布机一台,但零件则各机有大小不一之损失者,约占总数百分之七十以上……战后共存线锭 5 200 枚,三厂损失 800 枚。"①

　　沦陷时期,大生纱厂在日伪统治下艰苦生存,从未迁出沦陷区,经历"借德御日""军管理"和交换代纺三个阶段,却能在抗战胜利后"全身而退",极为罕见地未被划为敌产,这一现象背后暗含着多股势力之间的相互碰撞与权利交易。这从 1953 年 12 月 24 日中共南通市委对大生公私合营的报告便能看出,报告指出:"在三反五反运动中,清查出敌伪时期应缴未缴税款及其他敌伪产计 1 131 857 万元(系第一套人民币,折合 1 131 857 元)。"②在 1952 年"三反"期间,中共苏北工商处对大生纱厂职员易敦白、徐润周、吴申夫及临委会三厂接收专员袁仲齐等人展开调查审理,形成相关口供摘录与"坦白书",他们交代了敌伪财产移交过程中暗藏的细节,均指向临委会对大生纱厂做出非敌产的定性,实质上系各股势力间竞相争夺平衡的结果,以下两目将专门论述。

二、各方派系政争

　　大生纱厂是南通地方的经济命脉与社会支柱,更是民族工业的巨擘。虽不如往昔,且在沦陷区内受日汪统治,损失甚巨,置于抗战胜利之初中国东部百端待举、经济亟待重振的现实环境而言,大生纱厂依然是不可多得的重要企业。经历沦陷时期的艰难生存后,大生纱厂在胜利时依然完整,硬件设施仍可支撑其开工不辍:

---

① 《接收大生纺织公司总报告书》(1945 年 11 月),南通市档案馆藏,大生纺织公司档案,B403/111/567。

② 《关于大生第一、三纺织公司公私合营的经验》(1953 年 12 月 24 日),南通市档案馆藏,中共南通市委员会档案,E101/121/22/70。

大生一厂可开工纱锭 2 万枚，布机 100 台；大生副厂可开工纱锭
18 800 枚，布机 290 台；大生三厂可开工纱锭 1 万枚，线锭 800 枚，
布机 200 台。①

　　由于 1941 年中共成立苏中四分区，并将南通、海门等地划入
其中，新四军抗日活动逐渐壮大，因而在抗战胜利后南通遂成为国
共两党争夺的前哨地，导致"地方不靖，目前治安尚在日军掌中，距
城区一二里非共即匪，交通梗阻……大生各厂厂务固日在险状
中"②。中共方面由地委城工部长谢克东亲自坐镇城闸地区，统一
领导南通城的地下关系，成立民兵团，时刻准备反攻南通城。要而
言之，在内外因素的多重作用下，来自各方的势力集团竞相将目光
投射于大生纱厂之上。

　　首先是临委会要员陆子冬与洪兰友，二人不仅系大生纱厂官
股董事，更具有特殊的政治身份。洪兰友历任中国公学、中央政治
学校教授，后任国民党中央党部组织部主任秘书，于 1933 年作为
官股代表选入大生纱厂董事会，1935 年成为国民党第五届中央执
行委员。陆子冬长期从事银行及矿务工作，历任长兴煤矿、大中煤
矿、华东煤矿等矿厂经理，1935 年起任江苏银行总经理，给予大生
纱厂借款等便利，当选为大生官股董事。更加重要的是，陆、洪二
人属于国民党 CC 系，曾于全面抗战时期先后西迁重庆。1944 年
后，陆子冬在重庆小龙坎"与洪兰友家比邻而居，常与反动党□洪
兰友往来"③。显而易见，陆、洪二人走动频繁，关系甚密，似乎已经

①《大生一副三厂抗战前后机械状况调查》(1945 年 11 月)，南通市档案馆、张謇研究中
　心编印：《大生集团档案资料选编·纺织编(V)》，第 258—260 页。
②《接收大生纱厂正在办理各情简要报告》(1945 年 10 月 10 日)，江苏省档案馆藏，江苏
　省建设厅档案，1004/2/3938/2。
③ 陆子冬：《陆子冬自述》(手稿)，陆承平(陆子冬之孙)藏。

预示成为代表国民政府接收大生纱厂的最佳人选。

从国民党多年统治来看,派系斗争是其一直存在的弊病与顽疾。由洪兰友与陆子冬代表国民政府接收大生纱厂,不仅带有政府向绅商彰明威权的意味,更有"奉 CC 之命,准备把大生接收过去作为 CC 派党务的资源"①的意味。故此,在抗战尚未胜利之时,洪、陆二人便代表大生纱厂"在渝股东,为谋战后复兴,曾于本年(1945)四月间呈奉经济部批开,略以准由官股董事洪兰友负责办理"②。这也证实了国民政府接收大生纱厂的负责人选,是陆、洪二人"主动请缨",带有争夺经营权、占有利益的初衷,与荣尔仁"毛遂自荐",请求政府允许由其负责接收申新纱厂一事如出一辙。并且,陆、洪最晚已在 1945 年 4 月时即被确定为接收负责人,可见他们充分利用了自己的政府背景,而缺少足够政治资源的荣尔仁,一直等到抗战胜利后的 9 月方才获得政府许可。

抗战胜利后,陆、洪二人于 8 月 25 日"约集在渝官商董事及有关人士"③,商讨大生纱厂前途,并确定 5 项事例,如下所示:

> (一)决定在正式股东大会未名集前为临时紧急措施,一致公推洪常务董事兰友主持大生第一二三厂接收,及恢复事项;④

---

① 王象五:《大生纱厂最后一届董事会争夺的一幕》(1964 年 11 月),大生纺织公司档案,南通市档案馆藏,B403/111/541。

②《洪兰友呈王懋功函》(1945 年 9 月 29 日),江苏省档案馆藏,江苏省建设厅档案,1004/2/3938/2。

③《洪兰友呈王懋功函》(1945 年 9 月 29 日),江苏省档案馆藏,江苏省建设厅档案,1004/2/3938/2。

④ 本段及以下 4 段均出自《洪兰友呈王懋功函》(1945 年 9 月 29 日),江苏省档案馆藏,江苏省建设厅档案,1004/2/3938/2。

　　（二）决定分别呈请及函知厂方负责人,对于厂中一切财厂不得拨动,并制止股东权移转;

　　（三）决定公推陆董事子冬接收大生纱厂上海总管理处及大生第一二三厂事项,同时调查现状,办理股东登记;

　　（四）决定分陈经济部、江苏省政府备案;

　　（五）决定公推陆常务董事兰友向善后救济总署商洽配给锭事项。

　　从以上5项事例来看,陆、洪二人被推为接收大生纱厂的主心骨之位,并为确保厂产、股权完好,通知各厂负责人禁止挪动,借助政府的力量迈出争夺大生经营权的第一步。9月,陆、洪二人奉经济部指令,正式代表国民政府接收大生纱厂,但因洪兰友身兼数职,不能及时赴沪接收,由陆子冬成为其代言人,共同执行二人意志。

　　9月15日,陆子冬召集大生纱厂在沪董监事召开联席会议,强调:"政府规定,凡沦陷区曾经被日伪蹂躏之事业,一律由政府接收处分……经济部翁(文灏)部长派本公司常董洪兰友先生及(陆)子冬来主持清理与接收,一面深明政府主旨,一面深有公司关系,当能在合法范围内,不使大生摇动根本,有以维持公司财产,竭力避免意外损失。"①陆子冬此言,一方面表示奉政府指令为圭臬,遵照执行,另一方面又安抚诸位董监事,表示保企业利益为上,建构自己作为政府委派接收人与大生负责人双重身份的象征形象,树立威权,对大生上下展开管控。

　　几乎是同时,南通地方政府也对大生纱厂产生"觊觎"之想。9

---

① 《五月六日大生一厂股东会议事录》(1946年5月6日),张季直先生事业史编纂处编,张謇研究中心等校注:《大生纺织公司年鉴(1895—1947)》,第381页。

月1日，江苏省第四区行政督察专员公署（以下简称第四区行署）进入南通，专员兼保安司令徐谟嘉将目光投射于该地龙头企业——大生纱厂，意欲借其敌产之名行使接收，从中获利。18日，在临委会尚未成立、接收尚未开始之时，徐谟嘉便向大生一厂发函："查时值秋凉，气候渐寒……将本部所存在棉花由该厂调换四十码细布三千匹，限十月十日以前陆续调换完竣。"①该份函件带有命令式的口吻，并未留给大生纱厂及临委会较多商讨的余地，使之显然有些猝不及防。同日，第四区行署以接管汪伪"清乡"专署为名，要求大生纱厂继续履行与之订立纱花交换合同中所欠"棉花四千二百四十四石九十三斤二两"，并"依照合同规定应继续换纱八百四十九箱，着给交由南通补给委员会充作军粮之用"。②19日，陆子冬电复徐谟嘉，表示"奉令接收须暂行停工……又布厂停工已久，物料缺乏，请予协助"③。24日，陆子冬再次电复徐谟嘉："原来伪署非法行为，本会不能继续接受，将来专署委件，须另案办理。"④陆子冬虽以种种理由婉拒徐谟嘉，然而效果不佳。25日，"专署又欲继续提纱……徐专员（徐谟嘉）为南通最高行政当局，厂内职员势难违抗其命令"⑤。

---

① 《大生第一纺织公司给临时管理委员会的业务报告信件》（1945年9月18日），南通市档案馆藏，大生第一纺织公司档案，B402/111/235。

② 《大生第一纺织公司给临时管理委员会的业务报告信件》（1945年9月18日），南通市档案馆藏，大生第一纺织公司档案，B402/111/235。

③ 《临时管理委员会会务纪要驻会董事会会务纪要（第一至第三册）》，南通市档案馆藏，大生纺织公司档案，B403/111/243。

④ 《临时管理委员会会务纪要驻会董事会会务纪要（第一至第三册）》，南通市档案馆藏，大生纺织公司档案，B403/111/243。

⑤ 《临时管理委员会会务纪要驻会董事会会务纪要（第一至第三册）》，南通市档案馆藏，大生纺织公司档案，B403/111/243。

　　这时,吴巽阶、高德权等一厂职员向陆子冬询问:"补济会筹措军饷七万石,派大生与地方各半,如何应付……专署催收849件交换之棉花,能否照收,又县补济会请求将棉纱换厂存麦稻,虽声明为工食所需,未得谅解,如何统祈电复。"①临委会经讨论决议:"允许补助南通地方棉纱二百件,但以减少本厂继续负担为要务,授权吴巽阶、高德权斟酌地方情形,应付地方所请。"②但是,第四区行署并不满足大生高层的退让,经强制执行,"于九月二十二日提去纱341件……九月二十八九两日强行提去厂所存客纱400件,则陆续交来花4 000余石。公司不得已将此话暂收,作为抵品。此外所索尚有纱400余件、布3 000匹、米35 000石及伪币贰拾万万元等"③。经此番索取,大生一厂"存原有保留棉纱一千另〔零〕七十件……仅有之流动资产以市值计,每件法币十四万元,共值一万四千九百八十万元"④。陆子冬等万般无奈,只得向经济部与江苏省政府汇报在案,阐明"曾经屡次交涉,述明敌伪物资不可移动及大生复工力量尚虞不足之情"⑤。

　　除地方政府外,战后成立的南通县补给委员会(以下简称补给会)为解决经费问题亦将目光投射于作为本地支柱与命脉的大生

①《大生纺织公司临管会主席陆子冬为接收大生各厂存纱处理厂存敌伪物资和专署补给委员会强行提纱、以花换纱、摊派军饷等事项呈经济部文》,南通市档案馆藏,大生纺织公司档案,B403/111/311。

②《大生临时管理委员会厂务会议纪要、摘要》,南通市档案馆藏,大生纺织公司档案,B403/111/429。

③张季直先生事业史编纂处编,张謇研究中心等校注:《大生纺织公司年鉴(1895—1947)》,第394页。

④《陆子冬呈报专员公署向厂提去大批棉纱及布米稻麦款项案》,江苏省档案馆藏,江苏省建设厅档案,1004/2/3938/2。

⑤张季直先生事业史编纂处编,张謇研究中心等校注:《大生纺织公司年鉴(1895—1947)》,第394页。

纱厂。10月6日,补给会主任委员顾锡康致函大生一厂:"以本会军需紧急来源稀少,经九月三十日本会临时紧急会议……本月(十月)五日下午二时第二次常会决议……函请大生厂先行筹垫贰拾万万元以济军需,如感现钞不济,即请以储存稻麦拨借济用。"①15日,补给会顾锡康、李艺农复又函告大生纱厂,请求"暂借纱锭二万支,用于地方资力购办棉花,请贵公司代纺棉纱,利润所得供给本会经费"②。顾、李二人明知大生纱厂"以环境关系,事业生机顿受挫折,生产力薄,罔论利润",依然按照"地方与厂担任本会经费百分[之]五十",并拔高此举的政治意义——"贵公司既尽维护地方之重大责任,本会经费较获安定,两得其美,想亦乐为",将振兴地方经济的重任转移至大生纱厂。③

　　面对补给会的"糖衣炮弹",大生高层断然拒绝。10月30日,陆子冬等以"交通既未恢复,物料紧缺短少,添配燃料之煤尤感恐慌"为由,称"开纺二万锭之机殊不可能"④。大生纱厂毕竟系地方企业,无论是沦陷时期或抗战胜利后,寻求生存空间之举与南通息息相关,无法割裂二者水乳交融的紧密关系。因而,陆子冬等做出退让,"允补助二百件棉纱,动用时凭专署、县商会、补委会主任等

---

① 《南通县补给委员会向大生公司索军响的函》(1945年10月6日),南通市档案馆藏,大生纺织公司档案,B403/111/236。

② 《南通县补给委员会致大生纺织公司函》(1945年10月15日),南通市档案馆、张謇研究中心编印:《大生集团档案资料选编·纺织编(V)》,第115页。

③ 《南通县补给委员会致大生纺织公司函》(1945年10月15日),南通市档案馆、张謇研究中心编印:《大生集团档案资料选编·纺织编(V)》,第115—116页。

④ 《为搜刮地方军政费用事南通县商会南通县补给会致大生纺织公司函件》(1945年10月30日),南通市档案馆藏,大生纺织公司档案,B403/111/292。

印监具领"①。

　　大生一厂如此,三厂更为糟糕。如同前述,海门县县长潘焘率政府要员驻于厂内,在内办公,吃穿用度皆取自三厂,造成其形势混乱、接收困难。1945 年 10 月 7 日,袁仲齐向临委会汇报:"潘县长率大队部属办公于厂,已垫款三四百万,现虽离厂,而此后庞大用费仍须指责于厂,又补给会函请以棉花向厂交换代纺棉纱。"②10日,陆子冬向江苏省党政接收委员会报告:"大生三厂在此危城中屡惊风鹤……此厂有三千五百件敌伪存纱,众所注目,既盗匪所垂涎,复筹款者所集指。"③在一厂的先例下,陆子冬指出:"代纺不宜开例,宁可酌为捐款……不妨提出棉纱为抵。"④一厂与三厂均遭遇地方政府的压榨与索取,临委会压力颇大,这从大生纱厂的接收过程中亦可窥探一二。

　　10 月 29 日开始,临委会查验、接收一厂与三厂时,鉴于"南通地方及办理军政复员人士,不明此项纱花性质,以为概系大生公司余利,而群向厂中筹款"⑤等状,确定两种封存物资办法:"其一,凡已确定为敌伪性物资者,一律以经济部封条加封;其二,凡客户寄存纱花,及专署交来之花,其事实与性质尚须审核者,一律以临时

---

①《为搜刮地方军政费用事南通县商会南通县补给会致大生纺织公司函件》(未标注时间),南通市档案馆藏,大生纺织公司档案,B403/111/292。

②《大生第三纺织公司致临时管理委员会(大生公司)关于业务方面的信件》(1945 年 10 月 7 日),南通市档案馆藏,大生第三纺织公司档案,B406/111/35。

③《接收大生纱厂正在办理各情简要报告》(1945 年 10 月 10 日),江苏省档案馆藏,江苏省建设厅档案,1004/2/3938/2。

④《大生临时管理委员会厂务会议纪要、摘要》,南通市档案馆藏,大生纺织公司档案,B403/111/429。

⑤《接收大生纺织公司总报告书》(1945 年 11 月),南通市档案馆藏,大生纺织公司档案,B403/111/567。

管理委员会封条由各委员盖小印加封。"①同时，临委会对厂存敌伪
物资划定分类："第一类，伪交换代纺处所遗留之原料，总计一厂、
三厂共存棉花二万七千三百五十二司担七十五斤，三厂存三星牌
S20 纱三千四百箱；第二类，伪交换代纺处发出商行为单据存纱四
千三百二十七箱，此纱有抛空部分，却一千〇〔零〕六十八件，驻南
通行政专员公署又强行提去四百件，实存二千八百五十九件，专署
交花抵纱之棉花尚余一千〇〔零〕四十四司担；第三类，敌伪寄存之
原料及其他物料与什器。"②地方政府对大生索取之纱花多系前两
类，后一类基本上受临委会严格监管，及时封存。此外，陆子冬在
向经济部战时生产局苏浙皖区特派员吴世汇报时，针对地方政府
"取纱"之情提出了自己的看法："此案关系地方行政官与大生间之
交涉，大生为公司事务与地方官绅经常联系之必要起见，以权宜方
便从速了结，□妥提去 S20 红魁星之纱不必发还，送来暂收之花，
用纱花比率最低价八司担花抵 S20 纱一件，实收其花三千二百司
担……目前花纱比率时价又涨……准予该花抵补其所提去之纱，
以免再生其他枝节。"③陆子冬言下之意，即以利益上的牺牲换取地
方政府的"取纱"顺利，此番息事宁人，其目的是与地方保持良好关
系，增添其与洪兰友的政治资本，可以如愿接掌大生纱厂。

---

①《接收大生纺织公司总报告书》（1945 年 11 月），南通市档案馆藏，大生纺织公司档
　　案，B403/111/567。

②《大生纺织公司临管会主席陆子冬为接收大生各厂存纱处理厂存敌伪物资和专署补
　　给委员会强行提纱、以花换纱、摊派军饷等事项呈经济部文》，南通市档案馆藏，大生
　　纺织公司档案，B403/111/311。

③《大生纺织公司临管会主席陆子冬为接收大生各厂存纱处理厂存敌伪物资和专署补
　　给委员会强行提纱、以花换纱、摊派军饷等事项呈经济部文》，南通市档案馆藏，大生
　　纺织公司档案，B403/111/311。

三、大生纱厂股权之争

(一) 张敬礼的复出

在处理好与地方政府的关系后,影响大生纱厂生存的外部障碍基本扫清,其内部经营权是陆子冬与洪兰友二人需要面对的另一个问题。自大生纱厂掌权人张謇、张孝若父子相继逝世后,张氏家族便逐渐远离权力漩涡的中心①,沦陷时期在日本占领的外部环境与权势转移的内部嬗递之双重合力作用下,陈葆初成为大生纱厂的实际掌舵者。张氏家族虽远离权力风暴中心,但仍有代表(张敬礼)一直位居董事会与总管理处,并担任相应职务——公司董事与总管理处产业组组长。为更好地探讨张敬礼在大生纱厂中的实际地位,分析他在沦陷结束后对大生纱厂股权与经营权的争夺,有必要对张敬礼及南通张氏家族作简单回溯。

张敬礼,系张謇三兄张詧的第四子,生于 1911 年,其父张詧是张謇的左膀右臂,兄弟二人共同推动南通近代化,"对南通张氏事业之辉煌成绩居功厥伟"②。1926 年大生纱厂创办者张謇逝世,其

---

① 德国学者柯丽莎认为,大生纱厂从未脱离过张氏家族,从张謇、张詧到张孝若再到张敬礼,直至公私合营后张家势力才逐渐消弭。参见 Elisabeth Köll, *From Cotton Mill to Business Empire*: *The Emergency of Regional Enterprises in Modern China* (Cambridge: Harvard University Asia Center, Harvard University Press, 2003)。学者周宗根持不同意见,他认为此观点或可商榷,陈葆初从日占初期开始就是大生的实际掌控者之一,"发还"后更是完全掌控了大生。参见周宗根:《1938—1939 年大生纺织公司对日本"军管理"的应对》,《抗日战争研究》2018 年第 4 期。笔者经与周宗根先生探讨后,认为南通沦陷时期大生纱厂的实际掌权人为陈葆初,该时期内张家势力有限,虽仍有代表(张敬礼)位居董事会及总管理处,却无法撼动陈葆初"一人致是"的权威地位,不能影响高层所作的决策与因应,更不能决定生存空间与生存质量。

② 王祖询等著,卢康华整理:《蟫庐日记:外五种》,"前言",南京:凤凰出版社 2016 年版,第 9 页。

子张孝若以继任者的身份,几乎承接了张謇的全部事业,家族性与地方性的特征一览无余。然而,1935 年 10 月 17 日,张孝若在沪家中遇刺身故。当时,张謇仅有亲生子张孝若一人,张孝若的两子张融武与张绪武均未成年,也不能继承其父在大生纱厂实权阶层的核心位置。因而,张謇一房面临无人可出的窘境,为确保张家在大生系统内部的威权,只能交由张詧一房继承。

由于张詧曾于 1927 年北伐时被举报为"土豪劣绅"而遭到通缉,避难上海后又逃亡大连,至 1931 年通缉撤销后方才返回上海定居,逐渐退出大生纱厂权力层,加上彼时张詧长子、次子均已过世,三子为养子,故由时年 24 岁的张敬礼出面,接替张孝若当选为董事,担任大生总管理处产业组组长。张敬礼进入大生高层后,虽然继承了张家的大量股票,成为私股方面的大股东,但因其羽翼未丰、资历尚浅,只能蛰伏其中,静待时局变化。

需要指出的是,早在张謇去世前,张孝若即与伯父张詧多有不睦,进而影响他与张敬礼之间的关系。张敬礼亦在日记中陆续坦言:"孝若最近通告尤荒谬绝伦,'满招损,谦受益',吾不禁为之惧也。"[1]"谓己宁收〔受〕挤至死,不愿更收〔受〕孝(张孝若)之维持。"[2]考虑到此日记作于 1928 年,适逢张詧遭到通缉,张氏家族中三房落难(张詧一脉),四房(张謇一脉)接济却遭到拒绝,张敬礼对待张孝若的态度不甚友好,更多是讥讽之意。可见张家内部矛盾早已生根发芽,两房之间的嫌隙难以调和,并在张謇逝世后升温与爆发,一定程度上成为张家逐渐远离大生系统权力漩涡中心的加速剂。

---

[1] 张敬礼:《养性室日记》,1928 年 2 月 1 日,王祖询等著,卢康华整理:《蟫庐日记:外五种》,第 218 页。

[2] 张敬礼:《养性室日记》,1928 年 2 月 12 日,王祖询等著,卢康华整理:《蟫庐日记:外五种》,第 221 页。

　　经过分析,也就不难理解张敬礼为何身居高位,却动见观瞻,在大生高层中如履薄冰,低调行事。南通沦陷后,张敬礼组建兴通钱庄(兴通信托公司),未过多插足大生纱厂管理与运转事务,尽可能消弭高层之中他人对自己及张家的"觊觎"。这一时期,张敬礼以经营自己事业为主,也不忘自己的责任与义务,从他组建的公司名称即可管窥一二,带有复兴南通的意味,他也未脱离董事会与总管理处,努力支撑大生系统内日渐式微的张家根基。

　　实际上,张敬礼一直铭记家族重任,早在北伐期间父亲落难时,他便发出感叹:"余虽不才,亦粗知自爱,今日之所遭安足道! 张氏宁无复盛之日乎? 余兄弟其勉乎哉! 余兄弟其勉乎哉!"①张敬礼在日记中连用两个"余兄弟其勉乎哉",以表达对家族沉沦、亟待复兴的愤懑之情,呐喊与呼唤诸位兄弟勉励进步,拯救家族。全面抗战时期,张敬礼一方面借助自己经营的"兴通号",作为"与南通地方人士和实业同人联络场所,为他日复兴南通事业做好准备工作"②;另一方面利用"兴通号","以廉价收进(股票),并随即分成许多户名,减小目标"③。张敬礼不断积蓄力量,等待时机重振张家"雄风"。

　　(二) 股权争夺战

　　大生纱厂是近代中国较早一批以股份制方式组织创办的企业集团,同时张謇的儒商思想在很大程度上影响了股份制度的运行

---

① 张敬礼:《养性室日记》,1928 年 2 月 2 日,王祖询等著,卢康华整理:《蕈庐日记:外五种》,第 218 页。
② 王象五:《大生纱厂最后一届董事会争夺的一幕》(1964 年 11 月),南通市档案馆藏,大生纺织公司档案,B403/111/541。
③ 王象五:《大生纱厂最后一届董事会争夺的一幕》(1964 年 11 月),南通市档案馆藏,大生纺织公司档案,B403/111/541。

与完善。① 创办初期，大生纱厂因官商合办、绅领商办，其公股（即官股，下同）占资本总额最大。大生建厂时，以 2.04 万锭起家，原始资本规银 50 万两，实收 44.51 万两，其中官机作价 25 万两，占实收资本 56.17%。② 官股虽过半，但其无论盈亏均按股金逐年提取 8 厘的官利。③ 张謇于 1907 年召开第一次股东常会选举董事时曾言："本公司系官商合办，商股多于官股，拟请公举五人，官股举二人，商股举三人。"④且依照大生纱厂章程，"官股股东不可拆股……股东会由董事会召集，其决议以股份总额过半数之出席，以出席人表决权过半数行之"⑤。这意味着大生纱厂经营权依然在绅商董事手中，商股数目成为经营权归属的关键所在。1899 年大生纱厂开车一月后，商股实收 19.51 万两，占实收资本总额 43.83%，其中并非全部是民间资本，纯粹私股或团体持股仅有 10.72 万两，占资本总额 24.09%。⑥ 可见公股在大生系统内所占比重之大，私股占比仅有 1/4 左右。

---

① 朱荫贵：《从大生纱厂看中国早期股份制企业的特点》，《中国经济史研究》2001 年第 3 期。也有论者指出，大生纱厂的股份制模式并不彻底，其带有近代中国企业公司的历史烙印，具备家族性、包工制、官利制等显著特征。1895 年至 1920 年代初期，张謇对大生施行的半垄断管理，并不是基于其持有的股份，而是依靠个人权威及政府对此的默许。这表明，大生是股份制与家族性各半的企业。参见周宗根：《地方主义与民族主义：南通绅商与战时政治（1937—1949）》，博士学位论文，南京大学，2006 年，第 154 页；［德］柯丽莎著，金彩红译：《在战争和政治困境中争取家庭和公司的利益：20 世纪 20—50 年代初大生企业的转型》，张忠民、陆兴龙主编：《企业发展中的制度变迁》，第 173 页。

② 《大生系统企业史》编写组编：《大生系统企业史》，第 18 页。

③ 《大生系统企业史》编写组编：《大生系统企业史》，第 18 页。

④ 张季直先生事业史编纂处编，张謇研究中心等校注：《大生纺织公司年鉴（1895—1947）》，第 92 页。

⑤ 《大生公司章程》，南通市档案馆藏，大生第一纺织公司档案，B402/111/452。

⑥ 《大生系统企业史》编写组编：《大生系统企业史》，第 18 页。

　　从大生纱厂创办至沦陷时期结束，50 年的时间里其股票也历经发展，共有"老、新、添、续、增和 1932 年统一股票"①6 种，"老股票为光绪二十三年（1897）所发，票面每股 100 两；新股股票即以老股股票加盖戳记代替，光绪二十九年（1903）所发，每股仍为 100 两；后 1915 年发添、续两种股票，每股 50 两，续股即以添股股票加盖戳记代替；1919 年又发增股，每股亦为 50 两；至 1932 年，公司增资并收回老、新、添、续、增及行业股款收据、股款存单等，发行统一股票，每股仍定为 50 两，是为第六种，翌年废两改元，股票未换，仅于股票加盖印记，以每两升为 1.4 元，改每股为 70 元"②。大生纱厂股务科在工作上存在弊端，股份登记混乱，1946 年才开始建立三种账册——股东分户账、股东总账及领息分户账。"在这之前，有关股份的变化，即在股东名册上加以修改或注销。"③这意味着从大生纱厂创办开始，经历辉煌、低谷及沦陷时期至抗战胜利，其各类股份记录均杂乱无章，并不是一个完全意义上的股份制度企业。

　　为更好地理解这一场股权争夺战，有必要了解大生纱厂的股权与股份占比。依照中华人民共和国政府（为与前述章节中所称的中华民国时期"中国政府"加以区分，以下对中华人民共和国政府简称为新中国政府）于大生一公司与三公司公私合营后，对其进行了财产清点估价工作，对两公司股权定股展开清查，具体如表6－4、6－5 所示。

---

① 《大生一、三公司公股公产清理小组第一阶段工作报告》（1951 年 4 月 28 日），南通市档案馆藏，大生纺织公司档案，B403/111/518。

② 《大生一、三公司公股公产清理小组第一阶段工作报告》（1951 年 4 月 28 日），南通市档案馆藏，大生纺织公司档案，B403/111/518。

③ 《大生一、三公司公股公产清理小组第一阶段工作报告》（1951 年 4 月 28 日），南通市档案馆藏，大生纺织公司档案，B403/111/518。

表 6－4 大生一公司股权定股表

股种	占比(%)			金额(元)	
	合营前	合营后		合营后	
		含公产	不含公产	含公产	不含公产
公股	31.12	39.98	34.235 4	85 995 713 920	67 265 713 920
代管股	16.7	16.77	18.372	36 097 305 600	36 097 305 600
合营股	5.44	5.46	5.984 6	11 758 542 080	11 758 542 080
自持股	9.1	—	—	—	—
私股	37.64	37.79	41.408	81 358 438 400	81 358 438 400
合计	100	100	100	215 210 000 000	196 480 000 000

资料来源:《公私合营大生第一三纺织公司清产定股工作报告》(1955 年 4 月),南通市档案馆藏,南通市对资改造办公室档案,E124/121/13/242。

表 6－5 大生三公司股权定股表

股种	占比(%)		金额(元)	
	合营后		合营后	
	含公产	不含公产	含公产	不含公产
公股	22.7	4.66	18 083 976 196	2 675 355 064
合营股	19.96	24.25	15 892 769 491	15 892 767 491
私股	46.79	58.01	37 267 519 363	37 267 519 363
代管股	10.55	13.08	8 406 533 924	8 406 533 924
合计	100	100	79 646 798 974	64 249 177 842

资料来源:《公私合营大生第一三纺织公司清产定股工作报告》(1955 年 4 月),南通市档案馆藏,南通市对资改造办公室档案,E124/121/13/242。

从表 6－4、6－5 可以发现,公股主要集中在一公司,将一公司与三两公司的私股相加依然无法在大生纱厂资本总额中过半,意味着无论是创办初期、沦陷时期,抑或是公私合营前后,公股自始至终占据着大生的半壁江山。由于国民政府未对大生纱厂投射过多的关注，未对所持公股作权利要求，其无论多少，盈亏如何，均按股金逐年提取官利。简言之，公股股份多，股权少，决定经营权的是股权而非股份，所以作为官股董事，洪兰友与陆子冬想通过公股接掌大生纱厂的愿望落空，即便官股占比一直在大生股权中最为稳固亦最为庞大。

　　抗战胜利以来，国民政府在战时建立起的强大的国营经济有着扩张的必然趋势，无论是政府官员，抑或是经济部，均需要在民族资本中占据主导地位。[①] 在这种需求的激励下，陆子冬与洪兰友有效利用政府的初衷，决定将目光投射于直接关系大生纱厂经营权的私股上，分化大生系统内地方势力，稳固其二人的统治地位。沦陷时期处于权力巅峰的陈葆初，手中握有的大生股票（含化名户）共有 50 315 935 股（其中在一公司持 41 282 931 股，在三公司持 9 033 004 股），约占总额 1.68%（其中占一公司 2.06%，占三公司 0.903%）。[②] 尽管战后陈葆初辞职离开大生纱厂，但根据 1948 年 5 月 18 日，他化名将 1 333 320 股过入大生纱厂自持股的行为来看[③]，他所持有的股权并未上缴，依然握在手中。因此，陆、洪二人并不能争夺陈葆初所有股，无法增加私股持有量。

　　此时，张敬礼凭借沦陷时期积蓄的力量——"兴通号"，作为"与南通地方人士和实业同人联络场所，为他日复兴南通事业做好

---

① 周宗根：《地方主义与民族主义：南通绅商与战时政治（1937—1949）》，博士学位论文，南京大学，2006 年，第 186 页。

②《大生第一纺织公司股权分类统计表》《大生第一纺织公司股权分类统计表》，张季直先生事业史编纂处编，张謇研究中心等校注：《大生纺织公司年鉴（1895—1947）》，第 394—404 页。

③ 张季直先生事业史编纂处编，张謇研究中心等校注：《大生纺织公司年鉴（1895—1947）》，第 394 页。

准备工作"①。张敬礼利用"兴通号","以廉价收进（股票），并随即
分成许多户名,减小目标"②。如今抗战胜利,棉纱市场广阔,多由
地方人士组成的中小股东与张氏家族渊源深厚,不愿看见大生纱
厂的经营权落入代表政府的洪兰友与陆子冬手中,而选择拥戴张
敬礼,希望大生重回张家手中。"大生的老职员为了保持自己的职
位,对张敬礼也表示一致拥护。"③因此,张敬礼依靠众多中小股东,
形成较为扎实的拥趸与根基,并且有着共同利益这一优势条件,大
力拉拢他们,将股本化整为零,增加股权。④ 经过多年积累,张敬礼
羽翼渐丰,可以与陆、洪二人一较高下。

　　与此同时,洪兰友与陆子冬跃跃欲试,并寻得援助,将杨管北
与严惠宇拉入其阵营之中。杨管北跟随杜月笙多年,是大生系统
中大达内河轮船公司总经理,严惠宇更是大生纱厂的常务董事,虽
然在沦陷时期随着大生遭受"军管理",逐渐淡出高层,但亦握有不
少私股。有这二人的助力,陆、洪决意赢下股权之争,甚至已经部
署好经营计划:"洪任一、三两公司董事长,陆任两公司常务董事,
组织一、三两公司联合办事处,陆任联合办事处总经理兼一公司经
理,张敬礼任一公司付〔副〕经理,张文潜任三公司经理。"⑤

---

① 王象五:《大生纱厂最后一届董事会争夺的一幕》(1964 年 11 月),南通市档案馆藏,
　大生纺织公司档案,B403/111/541。
② 王象五:《大生纱厂最后一届董事会争夺的一幕》(1964 年 11 月),南通市档案馆藏,
　大生纺织公司档案,B403/111/541。
③ 王象五:《大生纱厂最后一届董事会争夺的一幕》(1964 年 11 月),南通市档案馆藏,
　大生纺织公司档案,B403/111/541。
④ 尹通、曹力田:《大生故事》,南通市政协文史编辑部编:《南通文史资料选辑》第 14 辑,
　第 91 页。
⑤ 王象五:《大生纱厂最后一届董事会争夺的一幕》(1964 年 11 月),南通市档案馆藏,
　大生纺织公司档案,B403/111/541。

洪兰友、陆子冬均是国民党 CC 系,经济部部长翁文灏则为政学系,二者之间存在着矛盾与斗争。翁文灏曾于 1942 年 4 月 9 日,在日记中写道:"余全为国家工作,以蒋(介石)为唯一领袖,绝未加入任何派系(如 CC、HH、TV、CH 等),但期为经建途上建国尽最大力量,此外别无私见,亦无他求。"①可见翁文灏对 CC 等派系的暗讽之意。加上江苏省主席王懋功也不是 CC 系,意味陆、洪得不到省政府的支持,无形之中为张敬礼"借翁压洪"减少阻力。

张敬礼成功把握住如此难得的机遇,通过翁文灏秘书并以利益相赠,换取翁文灏的支持,获其特批,将临委会接收的敌伪存纱 200 件划入"张季直手创教养事业复兴委员会",充作经费,分别以复兴委员会及通州师范学校名义购买大生股票,增加商股所持股份。② 张敬礼合理利用大生纱厂的股权规定——"10 股以下每股 1 权,11—100 股每 2 股 1 权,101 股以上每 20 股 1 权"③,小额户股越多股权即越大,张敬礼及其支持势力遂采用子女、家属姓名或化名分散购买大生股票。为求保险,以抗衡洪兰友与陆子冬附带的政治压力,张敬礼"邀请陈光甫、钱新之二人参加,作为两公司董事长的后备人选"④。陈光甫与钱新之均系重要银行家,分别为上海银行与交通银行的董事长,陈光甫同时也是大生纱厂的官股董事,二人颇有地位,可以助张敬礼一臂之力,与陆、洪相抗衡。

---

① 翁文灏著,李学通、刘萍、翁心钧整理:《翁文灏日记》下,1942 年 4 月 9 日,北京:中华书局 2014 年版,第 785 页。

② 尹通、曹力田:《大生故事》,南通市政协文史编辑部编:《南通文史资料选辑》第 14 辑,第 90—91 页。

③《大生一、三公司公股公产清理小组第一阶段工作报告》(1951 年 4 月 28 日),南通市档案馆藏,大生纺织公司档案,B403/111/518。

④ 王象五:《大生纱厂最后一届董事会争夺的一幕》(1964 年 11 月),南通市档案馆藏,大生纺织公司档案,B403/111/541。

据张敬礼女儿张宁武回忆,"父亲利用大生公司章程有关'股'与'权'分级递减的规定……以张氏仅拥股 7.5% 微小的股额,号召并争得了 50% 以上的控股权,保持了大生纺织公司虽有官股而官不掌权的传统"[1]。最终在 1946 年 5 月 6 日、7 日两日召开的大生一公司与三公司股东大会上,张敬礼以 16 373 股权位居股东首位,成为大生系中所占私股最多者,顺利当选为首席董事,赢得这场关键的股权争夺战。洪兰友与陆子冬方面,陆子冬落选大生三公司董事,严惠宇在大生一公司与三公司董事中均落选,杨管北仅当选大生三公司董事。这不仅意味着张敬礼的大获全胜,更意味着大生纱厂的经营权重新回到"阔别已久"的张氏家族手中。

考虑到陆、洪二人的官股董事身份,更有深厚的政治背景,况且大生纱厂刚刚摆脱敌产罪名,其后的生产经营更需政府支持与庇护,多种因素合力作用下,张敬礼做出一定程度的退让,但不会改变经营权的归属。由于"洪兰友的重心在政治不在大生"[2],故张敬礼一方面"送陆子冬一、三公司股票各一百股"[3],另一方面由洪兰友出任大生纱厂董事长,陆子冬为常务董事,自己与张文潜分任一公司与三公司经理。洪兰友虽"如愿以偿"地出任董事长,然而计划已全盘打乱,"上海不设联合办事处,经理驻厂办公,没有总经理的名义"[4]。

① 张宁武:《前言》,张季直先生事业史编纂处编,张謇研究中心等校注:《大生纺织公司年鉴(1895—1947)》,第 2 页。
② 王象五:《大生纱厂最后一届董事会争夺的一幕》(1964 年 11 月),南通市档案馆藏,大生纺织公司档案,B403/111/541。
③ 王象五:《大生纱厂最后一届董事会争夺的一幕》(1964 年 11 月),南通市档案馆藏,大生纺织公司档案,B403/111/541。
④ 王象五:《大生纱厂最后一届董事会争夺的一幕》(1964 年 11 月),南通市档案馆藏,大生纺织公司档案,B403/111/541。

在新选出的董监事中,除张敬礼、钱新之、洪兰友兼任两公司董事外,代表南通地方的有 20 人,银行方面有 7 人,官股董监事 7 人,且"银行帮董监为了保障他们的权利,不愿意大生落在国民党手中,公方董监(即官股董监事)也不一定支持陆、洪"①。值得一提的是,由于自 1929 年开始便担任大生三公司经理兼厂长的沈燕谋请求辞职,其所当选的三公司董事之位由张謇长孙、张孝若长子张融武候补,更加确保了大生纱厂经营权在张敬礼所代表的张氏家族手中。经历了 10 年的停顿后,张家开始重塑其在大生高层的话语权威与统治地位。

　　至此,这场在沦陷结束后牵涉 CC 系、政学系、南通绅商及张家势力、地方政府等多股势力的大生纱厂股权乃至经营权之争告一段落。据相关当事人回忆,"洪兰友因他的原定计划给全盘打垮,大发雷霆"②。一名政客的形象跃然眼前。在此之后,洪兰友空顶董事长的头衔,忙于国民党政务,将大生纱厂交由陆子冬管理。由于经营权归属于张敬礼,陆子冬虽是常务董事,却依然无法握有十足的权力与威望,复兴大生纱厂与延续张謇事业的重任,只能由张敬礼承担。另一方面,为摆脱敌产罪名,大生纱厂付出较大牺牲与代价,沦陷时期的掌舵人陈葆初及副手沈燕谋受战后惩奸运动的影响,惴惴不安,难逃国民政府的追责。

---

① 王象五:《大生纱厂最后一届董事会争夺的一幕》(1964 年 11 月),南通市档案馆藏,大生纺织公司档案,B403/111/541。
② 王象五:《大生纱厂最后一届董事会争夺的一幕》(1964 年 11 月),南通市档案馆藏,大生纺织公司档案,B403/111/541。

第三节 追究陈葆初等绅商的罪责

一、战后自救

抗战胜利后,国民政府一面对沦陷区敌伪资产展开接收与重组,实现权力"洗牌",一面追究沦陷区相关绅商的罪责,发起惩奸运动,重塑政府的政治威权。一时之间,风声鹤唳,草木皆兵,有着与日汪"合作"或通敌行径的各类绅商或其他人士,或隐姓埋名出逃,或被同僚、民众检举揭发。战后检举,更成为政府赋予"尽忠民族"的国民神圣"义务",这种氛围下,检举几乎无需承担诬告的风险与责任。[1] 具体到南通,原先在地方伪政权中具备一定社会地位的薛郢生等人,曾于 1946 年初农历新年时偷偷潜回南通,遭到检举后被南通县县长杨昉派人搜捕,却被不同派系徐谟嘉、顾锡康等人阻挠,搜捕未能成功。[2] 3 月后,徐谟嘉召集南通各部门,开始大规模搜捕汉奸,转押司法部门。

在通敌者、协力者或是背叛民族国家、与民众背道而驰的汉奸之中,"经济汉奸"是较为特殊的一个群体,他们不同于军事投降者或政治背叛者,而是与占领者存在商业"合作"或来往等经济活动的绅商。这一人群还可以理解为"易帜精英"——他们具有绅商的身份属性,占据较高的社会地位,拥有较多的人脉关系与财富积累,因此在沦陷区受到占领者更多的关注,"合作"也就不可避免,

---

[1] 吕迅:《抗日战争与国民党惩肃汉奸运动》,《社会科学研究》2019 年第 6 期。

[2] 周宗根:《地方主义与民族主义:南通绅商与战时政治(1937—1949)》,博士学位论文,南京大学,2006 年,第 148 页。

他们成为"灰色地带"中的易帜精英,在日汪建构统治秩序、控驭工厂企业及普通民众等方面发挥重要作用。当然,出于绅商的身份指征,这类"经济汉奸"在"灰色地带"中选择与日汪"合作",放弃应有的政治忠诚,其动机或初衷更多是利益的诉求与生存的需要。这里的生存不仅仅是其个体或家庭的生存,更多的是企业、家族这类带有庞大社会关系网络(social network)的生存。

　　沦陷时期,大生高层为寻求生存空间,在沦陷区存在与日汪"合作"的灰色历史,虽然企业未被定为敌产,得以顺利复工复业,但其中相关绅商存在的"通敌"行径,完全符合"经济汉奸"的属性划分,难逃国民政府追究罪责。更何况,高层之首陈葆初主动揽责,承认与日汪"合作"交换代纺系其个人所为,与大生纱厂无关,亦将自己置于随时可能被捕接受惩处与审判的"囹圄"之中。

　　或许是预感战争形势即将扭转,在抗战行将胜利之时,陈葆初萌生了效仿先贤张謇,大力建设地方慈善公益事业的初步构想。陈葆初称:"筹款购买棉纱二千三百件,为慈善公益之用,计啬公纪念园五百件,松禅图书馆五百件,河海工程学校五百件,燕贻奖学基金五百件,镇江地方慈善事业三百件,存放大生仓库,另立仓单。"①张謇是推动南通近代化、塑造全国模范县的奠定者与执行者,曾开展一系列慈善公益事业,反哺社会,造福桑梓。如今陈葆初全力模仿,在历经战争洗礼、百废待兴的南通城等地慈善施治,帮助政府重建社会秩序,尽管带有为自己洗脱"通敌"行径以达自救之目的,却能证明他具备绅商乃至地方精英的民族性与社会性等特征,更加印证他以"张謇门徒"自居的身份象征。

---

① 《陈葆初致大生纺织公司临时管理处陆子冬先生交接报告书》(1945 年 9 月),南通市档案馆藏,大生纺织公司档案,B403/111/228。

1946 年 2 月,陈葆初呈国民政府,将 6 项慈善公益事业铺陈展开。首先是建立啬公纪念祠园。陈葆初号召,"值兹抗战功成,其高瞻远瞩,为国贤劳之伟绩,尤当昭示于不朽……今兹胜利复兴开始,自应亟图实行,以表地方人士追念先贤崇德报功之忱"[1],决定以 500 件棉纱之售价为经费兴建祠园。从陈葆初的战时表现来看,这一项最具摆脱"易帜精英"或"协力者"身份的意味。陈葆初时刻以"张謇门徒"自居,如今在抗战胜利后决定修建祠园纪念先贤,意在既可重构张謇作为地方先贤与爱国企业家的身份象征与政治符号,呼应抗战胜利的时代话语,亦可昭彰自己继承张謇衣钵,将沦陷时期获利投入公益事业,从而洗刷其所背负的"通敌"等罪名。

其次是建立常熟松禅图书馆,这是为纪念张謇与翁同龢(号松禅)师生情谊而修建。陈葆初称:"常熟翁文恭公为前清甲午主战之坚实,五十年前抗日主义之前辈,啬公秉承师教,渊源一派而其开创南通实业……故筹划于常熟建置松禅图书馆一所,以竟先师之志。"[2]从陈葆初的表述不难发现,松禅图书馆名为纪念翁同龢,其实质依然是"竟先师之志",这里的师应合指张謇与翁同龢。陈葆初赞扬翁同龢抗日的主张,并渲染他与张謇的师生关系,意图明显——继续崇仰张謇的社会地位,并将师承关系最大化,推翻日方所宣扬的张謇"亲日"形象,改善政府与民众对于自己"通敌者"的"错误"印象。

再次是恢复河海工科学院,此项依然与张謇关系密切。陈葆

---

[1] 《陈葆初为捐资兴建啬公纪念祠园等六项建署呈国民政府文及复函并由内政部通知陈葆初文(抄本及省政府代电等)》(1946 年 2 月),南通市档案馆藏,大生纺织公司档案,B403/111/246。

[2] 《陈葆初为捐资兴建啬公纪念祠园等六项建署呈国民政府文及复函并由内政部通知陈葆初文(抄本及省政府代电等)》(1946 年 2 月),南通市档案馆藏,大生纺织公司档案,B403/111/246。

初称:"啬师在民国三年(1914)任全国水利局总裁时创设河海工程专门学校……今值抗战胜利,建国工程万端待理,以后水利人材〔才〕之需要自必千百倍于昔……河海工科学院所以有亟图恢复之必要。"①陈葆初此举,配合其在沦陷时期重启的通海河水利工程,昭彰自己作为水利导师张謇之继承者的"光辉"形象,辅以建构教育家、实业家的身份象征,契合战后国民政府重建国家、重塑威权的主旨,用心良苦。

复次是创设燕贻奖学基金。陈葆初称:"奉张太夫人遗命……乃捐资建立燕贻奖学基金,对青年人向学者、有志研究者不限籍贯、科目,予以奖励扶助,以期大成。"②此项公益事业因陈葆初祖母而起,祖母是陈葆初进入张謇门下的领路人,陈葆初欲完成祖母未竟的遗命,以表达自己"百善孝为先"的传统伦理观及对张謇的教育之恩的感念,充实其造福桑梓、反哺社会的身份象征。

最后是镇江地方慈善事业与南通复兴事业。陈葆初选取镇江,因其一为"吾苏(江苏省)省会,此次抗战期间地方一切事业遭毁损"③,二系"琛(陈葆初)之母里,尤为义不容辞者也"④。而南通

---

① 《陈葆初为捐资兴建啬公纪念祠园等六项建署呈国民政府文及复函并由内政部通知陈葆初文(抄本及省政府代电等)》(1946年2月),南通市档案馆藏,大生纺织公司档案,B403/111/246。

② 《陈葆初为捐资兴建啬公纪念祠园等六项建署呈国民政府文及复函并由内政部通知陈葆初文(抄本及省政府代电等)》(1946年2月),南通市档案馆藏,大生纺织公司档案,B403/111/246。

③ 《陈葆初为捐资兴建啬公纪念祠园等六项建署呈国民政府文及复函并由内政部通知陈葆初文(抄本及省政府代电等)》(1946年2月),南通市档案馆藏,大生纺织公司档案,B403/111/246。

④ 《陈葆初为捐资兴建啬公纪念祠园等六项建署呈国民政府文及复函并由内政部通知陈葆初文(抄本及省政府代电等)》(1946年2月),南通市档案馆藏,大生纺织公司档案,B403/111/246。

"一切事业邀夭之幸，未受多大破坏，独南通师范校舍及图书设备毁损特甚"[1]，陈葆初作为本地绅商与精英，更加义不容辞，践行先贤"救国救民"的思想意涵，迎合其苦心经营的"张謇门徒"、社会企业家等形象。

需要说明的是，"啬公纪念祠园及燕贻奖学基金各五百件，内有三十二支、四十二支细纱，如统以廿支计，莫应升出四百八十六件半"[2]，陈葆初拟用这多出的 486.5 件棉纱"分配南通各事业，以资助其复兴者"[3]，明显遭到南通本地人士的不满，尤其是在南通师范学校（原通州民立师范学校）的经费补助问题上与校长于敬之产生分歧，后又与张敬礼及其成立的复兴委员会发生纠葛，被迫捐出棉纱 500 箱（件）以修复校舍。[4]

揆诸以上 6 项慈善公益事业的计划与构想，陈葆初的"张謇门徒"或张謇继承者的身份形象跃然眼前。其中，与张謇直接相关联的有啬公纪念祠园、河海工科学院与南通地方事业，间接关联的是常熟松禅图书馆、燕贻奖学基金，只有镇江地方慈善事业与张謇关联不大（陈葆初提供 300 件棉纱建设镇江慈善事业，实则另有隐情，下文将论述之）。这 6 项公益慈善事业，共需用纱 2 300 件（若全

---

① 《陈葆初为捐资兴建啬公纪念祠园等六项建署呈国民政府文及复函并由内政部通知陈葆初文（抄本及省政府代电等）》（1946 年 2 月），南通市档案馆藏，大生纺织公司档案，B403/111/246。

② 《陈葆初为捐资兴建啬公纪念祠园等六项建署呈国民政府文及复函并由内政部通知陈葆初文（抄本及省政府代电等）》（1946 年 2 月），南通市档案馆藏，大生纺织公司档案，B403/111/246。

③ 《陈葆初为捐资兴建啬公纪念祠园等六项建署呈国民政府文及复函并由内政部通知陈葆初文（抄本及省政府代电等）》（1946 年 2 月），南通市档案馆藏，大生纺织公司档案，B403/111/246。

④ 周宗根：《地方主义与民族主义：南通绅商与战时政治（1937—1949）》，博士学位论文，南京大学，2006 年，第 169 页。

折算成 20 支棉纱计,共 2 786.5 件),"每件现值法币九十万元,共值法币廿五万万元"①。显而易见,这 6 项慈善公益事业所需经费数目不小,正好可以洗刷陈葆初在交换代纺所获利润的"伪"性。如今抗战胜利未久,陈葆初在呈文中多次迎合国民政府重建国家、重塑威权的主旨,真实意图是通过以上自救行为减轻"通敌"罪行,甚至摘下"易帜精英"或"经济汉奸"的污名,避免卷入国民政府的战后惩奸运动漩涡。

　　然而,事与愿违。陈葆初想凭借其在慈善公益事业上的身体力行,换取民众民好感,甚至博得政府的谅解,用心甚苦,可效果却不如其意。1946 年,南通县政府正式启动对陈葆初汉奸罪行的调查,称:"我通自两度肃奸后,所有奸伪率皆□身囹圄,将受法律制裁,惟疏漏而逍遥法外者,仍有人在隐患滋深其中,罪行之荦荦大者,首惟陈逆葆初。"②抗战胜利已近半载,南通地方亦两次抓捕汉奸移交相关法院惩办处理,陈葆初却能依然"逍遥法外",这与他积攒多年的深厚人脉及长袖善舞的交际能力密不可分。2 月 16 日,南通县县长杨昉致信陈葆初,夸赞其"关怀桑梓,维护闾阎"③,可见他在南通地方根基不浅。

二、躲避政府追责

　　为更好理解陈葆初身陷囹圄前后的内心变化,需要对其战后

---

① 《陈葆初为捐资兴建啬公纪念祠园等六项建署呈国民政府文及复函并由内政部通知陈葆初文(抄本及省政府代电等)》(1946 年 2 月),南通市档案馆藏,大生纺织公司档案,B403/111/246。

② 《江苏南通地方法院汉奸陈葆初案件》(1946 年),南通市档案馆藏,江苏高等法院第四分院档案,A205/111/472。

③ 《汉奸陈葆初信件》(1946 年 2 月 16 日),南通市档案馆藏,南通县自治会(伪县政府)档案,A209/112/591。

行踪进行具体分析。当时，辞去大生纱厂代董事长与总管理处代处长职务的陈葆初，在权力达巅峰之际选择全身而退，与抗战胜利、日本投降、形势扭转有着必然的联系。为求自保，在求生本能的刺激下，陈葆初交出权力甚至牺牲部分财富，远避他乡（据说是莫干山一带），闭门撰写《陈琛自述国难期中经过》。与其说这是一部认罪书或悔过书，不如说是一部"美化书"，行文中"随先贤张啬公学习治事""专心一致辅助啬公""以南通一切事业之安危存亡为己任""实施军管理之后，余之纠缠痛苦稍杀""竭尽奋斗之能"等语，带有浓厚的自辩色彩。①

诚然，作为南通绅商，陈葆初于 1935 年正式进入大生纱厂董事会后开始显山露水，并借助与日汪的"合作"逐步上升至权力顶峰，身份亦发生转变，"经济汉奸"或者"易帜精英"成为他在战时后半段的政治标签，对国民政府的政治忠诚不复存在。如今抗战胜利，国民政府主导的惩奸肃奸运动高涨，陈葆初必然会以文本的形式自辩，表露出"无奈"之意，并且更多采用记忆塑造的方式并赋予其意义与张力，这也是他的战后自觉。② 战后他曾写道："大生自卅二年（1943）收回后，即有股东联名致函董事会，要求召开股东大会，提议增资。适值敌正金银行，由江苏银行劫夺大生官股股票，要求过户交涉，正在进行之际倘召开股东大会，彼必执股票到会，使股东职权反添许多周折，自由琛（陈葆初）个人负责折衡拒绝较

①《陈琛自述国难期中经过》（1945 年），南通市档案馆、张謇研究中心编印：《大生集团档案资料选编·纺织编（V）》，第 262—267 页。

② 班瑞钧：《政治背叛者的记忆与自辩——以宋元际〈牧庵集〉等文本为中心》，博士学位论文，南京大学，2017 年。

为便利。"①此文本虽有为自己开脱的意味,但字里行间的"无奈"是陈葆初对于自身所处状态的情绪表达,无可选择的时空环境决定了包括他在内的南通商民的命运。② 从这一点来看,陈葆初所作《陈琛自述国难期中经过》便是他战后自辩、自觉的最佳展示。

这段时期,陈葆初化名"虚无",寄情山水,谈佛入禅,与"木道人"③交游,两人信件往来频繁,陈葆初向高得心感慨:"公司改组方针似已决定,虚无离职,属于董事地位易。"④二人之间关系复杂,一方面陈葆初对高得心的社团布施,在经济上协助,高得心则在精神上对陈葆初予以指导;另一方面,高得心在上海不仅关照陈葆初眷属及其友人或互通声气者,还在时局大势以及各种具体问题上向陈葆初提供建议,陈葆初虽非言听计从,却也多为尊重。⑤

陈葆初亦与道会门来往甚密。陈葆初向道会门提供经费支撑,道会门则向陈葆初讲解佛道经法。陈葆初甚至以大护法的身份在南通狼山出资修建佛塔,以"祈祷福寿无疆,万事遂心耳"⑥。

----

① 《汉奸陈葆初信件》(1946 年),南通市档案馆藏,南通县自治会(伪县政府)档案,A209/112/588。

② 班瑞钧:《政治背叛者的记忆与自辩——以宋元际〈牧庵集〉等文本为中心》,博士学位论文,南京大学,2017 年。

③ 高得心,亦称"甲乙道人""得心",宗教界民主人士,寓居上海,曾组织宗教社团"来苏社",与南通地方人士关系密切。中华人民共和国成立后,在上海参加民主党派,列为民主人士。

④ 《汉奸陈葆初信件》(未注明时间),南通市档案馆藏,南通县自治会(伪县政府)档案,A209/112/591。

⑤ 周宗根:《地方主义与民族主义:南通绅商与战时政治(1937—1949)》,博士学位论文,南京大学,2006 年,第 170 页。

⑥ 《道会门与陈葆初来往信件》(未注明时间),南通市档案馆藏,南通县自治会(伪县政府)档案,A209/112/663。

因狼山系佛教"八小名山"之首,陈葆初与道会门众僧侣"阐明儒教,弘扬佛化,矫正人心,挽回狂澜,特□建弥陀□七道场"①。陈葆初参禅悟道,似乎有远离权力场域、厌倦政争之意。

不可否认,在临委会接收大生纱厂之时,陈葆初为逃脱战后追责,与陆子冬等政府代表之间,凭借其出色的交际能力,似乎达成了某些不可告人的"君子协定",而连接起双方"交易"的桥梁,便是其于交换代纺时期获得的棉花、棉纱及其巨额利益。这也是促成大生纱厂躲避国民政府敌产定性、获得战后生存空间的另一个重要因素。

从1952年8月12日大生一厂增产节约委员会(以下简称增产委员会)的调查报告中可以发现,"三反五反"运动对大生纱厂历史展开清查,战后初期陈葆初隐匿、侵吞数批棉纱、棉花的行径逐渐浮出水面:"尚有棉花6 330.45市担……计分5 196.22市担及1 134.23市担两单,另有棉纱2 000件以上为人侵吞。"②可以料见,这批由新中国政府查明的陈葆初隐匿、侵吞的棉纱很有可能在接收甚至追责过程中发挥了"特殊"作用,对结果产生重要影响。

经"三反五反"运动中新中国政府对多名涉及陈葆初隐匿棉纱案的大生纱厂职员展开审问,吴又春交代:"严惠宇曾对陈奸(陈葆初,下同)表示,接收前你将大生机器搬走,陆子冬都不会

---

① 《道会门与陈葆初来往信件》(未注明时间),南通市档案馆藏,南通县自治会(伪县政府)档案,A209/112/663。

② 《"三反"专案小组报"大生增产节约委员会"的〈隐匿和鲸吞逆产案情报告〉》(1952年8月12日),南通市档案馆藏,大生一厂(副厂)档案,B404/111/301。

问,但接收以后丝毫不能再动。"①吴又春又交代:"交接双方关系暧昧,露于辞色,胜利后接收前陈奸曾赠与严惠宇棉纱三百件(以镇江复兴委员会名义移交镇江地方慈善事业),当时贿严通陆的举动。"②从这两段来看,似乎陈葆初与陆子冬之间的确"关系暧昧,露于辞色"。

需要注意的是,吴又春所提的严惠宇,与陈、陆二人均保持着良好的关系。一方面,三人均为大生纱厂董事,沦陷前曾共事,甚至陈葆初的董事之位系严惠宇举荐③;另一方面,严惠宇与陆子冬为儿女亲家,对彼此相对知根知底,且同涉足银行界。④ 据吴又春口供,陈葆初赠予严惠宇棉纱300件,疑似感谢其促成陆子冬与自己达成协议,"以纱花换自由"。此赠予的300件棉纱,即与前述陈葆初慈善事业中的第5项——镇江地方慈善事业有关,似乎亦可解答为何陈葆初仅以其母系镇江人与镇江为江苏省会这两条牵强理由,赠予镇江300件棉纱建设地方慈善事业。陈葆初欲借慈善的名义,借助身为镇江绅商的严惠宇牵线搭桥,与陆子冬取得联系,以保证自己的生存。

陆子冬等所撰写的接收报告与补报书,对陈葆初隐匿的棉纱、棉花只字未提。是他们真未发现,或是有意隐瞒?经重新调查发现,国民政府在接收过程中并未尽力查究账册,而是敷

---

① 《一厂增产节约委员会专案组关于陈葆初隐匿和侵吞逆产案情报告》(1952年8月12日),南通市档案馆藏,大生一厂(副厂)档案,B404/111/322。

② 《"三反"专案小组报"大生增产节约委员会"的〈隐匿和鲸吞逆产案情报告〉》(1952年8月12日),南通市档案馆藏,大生一厂(副厂)档案,B404/111/301。

③ 1935年大生公司改选董监事时,陈葆初得严惠宇举荐,当选为三厂董事,可见二人交情不浅。

④ 严惠宇次女严忠媛嫁与陆子冬之子陆沛霖。

衍了事，甚至"接收后原存大生公寓之陈奸账册、凭证颇多"，直至 1951 年新中国政府清估大生各厂资产时方遭受毁灭，意味着国民政府接收时陈葆初等甚至未作销毁，毫不遮掩其侵吞隐匿棉纱的证据，可见接收的虚假性。① 此外，"陈奸在移交前夕，曾集中大批账务人员……吴申夫、吴又春、王翔云、范效吾等人，在愚园路涌泉坊寓所伪造假账"②。战后大生三厂厂长袁仲齐也在"三反五反"中交代，其曾于接收时期伪造假账，与之吻合。接收大生纱厂之时，据易敦白、徐润周等于"三反"时期的坦白书，摘录相关如下：

　　易敦白：③

　　1. 临管会（即临委会，下同）有一个原则，是可能留下的，尽量留下，我来接收是遵照这一大原则做的。来南通接收是形式，一本心照不宣。

　　2. 陆子冬跟我讲过可能保留的东西还是要向政府想办法。

　　3. 当时吴闻天（即国民政府经济部特派员吴世）不帮忙，大生开车开不成，所以以后送他一辆汽车，送他股票，请他当董监。

　　……

　　6. 当时是借列欠纱一〇〔零〕六八件为名，达到隐匿棉花

---

① 《"三反"专案小组报"大生增产节约委员会"的〈隐匿和鲸吞逆产案情报告〉》（1952 年 8 月 12 日），南通市档案馆藏，大生一厂（副厂）档案，B404/111/301。

② 《一厂增产节约委员会专案组关于陈葆初隐匿和侵吞逆产案情报告》（1952 年 8 月 12 日），南通市档案馆藏，大生一厂（副厂）档案，B404/111/322。

③ 本段及以下 15 段均出自《易敦白等人的坦白书及口供摘录》，南通市档案馆藏，大生一厂（副厂）档案，B404/111/320。

九九一八司担目的,与此同时,第三公司同案隐匿棉花一千余担,棉纱四百廿件。

……

徐润周:

……

2. 我对一〇〔零〕六八件欠纱问题,当时亦有怀疑,与易先生所说的有同样看法。

3. 我不是包庇陆子冬,他有两个立场,一是大生董事的立场,一是代表伪政府(即南京国民政府)接收的立场,主要还是多照顾厂里。

吴又春:

1. 各方资料集中,由陈奸自草移交报告书并具表说明。在一星期内连同应交账册由临管会委员沈燕谋(伪交换处副处长)转交临管会秘书易敦白,再转交陆子冬。陆即按照现存现金部分,及现存物资部分派易敦白赴通海两地分别敌我加以封存。

2. 陆(子冬)除接受物资外,对交换处账册则加以封存竟毫未查阅。

……

6. 在陈葆初离开大生时,由我经手在愚园路开出大批纱单,包括纱单调换仓单在内,共计红魁纱四千件,其余代纺成本纱二千四百余件的纱单我没有开过,这□纱是留在厂里处理的。

7. 所谓纱单二〇〔零〕五七件是恒大、合成、来庄三处所执(盖交换时期客户项要现钞,不要棉纱,陈葆初组织此三号用来将客户棉纱收进)。于胜利后还未向仓库提货者。

吴申夫：

1. 临管会的接收原则是交多少，收多少，这是陆子冬避免纠纷的说法，事实上是全交的。

……

4. 陈葆初在 1945 年 9 月 16 日另立新账，总是为了清理。

以上种种，可以看出贿赂、假账、敷衍、形式化等元素共同构成了接收过程，新中国政府更用"如此深谋、重重勾结、上下齐手、当亦显然"[1]16 个字作形容。同时，如此接收在无形中为陈葆初逃脱追责、隐匿棉纱提供了必要的现实条件。

经新中国政府方面调查，查明陈葆初在接收期间"售与伪中储行廿支棉纱七百件，栈单卅纸计棉纱五百件……棉纱二百件洽定价格每件伪中储券一千四百五十万元，总价为伪中储券一百零一亿五千万元。伪中储行所交价款则仅有现钞五十八亿元，其余为伪中储行本票四十三亿五千万元。当时陈葆初在上项纱款中仅以本票十八亿五千万元交大生……大生临时管理委员会接收敌伪物资之始时，陈葆初复交出伪法币九百零八万元（合中储券一十八亿一千六百万元）"[2]。这便意味着尚有价值中储券 64.84 亿元的棉花、棉纱被陈葆初隐匿，也就从某种程度上可以解释其卸职离开大生纱厂、参禅悟道具备了经济上的保障。

陆子冬等接收大生纱厂，是权力与利益的碰撞，正如临委会成员徐润周在坦白书中所写，"陆子冬有两个立场——一是大生董事

---

[1] 《"三反"专案小组报"大生增产节约委员会"的〈隐匿和鲸吞逆产案情报告〉》（1952 年 8 月 12 日），南通市档案馆藏，大生一厂（副厂）档案，B404/111/301。

[2] 《为函请负责审核陈葆初舆大生公司交在交花换纱过程中的存欠数字由》（1951 年），南通市档案馆藏，南通地区商业局档案，D246/1951/2/26。

的立场,一是代表南京国民政府接收的立场,他主要还是多照顾厂里"。陆子冬与陈葆初,是抗战胜利之时大生纱厂的新旧掌权人。从某种意义上而言,他们分别代表着正与伪,接收大生纱厂,便是陆子冬向陈葆初追责的过程。绅商的身份属性决定了陈葆初必然会以利益诱使陆子冬犯错。陆子冬与洪兰友不同,陆子冬虽非完全意义上的商人,但毕竟在商界尤其是金融界闯荡多年,经济属性较浓,缺少洪友兰等政客的政治敏感,必然会追求个人利益的最大化,政府的立场要低于企业及其个人立场,民族主义要为地方主义让步。因此,这一场碰撞,最终以双方和解而收场,至于陈葆初隐匿的具体数额,直至新中国政府清查时才拨云见日,国民政府的腐朽程度可见一斑。

除陈葆初隐匿、侵吞的棉纱外,新中国政府对接收报告中漏洞百出的纱单纱、仓单纱亦作调查,结果如下所示:

棉纱存欠实数:查当时一公司仓存三二五九件,三公司仓存四二〇〔零〕件,两共存纱三六七九件。查有纱单纱与仓单纱两种,纱单纱存欠表所列大数为二〇〔零〕五七件(包括伪中储之七百件在内),仓单纱存欠表所列欠数为二二七〇〔零〕件,两共欠纱四三二七件。以上存欠相抵,尚欠棉纱六四八件。[1]

棉花存欠实数:查一公司存九〇〔零〕六四石,三公司存一八三一石,两共存花一〇〔零〕八九五石,按照当时纱花比例,以十石花合纱一件,共计合纱一〇〔零〕八九件。与欠纱六四八件相抵,尚余仓棉纱四四一件。

---

[1] 本段及以下1段均出自《大生第一三纺织公司陈葆初交花换纱存欠实数报告》(1951年),南通市档案馆藏,南通地区商业局档案,D246/1951/2/29。

新中国政府的定调简言之,即陈葆初共计开出纱单纱、仓单纱共 4 327 件,与战后接收时的 3 679 件纱相抵,尚欠 648 件纱。接收时,大生一公司与三公司的存花数量相当于 1 089 件纱,与陈葆初隐匿的纱数相抵,所余仓棉纱 441 件。换言之,国民政府接收大生纱厂时,对明面上的纱单纱、仓单纱进行了调查,虽然发现陈葆初欠纱,因为各厂的存花可以抵消其欠纱,故而未予追究。如是说,无论是接收报告中载明的花纱数量,或是暗地里进行的利益交易,均经不起推敲,这一场接收,实则是权力、利益的交换,不仅帮助大生纱厂摆脱敌产头衔,更在追责陈葆初的过程中发挥了关键作用。更为重要的是,新中国政府认为这一批明面上的花纱数量,虽然账面清楚,但付出凭证非原始栈单,均为大生驻通办事处的提条,因而无法查证①,由此更加坐实了战后接收与追责的人为可操作性。

三、汉奸审判

理解战后接收过程中陈葆初与陆子冬等达成的"君子协定"后,再来看上海高等法院(以下简称上海法院)与江苏南通地方法院(以下简称南通法院)对陈葆初汉奸案的审判,便能触类旁通。

1946 年 7 月,上海法院与南通法院对陈葆初提出 4 项指控:一是陈葆初"引狼入室说";二是南通沦陷后,"串通敌寇霸占大生纱厂,以暴力驱走前负责人李升伯……助敌生产"②;三是"勾结地方组织大生交换处,搜括棉花交换熟货,暴

---

① 顾纪瑞:《大生第一第二第三纺织公司档案经济分析》,南通:张謇研究中心 2010 年编印,第 94—95 页。

② 《上海高等法院汉奸陈葆初案件》(1946 年),南通市档案馆藏,江苏高等法院第四分院档案,A205/111/473。

利自肥,以物资资敌"①;四是与闻兰亭、袁履登等共同"组织棉花统制机构,为敌利用,尽量压抑棉价,强制大量收买资敌,以延长敌人之侵略"②。此指控一出,便遭到陈葆初家属的强烈抗议,其妻妾陈朱氏、陈葛氏、陈王氏等纷纷向法院及检察机构递交呈文,请求撤销指控,并为陈葆初作辩护。甚至陈葛氏胞兄葛松亭③亦向行政院呈文,递交证据,为陈葆初申辩。

　　其实从以上4项指控来看,后2项存在既定事实,前2项指控无法立足,存在明显的偷换概念与政治倾向性。第1项已在第二章南通陷落部分论述,在此不赘,第2项更是张冠李戴,将大生高层整体排挤李升伯的作为错归为陈葆初的行径,要求陈葆初为此买单,而忽视初衷,正如其家属所言:"葆初以追随先贤(张謇)多年,欲继遗志,当此危急存亡千钧一发之秋,既不思南通整个事业生命线之被摧毁,又不甘为敌利用,任作傀儡,在矛盾之环境下,回旋周折生死争执,产业得以保全,直至胜利为止。"④

　　经上海、南通两地法院查封陈葆初财产,调查、审判其罪行,陈

---

① 《上海高等法院汉奸陈葆初案件》(1946年),南通市档案馆藏,江苏高等法院第四分院档案,A205/111/473。

② 《上海高等法院汉奸陈葆初案件》(1946年),南通市档案馆藏,江苏高等法院第四分院档案,A205/111/473。

③ 葛松亭,是中共在南通的主要领导人之一刘瑞龙的表兄。1928年6月2日,因人告密,刘瑞龙被国民党逮捕,移交南京特种刑事法庭,经陈葆初疏通关系,葛松亭与党内同志共同营救后无罪释放,转入地下继续革命斗争。因而,陈葆初、葛松亭、刘瑞龙就此结下交情。参见周宗根:《地方主义与民族主义:南通绅商与战时政治(1937—1949)》,博士学位论文,南京大学,2006年,第173页;刘瑞龙:《难忘的征程》,中共南通县委党史办公室、南通县政协文史资料委员会编:《南通县文史资料》第7辑《难忘的征程》,上海:上海古籍出版社1991年版,第5—6页。

④ 《陈葆初家属呈江苏高法院检查处状词》(1946年),南通市档案馆藏,江苏高等法院第四分院档案,A205/115/274。

葆初个人及家属辩护等步骤，至1948年9月23日结案，以证据不足撤销指控，陈葆初最终摆脱汉奸罪名。此外，从审判材料的一份呈诉书上，也许可以展示出"经济汉奸"审判的一个侧面："陈（葆初）更利用时机接收大生厂，大发国难财……吴冀阶分纱五十箱，其余高级职员二十五箱，普通职员五箱半，役夫两箱半，南通现任专员徐谟嘉得□查究经吴冀阶赠送棉纱十五箱。"[1]虽不能判断吴冀阶等人分纱的具体时间，但其中出现徐谟嘉，基本可以确定是抗战胜利以后，即陈葆初去职以后。由此释放两条重要信息，一是陈葆初的确通过交换代纺获利不少，二是陈葆初不断通过赠予棉纱的方式贿赂大生纱厂内外要员，从而建立稳固的人脉根基。亦有学者指出，在国共竞争以及地方政争的裹挟下，南通惩奸运动波澜不惊。[2] 从某种意义上讲，派系斗争是国民党顽疾所在，以陈葆初为代表的"经济汉奸"，因其具备人际关系网络复杂、社会财富根基雄厚等特点，可以利用顽疾"对症下药"，致使司法审判演化成为畸形的控辩交易，甚至是一种权力论和金钱论的政治交换机制，从而帮助陈葆初等逃脱审判与追责。[3]

值得一提的是，陈葆初虽然逃过了国民政府的追责，却未能躲过新中国政府的审判，于1955年9月3日被南通市人民法院判处死刑，立即执行。

---

[1] 《上海高等法院汉奸陈葆初案件》（1946年），南通市档案馆藏，江苏高等法院第四分院档案，A205/111/473。

[2] 周宗根：《地方主义与民族主义：南通绅商与战时政治（1937—1949）》，博士学位论文，南京大学，2006年，第149页。

[3] 学者王春英亦认为，审判"经济汉奸"所产出的效益常高于成本投入，这就诱惑着强力政治不断介入对商人的整肃中，这场整肃经济汉奸的司法审判实为政治所操弄。参见王春英：《战后"经济汉奸"审判：以上海新新公司李泽案为例》，《历史研究》2008年第2期。

　　除陈葆初外，大生纱厂交换代纺时期的二号人物沈燕谋亦值得关注。大生纱厂于沦陷后期（即交换代纺时期）设立的交换处，一度取代总管理处与董事会成为企业大脑与心脏，是大生与日汪"合作"经营各项业务的总负责，正副处长陈葆初与沈燕谋更是权力集团的核心。因而，除陈葆初外，沈燕谋理应是战后南通地方政府追责与审判的另一号人物。吊诡的是，沈燕谋不仅同陈葆初一样，成功躲避追责，甚至未受指控，继续以另一种方式生存。

　　沈燕谋未受政府追责的原因可以从两方面来分析。一方面，沈燕谋虽在汪伪棉花增产协议总会、棉花收买同业协会等机构内任理事、委员等职，并于 1944—1945 年间多次参与理事会议、委员会议等①，但是，毕竟陈葆初揽下交换代纺的全部责任，加上考虑接收与追责过程的隐性因素，沈燕谋未被追责似乎不难理解。另一方面，与陈葆初相类似，沈燕谋系大生纱厂元老沈敬夫（沈燮均）之孙，同样刻有大生背景的烙印，且他祖父深得张謇信任与赞誉，被称颂为"最共肝胆"的人，"通纺业之兴，归功于燮均之助"。② 显而易见，沈燕谋的大生背景更加纯正，且无需如陈葆初那般需要时刻铭记、建构、形塑自己作为"张謇门徒"的身份象征。凭借沈敬夫与张謇的深厚友谊，沈燕谋作为其孙自然会受到张謇较多的关注，更被夸赞为"地方后起之秀"。沈燕谋生于书香门第，并赴美国威斯康星大学（University of Wisconsin System）攻读农业化学专业，获理学学士学位，是近代南通城的第一批留学生。在张孝若遇刺后，大生董事会请沈燕谋暂代董事长，可见其出色

①《购棉草案、章程、合同》，南通市档案馆藏，大生纺织公司档案，B403/111/221。
②家书、燕冰：《张謇誉称沈燕谋》，海门县政协文史资料委员会编：《海门县文史资料》第
　8 辑《张謇：故里征稿专辑》，1989 年编印，第 226 页。

的才能与丰厚的资本。毕竟，对大生纱厂而言，沈敬夫、沈燕谋祖孙的功劳远非一般人可比。综上，结合两方面来看，沈燕谋的确可以避免本就"乌烟瘴气"的政府追责。

　　然而，在战后看似"顺风顺水"的沈燕谋，其实有难以言表的苦衷。在抗战胜利后不久，沈燕谋与陈葆初这两位侘傺者之间曾有信件往来，可以从中略窥一二。1945 年 10 月 24 日，沈燕谋致信陈葆初，称"平见自营一局，殆如盲人瞎马，数年以来得不偿失，今岁解放业务顿常"[①]，感叹沦陷时期大生纱厂生存之困境。但他话锋一转："债甚高积，进退失据，忧心如捣。"[②]可以预见，战后复杂的斗争形势，各方势力对大生纱厂的争夺，以及自己有着与日汪"合作"的既定事实——尽管更多是以协力者的身份，使得沈燕谋逐渐萌生生存前景暗淡的悲观认识。沈燕谋在信件中向陈葆初坦言："大德亦促南来，预未健也，恶瘰秉之，俗形困顿，以连遭壮□元气大耗，至今犹留医院，属其静息，所营之业又逢周折，不瞬计矣。"[③]此时，沈燕谋第一次提及南去的想法，南去之地即为香港。

　　而在洪兰友、陆子冬与张敬礼一较高下、争夺股权的同时，沈燕谋在大生高层内部却已难立足。一方面，洪兰友之所以请求杨管北帮忙参与争夺股权，重要原因是杨管北与沈燕谋之间存在隔阂与嫌隙，曾有过节，致使杨管北"要撵走任三公司经理〈的〉沈燕

---

①《汉奸陈葆初信件》(1945 年 10 月 24 日)，南通市档案馆藏，南通县自治会(伪县政府)档案，A209/112/598。

②《汉奸陈葆初信件》(1945 年 10 月 24 日)，南通市档案馆藏，南通县自治会(伪县政府)档案，A209/112/598。

③《汉奸陈葆初信件》(1945 年 10 月 24 日)，南通市档案馆藏，南通县自治会(伪县政府)档案，A209/112/598。

谋，推荐张文潜继任"①；另一方面，沈燕谋于交换代纺时期有并不光彩的过去，"历史上有问题，不能再担任三公司经理"②。可见即便逃脱了政府的审判，但道德评判亦会产生较大影响。

在 1946 年 5 月 6 日、7 日两日召开的大生一公司与三公司股东会上，沈燕谋复又当选为一厂候补监事，三厂董事。"由于他自己不能在国内立足，要出国考察，提请辞职"③，因而当选董事未久，沈燕谋便请辞职务。6 月 15 日，沈燕谋再次致信陈葆初，此时据大生纱厂重开股东会重选董监事刚过一月有余，从信中所语"今岁北归原作久留之计"④，可以看出其之前早已动身前往香港，并于该年因"（陆）子冬之固请复常，南海晚年之羁旅亦岂人情"⑤，返回南通。

北归以后，沈燕谋似乎并不开心，其心结依然未能解开，故而下定决心辞职离开。沈燕谋向陈葆初倾诉："回忆一生曾经致力之业，几于事事即于残破垂毁之境，并荷锄归耕亦无立椎〔锥〕之地。"⑥从他所说的"无立椎〔锥〕之地"便可窥见沈燕谋的两难心态——"祖宗墓园所在"的故乡南通如今却是耕种之地亦无空间，虽然"狐死首丘"，但"欲依无所欲愈无从，则亦欲旋复止"，以此形

---

① 王象五：《大生纱厂最后一届董事会争夺的一幕》（1964 年 11 月），南通市档案馆藏，大生纺织公司档案，B403/111/541。
② 王象五：《大生纱厂最后一届董事会争夺的一幕》（1964 年 11 月），南通市档案馆藏，大生纺织公司档案，B403/111/541。
③ 王象五：《大生纱厂最后一届董事会争夺的一幕》（1964 年 11 月），南通市档案馆藏，大生纺织公司档案，B403/111/541。
④《汉奸陈葆初信件》（1946 年 6 月 15 日），南通市档案馆藏，南通县自治会（伪县政府）档案，A209/112/598。
⑤《汉奸陈葆初信件》（1946 年 6 月 15 日），南通市档案馆藏，南通县自治会（伪县政府）档案，A209/112/598。
⑥《汉奸陈葆初信件》（1946 年 6 月 15 日），南通市档案馆藏，南通县自治会（伪县政府）档案，A209/112/598。

容自己的尴尬困境。① 张謇是沈燕谋祖父挚友,大生纱厂是张謇与沈燕谋祖父倾注毕生心血的产业,沈燕谋自己又经营三厂多年,可谓是张謇事业的继承者之一,因而他尊称张謇"祖师"。如今沈燕谋陷入局囿,萌生退意,唯一牵绊其左右的,恐怕只有"不免撩起乡思,频作归欤之想,以言祖师之所指示安危云"②。

　　不仅是大生纱厂内部的权势争斗,国共两党剑拔弩张、战争一触即发的外部环境同样是影响沈燕谋南去的重要因素。"正是□□愁惨风云密布,赤县怨毒之气充塞大宇,英美资本之所领导,苏联无产之所宣传,利以诱之,威以胁之,戾气所踵,兵燹随来,飞船火箭之临,原子气弹之掷,不先逃迁于冰天雪地之深窖,□□戈壁萨哈之大漠。"③流血、牺牲、枪械、炮弹伴随着沈燕谋历经沦陷时期,在其内心深处刻下烙印,造成难以愈合的心灵创伤。因此,当硝烟再次临近之时,沈燕谋的悲惨记忆被唤起,包括交换代纺时期那一段并不光彩的回忆,致使其发出肺腑之言:"我辈小人,未可幸免,而社会破碎,半生不死,身处其间,正是太苦……杀以止杀,仁者用心,天帝慈悲,早有安排,特借手于新颖武器,完成其清算手续。故知苟全姓名,可以希冀于乱世,而不能期之于末劫。坐以待毙,乃是智者乐天知命之分际耳。设想为此心境,可知尤非祖师与长者之启发,亦无缘道。"④

---

① 《汉奸陈葆初信件》(1946年6月15日),南通市档案馆藏,南通县自治会(伪县政府)档案,A209/112/598。
② 《汉奸陈葆初信件》(1946年6月15日),南通市档案馆藏,南通县自治会(伪县政府)档案,A209/112/598。
③ 《汉奸陈葆初信件》(1946年6月15日),南通市档案馆藏,南通县自治会(伪县政府)档案,A209/112/598。
④ 《汉奸陈葆初信件》(1946年6月15日),南通市档案馆藏,南通县自治会(伪县政府)档案,A209/112/598。

　　为挽留沈燕谋,大生纱厂董事长洪兰友决定送其出国,以考察名义行折中之计。1946 年 7 月 22 日,大生董事会"议定沈顾问燕谋出国考察案,送旅费美金两万元"①。翌日,洪兰友向经济部致函:"(大生)在抗战期内遭敌寇破坏,机械损失甚重,胜利以来积极复员,致力生产各种纺织机件,有向英美两国采购补充之必要。兹推派商公司前董事兼经理沈燕谋君出国,俾便就近接洽,惟例须由主管官厅鉴许证明。"②

　　1947 年,沈燕谋往返于上海、香港等地,在此期间发出"尤有爱好战争者弄兵不息,必欲使我尽陷于悲惨绝地而灭国亡种"③的疾呼,可见战争与沦陷的阴影对他影响之深。5 月 18—20 日,沈燕谋回到南通,浓郁的故乡情结涌上他的心头,视察大生纱厂及相关企业时,难以割舍的深厚情愫一直萦绕在他左右。他告诫各位同仁"艰苦勤奋,应为从业诸君牢记心头之教训矣"④,俨然临别赠言。该年 7 月,沈燕谋踏上赴美考察的轮船,远离解放战争硝烟四起的中国,开启美国实业考察之旅,也宣告离开服务近 30 年的大生纱厂。从沈燕谋早年与柳亚子、邵力子、叶楚伧、苏曼殊等多有交往的经历来看⑤,受进步思想影响较深,他追求、向往民主与自由,厌恶当下政府的独裁统治,加之沦陷时期痛苦的生存经历与不光彩

---

① 《常驻董事会议记录及部分另散件(六)》(1946 年 7 月 22 日起),南通市档案馆藏,大生纺织公司档案,B403/111/296。

② 《南通大生第一纺织公司登记、沈燕谋出国采购纺织机件等文书》(1945 年),中国第二历史档案馆藏,经济部档案,四/11765。

③ 朱少璋主编:《沈燕谋日记节抄及其他》,1947 年 5 月 8 日,香港:中华书局 2020 年版,第 13 页。

④ 朱少璋主编:《沈燕谋日记节抄及其他》,1947 年 5 月 19 日,第 15 页。

⑤ 家书、燕冰:《沈燕谋的二三事》,南通县政协文史资料研究委员会编:《南通县文史资料》第 3 辑,1988 年编印,第 132 页。

的与日汪"合作"史,使他对战争的排斥程度无以复加,最终促成其离开辛苦经营半生的南通故里,离开自幼成长与生存的地方场域。

1950 年代,沈燕谋正式在香港定居,而后结识钱穆等社会名流,共同发起新亚书院(香港中文大学前身),出任校董兼图书馆馆长。在此期间,沈燕谋并未忘记故乡南通、大生纱厂与先贤张謇,在日记中多有反映。然而,抗战胜利后逼仄且复杂的生存空间与沦陷时期烙下的深刻阴影,促成沈燕谋内心不愿解开的心结。他感慨:"杨昉、王亚武、徐谟嘉次第为地方行政长官,皆道德沦亡、崇拜流氓必然之结果,我通如此,然又岂犹我通一隅焉然哉?"①这充分表达出他对彼时南通乃至中国政治生态的失望情绪,离开也在所难免。在抗战胜利后的沦陷余波里,沈燕谋从南下到北归,再经辞职与出国考察,最终定居香港,这一系列反反复复的举动,暗藏着南通地方绅商对生存环境的考量与对形势走向的判断及分析。

第四节　接收后的复工与生存

历经国民政府的接收与追责后,大生纱厂最终摆脱敌产定性,1945 年 12 月 25 日三厂复工,28 日一厂复工,翌年 3 月 18 日副厂复工。

然而,经受战争洗礼与日方占领、攫夺后的大生各厂,虽然主体尚存,但机件设备大部分破旧损坏,可以运转的很少,并且缺少流动资金,燃料供给困难,甚至出现一度用棉饼代替煤炭的"奇观",导致热力不足,各厂动力设备不能充分发挥作用。② 更为重要

---

① 朱少璋主编:《沈燕谋日记节抄及其他》,1947 年 5 月 28 日,第 18 页。
②《大生系统企业史》编写组编:《大生系统企业史》,第 278 页。

的是,经战后调查统计,大生各厂在厂方、现款、制成品、原料、机械及工具、运输工具等方面损失估价达法币 4 327 656.695 元(依据 1946 年 11 月时汇率折算),具体包括厂方工房等 863 间以及生财器具、棉纱 693 件、棉布 24 045 匹及车面未成品、皮花 16 739 担、子花 5 332 担及脚花、原动部修理部纺织工场各项机械及物料等。①至 1946 年 1 月,大生一厂平均仅开纱锭 9 000 枚,布机 18 台,大生三厂仅开纱锭 5 000 锭;4 月,大生副厂仅开纱锭 5 000 余枚。②1946 年,张敬礼向资源委员会呈报南通战后事业节略,称:"南通自治事业如工厂、垦区、学校、善堂[无]一不被敌寇所蹂躏,或直接破坏,或间接停顿,怆怀怵目,八年于兹,所幸物质之损□虽觉数字累积之可惊,而精神之保持实幸人格倔强之足慰,窃思先君叔俨公(张詧),先从父季直公(张謇),经营自治主旨……谨撮要陈之。"③从他所言来看,张敬礼意欲继承父亲与叔父的自治思想,以村落主义再现南通奇迹与辉煌,甚至谋划"成立南通事业设计委员会,由专家及南通事业关系者为委员,就原有实业,统筹改进方案"④。

　　张敬礼如此谋划,一方面是他亲历接收与追责过程后对政府的失望情绪与日俱增,另一方面则有昭彰自己作为张氏家族继承人这一身份的特殊用意。然而,沦陷余波依然存在,战后的生存空间同样狭小,张敬礼的谋划落空,大生纱厂也未因摆脱敌产头衔而

---

① 《伪经济部及行政院赔偿委员会调查抗战期间财产损失情况及大生公司财产直接损失报表》(1946—1948 年),南通市档案馆藏大生纺织公司档案,B403/111/398。

② 《大生系统企业史》编写组编:《大生系统企业史》,第 278 页。

③ 张敬礼:《南通事业概况、节略》(1946 年),中国第二历史档案馆藏,资源委员会档案,二八/36261。

④ 张敬礼:《南通事业概况、节略》(1946 年),中国第二历史档案馆藏,资源委员会档案,二八/36261。

有所好转,战后风谲云诡的动荡局势中隐藏着一双双贪婪的眼睛,悄然注视大生上下,由宋子文扶植的中国纺织建设公司(以下简称中纺公司)便是其中之一。

　　1945 年 11 月 27 日,在接收大生纱厂即告完竣之时,宋子文于行政院第 722 次会议上宣布中纺公司成立,"中国纺织建设公司,业经行政院决议设立"①,翁文灏任董事长。12 月 4 日,中纺公司在重庆举行第一次董事会议,翌日公司正式组建成立。中纺公司聘任束云章为总经理,李升伯、吴味经为副总经理;杨锡仁、王仰先、何廉、张文潜为董事,王玮、王子建、张兹阎为监察人;束云章推荐蒋迪先、张似旅为业务处副处长,李升伯兼任工务处处长,同时任命张方佐、骆仰止为工务处副处长。② 从人员任职来看,李升伯曾为大生一公司经理,张文潜与骆仰止均曾为大生一厂厂长,张方佐曾为大生副厂厂长,以上四人均与大生纱厂息息相关。尤其是李升伯,在"后张謇"时期及沦陷初期,很大程度上挽救大生纱厂于生存困境,并陷于银团与董事会利益争夺的漩涡之中。如今除张文潜外,其余三人因中纺公司而重新面对曾朝夕相处的伙伴与同事,各为其主。

　　1946 年 1 月 2 日,中纺公司移驻上海,并于南通等全国花纱布集散地设立 10 处办事处。③ 中纺公司虽名为经济部管理,董事长亦是经济部部长兼任,但董事多为纺织事业管理委员会(以下简称纺管会)要员,无形中增加了中纺公司的独立经营权,且抗战胜利

---

①《中国纺织建设公司,昨日行政院会议通过设立》,《申报》,1945 年 11 月 28 日,第 1 版。

②[韩]金志焕:《中国纺织建设公司研究(1945—1950)》,上海:复旦大学出版社 2006 年版,第 40 页。

③ 陆鸣芝:《战后恢复时期的中国棉纺织业(1945—1949)》,《中国纺织大学学报》1994 年第 3 期。

后接收敌伪工厂由经济部负责,重大事案均由宋子文定夺,因此经济部对于中纺公司的管控力实在有限。①

　　具体到大生纱厂的生存问题上,由于厂内封存的纱花仍属于敌产,复工面临缺少原料的窘况,为工厂扩大生产计,陆子冬请经济部特派员吴世转呈翁文灏"关于大生一厂、大生三厂请求借用厂存伪棉花一事"②。1月,张敬礼再次致函翁文灏:"交由驻苏特派员吴(世)与中国纺织建设公司洽定协助办法。"③然而直至2月4日大生纱厂才拿到经济部批文交驻苏办事处。急切等待之下,陆子冬于9日再向翁文灏表示:"为复工困难,而向政府求借免,已蒙俯允协助,其办法亦急求速定……从贵公司决定之日起,一年为期,到期或分批还花,或照到期花价作价陆续还款,敬恳赐予核定示遵。"④从函件的字词中,可以清楚地感受到陆子冬的焦急心态。大生各厂复工以来可用花纱不多,大量纱花封存厂中,且权限归属中纺公司。若大生各厂迟迟不能扩大生产规模与经营实态,即便陆子冬等握有经营权,利益获取亦日渐干涸,只剩空壳一副,大生纱厂的生存空间被中纺公司挤压之状可想而知。

　　这从1946年5月大生各厂重开股东会时所作的《大生第一、三纺织公司九年(1937—1946)概况述略》亦可窥见一二。其中指出:

───────────────

① 〔韩〕金志焕:《中国纺织建设公司研究(1945—1950)》,第43页。

② 《大生临管会致中纺董事长函》(1945年11月),南通市档案馆藏,大生纺织公司档案,B403/111/245。

③ 《大生临管会致中纺董事长函》(1945年11月),南通市档案馆藏,大生纺织公司档案,B403/111/245。

④ 《大生临管会致中纺董事长函》(1945年11月),南通市档案馆藏,大生纺织公司档案,B403/111/245。

"各厂目前同受三种特别限制,一为地方环境,厂在棉区,原料尚须采运于沪,二为交通困难,煤料难得,黑市煤价过高,运费过大,原动成本较沪上及江南各厂相差甚远,且常虑脱挡有停工之险,三为配件缺货,有必须向外商定购者,定货未到只得停机待时。"①简言之,地方环境、交通困难、配件缺货是陆子冬、张敬礼等大生高层在各厂复工后面临的棘手问题,既与战后国民政府的统治与垄断不无关系,也与大生所处的南通形势复杂密切相关。在云谲波诡的场域与时空中,大生的生产与经营时好时坏。

1946 年后,政府接收敌伪各厂工作渐告完竣,且中纺公司成立,棉纺织系统的各民族工业逐渐复工。苏浙皖三省集中了全国68.2%的纱锭、59.7%的织布机,尤其是上海一地即占有全国50.4%的纱锭及 45.9%的织布机。② 鉴于此种情形,国民政府控制住以上海为中心的苏浙皖三省棉纺织企业,成为战后民族手工业复兴、生产力复苏的重要一步。因而,"经社会、经济两部核准,组设第六区[机器]棉纺织同业公会,指定王启宇、郭顺、荣鸿元为召集人,从事筹备"③,1 月 12 日,第六区机器棉纺织工业同业公会(以下简称同业公会)在上海成立。17 日,同业公会举行第一次理监事会议,选出郭顺、荣鸿元、王启宇、奚玉书、唐星海为常务理事,郭顺为理事长,王启宇为代理理事长。④ 大生纱厂加入其中,列为会员,陆子冬为该会理事。紧接着,同业公会着手对会员公司展开

---

① 《大生第一、三纺织公司九年概况述略》(1937—1946),南通市档案馆藏大生纺织公司档案,B403/111/352。

② 美援棉花纱布联营处编印:《全国棉纺织厂调查统计》,1949 年,第 2—3 页;[韩]金志焕:《中国纺织建设公司研究(1945—1950)》,第 84 页。

③ 《简讯》,《纺织周刊》第 7 卷第 1 期,1946 年 1 月 8 日。

④ [韩]金志焕:《中国纺织建设公司研究(1945—1950)》,第 88—89 页。

调查,包括公司规模、现实情形、实际开工情形等,大生各厂亦不例外。

依据登记调查表,大生一厂有纱锭 92 520 枚,布机 601 台,职员 59 人,男工 49 人,女工 370 人;大生副厂有纱锭 19 508 枚,布机314 台,职员 11 人,男工 6 人;大生三厂有纱锭 37 900 枚,布机 594台,职员 31 人,男工 45 人,女工 220 人;一厂、副厂现开纱锭每月生产 532 件,三厂现开纱锭每月生产 392 件,布机均未开;大生电厂现有职员 13 人,男工 75 人。① 另据财政部江苏区货物税局对大生的调查表(1945 年 12 月 28 日填写),大生一厂现开纱锭 18 000枚,每日产量约 17 箱,49 000 枚纱锭局部损坏,须添办零件整理后可用;副厂未复工;大生第一纺织公司共有棉花 9 064 担(司马秤),自有纱 251 箱,客户寄存纱 2 869 箱。② 从两项统计中不难发现,大生各厂纱锭开工率较前严重下降,仅占 16% 左右。并且工人数量与每月生产量严重缩减,副厂更是只有 6 名工人,甚至自沦陷后期"发还"以来,到 1945 年底仍未复工。厂存原料亦是制成品少,寄存者多,且受中纺公司等挤压,生存未因沦陷结束而明显好转。

1946 年大生各厂陆续复工,增设大量固定资产,除机零件和机物料的必要添置外,还增添成套的生产设备。③ 该年底,大生各厂生产概况如表 6 - 6 所示。

---

① 《第六区机器棉纺织工业同业公会会员登记表》,上海市档案馆藏,上海市棉纺织工业同业公会档案,S30/1/87。
② 《大生纺织公司向南通货物税局报送存货、厂商、纱锭调查表》,南通市档案馆藏,大生纺织公司档案,B403/111/394。
③ 《大生系统企业史》编写组编:《大生系统企业史》,第 279 页。

表 6-6 大生第一纺织公司一副厂与大生第三纺织公司 1946 年生产概况表

	一厂	副厂	三厂
设备纱锭（枚）	61 020[1]	19 508	37 900
平均开锭（枚）	35 548	13 175	19 385
用棉量（市担）	86 748	24 970	63 052
产纱数（件）	25 633	7 188	15 140
设备织机（台）	601	314	594
平均开机（台）	85	57	—
产布数（匹）	61 504	3 805	—

资料来源：《大生第一纺织公司概况》，南通市档案馆藏大生第一纺织公司档案，B402/111/320；《大生第三纺织公司概况》，南通市档案馆藏大生第三纺织公司档案，B406/111/63。

注[1]：一厂设备纱锭数为修复数。

再据 1947 年 2 月 22 日填写的大生一公司与三公司工厂调查表，大生一公司有职员 111 名，其中技术职员 63 人，普通职员 48 人，男工 834 人，女工 1 701 人，纱锭 56 520 枚，布机 601 台，厂存棉花 158 900 司马担，1947 年全年产量估计棉纱 38 940 件，布235 000 匹；大生三公司有职员 66 人，其中技术职员 30 人，普通职员 36 人，男工 249 人，女工 1 391 人，纱锭 37 900 枚，布机 594 台，厂存棉花 96 000 司马担，1947 年全年产量估计棉纱 26 080 件，布144 000 匹。①

1948 年 3 月 20 日，同业公会再对大生各厂展开调查，具体如表 6-7 所示。

---

①《大生纺织公司向经济部统计处、上海第六区棉纺织同业公会填报一、三公司工厂调查表》，南通市档案馆藏，大生纺织公司档案，B403/111/394。

表 6－7　大生各厂概况表(1948 年 3 月 20 日)

厂名	职员人数	工人数	纱锭(枚)		布机(台)		每月成品种类及数量
			原有数	现开工数	原有数	现开工数	
大生三厂	95	2 188	37 900	37 900	594	370	纱 2 490 件
							布 23 000 匹
大生一厂	168	4 300	82 820	76 000	600	550	纱 4 900 件
							布 30 000 匹
大生副厂	39	1 130	19 508	19 508	314	280	纱 1 450 件
							布 15 000 匹

　　资料来源:《大生纺织公司向经济部统计处、上海第六区棉纺织同业公会填报一、三公司工厂调查表》,南通市档案馆藏,大生纺织公司档案,B403/111/394。

　　对比以上数据,可以看出从 1946 年至 1947 年再至 1948 年,大生各厂的生产量、纱锭与布机开工数量均在上涨,工人数量的增多也意味着生产规模的扩大化,副厂得以复工。但以上能否证明大生的生存出现了好转迹象? 张敬礼曾于 1946 年 8 月 11 日起赴南通视察大生一厂、副厂、电厂,指出:"布厂原有织机 601 台,二百台已整理完竣,其他仍继续整理中。目前织布利益不厚,销路呆滞,且工人训练需时,故布厂现开布机只百余台,不取急进方式。"①张敬礼又言:"布厂建筑式样较为新颖,然失修已久,残漏甚多,往时全部开工时,已呈全屋动摇之患,故今后非重事修理不能开工。"②张敬礼所言,无形之中解答了大生各厂在战后复工以来布机迟迟未开的原因,更一语中的,点出织布行业利益微薄,需

①《张敬礼赴通视察报告》(1946 年 8 月 23 日),南通市档案馆、张謇研究中心编印:《大生集团档案资料选编·纺织编(V)》,第 331 页。

②《张敬礼赴通视察报告》(1946 年 8 月 23 日),南通市档案馆、张謇研究中心编印:《大生集团档案资料选编·纺织编(V)》,第 332 页。

革新技术、改良技艺、重修厂房。且张敬礼提及存货,称"视察时尚有接收时所存棉花,色质固劣,且多水渍……仓库天井中野草丛生,令人有田园荒芜之感"①,透露出大生纱厂在战后复工初期的生存困局。

1949 年大生一公司自行编纂的《大生第一纺织公司工作概况》载:"整修机锭之计划,至三十六年(1947)四月份已告一段落。其时一厂整修完竣之纱锭,已达七六〇〔零〕二〇〔零〕枚,副厂一九五〇〔零〕八枚,共为九五五二八枚。布厂因受机件采购上之限制,恢复较迟,直至三十六年年底,两厂开车总数始达八一八台,约当所有布机数之 90%。三十七年度(1948)全年生产因受动力及原棉不足之影响,致一厂原已修整完竣之纱锭,亦无法如数开出,甚至一厂与副厂,曾一度将每周工作日数,减为四日夜,以期延长存棉纺纱时日,以免工厂于全部停顿。"②其实在 1948 年 10 月底,因原棉不足,生产规模难以维持,大生一公司与三公司不得不减工减产。③

由此可见,大生各厂于 1946—1948 年间产量渐增、规模渐大,只是其内部生产经营策略调整后的外在表现,并不能证明其生存状况好转。由于外部环境渐趋恶劣,1948 年后出现的原棉不足便是国共内战的直接作用结果,即便大生纱厂内部作改革与变化,亦无法改变外部狭小的生存空间,这从其疲于应付同业公会及善后救济总署的社会慈善事业亦能看出。甚至从某种意义

---

① 《张敬礼赴通视察报告》(1946 年 8 月 23 日),南通市档案馆、张謇研究中心编印:《大生集团档案资料选编·纺织编(V)》,第 331 页。

② 《大生第一纺织公司工作概况》(1949 年),南通市档案馆、张謇研究中心编印:《大生集团档案资料选编·纺织编(V)》,第 378 页。

③ 《大生纺织公司向经济部统计处、上海第六区棉纺织同业公会填报一、三公司工厂调查表》,南通市档案馆藏,大生纺织公司档案,B403/111/394。

上而言,战后大生纱厂的生存困局,类似于沦陷初期其生产经营短暂"辉煌"之时,同在外部因素影响下,中断了其正在缓慢上升的生存曲线。

　　1948年底,三大战役先后打响,淮海战役过程中徐州解放,江北形势紧张,继南通沦陷结束之后大生纱厂又一次直面战争。1949年1月15日,大生纱厂第九次常务董事会议召开,陆子冬向与会的各位高层要员报告:"通海一带形势变迁以来,公司于生产方面继续维持……应变方面已由两公司经理于数月前渐次准备,在最紧急时,就目前措施而论,对于员工布置或可应付。"①随后,张敬礼、张文潜两经理汇报物资措置状况:"通海、台港、上海,每处各占三分之一。"②此时,淮海战役已经胜利,江北各城解放在即,南通亦不例外。从陆子冬、张敬礼等人的汇报来看,大生高层已将三分之一的物资南运台湾、香港,而此时洪兰友亦随国民政府准备撤往台湾,请辞董事长,由陆子冬代理。这是大生纱厂在战后最为混乱的一段时期,也是黎明前夜的黑暗。

　　这时,潜伏大生厂内的中共地下党,在上级部署安排下,领导工人发起护厂运动,反对南迁。同时,对南迁已不抱希望的张敬礼亦是中共方面争取的重点对象。中共通过高层与底层展开双重渗透,一方面动员工人提出"反拆迁"口号,"在党的领导下,我们工人大众都很勇敢坚决进行了反搬厂的斗争工作"③;另一方面,中共南通县委向张敬礼致信,告诉他党对民族工商业的政策,

---

① 《第九次常务董事会议》(1949年1月15日),南通市档案馆、张謇研究中心编:《大生集团档案资料选编·纺织编(IV)》,第507页。

② 《第九次常务董事会议》(1949年1月15日),南通市档案馆、张謇研究中心编:《大生集团档案资料选编·纺织编(IV)》,第507页。

③ 《解放前大生一厂工人运动》,南通市档案馆藏,大生一厂(副厂)档案,B404/111/291。

晓以利害,要其放弃拆迁的念头,保护好工厂的一切资产。① 护厂
运动中,工人提出"不拆、不运、不卸,拖到解放"的"三不一拖"的斗
争策略,并于 1 月 21 日由一厂工人再次罢工,抗议迁厂。② 23 日,
南通城工委负责人陈永新前往大生一厂党支部书记朱炳生家里,
布置护厂任务。③

　　1949 年 2 月 2 日,南通解放,洪兰友南迁大生的愿望落空,张
敬礼、吴冀阶等选择留下,迎接中共方面的接收与重生。除海门大
生三厂将库存清花、钢丝、粗纱等机件及并线机 4 000 锭共 675 件
装箱运往台湾,同时运出 20 支纱 1 232 件,10 支纱 80 件,12 磅细
布 18 540 匹外,其余大部机件未动。④ 2 月 5 日,在第十次常务董
事会议上,张文潜汇报:"南通、海门国军撤退后,一、三等厂尚无事
变损失、职工变故等。"⑤同时,由大生各厂、复新面粉厂等工人组成
的工人纠察队,于 2 月 7 日"迅速建立了革命秩序,工厂立即开工,
工人们很快的建立了工会组织"⑥。至此,大生纱厂顺利度过黎明
前夜,迎接中共到来,重获新生。

① 大生一厂厂史编辑室、中共南通市委革命史料编辑室、南通市文联厂史工作组编:《大
　生一厂工人斗争史》,第 236—237 页。

②《大生系统企业史》编写组编:《大生系统企业史》,第 297 页。

③ 陈永新、程俊贤:《南通解放前夕的护厂斗争》,程晓明、程鸽、程晓春编:《永远跟党
　走——程俊贤苏洁南通文存》,第 130 页。

④《大生三厂装往台湾各物费用单据》,《大生系统企业史》编写组编:《大生系统企业
　史》,第 297—298 页。

⑤《第十次常务董事会议》(1949 年 2 月 5 日),南通市档案馆、张謇研究中心编:《大生集
　团档案资料选编·纺织编(IV)》,第 508 页。

⑥《解放前大生一厂工人运动》,南通市档案馆藏,大生一厂(副厂)档案,B404/111/291。

结　语

　　检视沦陷时期大生纱厂的发展史,历经"借德御日"时期、"军管理"时期、交换代纺时期三个阶段,生存自主权依次递减。"借德御日"是徐静仁等大生高层一致通过的战争应对措施,并且在南通沦陷后成功抵抗日本达一年之久,创造了第一个"生存奇迹"。战时棉纱"有价有市"且利润可观,银团又减免利息,减轻了大生纱厂的额外负担。这一阶段,大生纱厂以所获巨额利润偿还了银团的大部分债务,徐静仁等也从银团手中收回了企业生产经营自主权。可以说,这一时期大生纱厂在"德产"外衣的保护下,企业经营出现短暂的"辉煌"。然而,随着大生"德产"真相的暴露,加上"合作"谈判失败,大生纱厂不可避免地走向"军管理",这是沦陷区民族工业普遍又无奈的命运。

　　"经营"与生存、压迫与抗争,是贯穿大生纱厂"军管理"时期的主线与副线。虽然"军管理"是日方对待沦陷区民族工业所采取的大同小异的处理方式,但它们的结局不尽相同。对于大生纱厂来说,守住工厂、避免被日方拆毁导致灭亡是这一时期的当务之急,留厂守产的职员们亦能在高层的指挥下艰难完成使命。从这一层意义上来看,尽管大生纱厂在"军管理"时期生存惨淡,然而至少留有一线希望,甚至在"军管理"解除前夕偿清所欠银团债务。对比沦陷区内其他遭遇"军管理"的民族工业,这是极为罕见的,更能从侧面映衬"德产"时期大生纱厂的生产经营之丰。作为大生各厂的"经营"者,日商钟纺亦需要充分利用大生收获利益,他们一面将大生存于南通各货栈的棉纱布匹等运出销售,一面于 1939 年四五月间令各厂陆续复工。大生各厂的机件、设备等遭到日方任意拆取补其所需,"杀鸡取卵"的掠夺方式导致机件未能全开,工人亦减少大半,最终"经营"与生存这条主线显得非常暗淡。

相比于暗淡的主线,副线明亮些许。压迫与抗争,既是沦陷区最为简单的二元叙事模式,亦最为直接地反映大生纱厂的生存实态。在日方的压迫之下,大生纱厂各阶层人员的反抗层出不穷。无论是由大生高层提供经费并受国民党指挥的大生"实警",还是由各厂技术工人自发组建的工人大队,均在一定时期内成功打击日方,却都不能避免在抗战形势最为焦灼的 1941 年前后先后投日,显示出反抗的有限性,这也是国民党与民族资本家的局限性所致。只有中共领导下的工人武装,在民族主义等思想的鼓舞动员下,较为彻底地走上抗日道路,最终加入新四军,投身于革命洪涛之中,以一种较为特殊的形式实现超越基本需求的生存,意义与价值甚高。

至于大生纱厂与日汪"合作"交换代纺,一方面是解除"军管理"后沦陷区恶劣的生存环境所致,经济统制与物资统制的高压政策迫使大生高层不得不做出"合作"的选择;另一方面,这一阶段的生存之策更多带有陈葆初个人色彩,是其"一人致是"的特殊产物。陈葆初作为大生纱厂代董事长,在这一时期跃居权力巅峰,大生原先的中枢神经与"双核"——董事会与总管理处几乎形同虚设,并被陈葆初设立的纱花交换处所取代,大生丧失了原有的运行机制,这既是国民政府在战后接收时未将其划为敌产的重要原因之一,也在一定意义上促成第二个"生存奇迹"的实现。

从政府与绅商博弈的战后接收过程来看,大生纱厂在各方势力与派系争夺中一度面临被瓜分、攫夺甚至灭亡的生存险境。而历经10年的"蛰伏期",张氏家族仅剩的代表张敬礼在阅历资历、社会财富、人脉手腕方面均有不小的进步,他通过握有最多的私股,利用国民党的派系斗争"借力打力",各个击破,成功保住了大生纱厂的经营权,重塑张家在大生内部的权力地位。此外,借助陈葆初独揽"通敌"罪责及其与陆子冬、洪兰友等人达成的利益交易,加上张敬礼在一定程度上对陆、洪做出的妥协与退让,大生纱厂的第二个"生存奇迹"得以实现——未被定为敌产,顺利完成接收并复工。大生纱厂的战后接收过程,不仅折射出国民政府统治下的派系纷争、战后国民党愈发羸弱的统治力及"病入膏肓"的政治顽疾等诸多弊病,更凸显出大生较为独特的"地方性",反映出民族资本家在战后难逃政治漩涡,面临"国"与"私"的两难处境,政商关系愈发脆弱。

需要注意的是,在大生纱厂前后两个"生存奇迹"之间,存在着逻辑上的因果联系。正是第一个"生存奇迹"的产生,使得大生实现"本公司合法地位幸免摧毁……于停业七年中支持不溃"①,进而拥有较为充盈"家底",尽管无法避免沦陷余波的影响,却依然对各方势力极具"诱惑",最终在抗战胜利后的权利交易与势力折冲之中,实现了第二个"生存奇迹"。

---

① 《五月六日大生一厂股东会议事录》(1946年5月6日),张季直先生事业史编纂处编,张謇研究中心等校注:《大生纺织公司年鉴(1895—1947)》,第383页。

对比二战期间德国占领下法国企业的生存,可以发现大生纱厂与它们相类似:生存意义下的"合作"(collaboration-survive)是两者的共性所在,目的都是避免企业的灭亡或公司的消失。[①] 而在众多选择与占领方德国"合作"的法国企业中,雷诺汽车公司(Renault S. A.)是一个较为典型的案例。1940 年法国投降后,雷诺公司被德国接管,为国防军生产与修理卡车、发动机及零件,并在 1940—1942 年间销量增长了 5 倍,其负责人路易·雷诺(Louis Renault)在 1944 年被捕,却在等待审判的过程中病逝,雷诺公司亦在二战结束后被收归国有。[②]

正如陈葆初基于生存与利益的出发点选择与日汪"合作"一样,路易·雷诺同样是在确保公司生存的前提下与德国占领方"合作",但带有更多的主观性,即在很大程度上保障了德国的军事所需,因此雷诺公司成为盟军的轰炸目标之一。这也是大生纱厂与雷诺公司的最大差异:大生的战时"辉煌"严格意义上是在抵抗占领者时期完成的,无论是沦陷前大生纱厂与迁往苏北的江苏省政府达成互通有无的售纱协议,还是沦陷后获得国民政府许可,向后方民众销售棉纱,都可证明其所售产品并未主动流向日方;雷诺公司的战时"辉煌"则是在与占领者"合作"时期完成的,具有"资敌"的嫌疑,由此更加凸显了沦陷时期大生纱厂发展史的独特意义。

---

① Fabian Lemmes,"Collaboration in wartime France,1940 - 1944," *European Review of History:Revue européenne d'histoire*,15:2(2008),pp. 157 - 177.

② Riess. Monika,*Die deutsch-französische industrielle Kollaboration während des Zweiten Weltkrieges am Beispiel der Renault-Werke（1940 - 1944）*(Frankfurt am Main:Peter Lang,2002).

一、"抵押"给外商的战争应对措施

全面抗战爆发后,中国蒙受了巨大的生命财产损失,固有的社会秩序被打破。面对日本的侵略,内迁无望的大生纱厂不得不选择"借德御日"这一战争应对措施,依靠德国的蔼益吉公司庇护,寻求生存空间。大生纱厂以资产抵押换得"德产"身份,这既是为求生存做出的因应之策,也是沦陷区民族工业的真实写照。就"抵押"给外商本身而言,以"外资"身份求生存,不仅是当时的一种无奈之举,更成为全面抗战初期民族工业行之有效的战争应对措施,在一定程度上保护其免遭日军当局的劫掠。

如果置于 7 年的沦陷时期或 8 年的全面抗战时期来看,"借德御日"的大生纱厂仅仅抵抗日方一年,或许显得有些短暂。但综合考量沦陷区的恶劣环境、大生纱厂获利颇丰、日方强势的外力冲击等各种因素来看,能够创造持续一年的"生存奇迹"已相当不易。环顾沦陷区其他民族工业,位于南京的永利𬭊厂在沦陷当日便遭日军侵占与破坏,后交由日本三井实业会社与东洋高压会社"委任经营"[1];同样位于南京的江南水泥厂虽与大生纱厂相类似,"抵押"给外商,却未能抵抗许久,1938 年三四月间便被取下所悬外旗,驱逐德商禅臣洋行派来的看守员工,不得不接受日本"军管理"。[2] 不难看出,除了在"孤岛"上海租界内寻求生存的民族工业,直接置于沦陷区的华资工厂,大多陷入不同程度的困境之中,只有大生纱厂较为罕见地坚持了一年左右的生产与经营,实现"生

---

[1] 王喜琴:《抗战时期的南京永利𬭊厂》,硕士学位论文,南京师范大学,2018 年,第 34 页。

[2] 张朔人:《抗战时期的江南水泥公司》,硕士学位论文,南京师范大学,2005 年,第 20 页。

存奇迹"。

"借德御日"是徐静仁等大生高层于内迁无望之时可以做出的最合适的生存因应。事实上,"德产"外衣的确帮助大生纱厂暂时抵御住日军的侵占,维持工厂的正常运转,厂内人员生计亦未受大的影响。更为重要的是,不同于大多数寻求外商保护的沦陷区民族工业仅仅实现了护厂①,大生纱厂依靠这一策略不仅暂时保全工厂,而且创造了短暂"辉煌"。探本穷源,一是大生纱厂"德产"外衣的庇护与蔼益吉公司的尽职尽责,二是陈葆初、成纯一等大生高层应对日方"合作"要求采取的各类措施与行动发挥作用。

对于大生纱厂而言,借助"德产"身份在南通沦陷前后寻得生存空间,保证了工厂的生产不辍,棉纱销往苏北和后方,获利颇丰。大生为此付出了相当大的经济代价,"抵押"期间向蔼益吉公司支付了不菲的管理、薪金等费用,并与其实现利益交换,确保"抵押"的合法性与正当性。纽满等德国人恪尽职守,在保护大生各厂方面做出不可磨灭的历史功绩。无论是南通沦陷后的德日纷争,或是大生纱厂遭遇"军管理"前后的德日冲突,蔼益吉公司及其德国人都承担了责任、履行了义务。

在南通沦陷后,纽满、佛伦特、厄恩、康诺德等驻大生各厂的德国人,不仅执行护厂的使命,更将目光投射于当时南通城内的难民营,慷慨解囊,给予人道关爱,以实际行动支援难民营负责人麦文果。1938 年 7 月,纽满、佛伦特、厄恩向南通基督红十字会(The Nantung Christian Red Cross Association)分别捐款 10 美元,并共

---

① 以江南水泥公司为例,从 1937 年 12 月至 1943 年 12 月,该厂在 6 年的时间里始终坚持"不开工、不生产"的方针,达到了"不资敌、不合作"的目的,最后日军使用武力强行拆机毁厂。参见陈克潜、陈克澄:《风雨如磐忆江南:陈范有与江南水泥厂》,第 41 页。

同以大生纱厂的名义捐款 100 美元①;7 月 12 日,康诺德主持大生一厂的招工测试,将难民营中的 40 名中国女孩招入工厂做工,解决她们的生计问题②;佛伦特购买布料做成衣服提供给难民营中的婴儿,捐献医用纱布,并帮助麦文果分摊举办复活节时难民营儿童聚会费用③。以上种种,均显示出德国人认真、负责且富有爱心的性格,在被迫离厂时,纽满将一厂工人委托麦文果照拂、欧纳汉要求平松久敬签署三厂设施保管书等举动亦能加以说明。

　　值得一提的是,看似强势的日军当局,在占领南通后因德日的盟国关系,对大生纱厂的"德产"外衣有所忌惮,未能迅速实现所谓"合作"的目的,而是不断寻找机会入厂"调查实情",干扰正常的生产秩序。日本发动全面侵华战争,在占领地重建统治秩序时,面对第三国尤其是盟国资产,依然慎之又慎,不敢轻举妄动。在全面抗战初期,民族工业整合债务"抵押"给外商,不失为一种有效的自保方式,在应对战争与日本侵占时发挥了重要作用。

　　然而,尽管"抵押"给外商可以帮助大生纱厂等民族工业在一定时期内寻得生存空间,甚至可以提高生存质量,实现经营与利润的双丰收,却只能是短暂的、阶段性的成功。外部环境与局势的波动,时刻影响着大生纱厂的生存轨迹。作为占领者,日军当局基于条约体系的角度,会暂时尊重第三国产业,谨慎对其使用占领者的"特权"。虽然在第三方的目击下进行殖民,是日本近代

---

① Vincoe Mushrush, *Gen. Meeting Minute of the Nantung Christian Red Cross Association*, *2nd August*, *1938* (Bethany:Disciples of Christ Historical Society).

② Vincoe Mushrush, *Gen. Meeting Minute of the Nantung Christian Red Cross Association*, *2nd August*, *1938* (Bethany:Disciples of Christ Historical Society).

③《麦文果致马轲的信》(1938 年 4 月 30 日),南通市档案局(馆)编:《西方人眼中的民国南通》,第 156 页。

侵略亚洲近邻乃至全面侵华时面临的明显的外部因素①，但是，日军当局不会因占领地第三国势力的存在而改变侵略计划，必然对每一家"抵押"给外商的民族工业展开调查。同时，民族工业与外商之间的关系亦是影响这一战争应对措施时效长短的重要因素。

就大生纱厂来说，其名义上的所有者蔼益吉公司恪尽职守，在南通沦陷后多次抵挡住日方的冲击，并且积极主动地向大生提供来自德国驻沪领事馆，甚至是德国政府的援助。遗憾的是，大生高层未能给予应有的重视，使得其与蔼益吉公司之间存在若隐若现的裂隙与隔阂，影响了"借德御日"的抵抗效果，最终在"抵押"真相大白时，加上"合作"谈判的失败，大生纱厂的"德产"外衣支离破碎，其"借德御日"的战争应对措施，只坚持了一年便宣告失效。

由此可见，日本发动的全面侵华战争，实际上是一场新形势与复杂国际环境下的殖民侵略战争。作为殖民战争旁观者的英、美、德等第三国，基于利益等因素与沦陷区民族工业达成互通有无的"抵押"协议，用以牵制日本对华行动。但随着"抵押"真相的暴露，以及战争形势的变化，条约体系的作用会大大削弱，从而导致沦陷区民族工业这一战争应对措施，不能长期有效地发挥作用，只能是为求自保的权宜之计，无法从根本上解决受日本侵占的威胁与问题。失去外商保护的民族工业，必然成为日方所追逐的对象，被日军当局强制占领或摧毁。

---

① 张生:《第三方压力下的殖民——日军在南京建立殖民统治面临的外国因素及其影响》,《民国档案》2020 年第 1 期。

二、"灰色地带"中的政治忠诚

　　"通敌"或是"合作"①,这是沦陷区或占领地特有的政治标签与政治符号,也是被占领者求生存的一种方式。诚然,生存的方式多种多样,可以选择抗争,亦可选择顺服,或是选择投降("通敌""合作")。对于长期生活在社会底层的普通民众(包括大生各厂人数占比较大的普通工人)而言,因缺乏政治、经济与社会资本,逃离或顺服是其中大多数人的选择,仍有部分民众拥有坚定的政治忠诚。例如沦陷初期大生纱厂获得"德产"外衣后,不少工人"听到大生资本家因得到德国商界保险,仍由大生公司开工经营生产的消息,认为这不是替日本人做工,还是替中国人做工,便决定这么多人一块回去"②。当然,这样的政治忠诚由于缺乏足够的资本,往往为生存问题让步,不堪一击。

　　而对于少数生活在社会中上层的人(包括大生高层及管理层)来说,因其带有"精英""绅商"或其他属性,拥有一定的政治资本、社会资源与财富积累,对抗战形势、沦陷区环境可以做出自己的理解与判断,故而往往会在投降与抗争之间做出抉择。并且,此种抉择亦是他们政治忠诚度的体现。选择投降,意味着对国民政府的政治背叛,同时转变为日伪当局的"易帜精英"。当然,他们也是占

---

① "通敌"与"合作",是英文"collaboration"的两种译文,在中文里并不能找到一个完全与之相契合的词语。英文"cooperation"虽也意为合作,但此合作是基于双方主观意愿下建立良好且平等的关系,而无"collaboration"所含的被动"合作"与贬义色彩。有学者指出,中文缺少对"collaboration"一词的讨论,无论是指狭义上的政治术语,或是指广义上的仅仅与占领者一起工作。参见[加]卜正民著,潘敏译:《秩序的沦陷:抗战初期的江南五城》,第 17 页。

② 程俊贤:《我的革命经历》《抗日战争中我的一家》,程晓明、程鸽、程晓春编:《永远跟党走——程俊贤苏洁南通文存》,第 154、191 页。

领者极力争取的对象,可以在重建沦陷区社会秩序时发挥聚拢民众、宣化威权等重要作用。选择抗争,则意味着坚持政治忠诚。抗争的形式亦多种多样,可以选择正面对抗,可以选择假意迎合、暗中反抗,甚至可以选择借故躲避,这也是一种变相的抗争方式。不同形式的抗争,其付出的代价与收获的回报亦有天壤之别。无论是投降或者抗争,置于社会学视域,这是社会不平等造成的社会分层(social stratification),社会资源的占有多少是其关键因素。

虽然沦陷区研究往往容易拘泥于民族国家叙事的二元模式,即或投降或抗争的双线条道德评价,却不可否认,这两种站在对立层面的叙事模式,的确是沦陷区或占领地这类"灰色地带"最为简单直白的表现形式。回归历史语境,作为大生纱厂的中上层人物,他们更多地选择了有限的投降或是有限的抗争,即在看似平行的双线条之间游走。对比投降与抗争,就沦陷时期而言,不难发现前者的沉没成本大于后者,而后者的机会成本则大于前者。置于民族主义视域,大生纱厂不同人员位于不同社会阶层,带有不同身份属性,且其所处的社会地位决定了他们对民族国家有着不同程度的理解与领会,国家认同(national identity)也因人而异。权衡利弊之下,他们会做出对自己或者对大生有利的选择。无论是哪一种方式,生存始终占据第一位。最终,他们的选择融汇成沦陷时期大生纱厂的历史面相。

政治忠诚,看似在"灰色地带"中较难实现,绅商却可以凭借其多重角色的扮演与独特的生存之道加以完成。从沦陷时期大生高层对国民政府的政治忠诚度来看,大体为前半段较高,后半段较低,背后还暗含着各种复杂因素。全面抗战爆发后,高层绅商首先考虑的是内迁,而不是"抵押"给外商,体现他们对国民政府的信任与支持,当然这与身为大生纱厂管理者的银团密不可分。内迁无望后,官股董事多随政府西迁,操持大生纱厂命运的重任,落在了地方绅商肩上。这意味着,在战争影响下,国民政府未能承担其应尽的责任与义务,地方绅商是继续拥护政府,保持政治忠诚,还是迎合占领方,成为"通敌者"或"易帜精英",其选择会对沦陷时期大生纱厂的发展走向产生重要影响。

战争具有利益与生存的双重性,意味着大生高层绅商需要在两者之间寻找一个着力点。经济基础是确保生存的前提条件。而战争、革命与民族主义运动最重要的一面,可能便是对商人的私有财产造成冲击。① 在商言商,利益无疑是绅商永恒的追求,利益的获得是否合规,是否合乎民族主义的道德阈值,成为横亘在每一位绅商面前的难题。日本侵华,国难当头,舍利而取义或是舍义而取利,不同的绅商做出了不同的选择,暗含着有关个人、家族、地方、民族国家乃至世界性的多重考量。

沦陷初期,无论是奉中央政令采取"抵押"给外商的生存因应,并不断与国民政府沟通,获取许可,抑或出于获利的目的与撤往苏北的江苏省政府达成售纱、运纱合作,均能显示徐静仁等大生纱厂主事者依然坚守民族主义,一定程度上支援抗战。直至日军当局介入日商与大生工厂的"合作"谈判,大生纱厂的"德产"外衣愈发脆弱,不能抵抗住日方的连续冲击,此时,大生高层分成两派,徐静仁拒不合作的态度亦有所转变,退让为技术"合作",即有限的"合作",并由陈葆初全权代表大生与日方谈判。在大生高层政治忠诚度下降的同时,无论是大生"实警"还是工人大队,均从一同抗日逐渐转变为向日方投降,其思想的局限性与抵抗的有限性可见一斑。

在沦陷时期的后半段,大生高层的政治忠诚发生重要变化。

---

① 冯筱才:《在商言商:政治变局中的江浙商人》,第 316 页。

一方面,徐静仁等绅商选择避而不见或撤往后方,通过"曲线救国"的生存之道继续诠释对于国民政府的政治忠诚。严惠宇更在1942年就"发还"及与日汪"合作"等问题召开的董事会议上称:"请会议记录在案,常务董事严惠宇绝不签字!"①此语一出,昭彰了他对待日汪的明确态度——拒不"合作"。这是舍经济利益而取民族大义的举动,是一种在"灰色地带"中颇具主观色彩的特殊做法。当然,徐静仁等选择躲避或离去,均可以视为极为有限的抗争形式。即使未向日方屈服,采取的却也只是成本最低的抗争方式,这体现了民族资本家的软弱性。

另一方面,陈葆初、沈燕谋、赵叔雍等大生高层选择了"合作"或是投降,意味着政治忠诚不复存在。其中,赵叔雍直接投靠日伪,成为接收日军管理工厂委员会委员,较为彻底地转变为"通敌者"。陈葆初与沈燕谋,作为南通地方绅商,均与张謇及大生纱厂有着千丝万缕的联系,必然会对家乡及张謇事业倾注更多心血,在大生纱厂与南通地方形塑而成的"地域共同体"中尽其所能地发挥力量。陈、沈二人虽然身兼伪职,但他们的初心是努力为大生纱厂解除"军管理",或是在日汪压榨下通过交换代纺艰难寻求生存空间,均可以理解为有限的"合作"。

不能否认,陈葆初、沈燕谋等于沦陷时期承受住较大压力,在"灰色地带"维系大生纱厂的生产不辍,避免遭日军拆毁,该项功绩不能抹杀。然而,他们在民族主义与地方主义之间,更多地倾向于后者,尤其是陈葆初,利用自己长袖善舞的交际能力与社会财富、人脉关系,与汪伪政权、"商统会""棉统会"、南通地方伪政权等日

---

① 李家本、李守静编:《严惠宇年表》,江苏省政协文史资料委员会、镇江市政协文史资料委员会编:《江苏文史资料》第74辑《严惠宇纪念文集》,第173页。

汪机构交涉折冲,为大生纱厂及其个人获取利益空间。

从某种意义上说,沦陷后期大生纱厂与汪伪政权的关系,可以理解为陈葆初个人与日汪的关系。毕竟,这一时期大生纱厂的生产经营,基本由陈葆初个人负责,是他"一人致是"的产物,极具个人主义色彩,这在"后张謇"时期的大生纱厂发展史上极为罕见。正是陈葆初的个人因素发挥作用,使得大生纱厂在环境愈发艰险的沦陷后期依然处于盈利状态,即便大部分利润被陈葆初占有。环顾斯时华中、华北、华南沦陷区,无论是平津还是江浙沪的民族工业,实现复业与盈利的大生纱厂是极为罕见的个案。

从陈葆初的成长史来看,他的确具备"张謇门徒"的身份象征,并且从他在沦陷时期的具体作为来看,对张謇事业深厚的情感、自身利益的获取以及生存环境的无奈,既是理解他在"灰色地带"中未能保持政治忠诚,从而转变为"通敌者"或"易帜精英"的三个关键因素,也是"灰色地带"绅商群体求存求利的真实写照。至于沈燕谋,作为与日汪"合作"的二号人物,即便陈葆初帮他挡下了政府的追责,自己内心的不安与道德评判的压力也成为他离开大生纱厂、南下香港的重要原因,体现绅商群体面对不同生存空间与权力场域时,所做出的不同选择。

一言以蔽之,对于大生纱厂及其高层在"灰色地带"中的政治忠诚,不能简单地从道德层面一概否定,而是既要考察绅商的利益获取与生存之道,亦要考虑民族主义与地方主义对其产生的影响,综合分析这些非线性因素。并且,即便置于"灰色地带",大生纱厂依然坚守生存底线与原则,官股、商股未入伪市,未在汪伪政府注册,这也是它在战后未被定为敌产的另一重要原因。

三、大生纱厂各阶层人员的战时生存

沦陷时期，作为构成大生纱厂的主体元素，内部各阶层人员的生存显得尤为重要。人性的复杂性，不同阶层的生存选择，融汇成大生纱厂的发展史。

首先是大生纱厂的高层要员。沦陷时期，随着形势的不断恶化，大生高层经受动荡。沦陷初期，大生高层各司其职，董事长徐静仁秉持"灰色地带"的政治忠诚，经理李升伯积极觅得"德产"外衣，董事陈葆初、沈燕谋等指挥驻厂专员成纯一，努力与日方沟通与博弈，发挥长袖善舞的特殊本领，董事严惠宇等密切与银团保持联系，减轻债务负担，共同融汇成大生纱厂在这一阶段较为独特的生存之道。更为重要的是，借助外力，大生高层在民族主义与地方主义间找到平衡点，"抵押"给蔼益吉公司使其获得一定的生存空间，获利颇丰。①

沦陷中期，由于大生纱厂被迫接受"军管理"，生存状况急转直下，董事会与总管理处人员四散，至沦陷后期仅剩陈葆初、沈燕谋等寥寥数人主持大局，与初期"辉煌"阶段形成鲜明反差。高层人员的不断更迭，不仅可以折射大生纱厂的生存逻辑，更可以彰显这一阶层的复杂多变，高层内部各派系间矛盾的愈演愈烈与外部环境的不断恶化，最终合力呈现纷繁芜杂的历史面相。

其次是大生纱厂的中下层人员。职员与工人可以说是维持各厂运转的主体，在沦陷时期却呈现出截然不同的生存状况。相较于生活在最底层的普通工人，职员及技术工人的生存实态要略优。

---

① 周宗根：《地方主义与民族主义：南通绅商与战时政治（1937—1949）》，博士学位论文，南京大学，2006 年，第 184 页。

甚至从某种意义上而言,职员是大生高层决策意志的执行者,具有在厂代言人的身份象征。因此,高层在应对沦陷环境制定各项政策时,更加照顾职员,至少在经济上给予一定程度的抚慰,缓解其身处沦陷之地的生存压力。

可惜的是,职员与高层之间形成的良好关系网并不能下延至工人,这也是权力下探的问题。相比于职员在沦陷时期受到高层较多的关注与照顾,工人尤其是来自周边农村及通海等地的普通工人,其生存处境则要悲惨许多。受占领地环境与战争局势的影响,本就紧张的劳资关系在这一阶段不断发酵,最终成为工潮频发的催化剂。在沦陷时期,劳资关系亦受到民族主义的影响,虽然工人对民族与国家意识的认知与理解各异,甚至不成体系,但非常时期的民族情感不可避免地影响到每一位工人,进而对劳资关系产生作用。尤其在沦陷中期,"军管理"下的大生各厂罢工、磨洋工、偷纱等行为频频发生,民族主义情绪感染下的工人们以"弱者的武器"不断向日方抗议示威,使其颇为头疼,劳资冲突演化成抗日活动。

据不完全统计,沦陷时期大生纱厂的工潮较为集中于头、中、尾三个阶段,即南通沦陷前后、"军管理"阶段与抗战胜利前后。纵览沦陷时期各种形式的工潮、工运,中共领导是其较为明显的共性之一。中共充分了解民间疾苦,这也是其领导工潮、工运时能准确把握方向、凝聚战力的关键原因。[①] 正如裴宜理指出,在激发工人战斗性的原因上,企业的外资性质并不比企业的繁荣及其工人的构成更重要,工人们也不因为通货膨胀的压迫就立即起来反抗,同

---

① [美]杜赞奇著,王福明译:《文化、权力与国家:1900—1942 年的华北农村》,南京:江苏人民出版社 2010 年版,第 212 页。

伴的被开除或是管理措施上的变更更容易刺激他们的情绪。① 故大生纱厂内中共地下党组织自 1938 年重建后,在向厂方争取红奖、年奖等以维持战时生存方面,有效地为工人提供动力支撑与武力保障。甚至在沦陷后期,因新四军抗日活动的需要,大生工人与中共结成了坚实的革命联盟,共同参与工潮与工运,工人踊跃报名参军抗日。

显而易见,中共对于普通工人具有较强的影响力,通过进步青年对民族主义的宣传与动员,将影响效能渗透至每一位工人,改塑其寻求生存的基本需求,营造抗日御侮的思想动机。在中共地下活动较为活跃的大生一厂,职员宋祖望、工人孟桂林等带领大生厂内的进步青年读书认字,传授新思想,共同投身于革命洪涛之中。同为进步青年的他们,逐步在读书学习的过程中相互影响,形成了共同的革命信仰,参与中共地下党组织重建,走上抗日道路,并涌现出陈瑛、程俊贤、李海珊等一批优秀工人,成为新四军骨干力量。在中共的正确引导与示范下,普通工人的抵抗与斗争,逐渐具备一定的社会作用与政治作用,不再是有限的、片面的抗争,并可广泛散播,扩大影响范围。

要而论之,沦陷时期的大生纱厂,织造出一幅包罗万象的发展图景,呈现出企业、工厂、高层、职员、工人及占领者、合作者、政府、军队等多重势力交织融合的复杂面相,战争、死亡、金钱、利益等不同元素在这里具象为生存议题,考量着他们所作之因应是否合乎道义、合乎伦理、无愧于国家、无愧于民族。大生纱厂所扮演的不同角色,在特定的时空与场域中,发挥不同作用,进而影响整体性的生存空间,如同一个多面体存在于历史长河中。沦陷时期的大

---

① [美]裴宜理著,刘平译:《上海罢工:中国工人政治研究》,第 298 页。

生纱厂,至少实现了一头一尾的两个奇迹:沧陷之初依靠"德产"外衣短暂重返"辉煌",生产经营甚有起色;沧陷结束后经历国民政府接收,在多种因素作用下摆脱敌产罪名,得以顺利复工。这不仅是抗战时期中国沧陷区民族工业的独特案例,更是第二次世界大战期间被占领国企业中不多见的罕见现象,凸显沧陷区地方社会的复杂面相,引人深思。

附录一 大生纱厂组织系统简图

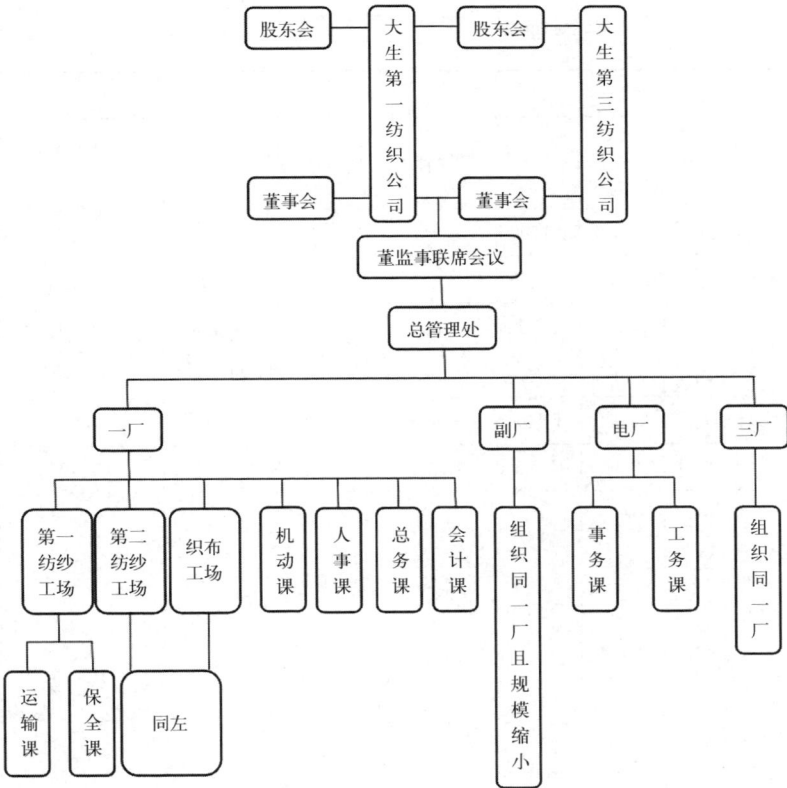

大生第一纺织公司
├── 股东会
├── 董事会
大生第三纺织公司
├── 股东会
├── 董事会

董监事联席会议

总管理处
├── 一厂
│   ├── 第一纺纱工场
│   │   ├── 运输课
│   │   └── 保全课
│   ├── 第二纺纱工场
│   ├── 织布工场
│   │   └── 同左
│   ├── 机动课
│   ├── 人事课
│   ├── 总务课
│   └── 会计课
├── 副厂（组织同一厂且规模缩小）
├── 电厂
│   ├── 事务课
│   └── 工务课
└── 三厂（组织同一厂）

资料来源:《本公司一、三公司组织系统表,职员考绩简则,招考工务员暂行办法,一、三厂组织规程,各时期沪事务所各种规则、简单、规程、办法》,南通市档案馆藏,大生纺织公司档案,B403/111/511。

附录二　沦陷时期大生纱厂生产概况简表

项目	工厂	1938	1939	1940	1941	1942	1943	1944	1945
平均开纱锭数	一厂	80 492	"军管理"时期,缺数据					4 500	
	副厂	19 508						—	
	三厂	37 900	10 000	"军管理"时期,缺数据			5 000	4 500	
	合计	137 900	10 000				5 000	9 000	
产纱数量（件）	一厂	70 000	7 281	16 715	12 632	"军管理"时期,缺数据		3 259	
	副厂	16 000	无					—	
	三厂	26 000	5 446	6 758	5 819	2 062	1 772	320	
	合计	112 000	12 727	23 473	18 451	2 062	1 772	3 579	
平均开机数	一厂	600	"军管理"时期,缺数据					—	
	副厂	300							
	三厂	594							
	合计	1 494							
产布数量（匹）	一厂	400 000	1 769	"军管理"时期,缺数据					
	副厂	180 000	273.25						
	三厂	240 000	228	2 111	1 336	1 301	无		
	合计	820 000	2 270.25	2 111	1 336	1 301	无		

资料来源:《大生总管理处所存日寇劫管期间内部通信》(1940 年),南通市档案馆

藏,大生沪事务所档案,B401/111/618;《大生副厂生产、销售、添置设备统计报表》,南通市档案馆藏,大生第一纺织公司档案,B402/111/381;《大生一厂、副厂、三纺公司状况调查》,南通市档案馆藏,大生纺织公司档案,B403/111/319;《江北公司出产纱布运销表》(1939年6月—1942年底),南通市档案馆藏,大生第三纺织公司档案,B406/111/167。

说明:根据以上档案资料整合归纳而成此表。

附录三　沦陷时期大生纱厂主要人物简表

姓名	别(原)名	职务(履历)
徐静仁	徐国安	初为张謇门生,清宣统年间受聘任淮盐科长,颇受张謇赏识。后捐资支持张詧、张謇兄弟创办南通纺织专门学校,1914年支持张謇创办大有晋盐垦公司,1915年出任上海商业储蓄银行董事,在银钱借贷方面支持大生纱厂,1918年创办溥益纱厂。1922年进入大生纱厂,担任纺织管理处主任,后任大生一厂董事,1935—1945年间担任大生纱厂董事长兼总管理处处长
陈葆初	陈琛	大生纱厂创始董事陈维镛之子,后追随张謇、张孝若父子,为大生纱厂效力,1935年当选为大生三厂董事。南通沦陷后成为大生纱厂的实际掌舵者,代表高层与日伪等多方势力交涉折冲,"军管"时期成为常务董事,1943年代行董事长职权,1945年初任大生纱厂代董事长兼总管理处代处长,抗战胜利后辞职离开
沈燕谋	沈翼孙、沈绳祖	曾留学美国威斯康星大学,从事农业化学研究,是南通地区早期留学生之一。毕业后归国,在私立南通大学任教。后进入大生八厂,任考工所长。1929年后出任大生三公司经理兼厂长,1935年当选为大生三厂董事,沦陷时期任大生三厂负责人,兼总管理处副处长,1947年赴美考察实业,1950年代在香港定居

姓名	别(原)名	职务(履历)
张敬礼	张立祖	张謇侄、张詧子,毕业于复旦大学土木工程系。1935 年当选为大生三厂董事,兼总管理处产业组组长,抗战胜利后成为大生一公司经理,是战后大生纱厂的实际负责人
李升伯	李登魁	1924 年底、1925 年初,受张謇所邀前往南通考察,提出挽救大生纱厂的计划,编制《大生整顿草案书》,得到张謇赞许。1925 年 8 月 19 日,受银团委派任大生一公司经理,革新厂务,勉力维持,1938 年 9 月辞职,离开大生
陆子冬	陆秉亨	大生纱厂官股董事,长期从事银行及矿务工作,历任长兴煤矿、大中煤矿、华东煤矿等矿厂经理,1935 年起任江苏银行总经理,给予大生纱厂借款等便利。全面抗战爆发后赴沪,后西迁重庆,1945 年抗战胜利后作为国民政府代表接收大生纱厂,并成为常务董事兼代董事长
洪兰友	洪作梅	大生纱厂官股董事,国民党 CC 系。历任中国公学、中央政治学校教授,后任国民党中央党部组织部主任秘书。1933 年作为官股代表选入大生董事会,1935 年成为国民党第五届中央执行委员。全面抗战爆发后随政府西迁,1945 年抗战胜利后成为大生纱厂董事长
严惠宇	严敦和	曾在交通银行扬州分行、金城银行上海分行任职,兼任上海溥益纱厂经理。因仰慕张謇实业救国之情怀,与大生纱厂有业务往来。1935 年当选为大生一厂董事,并候补为常务董事,沦陷时期多代表大生高层与银团沟通交涉
成纯一		原为李升伯的得力助手,曾担任大生纱厂总稽核。南通沦陷后被任命为大生驻厂专员,统领各厂事务,此时与陈葆初接触甚密,奉其命与多方势力斡旋,"军管理"时期成为大生一公司经理。后因参与日伪"清乡",1942 年 8 月被新四军击毙
王元章		1936 年 3 月进入大生副厂,南通沦陷后因副厂原厂长张方佐离职,成为副厂代厂长,并在一厂原厂长骆仰止离通后,代为主持一厂事务,后正式成为副厂厂长,系"军管理"时大生唯一在通高层

姓名	别(原)名	职务(履历)
黄友兰	黄锡藩	毕业于美国俄亥俄州立大学,工科硕士,后任大生纱厂原动部技师,电厂创建后任厂长
骆仰止	骆景山	李升伯厂务革新时期进入大生一厂,1937年起任一厂厂长,1940年赴云南主持裕滇纱厂,任经理
吾葆真		李升伯厂务革新时期进入大生一厂,历任一厂保全、试验、技师、工程师、厂长等职
张方佐		李升伯厂务革新时期进入大生,任副厂厂长,南通沦陷后辞职离开
吴寰阶	吴庭升 吴鸣阶	自幼受张謇赏识与重用,1919年进入大生一厂,历任大生纱厂总稽核、一厂总务处长等职,沦陷时期为成纯一副手,协助其与日方等多方势力交涉折冲
张文潜	张瀋思 张文泉	1921年后受聘为大生一厂机械总监,1926年调任大生副厂纺织部部长,1935年任大生一厂厂长,1936年底离开大生,赴资源委员会、经济部等任职,1946年返回大生,任三公司经理
蒋椵堂		1904年进入大生纱厂,后进入董事会,任主任秘书
赵叔雍		大生纱厂董事,任总管理处总务组组长,后投靠日伪,成为接收委员会委员
李耆卿		大生三厂董事,总管理处经济组组长
徐赓起	徐肇钧 笔名讷庐	南通地方士绅,1917年毕业于上海圣约翰大学,1919年毕业于美国哥伦比亚大学经济研究科,回国后历任南通淮海实业银行总行稽核、上海分行经理、总行协理等职,兼任大生纱厂董事
吴蕴斋		大生纱厂董事,金城银行沪行经理
李芸侯		大生纱厂监察兼银团驻厂专员
陈光甫	陈辉祖 陈辉德	上海银行创始人兼总经理,大生纱厂官股董事

续表

姓名	别(原)名	职务(履历)
纽　满	Neumann	蔼益吉公司职员,"抵押"时期为大生一厂、副厂、电厂经理
欧纳汉	Onnermann	蔼益吉公司职员,"抵押"时期为大生三厂经理
薛郢生	薛衡	南通地方士绅,南通沦陷后在日方扶持下筹备成立"南通地方治安临时办事处",自任主任,后任伪南通县自治会会长、伪南通县"县知事"、伪南通县县长等职
徐宇春		南通地方士绅,南通沦陷后在日方扶持下筹备成立"南通地方治安临时办事处",自任副主任,后任伪南通县商会会长等职
保沄孙	保云荪	南通地方士绅,南通沦陷后在日方扶持下筹备成立"南通地方治安临时办事处",自任副主任,后任伪南通县商会会董等职
董伯祥	董瑞符 董中州	江苏省宪兵讲习所毕业,南通沦陷后任大生"实警"第一总队队长
谷振之	谷金声	南通沦陷后任大生"实警"第三总队队长,1941年7月后投靠日伪,任大生"实警"总队长
陈长庚		大生一厂工人,南通沦陷后组建工人大队,坚持抗日,1940年6月12日病逝
宋祖望		大生一厂职员,进步青年,向工人宣传抗日救国思想。1938年10月,加入中国共产党,参与重建大生一厂地下党支部。同年组建"独立分队",后任"独立中队"指导员等职,1941年4月牺牲
张慎修		大生一厂职员,进步青年,受宋祖望影响走上革命道路。1939年前往上海做工,后返回南通参加新四军,1944年2月5日牺牲

姓名	别(原)名	职务(履历)
孟桂林		大生一厂工人,进步青年。1938年10月加入中国共产党,参与重建大生一厂地下党支部,潜伏在大生厂内外从事地下抗日活动
王治平		大生一厂工人,1938年11月起任"独立分队"队长,翌年任"独立中队"副中队长
陈瑛	朱怀玉 朱寄萍	大生一厂工人,1938年12月加入中国共产党,1939年4月组建"独立妇女分队",任班长
程俊贤		大生一厂原动部工人,1939年3月参加"独立分队",8月加入中国共产党,1945年初任南通城工委书记、城闸区委书记、城闸大队政委
李海珊		大生一厂修机间工人,1939年4、5月后任抗战支队第二独立分队队长,带领队员抗日,1945年初任南通城闸区区长、城闸大队队长

附录四 沦陷时期大生纱厂大事年表

时间	大事记
1937年8月17日	日军开始轰炸南通,大生各厂停工
9月	工人为索红奖,抗拒复工,发生工潮
9月	经江苏省政府协调后,大生高层强压工潮,各厂陆续复工
11月	内迁开始,大生纱厂系"部分迁移"
12月	大生纱厂内迁无望,决定"抵押"给德国蔼益吉公司
冬	大生一厂宋祖望、张慎修、孟桂林等开展读书、歌咏和抗战形势研究等抗日救亡活动
1938年1月2日	大生纱厂与蔼益吉公司拟定抵押合同,经一公司、三两公司董监事联席会议通过后,记录在案
1月10日	董事长徐静仁正式与蔼益吉公司订立抵押合同,大生纱厂成为"德产",并向经济部发函审批
3月10日	大生董事会、蔼益吉公司、银团代表共同组成厂产保管委员会
3月17日	南通沦陷,日军入城,大生各厂停工
4月初	彭龙骧率"通挥"反攻南通城,大生"实警"参与作战
4月	经成纯一等与日方交涉,大生各厂陆续复工
4月28日	葛覃挥师围南通城,大生"实警"亦参与作战

续表

时间	大事记
5月18日	南通特务机关长德本中佐发表大生复工备忘录
7月5日	钟纺首次向大生纱厂表示"合作"意向
9月9日	钟纺再次向大生纱厂表示"合作"意向
10月	中共江北特委发展孟桂林、宋祖望入党,并派孟桂林回大生一厂发展党员,重建地下党组织
10月20日	奉南通特务机关长令,在南通特务机关长监督之下,大生高层与日本钟渊纺织株式会社开始经济"合作"谈判
11月	大生纱厂接到经济部令,准许其"借德御日"
11月	中共大生一厂地下党支部建立,俞清任书记,不久改由孟一如任书记
11月	抗战支队南通独立分队建立,大生一厂工人王治平任队长,中共地下党组织先后动员300多名工人参加抗日,其中女工30多人建立妇女分队
11月7日	大生纱厂与钟纺双方代表经"南通班"班长川又务介绍,在某寓第一次交换意见,此为奉令谈判之始
11月14日	双方代表在某寓作第二次交换意见,并将遵令办理情形,呈复特务机关长,并允诺钟纺的要求,现行酌派技术员到厂视察,定期下月十日实行
12月8日	成纯一被日方扣押
12月11日	双方代表在某寓商解决成纯一被扣事,并作第三次交换意见,是日讨论分析技术、营业、资本三"合作"步骤,并双方同意先从技术营业"合作"着手
1939年1月21日	由钟纺方面邀请,双方在上海华懋饭店继续谈判技术营业"合作"问题,未有具体结果,即席定二十三日续议

时间	大事记
1月23日	双方代表在上海惠中饭店续议,陈葆初因病由其友人代表出席,钟纺方面提出技术营业"合作"契约六条,由友人带回磋商
1月25日	自23日谈判后,钟纺方面重行拟就契约书一件(即关于技术"合作"问题)、"觉书"(即备忘录)两件,当晚来约,即时就上项契约"觉书"再行商讨。陈葆初仍在病中,仍托友人前往参加,在上海沧州饭店逐项讨论,至彻夜始竣。并商决仅二十六日整理文词,二十七日征询陈葆初意见
1月27日	钟纺方面宇田氏亲至陈葆初寓所,就病榻中征询意见,陈葆初答复,对原拟契约书各件,内容有涉及专门问题或需咨询主管人员外,大体均可赞同,俟即提交董事会决定,同时双方并商定第一号"觉书",即现行交换
1月30日	接钟纺方面通知,谓原方案已由该社代表植村宇田携往日本请示,约下月七日回沪再行继续谈判
2月28日	植村宇田去东京请示后,直至本月底未得消息,照原约已逾三星期
3月2日	上午十时,南通特务机关长滨本宗三郎向大生各厂同时发布命令,谓接奉南京军部之命勒令停工,日军接管大生各厂,实行"军管理"
3月4日	中午,一厂特务机关驻厂员勒令开启银库点查数目予以封锁,不准大生纱厂自由支用
3月8日	上午十一时,三厂方面由日本宪兵监送欧纳汉取道青龙港,乘军用小汽艇开往南通天生港,当晚六时到达,同驻一厂经理纽满等三人于九日晨赴沪
3月13日	徐静仁召集一公司、三公司董监事联席会议,决议由吴蕴斋、严惠宇二位董事负责"会同银团管理账目货物"等案

续表

时间	大事记
3 月 15 日	蔼益吉公司上海总经理处海勒斯、德国驻沪领事、日本驻沪领事于当日下午三、四时晤见。日本领事称关于通海大生各厂发生之事,系当时地军部直接接受执行南京高级当局(伪维新政府)的命令
4—5 月	钟纺经营下的大生各厂陆续复工,生产开始
10 月 18 日	大生董事会致函日方,重申大生立场:"本公司纯系商办性质,应请贵部撤销委任经营,并令知钟渊江北办事处派遣敝公司之各厂员工即行撤退,俾敝公司自行恢复经营"
10 月 25 日	大生董事会以钟纺受军部委任经营,未便默认,寄来之一副三厂财产目录更未便接受,业将钟纺前次寄来之原函及一副三厂财产目录三册璧还
10 月 25 日	大生董事会函请日本"中国派遣军"山田部队本部收回委任钟纺经营大生纱厂的成命,一面函请兴亚院华中联络部转知"中国派遣军"山田部队本部撤销委任经营,并令知钟纺江北办事处将派在大生各厂员工即日撤退,俾大生纱厂自行恢复经营
11 月 1 日	蔼益吉公司经理大生各厂及电厂的契约,因目前政治经济形势之变动,双方共同声明,定于本日中止,大生纱厂再无"德产"之名
12 月 8 日	银团商议大生纱厂"军管理"解决办法
1940 年 3 月	工人以工资不敷生活,平视又常遭日籍殴打,不愿前往工作,近日到工人少,江北公司派日籍职员带同翻译挨户劝说上工,允酌加工资男工九分,女工七分,到工人数虽较多,但各部人数多少,偏重不一,工作不能衔接,或系工人故使伎俩亦未可知
3 月 18 日	日本"中国派遣军"总司令西尾寿造发布声明,华中沦陷区各"军管理"工厂准备开始"发还"工作
8 月初	大生纱厂第一次申请"发还"
1943 年年初	大生纱厂第二次申请"发还"

续表

时间	大事记
3—6 月	日军掀起抢夺、破坏大生各厂的高潮,日本职员陆续离厂
7 月 28 日	大生各厂"发还",系华中沦陷区最后一批解除"军管理"工厂
10 月 1 日	陈葆初成立"大生纱花交换处"
10 月 25 日	大生纱厂与"商统会"订立交换代纺
11 月 4 日	陈葆初向大生董事会报告组织纱花交换处经过,并取得了董事会委任其负责纱花交换的书面文件。直至抗战结束,大生一公司、三公司一直由陈葆初出面经营,任代董事长,后兼任总管理处代处长
11 月末	第一期交换代纺结束,大生纱厂共获棉花 18.9 万担,其中五万担交"棉统会",五万担供日本军需,剩余 8.9 万件由大生代纺。陈葆初遂决定重启通海河水利工程,利用交换的棉纱 3 500 件作为经费
1945 年初	大生一厂工人爆发"年关大罢工"
1945 年	陈葆初用交换代纺的获利,投入棉纱 2 300 件(若折成 20 支纱则为 2 786.5 件),用于南通、常熟、镇江等地慈善事业
9 月 15 日	陆子冬奉国民政府命从渝赴沪,召集在沪大生纱厂董事,召开会议,成立临委会,准备接收事宜
9 月 21 日	接收工作正式开始
9—12 月	大生一厂工潮再发,至 12 月,以厂方开除 25 名工人为代价平息工潮
11 月	接收工作告竣
12 月 25 日	大生三厂复工

时间	大事记
12 月 28 日	大生一厂复工。其时,大生各厂共有纱锭 92 520 枚、布机 601 台,是江苏省规模最大的棉纺织企业。由于资金不足,燃料短缺,机件损坏甚多,仅能开出 5 000 锭
1946 年 3 月 18 日	大生副厂复工

参考文献

一、未刊档案

1. 江苏省档案馆藏,江苏省财政厅档案,全宗号1003。
2. 江苏省档案馆藏,江苏省党政接收委员会档案,全宗号1054。
3. 江苏省档案馆藏,江苏省建设厅档案,全宗号1004。
4. 江苏省档案馆藏,江苏银行档案,全宗号1037。
5. 南通市档案馆藏,大生第三纺织公司(大生三厂)档案,全宗号B406。
6. 南通市档案馆藏,大生第一纺织公司(副厂、电厂)档案,全宗号B402。
7. 南通市档案馆藏,大生纺织公司档案,全宗号B403。
8. 南通市档案馆藏,大生沪事务所(沪账房、总管理处、沪联合事务所)档案,全宗号B401。
9. 南通市档案馆藏,大生一厂档案,全宗号B404。
10. 南通市档案馆藏,江苏高等法院第四分院、江苏第四监狱、南通地方检察院档案,全宗号A205。
11. 南通市档案馆藏,南通地区商业局档案,全宗号D246。
12. 南通市档案馆藏,南通市对资改造办公室档案,全宗号E124。
13. 南通市档案馆藏,南通县政府档案,全宗号A208。
14. 南通市档案馆藏,南通县自治会(伪县政府)档案,全宗号A209。
15. 南通市档案馆藏,苏北地区"清乡"主任公署档案,全宗号A207。
16. 南通市档案馆藏,中共海门县委员会档案,全宗号C111。
17. 南通市档案馆藏,中共南通市委员会(办公室)档案,全宗号E101。
18. 南通市档案馆藏,中共南通县委员会档案,全宗号C110。
19. 南通市档案馆藏,资生铁厂档案,全宗号B408。

20. 上海市档案馆藏,诚孚企业股份有限公司档案,全宗号 Q198。

21. 上海市档案馆藏,交通银行上海分行档案,全宗号 Q55。

22. 上海市档案馆藏,金城银行档案,全宗号 Q264。

23. 上海市档案馆藏,棉纺织业同业公会档案,全宗号 S30。

24. 上海市档案馆藏,日伪上海特别市政府档案,全宗号 R1。

25. 上海市档案馆藏,上海高等法院检察处档案,全宗号 Q188。

26. 上海市档案馆藏,上海联合征信所档案,全宗号 Q78。

27. 上海市档案馆藏,上海商业储蓄银行档案,全宗号 Q275。

28. 上海市档案馆藏,中国纺织建设公司档案,全宗号 Q192。

29. 上海市档案馆藏,中国银行上海分行档案,全宗号 Q54。

30. 上海市档案馆藏,中文资料(工业、商业、旅游)档案,全宗号 Y9。

31. 台北"中央研究院"近代史研究所档案馆藏,实业部档案,全宗号 17。

32. 中国第二历史档案馆藏,北洋政府内务部档案,全宗号一○○一。

33. 中国第二历史档案馆藏,教育部档案,全宗号五。

34. 中国第二历史档案馆藏,经济部档案,全宗号四。

35. 中国第二历史档案馆藏,汪伪实业部档案,全宗号二○一二。

36. 中国第二历史档案馆藏,汪伪行政院档案,全宗号二○○三。

37. 中国第二历史档案馆藏,资源委员会档案,全宗号二八。

38. *Politische Beziehungen zwischen China und Japan-Der chinesisch-japanische Konflikt im Jahre 1937 – 1939*. Politisches Archiv des Auswätigen Amtes, Rotes Kreuz, R104852, R104862, R104869 ～ R104871, R1049216.

39. Vincoe Mushrush, *Gen. Meeting Minute of the Nantung Christian Red Cross Association, 2nd August, 1938*. Bethany: Disciples of Christ Historical Society.

40. JACAR(アジア歴史資料センター)、国立公文書館、外務省外交史料館、防衛省防衛研究所。

41. 満洲電氣股份有限公司調査課編『調査資料第九輯中華民國電氣事業第一卷(江蘇省・浙江省)』、昭和十年五月、国立国会図書館蔵、請求記号:14.5 - 415、永続的識別子:info:ndljp/pid/1148583。

二、史料汇编

1. 复旦大学历史系日本史组编译:《日本帝国主义对外侵略史料选编》,上海:上海人民出版社,1975 年。

2. 黄美真、张云编:《汪伪政权资料选编:汪精卫国民政府成立》,上海:上海人民出版社,1984 年。

3. 李明勋、尤世玮主编:《张謇全集》,上海:上海辞书出版社,2012 年。

4. 辽宁省档案馆编:《满铁调查报告》第8辑,桂林:广西师范大学出版社,2016年。

5. 南京市档案馆编:《审讯汪伪汉奸笔录》,南京:凤凰出版社,2004年。

6. 南京图书馆编:《汪伪政府公报》地方卷,南京:南京大学出版社,2017年。

7. 南京图书馆编:《汪伪政府公报》中央卷,南京:南京大学出版社,2015年。

8. 南通市档案馆等编:《大生集团档案资料选编·纺织编(Ⅰ)》,南京:南京大学出版社,1987年。

9. 南通市档案馆、张謇研究中心编:《大生集团档案资料选编·纺织编(Ⅱ、Ⅲ、Ⅳ)》,北京:方志出版社,2003—2006年。

10. 南通市档案馆、张謇研究中心编印:《大生集团档案资料选编·纺织编(Ⅴ)》,2007年。

11. 南通市档案局(馆)编:《西方人眼中的民国南通》,济南:山东画报出版社,2012年。

12. 南通市妇女联合会、中共南通市委党史工作委员会编:《巾帼壮歌——南通新民主主义革命时期妇女运动史料选辑》,北京:中国妇女出版社,1993年。

13. 秦孝仪主编:《中华民国重要史料初编·对日抗战时期》第7编《战后中国》,台北:中国国民党"中央委员会",1981年。

14. 沈云龙主编,曹文麟编:《近代中国史料丛刊》第44辑《张啬庵(謇)实业文钞》,台北:文海出版社,1969年。

15. 新四军战史审委员会编辑室编印:《新四军抗日战争战史资料选编》第1册,1964年。

16. 张季直先生事业史编纂处编,张謇研究中心、南通市图书馆、南京大学外国学者研修部校注:《大生纺织公司年鉴(1895—1947)》,南京:江苏人民出版社,1998年。

17. 张謇撰,张怡祖编:《张季子九录·实业录》卷1,上海:中华书局,1931年。

18. 中共南通市委党史工作办公室等编:《三一八斗争暨南通惨案资料》,2016年编印。

19. 中国第二历史档案馆编:《汪伪政府行政院会议录》,北京:档案出版社,1992年。

20. 中国第二历史档案馆编:《汪伪中央政治委员会暨最高国防会议会议录》,桂林:广西师范大学出版社,2002年。

21. 中国第二历史档案馆编:《中华民国史档案资料汇编》第5辑第2编,南京:江苏古籍出版社,1997年。

22. 庄安正编著：《张謇年谱长编（民国篇）》，上海：上海交通大学出版社，2018 年。

23. Mcml Vi Imprimerie Nationale Baden-Baden，*Akten zur deutschen Auswärtigen Politik 1918－1945：Aus dem archiv des Deutschen Auswärtigen Amtes*，München Göttingen-Bayerische Staatsbibliothek Vandenhoeck & Ruprecht，1956－1991.

24. Mechthild Leutner，*Deutschland und China 1937－1945：Politik-Militär-Wirtschafts-Kultur*，*Eine Quellensammlung*，Berlin：Akademie Verlag，2009.

25. 金丸裕一監修『中國年鑑・大陸年鑑』第 11 巻　昭和 18 年（民国 32 年）版、ゆまに書房、2008 年。

26. 贵志俊彦、井村哲郎、加藤圣文、富泽芳亚、弁纳才一監修『中国占領地の社会調査 ii 華中の商工業慣行調査』、近現代資料刊行会、2013 年。

三、民国书刊

1. 实业部接收日军工厂委员会编印：《实业部接收日军管理工厂委员会办理经过总报告》，1940 年代。

2. 史国衡：《昆厂劳工》，上海：商务印书馆，1946 年。

3. ［美］白修德、［美］贾安娜著，以沛、端纳译：《中国暴风雨》，上海：群益出版社，1949 年。

4. 《导报》

5. 《纺织周刊》

6. 《申报》

7. 《通海新报》

8. 《西南实业通讯》

9. 《新华日报》

10. 《中华日报》

11. 《中美日报》

12. WORLD CALL

13. ［日］《海洋时报》

14. 『週刊朝日・アサヒグラフ臨時増刊支那事變画報』

四、日记

1. 李明勋、尤世玮主编：《张謇日记》，上海：上海辞书出版社，2017 年。

2. 四川建川博物馆收藏：《荻岛静夫日记》，北京：人民文学出版社，2005 年。

3. 王祖询等著，卢康华整理：《蟫庐日记：外五种》，南京：凤凰出版社，

2016 年。

4. 翁文灏著,李学通、刘萍、翁心钧整理:《翁文灏日记》,北京:中华书局,2014 年。

5. 朱少璋主编:《沈燕谋日记节钞及其他》,香港:中华书局,2020 年。

五、回忆文献

1. 程晓明、程鸽、程晓春编:《永远跟党走——程俊贤苏洁南通文存》,2021 年编印。

2. 大丰县政协文史资料研究委员会编:《大丰县文史资料》第 8 辑,1988 年编印。

3. 大生一厂厂史编辑室、中共南通市委革命史料编辑室、南通市文联厂史工作组编:《大生一厂工人斗争史》,1961 年编印。

4. 海门县政协文史资料委员会编:《海门县文史资料》第 8 辑《张謇:故里征稿专辑》,1989 年编印。

5. 海门县政协文史资料委员会编:《海门县文史资料》第 9 辑《季方同志在苏中》,北京:中国文史出版社,1991 年。

6. 海门县政协文史资料工作委员会编:《海门县文史资料》第 4 辑,1985 年编印。

7. 黄美真编:《伪廷幽影录——对汪伪政权的回忆》,北京:东方出版社,2010 年。

8. 江苏省政协文史资料委员会编:《江苏文史资料》第 99 辑《肝胆照人显英才》,南京:《江苏文史资料》编辑部,1997 年。

9. 江苏省政协文史资料委员会、镇江市政协文史资料委员会编:《江苏文史资料》第 74 辑《严惠宇纪念文集》,南京:《江苏文史资料》编辑部,1994 年。

10. 江苏省政协文史资料研究委员会编:《江苏文史资料选辑》第 10 辑,南京:江苏人民出版社,1982 年。

11. 老鬼等:《家族往事》,北京:生活书店出版有限公司,2017 年。

12. 马鞍山市政协文史委员会编:《近代实业家徐静仁》,北京:中国展望出版社,1989 年。

13. 穆烜、严学熙编著:《大生纱厂工人生活的调查(1899—1949)》,南京:江苏人民出版社,1994 年。

14. 南通市文联编:《南通纺织工人歌谣选》,南京:江苏人民出版社,1982 年。

15. 南通市政协文史编辑部编:《南通文史资料选辑》第 14 辑,1995 年编印。

16. 南通市政协文史委员会编:《南通纺织史话》,北京:中国文史出版社,2016 年。

17. 南通市政协文史资料研究委员会编:《南通文史资料选辑》第 5 辑《纪念抗日战争胜利四十周年》,1985 年编印。

18. 南通县政协文史资料研究委员会编:《南通县文史资料》第 3 辑,1988 年编印。

19. 南通新四军研究会后代分会编:《父辈足迹——南通新四军老战士纪念文集》,2018 年编印。

20. 天津人民出版社编:《陈伟达纪念文集》,天津:天津人民出版社,1996 年。

21. 吴汉民主编:《20 世纪上海文史资料文库》第 3 辑《工业交通》,上海:上海书店出版社,1999 年。

22. 姚谦:《张謇与近代南通社会:口述实录(1895—1949)》,北京:方志出版社,2010 年。

23. 张光武:《百年张家:张謇与张詧及后人鳞爪》,北京:东方出版社,2016 年。

24. 张连红主编:《峥嵘岁月——新四军老战士口述史》,南京:江苏人民出版社,2021 年。

25. 张柔武:《濒濠岁月》,扬州:广陵书社,2017 年。

26. 张绪武:《我的祖父张謇》,上海:上海辞书出版社,2008 年。

27. 中共南通市委党史工作办公室编:《转战江海平原》,1997 年编印。

28. 中共南通县委党史办公室、南通县政协文史资料委员会编:《南通县文史资料》第 7 辑《难忘的征程》,上海:上海古籍出版社,1991 年。

六、专著

1. 陈克潜:《爱国实业家陈范有与江南水泥厂》,苏州:苏州大学出版社,2013 年。

2. 陈克潜、陈克澄:《风雨如磐忆江南:陈范有与江南水泥厂》,苏州:苏州大学出版社,2016 年。

3. 陈育彬主编:《百年敬孺:南通市第二中学校史》,沈阳:沈阳出版社,2019 年。

4.《大生系统企业史》编写组编:《大生系统企业史》,南京:江苏古籍出版社,1990 年。

5. 冯筱才:《在商言商:政治变局中的江浙商人》,上海:上海社会科学院出版社,2004 年。

6. 傅国涌:《大商人:影响中国的近代实业家们》修订版,厦门:鹭江出版社,2015 年。

7. 高晓燕主编:《东北沦陷时期殖民地形态研究》,北京:社会科学文献出版社,2013 年。

8. 龚玉和、龚励:《李升伯传》,杭州:浙江工商大学出版社,2015年。

9. 顾纪瑞:《大生纺织集团档案经济分析(1899—1947)》,天津:天津古籍出版社,2015年。

10. [韩]金志焕:《棉纺之战——20世纪30年代的中日棉纺织业冲突》,上海:上海辞书出版社,2006年。

11. [韩]金志焕:《中国纺织建设公司研究(1945—1950)》,上海:复旦大学出版社,2006年。

12. 何新易:《近代大生企业集团资本运作的兴衰》,北京:经济科学出版社,2015年。

13. 江苏大生集团有限公司编:《一百二十年大事记》,北京:中国文史出版社,2015年。

14. 金其桢、黄胜平:《大生集团、荣氏集团:中国近代两大民营企业集团比较研究》,北京:红旗出版社,2008年。

15. 李礼:《求变者:回首与重访》,太原:山西人民出版社,2019年。

16. 李义波:《民国时期长江三角洲棉业研究》,北京:中国社会科学出版社,2015年版。

17. 李志英、宋健:《北京工业遗产研究》,北京:北京师范大学出版社,2018年。

18. 马敏:《商人精神的嬗变——辛亥革命前后中国商人观念研究》,武汉:华中师范大学出版社,2011年。

19. 茅家琦等著:《横看成岭侧成峰——长江下游城市近代化的轨迹》,南京:江苏人民出版社,1993年。

20. 茅家琦、李祖法主编:《无锡近代经济发展史论》,北京:企业管理出版社,1988年。

21. 潘敏:《江苏日伪基层政权研究》,上海:上海人民出版社,2006年。

22. 羌建:《近代南通棉业变革与地区社会变迁研究(1884—1938)》,北京:中国农业科学技术出版社,2013年。

23. 单强:《工业化与社会变迁:近代南通与无锡发展的比较研究》,北京:中国商业出版社,1997年。

24. 上海社会科学院经济研究所编著:《大隆机器厂的产生、发展和改造》,上海:上海人民出版社,1980年。

25. 上海市委党史研究室编,李忠杰主编:《上海市抗日战争时期人口伤亡和财产损失》,北京:中共党史出版社,2016年。

26. 宋希尚编:《近代两位水利导师合传》,台北:台湾商务印书馆股份有限公司,1977年。

27. 孙宅巍等主编:《江苏近代民族工业史》,南京:南京师范大学出版社,1999年。

28. 唐文起、马俊亚、汤可可：《江苏近代企业和企业家研究》，哈尔滨：黑龙江人民出版社，2003 年。

29. 卫春回：《张謇评传》，南京：南京大学出版社，2001 年。

30. 巫仁恕：《劫后"天堂"：抗战沦陷后的苏州城市生活》，台北：台大出版中心，2017 年。

31. 徐晓雄、丁军华：《纺织教育家张方佐评传》，杭州：浙江大学出版社，2016 年。

32. 严中平：《中国棉纺织史稿》，北京：商务印书馆，2011 年。

33. 杨俊科、梁勇：《大兴纱厂史稿》，北京：中国展望出版社，1990 年。

34. 张守广：《筚路蓝缕：抗战时期厂矿企业大迁移》，北京：商务印书馆，2015 年。

35. 张忠民、陆兴龙：《企业发展中的制度变迁》，上海：上海社会科学院出版社，2003 年。

36. 张忠民、朱婷：《南京国民政府时期的国有企业：1927—1949》，上海：上海财经大学出版社，2007 年。

37. 章开沅：《开拓者的足迹——张謇传稿》，北京：中华书局，1986 年。

38. 章开沅、田彤：《张謇与近代社会》，武汉：华中师范大学出版社，2001 年。

39. 郑忠：《非条约口岸城市化道路：近代长江三角洲的典型考察》，上海：上海辞书出版社，2013 年。

40. 中国第二历史档案馆、《中国抗日战争大辞典》编写组编：《中国抗日战争大辞典》，武汉：湖北教育出版社，1995 年。

41. 《中国近代纺织史》编委会编著：《中国近代纺织史》下，北京：中国纺织出版社，1997 年。

42. 《中国经济发展史》编写组编：《中国经济发展史（1840—1949）》第 1 卷，上海：上海财经大学出版社，2016 年。

43. 朱江：《南通的"魏特琳"——麦文果》，苏州：苏州大学出版社，2013 年。

44. 朱英：《近代中国商人与商会》，广州：广东高等教育出版社，2020 年。

45. 朱英：《曲折的抗争——近代上海商会的社会活动与生存策略》，成都：四川人民出版社，2020 年。

46. 朱英：《商民运动研究（1924—1930）》，北京：北京大学出版社，2011 年。

47. 朱英：《辛亥革命时期新式商人社团研究》，武汉：华中师范大学出版社，2011 年。

七、外文译著

1. ［美］安德森著，吴叡人译：《想象的共同体：民族主义的起源与散布》，上海：上海人民出版社，2011 年。

2.［加］卜正民、［加］施恩德编，陈城等译，戴联斌校订：《民族的构建：亚洲精英及其民族身份认同》，长春：吉林出版集团有限责任公司，2008 年。

3.［加］卜正民著，潘敏译：《秩序的沦陷：抗战初期的江南五城》，北京：商务印书馆，2015 年。

4.［美］杜赞奇，王福明译：《文化、权力与国家：1900—1942 年的华北农村》，南京：江苏人民出版社，2010 年。

5.［日］高纲博文主编，陈祖恩译：《战时上海 1937—1945》，上海：上海远东出版社，2016 年。

6.［日］内山完造著，刘柠译：《花甲录》，北京：九州出版社，2021 年。

7.［美］裴宜理著，刘平译：《上海罢工：中国工人政治研究》，北京：商务印书馆，2018 年。

8.［法］皮埃尔·布迪厄、［美］华康德著，李猛、李康译：《实践与反思——反思社会学导引》，北京：中央编译出版社，1998 年。

9.［日］森时彦著，袁广泉译：《中国近代棉纺织业史研究》，北京：社会科学文献出版社，2010 年。

10.［美］小科布尔著，蔡静仪译，李臻校：《江浙财阀与国民政府（1927—1937 年）》，天津：南开大学出版社，1987 年。

11.［美］詹姆斯·C.斯科特著，郑广怀、张敏、何江穗译：《弱者的武器》，南京：译林出版社，2011 年。

八、外文原著

1. Kathy Le Mons Walker, *Chinese Modernity and the Peasant Path：Semicolonialism in the Northern Yangzi Delta*, Stanford University Press, Stanford, California, 1999.

2. Riess. Monika, *Die deutsch-französische industrielle Kollaboration während des Zweiten Weltkrieges am Beispiel der Renault-Werke（1940 - 1944）*, Frankfurt am Main：Peter Lang, 2002.

3. Elisabeth Köll, *From Cotton Mill to Bussiness Empire：The Emergency of Regional Enterprises in Modern China*, Harvard University Asia Center, Harvard University Press, 2003.

4. Parks M. Coble, *Chinese Capitalists in Japan's New Order：The Occupied Lower Yangzi, 1937 - 1945*, University of California Press, Berkeley, 2003.

5. Shao Qin, *Culturing Modernity：The Nantong Model, 1890 - 1930*, Stanford University Press, Stanford, California, 2004.

6. Barbara Schmitt-Englert, *Deutsche in China 1920 - 1950：Alltagsleben*

und Veränderungen，Gossenberg：OSTASIEN Verlag，2012.

　　7. 中井英基『中国近代企业者史研究——张謇と通海墾牧公司』、アジア政経学会、1976 年。

　　8. 高村直助『近代日本綿業と中国』、東京大学出版会、1982 年。

　　9. 中井英基『張謇と中国近代企业』、北海道大学図书刊行会、1996 年。

　　10. 中井英基『中国近代綿纺績業における技術移転と民族资本の成长——南通大生纱廠を中心として』、北海道大学図书刊行会、1996 年。

　　11. 小島晋治監修、上塚司著『大正中国見聞録集成』第 11 卷『揚子江を中心として』上、ゆまに书房、1999。

　　12. 小島晋治監修、鶴見祐輔著『大正中国見聞録集成』第 16 卷『偶像破壞期の支那』、ゆまに书房、1999。

　　13. 久保亨『戦間期中国の綿業と企业経営』、汲古书院、2005 年。

　　14. 柴田善雅『中国占領地日系企业の活动』、日本経済評論社、2008 年。

　　15. 富泽芳亚、久保亨、萩元充『近代中国を生きた日系企业』、大阪大学出版会、2011 年。

九、期刊论文

　　1. 陈争平：《从大生模式看张謇在企业制度方面的历史贡献》，崔之清主编：《中国早期现代化的前驱：第三届张謇国际学术研讨会论文集》下，北京：中华工商联合出版社，2001 年，第 450—451 页。

　　2. 陈争平：《试析近代大生企业集团的产业结构》，《江苏社会科学》2001 年第 1 期。

　　3.《大生资本集团史》编写组编：《大生资本集团的武装——通海实业警工团》，张謇研究中心编：《张謇研究年刊（1926—2001 年 1 月）》，2017 年编印，第 235 页。

　　4. 杜洁、潘家恩：《近代中国在地型社会企业的探索与创新——以张謇的"大生集团"与近代南通建设为例》，《上海大学学报》（社会科学版）2018 年第 1 期。

　　5. 花雪：《1925—1935 年大生纱厂的工人运动》，《工会理论研究》2016 年第 4 期。

　　6. 黄美真：《1937—1945：日伪对以上海为中心的华中沦陷区的物资统制》，《抗日战争研究》1999 年第 1 期。

　　7. 江沛：《关于抗战时期沦陷区民众生存状态的若干思考》，《民国档案》2020 年第 1 期。

　　8. 姜平：《1933 年南通大生纱厂大裁员始末》，《中国经济史研究》2005 年第 3 期。

　　9. 蒋宝麟：《战时沦陷区内民族资本与日方的"有限合作"问题——以上

海刘鸿生企业为例》,《中国社会经济史研究》2009 年第 1 期。

10. 蒋国宏:《关于抗战前南通红十字运动早期发展的几个问题》,南通市红十字会编:《南通红十字志》,南京:南京出版社,2019 年。

11. 金其桢、黄胜平:《大生集团与荣氏集团兴衰成败之道探究》,《江南大学学报》(人文社会科学版)2008 年第 2 期。

12. [韩]金志焕:《一战后大生纱厂经营恶化及对日借款交涉》,《安徽史学》2017 年第 4 期。

13. [日]井田弘文著,程灼如译,杨桐校注:《参加满铁南通农村实况调查的报告——围绕棉作结构》,王倚海主编:《博物苑》2007 年第 1 期,扬州:广陵书社,2007 年。

14. [日]久保田文次:《张謇研究在日本的发展》,《东方早报》2013 年 7 月 9 日。

15. [德]柯丽莎著,金彩红译:《在战争和政治困境中争取家庭和公司利益:20 世纪 20—50 年代初大生企业的转型》,张忠民、陆兴龙主编:《企业发展中的制度变迁》,上海:上海社会科学院出版社,2003 年,第 156—173 页。

16. 李伯重:《史料与量化:量化方法在史学研究中的运用讨论之一》,《清华大学学报》(哲学社会科学版)2015 年第 4 期。

17. 李军:《张詧遭通缉事件始末探究——以张敬礼〈养性室日记〉为中心》,《民国档案》2010 年第 2 期。

18. 林刚:《试论大生纱厂的市场基础》,《历史研究》1985 年第 4 期。

19. 刘凤华:《抗战期间日本占领下的久大精盐公司》,《盐业史研究》2015 年第 3 期。

20. 刘伟东:《评〈大生纺织公司年鉴 1895—1947〉》,《南通师范学院学报》(哲学社会科学版)1999 年第 2 期。

21. 刘远柱:《张謇与南通近代城市化模式》,《广西社会科学》2005 年第 4 期。

22. 卢征良:《从大生纱厂看中国近代早期民营企业的经营特征》,《中国矿业大学学报》(社会科学版)2007 年第 1 期。

23. 陆承平:《从军从商不从政的陆子冬》,《世纪》2012 年第 4 期。

24. 陆伟:《"军配组合"与战时日本在华中的物资统制》,《党史研究与教学》1999 年第 4 期。

25. 陆鸣芝:《战后恢复时期的中国棉纺织业(1945—1949)》,《中国纺织大学学报》1994 年第 3 期。

26. 吕迅:《抗日战争与国民党惩肃汉奸运动》,《社会科学研究》2019 年第 6 期。

27. 马俊亚:《抗战期间日军对江南棉纺织业的掠夺与控制》,《桂海论丛》2015 年第 4 期。

28. 马敏：《近代儒商传统及其当代意义——以张謇和经元善为中心的考察》，《华中师范大学学报》（人文社会科学版）2018年第2期。

29. 马敏：《孙中山与张謇实业思想比较研究》，《历史研究》2012年第5期。

30. 马敏：《张謇与近代博览事业》，《华中师范大学学报》（人文社会科学版）2001年第5期。

31. 石磊选编：《审判唐寿民档案》，《档案与史学》1997年第5期。

32. 苏全有：《从荣张企业集团的兴衰看近代中国家族企业》，《华中师范大学学报》（人文社会科学版）2003年第6期。

33. 苏全有、汤爱民：《荣、张企业集团经营管理思想之比较》，《河南师范大学学报》（哲学社会科学版）1993年第2期。

34. 苏轩：《大生纱厂的纺织技术转移（1895—1937）》，《工程研究——跨学科视野中的工程》2018年第4期。

35. 汤可可、钱江：《大生纱厂的资产、盈利和利润分配——中国近代企业史计量分析若干问题的探讨》，《中国经济史研究》1997年第1期。

36. 王春英：《"民族"与"民生"的互见：以战时美亚公司为例》，《学术界》2014年第4期。

37. 王春英：《战后"经济汉奸"审判：以上海新新公司李泽案为例》，《历史研究》2008年第2期。

38. 王敦琴：《孙中山、张謇民生思想之比较》，《南通大学学报》（社会科学版）2008年第1期。

39. 王敦琴、邵玮楠：《20世纪20年代大生纱厂被债权人接管缘由解析》，《江海学刊》2008年第6期。

40. 王京滨、姜璐：《近代民族工业企业的规模扩张与信用风险——以大生企业系统为例》，上海《社会科学》2020年第12期。

41. 〔美〕王克文：《欧美学者对抗战时期中国沦陷区的研究》，《历史研究》2000年第5期。

42. 〔美〕王克文著，徐有威、浦建兴译：《通敌者与资本家：战时上海"物资统制"的一个侧面》，《档案与史学》1996年第2期。

43. 卫春回：《论20世纪初期大生纱厂的崛起——兼论中国民族棉纺业的生存环境》，《兰州大学学报》1995年第2期。

44. 伍贻业：《张謇与南通"近代化"模式》，《历史研究》1989年第2期。

45. 〔日〕野泽丰：《日本文献中的张謇和南通》，南京大学外国学者留学生研修部、江南经济史研究室编：《论张謇——张謇国际学术研讨会论文集》，南京：江苏人民出版社，1993年，第148—149页。

46. 虞晓波：《试析人才与近代企业发展的关系——以长江三角洲地区的南通、无锡为例》，《青岛海洋大学学报》（社会科学版）1999年第2期。

47. 羽离子:《大生集团早期金融事业的兴衰》,《南通大学学报》(社会科学版)2011年第6期。

48. 羽离子:《对大生企业早期股份制的审视与析论》,《中国矿业大学学报》(社会科学版)2011年第3期。

49. 张福运:《"孤岛"时期上海劳资关系中的民族主义》,《近代史研究》2016年第2期。

50. 张根福:《汪伪全国商业统制总会述论》,《档案与史学》1997年第3期。

51. 张连红、张朔人:《战时江南水泥厂的命运与汪政权的角色——以日方强拆机器为中心的考察》,《抗日战争研究》2012年第1期。

52. 张生:《第三方压力下的殖民——日军在南京建立殖民统治面临的外国因素及其影响》,《民国档案》2020年第1期。

53. 张廷栖:《论日军对大生企业的掠夺与破坏》,中国新四军与华中抗日根据地研究会编:《新四军与抗日战争》,南京:南京大学出版社,1995年,第447—452页。

54. 张忠民:《晚清大生纱厂的早期企业制度特征》,《清史研究》2016年第3期。

55. 章开沅:《对外经济关系与大生资本集团的兴衰》,《近代史研究》1987年第5期。

56. 章开沅:《学习张謇的理性爱国主义》,《华中师范大学学报》(人文社会科学版)2006年第2期。

57. 郑忠:《长江三角洲近代城市发展模式比较研究——以南通、无锡、常州为对象》,《安徽史学》2003年第4期。

58. 郑忠:《近代非条约口岸城市化道路:工业化、本土化与企业家精神——以南通、无锡、常州为例》,《江海学刊》2008年第2期。

59. 周鸿:《布迪厄的阶层场域论与阶层的形成》,《学术论坛》2005年第1期。

60. 周新国:《张謇与孙中山的交往——以新版〈张謇全集〉为中心的考查》,《晋阳学刊》2016年第4期。

61. 周宗根:《1938—1939年大生纺织公司对日本"军管理"的应对》,《抗日战争研究》2018年第4期。

62. 朱婷:《1937—1945年在华日资工业企业的扩张及其特点——以战时华中沦陷区为例》,《社会科学》2015年第5期。

63. 朱荫贵:《从大生纱厂看中国早期股份制企业的特点》,《中国经济史研究》2001年第3期。

64. 朱荫贵:《"调汇"经营:大生资本企业集团的突出特点——以大生棉纺织系统为中心的分析》,《广东社会科学》2016年第2期。

65. 朱英:《论张謇的慈善公益思想与活动》,《江汉论坛》2000 年第 11 期。

66. 朱英:《商民运动与中国近代史研究》,《天津社会科学》2005 年第 4 期。

67. 朱英:《张謇与民初的〈商会法〉之争》,《近代史研究》1998 年第 1 期。

68. 庄安正:《关于南通大生纱厂营销方针的三点考析》,《民国档案》2011 年第 1 期。

69. 庄志龄:《"军管理"与日本战时对上海华资企业的攫夺》,《档案与史学》2001 年第 6 期。

70. Lloyd E. Eastman. *Facts of an Ambivalent Relationship*: *Smuggling*, *Puppets and Atrocities during the War*, *1937 - 1945*, Akira Iriye. *The Chinese and Japanese*: *Essays in Political and Cultural Interactions*, Princeton: Princeton University Press, 1980.

71. Elisabeth Köll, "*Control and Ownership During War and Occupation*: *The Da Sheng Corporation and its Managerial and Financial Restructuring*, *1937 - 49*", Asia Pacific Business Review, 2000, Vol. 7 (2), pp. 111 - 128.

72. Elisabeth Köll, *Japanese Control over Chinese Enterprises in the Countryside*: *the Economic Development of the Nantong Area during War and Occupation*, Washington: the 7th International Ceremony on Japanese & China, 2001.

73. Fabian Lemmes, "Collaboration in wartime France, 1940 - 1944," *European Review of History*: *Revue européenne d'histoire*, 15: 2(2008), pp. 157 - 177.

74. 中井英基「清末における南通在来綿織物業の再編成:大生紗廠設立の前史として」、天理大学学術研究会編『天理大学学報』24 巻 5 号、1973 年、261—287 頁。

75. 中井英基「清末中国の綿紡績業における企業者活動——南通大生紗廠の設立と張謇」、一橋大学一橋学会一橋論叢編集所編『一橋論叢』72 巻 1 号、日本評論社、1974 年、93—112 頁。

76. 中井英基「清末綿紡績企業の設立過程:南通大生紗廠の場合」、天理大学学術研究会編『天理大学学報』26 巻 3 号、1975 年、77—94 頁。

77. 中井英基「清末の綿紡績企業の経営と市場条件:中国民族紡における大生紗廠の位置」、社会経済史学会編『社会経済史学』45 巻第 5 号、1980 年、537—564、597—598 頁。

78. 久保亨「近代中国綿業の地帯構造と経営類型:その発展の論理をめぐって」、『土地制度史学』29 巻 1 号、1986 年、20—39 頁。

79. 桑原哲也「在華紡の組織能力——両大戦間期の内外綿会社」、『龍谷大学経営学論集』44 巻 1 号、2004 年、45—65 頁。

80. 古厩忠夫「戦後地域社会の再建と対日協力者」、『日中戦争と上海、そして私：古厩忠夫中国近現代論集』、研文出版、2004年。

十、学位论文

1. 班瑞钧：《政治背叛者的记忆与自辩——以宋元际〈牧庵集〉等文本为中心》，博士学位论文，南京大学，2017年。

2. 曹婷婷：《南通纺织女工研究(1895—1949)》，博士后出站报告，北京大学，2010年。

3. 海韵：《抗战时期日伪对上海棉纱的掠夺与统制》，硕士学位论文，南京师范大学，2015年。

4. 何新易：《大生企业集团的融资和投资(1896—1942年)》，博士学位论文，中南财经政法大学，2006年。

5. ［韩］金志焕：《中国纺织建设公司研究》，博士学位论文，复旦大学，2003年。

6. 李义波：《民国时期长江三角洲棉业研究》，博士学位论文，南京农业大学，2012年。

7. 羌建：《近代南通棉业发展研究(1895—1938)》，博士学位论文，南京农业大学，2010年。

8. 王春英：《"统制"与"合作"：中日战争时期的上海商人》，博士学位论文，复旦大学，2009年。

9. 王喜琴：《抗战时期的南京永利铔厂》，硕士学位论文，南京师范大学，2018年。

10. 王昕：《江苏近代建筑文化研究》，博士学位论文，东南大学，2006年。

11. 吴昊翔：《近代南通大生企业工人状况研究(1895—1949)》，硕士学位论文，山东大学，2009年。

12. 许锐：《张謇治淮事业研究》，硕士学位论文，浙江师范大学，2016年。

13. 易彬：《张謇和荣氏兄弟集团人才管理方式及其比较》，硕士学位论文，湖南科技大学，2014年。

14. 虞晓波：《长江三角洲地区近代城市工业化的两种模式——"南通模式"与"无锡模式"比较研究(1894—1937)》，博士学位论文，南京大学，1995年。

15. 张朔人：《抗战时期的江南水泥公司》，硕士学位论文，南京师范大学，2005年。

16. 郑忠：《长江下游非条约口岸城市近代化研究——以南通、常州、无锡为研究对象》，博士学位论文，南京大学，2000年。

17. 周宗根：《地方主义与民族主义：南通绅商与战时政治(1937—1949)》，博士学位论文，南京大学，2006年。

18. 庄旭:《抗战期间的大成纺织染公司》,硕士学位论文,南京师范大学,2013 年。

19. Kathy Le Mons Walker, *Merchants, Peasants and Industry: the Political Economy of Cotton Textiles, Nantong County, 1895 - 1935*, University of Pennsylvania, 1987.

20. Shao Qin, *Making Politicad Culture: the Case of Nantong, 1894 - 1930*, Michigan State University, 1995.

21. Elisabeth Köll, *Modern Enterprise in China: The Da Sheng Cotton Mills in Nantong, 1895 - 1926*, University of Oxford, 1997.

索　引

后　记

　　时间总是在不经意中悄悄溜走，掐指算来，我进入"张謇学"领域已经 4 年多了。说来惭愧，本书似乎与"张謇学"关联不大，更像是"后张謇学"。但无论如何，作为习近平总书记赞扬的爱国企业家之典范，张謇的功劳值得所有人铭记与学习，特别是在他亲手创办的南通大学工作，更能感受到先贤的精神与力量。

　　本书从选题到写作再到定稿落笔，我有很多话想说，也要感谢很多人。首先要感谢的是我的博士生导师张连红教授。承蒙张老师不弃，忝列门墙，才有了这样的一个选题与这样的一本拙著。无论是读博期间还是毕业以后，张老师都以严谨认真的态度言传身教，使我受益匪浅，充分印证和体现了"学高为师，身正为范"的伟大魅力。

　　我还要感谢南京师范大学历史系的诸位教授与先生，感谢大小张门的各位师友，特别感谢张启祥师兄，感谢博士论文的答辩、评议专家们，感谢硕士生导师孟和宝音教授和师母娜仁其其格老师，感谢研究生班主任韩静静老师，感谢在读书写作过程中帮助过我的每一位师长、同仁与朋友。

　　本书的写作，离不开南通、上海、南京、北京等地各界人士的帮助。尤其是南通，我因本书与南通结缘，也因本书来到南通工作与生活。或许，这个曾经只是存在于耳边的城市，将在我的人生中留下浓墨重彩的一笔。

　　感谢南京农业大学陆承平教授，感谢南京民间抗日战争博物馆吴先斌馆长、莫非主任，感谢盐城新四军纪念馆王金鑫馆员，感谢首都师范大学郭晴博士，感谢南通市档案馆曹晓红处长、朱江处长、陶莹处长、陈春华处长、汤道琳主任，感谢南通纺织博物馆姜平老师，感谢光郎堂尤无曲艺术馆尤灿馆长，感谢南通市历史学科教研员陈康衡教授，感谢新四军老战士苏洁及女儿程鸽女士、儿子程晓春先生，感谢南通大学张廷栖教授、庄安正教授、王敦琴教授、钱健教授，感谢文学院院长、张謇研究院院长钱荣贵教授，感谢经济与管理学院党委书记蒋国宏教授，感谢档案馆馆长、校史馆馆长万久富教授，感谢文学院、历史系、张謇研究院、档案馆诸位领导、同事，感谢岳佳妮、薛峰、张屹峰等同学们……我想，你们代表了江海儿女包容会通、敢为人先的南通城市精神，让我在这里感觉到家的温暖与温馨。

　　此外，Doris. Seah 女士、G. Wen 女士、蔡瑞申先生、王江先生，你们给予本书以跨学科的意义，在此表示诚挚谢意。

　　本书部分章节发表于《民国档案》《近代中国》《日本侵华南京大屠杀研究》等刊物上，对三家杂志社表示由衷感谢。

　　最后，我要将感谢献给我的父母和妻子卞莹，谢谢你们不计回报的奉献与付出，在我临近而立之年依然给予我最大程度的包容与理解，为我创造静谧的写作环境。

　　本人才疏学浅，本书写作仓促，如有不当之处，恳请方家批评指正，谢谢！

张若愚

落笔于南通大学

2021 年 7 月